VENTAIRE
1.595

I0165938

Livraison—1

L'ESPION

LA PRAIRIE

J. F. COOPER

LES PIONNIERS

LIONEL LINCOLN

ROMANS
DE
FENIMORE COOPER

LES MOHICANS

LES PURITAINS

LE DERNIER DES MOHICANS

LE PILOTE

L'ŒIL DE FAUCON

Prix : 10 centimes

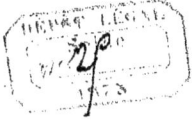

LE DERNIER

DES MOHICANS

2947

1595.

LIV. 25

PARIS. — IMP. F. DEBONS ET Cie, 16, RUE DU CROISSANT.

LE DERNIER

DES MOHICANS

PAR

FENIMORE COOPER

BIBLIOTHÈQUE NATIONALE R.F. IMPRIMÉS.

PARIS

À LA LIBRAIRIE ILLUSTRÉE

16, RUE DU CROISSANT, 16

ROMANS DE FENIMORE COOPER

Le courage infatigable et entreprenant des Français essayait même de franchir
les gorges éloignées et difficiles de l'Alleghany (Page 2)

LE DERNIER DES MOHICANS

CHAPITRE PREMIER

Mon oreille et mon cœur sont prêts à vous entendre,
Quelque malheur mondain que vous veniez d'apprendre.
Parlez ! ai-je perdu mon sceptre et mes états ?

SHAKSPEARE.

Un caractère particulier des guerres coloniales de l'Amérique du Nord, c'est qu'avant de rencontrer l'ennemi il fallait se résoudre à subir les fatigues et les dangers du désert. Une ceinture large et en apparence inaccessible de forêts séparait les possessions des provinces hostiles de la France et de l'Angleterre. Le colon robuste, et l'Européen discipliné qui combattaient à ses côtés, passaient fréquemment des mois entiers à lutter contre le courant des fleuves, ou à franchir les âpres défilés des montagnes, avant de pouvoir trouver l'occasion de déployer leur courage dans une lutte plus martiale ; mais bientôt, imitant la patience et le dévouement des guerriers indigènes, ils apprirent d'eux à surmonter tous les obstacles ; et à la fin, il n'y eut pas de bois si sombre, de solitude si profonde, que ne pénétrassent les invasions de ces hommes qui bravaient la mort pour satisfaire leur vengeance, ou pour soutenir la politique froide et égoïste des monarchies lointaines de l'Europe. Dans toute l'étendue des frontières intermédiaires, le pays qui, à cette époque, offrait le tableau le plus animé de la cruauté et de l'acharnement qui signalaient alors cette guerre farouche, était le territoire qui s'étend entre les eaux supérieures de l'Hudson et les lacs adjacents.

Les facilités que la nature y offrait à la marche des combattants, étaient trop évidentes pour être négligées. La nappe allongée du Champlain s'étendait des frontières du Canada jusqu'aux limites de la province voisine de New-York, formant un passage naturel dans la moitié de la distance dont les Français étaient obligés d'être maîtres avant de pouvoir frapper leurs ennemis. A son extrémité méridionale, ce lac recevait le tribut d'un autre lac dont les eaux étaient si limpides, que les missionnaires jésuites en avaient fait choix pour l'accomplissement de leurs purifications mystiques du baptême, ce qui lui avait fait donner le nom de lac du Saint-Sacrement. Les Anglais, moins zélés, crurent aire assez d'honneur à la pureté de ses eaux, on lui donnant le nom de leur monarque régnant, le second de la maison de Hanovre. Les deux nations se réunissaient pour dépouiller les possesseurs sans défense de ces rives pittoresques et boisées, du droit héréditaire de perpétuer son ancien nom de lac Horican.

Serpentant parmi d'innombrables îles, et enclavé dans des montagnes, le saint Lac s'étendait à une douzaine de lieues plus loin au sud. La plaine élevée qui s'opposait alors aux progrès ultérieurs des eaux, offrait un passage de la même étendue, qui conduisait le voyageur sur les bords de l'Hudson, à un endroit où, sauf les obstacles ordinaires des courants, ou *strif*, comme on les appelait alors dans le langage du pays, les eaux devenaient navigables à la marée.

Tandis que, dans l'exécution de leurs plans audacieux d'agression, le courage infatigable et entreprenant des Français essayait même de franchir les gorges éloignées et difficiles de l'Alléghany, on peut croire facilement que leur perspicacité proverbiale dut apercevoir les avantages naturels du pays que nous venons de décrire. Il devint effectivement le théâtre sanglant de la plupart des batailles qui se livrèrent pour obtenir la souveraineté des colonies. Sur les différents points qui commandaient les pas-

sages les plus faciles de la route, on construisit des forts qui furent pris et repris, rasés ou rebâtis, selon que la victoire venait à sourire ou à la nécessité à commander. Tandis que le laboureur abandonnait ces défilés dangereux, pour chercher sa sécurité dans les limites des établissements plus anciens, on voyait des armées souvent plus nombreuses que celles qui, dans la mère-patrie, se disputaient les couronnes, se précipiter dans ces forêts, d'où elles ne revenaient jamais que par bandes clair-semées, épuisées de fatigue, ou abattues par les revers.

Bien que les arts de la paix fussent inconnus dans cette région fatale, ses forêts n'en étaient pas moins peuplées ; ses clairières et ses vallons retentissaient des sons d'une musique guerrière, et les échos de ses montagnes répétaient les rires et les cris de joie d'une foule de jeunes guerriers courageux et insouciants qui les traversaient, pleins d'espoir et d'ardeur, pour dormir bientôt dans une longue nuit d'oubli.

C'est sur ce théâtre de combats et de carnage que se passèrent les événements que nous essaierons de raconter, pendant la troisième année de la dernière guerre que se livrèrent l'Angleterre et la France, pour la possession d'un pays qu'heureusement ni l'une ni l'autre n'était destinée à conserver.

L'incapacité de ses généraux à l'étranger, et le manque d'énergie de ses conseils à l'intérieur, avaient abaissé la république de la Grande-Bretagne, et l'avaient fait déchoir de ce haut rang où l'avaient placée autrefois le talent et l'audace de ses guerriers et de ses hommes d'état. Comme elle n'était plus redoutée de ses ennemis, ses serviteurs perdaient rapidement cette confiance salutaire qui résulte du respect qu'on se porte à soi-même. Dans ce honteux abaissement, les colons, quoique innocents de sa faiblesse, et trop peu importants pour être les agents de ses bévues, en étaient naturellement complices. Ils avaient vu récemment une armée d'élite, venue de cette mère-patrie à laquelle ils portaient un respect tout filial, et qu'ils avaient crue jusque-là invincible, ils avaient vu cette armée commandée par un chef choisi dans une foule de guerriers habiles et expérimentés, auxquels ses rares talents militaires l'avaient fait préférer, honteusement battue par une poignée de Français et d'Indiens, et ne devant son salut qu'au sang-froid et à l'audace d'un jeune Virginien, dont la réputation mûrie par les années s'est depuis répandue, par l'influence paisible de la vérité et de la morale, jusqu'aux derniers confins de la chrétienté. Une vaste étendue de frontières avait été laissée à découvert par ce désastre inattendu, et des maux trop réels étaient précédés de mille dangers illusoires et imaginaires. Les colons alarmés croyaient entendre les hurlements des sauvages dans chaque bouffée de quelque vent qui leur arrivait des interminables forêts de l'Occident. Le caractère terrible de leurs impitoyables ennemis augmentait, au delà de toute mesure, l'horreur naturelle que la guerre inspire. Des massacres récents et innombrables vivaient encore dans leur mémoire; et il n'y avait personne dans toute la province qui n'eût prêté une oreille avide au récit de quelque histoire terrible de meurtres nocturnes, scènes barbares dans lesquelles les Indiens des forêts jouaient toujours le principal rôle. En entendant le voyageur crédule et effrayé raconter les périls du désert, les timides sentaient leur sang se figer de terreur, et les mères jetaient un regard inquiet même sur les enfants qui dormaient dans la sécurité des villes populeuses. Enfin la crainte, qui exagère tout, commença à rendre inutiles tous les calculs de la raison, et à soumettre au joug des passions les plus viles ceux-là même qui auraient dû se rappeler leur dignité d'homme. Les cœurs les plus confiants et les plus courageux commencèrent à douter de l'issue de la lutte, et on vit s'accroître d'heure en heure le nombre de cette classe abjecte qui voyait déjà en imagination toutes les possessions anglaises en Amérique subjuguées par leurs ennemis chrétiens, ou dévastées par les incursions de leurs infatigables alliés.

Lors donc qu'au fort qui couvrait la limite méridionale de la plaine entre l'Hudson et les lacs, on apprit que Montcalm avait été vu s'avançant sur le Champlain avec une armée « nombreuse comme les feuilles des forêts, » cette nouvelle fut accueillie avec l'hésitation timide d'hommes attachés aux arts de la paix plutôt qu'avec la joie farouche du guerrier heureux de voir enfin l'ennemi à sa portée. La nouvelle était arrivée sur le soir de la mi-juin, par un courrier indien, porteur aussi d'une demande urgente de Munro, commandant du fort élevé sur la rive du saint Lac, qui sollicitait un renfort prompt et puissant. Nous avons déjà dit que la distance entre ces deux postes n'était que de cinq lieues. Le rude sentier qui formait primitivement leur ligne de communication avait été élargi pour le passage des wagons, en sorte que la distance parcourue en deux heures par l'enfant des forêts, pouvait être facilement franchie par un détachement de troupes accompagnées de leurs bagages, entre le lever et le coucher d'un soleil d'été. Les loyaux serviteurs de la couronne britannique avaient donné à l'une de ces citadelles le nom de William-Henri, et à l'autre celui de fort Édouard ; c'était le nom de deux princes favoris de la maison régnante. Le premier de ces forts était occupé par le vétéran écossais que nous venons de nommer, avec un régiment de réguliers et quelques troupes provinciales; ces forces étaient beaucoup trop faibles pour tenir tête à l'armée formidable que conduisait Montcalm contre ces remparts de terre. Dans le second fort était le général Webb, commandant les armées du roi dans les provinces du Nord avec un corps de plus de cinq mille hommes. En réunissant les divers détachements placés sous son commandement, cet officier aurait pu opposer un nombre double de combattants au Français audacieux qui, avec une armée très-peu supérieure en nombre, avait osé s'aventurer si loin de ses renforts.

Mais sous l'influence désastreuse de leur étoile, les officiers et les soldats paraissaient plus disposés à attendre dans leurs retranchements l'approche de leur formidable adversaire qu'à s'opposer à sa marche, en imitant l'heureux exemple donné par les Français au fort Duquesne, et en frappant un coup décisif sur leur avant-garde. Après que la première surprise causée par cette nouvelle fut un peu calmée, un bruit se répandit dans le camp retranché s'étendant le long du rivage de l'Hudson, et formant une chaîne d'ouvrages avancés jusqu'au fort principal ; on annonça qu'un détachement d'élite, au nombre de quinze cents hommes, devait partir à la pointe du jour pour William-Henri, poste situé à l'extrémité nord de la plaine. Ce qui n'était d'abord qu'un bruit vague, devint bientôt une certitude, lorsque des ordres partis du quartier général du commandant en chef parvinrent aux différents corps qu'il avait choisis pour ce service, leur enjoignant de se préparer à un prompt départ. Il ne resta donc plus aucun doute sur les intentions de Webb, et pendant une heure ou deux tout fut en mouvement, et tous les visages furent inquiets. Le novice dans l'art de la guerre allait çà et là, retardant ses préparatifs par l'excès de son zèle violent et inconsidéré; tandis que le vétéran, plus expérimenté, faisait les siens avec un sang-froid qui dédaignait toute apparence de précipitation. Néanmoins les traits calmes et l'œil inquiet de ce dernier trahissaient suffisamment sa répugnance pour cette guerre du désert tant redoutée, et dont il n'avait point encore fait l'expérience. Enfin, le soleil se coucha dans sa gloire derrière les collines occidentales; la nuit tira son voile sur ce lieu isolé; le bruit des préparatifs diminua; la dernière lumière s'éteignit sous la tente de l'officier; les arbres projetèrent leur ombre plus épaisse sur les remparts et les flots ridés de la rivière; et le camp fut bientôt plongé dans le même silence que la vaste forêt qui l'environnait.

Conformément aux ordres donnés le soir précédent, le lourd sommeil de l'armée fut interrompu par les roulements du tambour qui battait le rappel et dont les sons répétés par les échos dans l'air humide, débouchaient de toutes les issues de la forêt, au moment où la clarté du jour laissait apercevoir en lignes confuses quelques hauts pins du voisinage qui se projetaient sur l'éclat d'un ciel d'Orient pur et sans nuages. Aussitôt tout le camp fut en mouvement; tout le monde, jusqu'au dernier soldat, se leva pour assister au départ de ses camarades, pour jouir de ce moment et en partager l'enthousiasme. Le détachement choisi fut bientôt en rang. Tandis que les mercenaires réguliers et disciplinés du roi allaient, d'un air hautain et délibéré, occuper la droite de la ligne, les colons, moins fiers, prirent humblement position à la gauche, avec une docilité qu'un long usage avait rendue facile. Les éclaireurs partirent; de forts détachements précédèrent et suivirent les lourds chariots qui portaient les bagages; et avant que la lumière grisâtre du matin fût échauffée par les rayons du soleil levant, le corps principal des combattants défila en colonne, et sortit du camp avec une fierté martiale qui fit taire les appréhensions secrètes de plus d'un conscrit allant faire ses premières armes. Tant qu'ils furent en vue de l'admiration de leurs camarades, les soldats conservèrent la même fierté et le même ordre dans les rangs, jusqu'à ce que les sons de leurs fifres s'étant perdus dans l'éloignement, la forêt à la fin parut engloutir cette masse vivante qui pénétrait lentement dans son sein.

La brise avait cessé d'apporter les derniers bruits de la colonne lointaine et invisible, et le dernier traînard avait déjà disparu; mais on voyait les préparatifs d'un autre départ en face d'une tente plus vaste et plus commode, devant laquelle se promenaient de long en large les sentinelles commises à la garde du général anglais. Là étaient rassemblés une demi-douzaine de chevaux; on voyait à leur harnachement que deux d'entre eux étaient destinés à servir de monture à des femmes d'un rang qu'on n'était pas accoutumé à rencontrer dans les solitudes de ce pays. Un troisième portait les harnais et les armes d'un officier d'état-major; les autres, d'après la simplicité de leur accoutrement et les valises dont ils étaient chargés, devaient être évidemment montés par des domestiques, qui semblaient déjà attendre le bon plaisir et les ordres de leurs maîtres. A une distance respectueuse de ce spectacle inaccoutumé, étaient rassemblés divers groupes de curieux et d'oisifs; quelques-uns admiraient la beauté et la vigueur du superbe cheval de bataille; d'autres regardaient les préparatifs avec l'étonnement stupide d'une curiosité vulgaire. Toutefois il y avait là un homme dont la mine et les actions le faisaient distinguer de la foule des spectateurs

de cette dernière classe, car il n'était point oisif et ne semblait pas très-ignorant.

L'extérieur de ce personnage remarquable était disgracieux au dernier point, sans avoir pourtant aucune difformité spéciale. Il avait la charpente des autres hommes sans aucune de leurs proportions : debout, sa stature surpassait celle de ses compagnons; mais lorsqu'il était assis, sa taille était réduite aux limites ordinaires. La disproportion de ses membres semblait se reproduire dans toute sa personne. Il avait la tête grosse, les épaules étroites, les bras longs et pendants et partant les mains petites sinon délicates; ses jambes et ses cuisses étaient minces jusqu'à être décharnées, mais d'une longueur extraordinaire; et ses genoux auraient pu être considérés comme effrayants, sans les fondations plus énormes encore qui soutenaient toute cette architecture humaine formée de la réunion de plusieurs ordres superposés. Le vêtement mal assorti et de mauvais goût que portait cet individu ne servait qu'à faire ressortir encore davantage sa gaucherie : un habit bleu de ciel, à basques larges et courtes et à collet bas, exposait au rire des plaisants son long cou maigre et ses jambes plus longues et plus maigres encore. Il avait des culottes de nankin jaune qui collaient étroitement et étaient attachées à la jarretière par de larges rosettes de rubans blancs qu'un long usage avait salies. Des bas de coton chinés, et des souliers à l'un desquels était fixé un éperon plaqué, complétaient le costume de l'extrémité inférieure de ce corps où les courbes et les angles, loin d'être dissimulés, étaient au contraire accusés avec soin, grâce à la vanité ou à la simplicité du personnage. De l'énorme poche d'une sale veste brodée en soie et lourdement ornée d'un galon d'argent terni, sortait un instrument qui, vu dans une compagnie aussi guerrière, pouvait raisonnablement se prendre pour quelque arme dangereuse et inconnue. Tout petit qu'il était, cet instrument peu commun avait éveillé la curiosité de la plupart des Européens qui se trouvaient dans le camp, bien que plusieurs provinciaux le maniassent sans crainte et même avec une sorte de familiarité. Un grand chapeau bourgeois à trois cornes, comme ceux que portaient les ecclésiastiques il y a trente ans, surmontait tout l'édifice, et donnait un air de dignité à cette figure bonasse et insignifiante, qui avait besoin sans doute de cette aide artificielle pour soutenir la gravité de quelque fonction élevée et extraordinaire. Tandis que la foule se tenait à l'écart du groupe des voyageurs, par respect pour l'enceinte sacrée du quartier-général de Webb, le personnage que nous avons décrit s'avança sans façon au milieu des domestiques qui attendaient avec les chevaux, dont il se mit à faire librement la critique ou l'éloge, selon qu'ils étaient ou n'étaient pas de son goût.

« Voilà une bête, mon ami, qui, je pense, n'a pas été élevée ici, mais vient des pays étrangers, ou peut-être de la petite île sur l'eau bleue, » dit-il d'une voix aussi remarquable par la douceur de son timbre que sa personne l'était peu par la perfection de ses formes. « Je puis parler de ces choses sans passer pour un hâbleur, car j'ai vu les deux ports; celui qui est situé à l'embouchure de la Tamise, et qui porte le nom de la capitale de la vieille Angleterre, et celui qu'on appelle *Haven*, en y ajoutant le mot *New*; et j'ai vu les senaux et les brigantins chargeant leur cargaison, et faisant entrer à leur bord, comme Noé dans l'arche, des quadrupèdes qu'ils allaient revendre à la Jamaïque; mais jamais je n'ai vu un cheval qui répondît comme celui-là aux coursiers de guerre de l'Écriture sainte. (De ses pieds il bat le vallon et se réjouit dans sa force; il va au-devant des hommes armés. Au milieu des clairons, il dit Ah! ah! et il flaire de loin la bataille, le tonnerre des capitaines et les cris de guerre.) On dirait que la race des chevaux d'Israël s'est perpétuée jusqu'à nos jours ; n'est-ce pas, mon ami ? »

Ne recevant pas de réponse à cette apostrophe extraordinaire, qui, prononcée avec toute la vigueur d'une voix pleine et sonore, méritait quelque attention, celui qui venait ainsi de citer le langage des livres saints, se tourna vers le personnage silencieux auquel il s'était par hasard adressé, et trouva dans l'objet qui frappa sa vue un nouveau et plus puissant sujet d'admiration. Son regard retomba sur la figure immobile, droite et sévère du coureur indien qui avait apporté au camp les fâcheuses nouvelles du soir précédent. Quoique dans un état de repos complet, et dédaignant avec un stoïcisme caractéristique le mouvement et la confusion qui régnaient autour de lui, il y avait en lui une tristesse farouche mêlée au calme du sauvage, capable de fixer l'attention d'hommes plus expérimentés que celui dont le regard le fixait avec un étonnement qu'il ne cherchait point à dissimuler. L'Indien portait le tomahawk et le couteau de sa tribu, et cependant son aspect n'était pas tout à fait celui d'un guerrier. Au contraire, il y avait dans toute sa personne un air de négligence qu'on eût pu attribuer à quelque grande fatigue subie tout récemment et dont il n'avait pas encore eu le temps de se remettre. Les couleurs du tatouage des guerriers se croisaient confusément sur son visage farouche, et donnaient à ses traits basanés un caractère encore plus sauvage et plus repoussant que s'il se fût appliqué à produire ce résultat, fruit du hasard. Son œil seul, qui brillait comme une étoile étincelante dans un ciel chargé de nuages, avait conservé sa nature primitive. Un moment son regard perçant et circonspect rencontra l'œil étonné de l'autre, et aussitôt changeant de direction par astuce ou par dédain, il resta fixé sur l'horizon, comme s'il eût cherché à pénétrer à travers la lointaine atmosphère.

Il est impossible de dire quelle remarque inattendue cette communication rapide et silencieuse entre ces deux hommes singuliers aurait inspirée au grand Européen, si son active curiosité n'avait pas été attirée sur d'autres objets. Le mouvement général des domestiques et le son de voix douces annoncèrent l'approche de celles dont on n'attendait plus que la présence pour que la cavalcade se mît en marche. Le naïf admirateur du cheval de bataille s'approcha aussitôt d'une jument basse, maigre, à la queue dégarnie, qui près de là paissait nonchalamment la verdure du camp; alors accoudé sur la couverture qui remplaçait la selle, il se mit à regarder le départ, tandis que de l'autre côté de la bête, un poulain faisait tranquillement son repas du matin.

Un jeune homme portant l'uniforme des troupes de la couronne, conduisit vers leurs montures deux femmes qui, à en juger par leur costume, se préparaient à braver les fatigues d'un voyage à travers les forêts. L'une, qui paraissait la plus jeune, quoiqu'elles le fussent toutes deux, laissait entrevoir un teint éblouissant, une belle chevelure blonde, des yeux bleus et brillants, grâce à la brise du matin qui soulevait à son insu le voile vert attaché à son chapeau de castor. Les teintes qui coloraient à l'ouest l'horizon et qu'on apercevait au-dessus des pins, avaient moins d'éclat que l'incarnat de ses joues; et le lever du jour n'était pas plus gracieux que le sourire animé dont elle remercia le jeune homme qui l'aidait à se mettre en selle. L'autre dame, qui paraissait obtenir une part égale dans les attentions du jeune officier, cachait ses charmes aux regards des soldats avec un soin et une réserve qui semblaient annoncer l'expérience de quatre ou cinq années de plus. On pouvait néanmoins apercevoir que sa personne, bien qu'avec la même perfection de formes, dont aucune n'était cachée par son habit de voyage, avait plus d'embonpoint et de maturité que celle de sa compagne.

A peine ces dames furent en selle que leur guide monta légèrement sur le cheval de guerre, et tous trois saluèrent Webb, qui, pour leur faire honneur, assistait à leur départ du seuil de sa tente; détournant alors la tête de leurs chevaux, ils prirent l'amble, suivis de leurs domestiques, et se dirigèrent vers la sortie septentrionale du camp. En traversant ce court espace, tous trois gardèrent le plus profond silence ; mais la plus jeune des deux dames laissa échapper une légère exclamation, au moment où le coureur indien passa rapidement à ses côtés pour se mettre en tête de la cavalcade sur la route militaire. Bien que le mouvement rapide et subit de l'Indien n'arrachât aucun cri de surprise à l'autre dame, son voile s'entr'ouvrit et laissa voir un regard indéfinissable de pitié, d'admiration et d'horreur, au moment où son œil noir suivait le mouvement agile du sauvage. Sa chevelure était noire et brillante comme le plumage d'un corbeau. Son teint n'était pas brun, mais coloré par un sang pur qui semblait prêt à s'échapper du tissu qui le comprimait ; et pourtant il n'y avait ni dureté, ni absence d'harmonie dans ses traits pleins de dignité, d'une régularité exquise et d'une beauté incomparable. Elle sourit de ce moment d'oubli involontaire, et découvrit des dents dont l'éclatante blancheur eût fait honte à l'ivoire ; puis replaçant son voile, elle baissa la tête et marcha en silence, comme si sa pensée se fût reportée vers d'autres objets que ceux qui l'entouraient.

CHAPITRE II

Sola, sola. wo ha, ho, sola!

SHAKSPEARE.

Pendant que l'une de ces dames charmantes, dont nous avons offert au lecteur une si rapide esquisse, était plongée ainsi dans ses réflexions, l'autre se remit promptement de la légère alarme qui lui avait arraché un cri, et riant de sa frayeur, elle dit gaiement au jeune homme qui était à son côté :

« Heyward, de pareils spectres sont-ils fréquents dans la forêt ? ou est-ce un spectacle particulier dont on a voulu nous régaler ? dans ce dernier cas, la reconnaissance doit nous imposer silence ; mais dans le premier, il est évident que Cora et moi nous devrons nous préparer à nous armer du courage héréditaire qui fait notre orgueil, avant même que nous rencontrions le redoutable Montcalm.

— Cet Indien est un coureur de notre armée, et parmi ses compatriotes on peut le regarder comme un héros, » répondit le jeune officier à celle qui lui adressait la parole. « Il s'est offert à nous conduire au lac par un sentier peu connu et une voie plus courte, et par conséquent plus agréable que si nous avions suivi les mouvements tardifs de la colonne.

— Je n'aime pas cet homme, » dit la dame,

en tressaillant d'une terreur moitié affectée, moitié réelle. » Vous le connaissez, Duncan ; autrement vous ne vous seriez pas ainsi confié à sa garde ?

— Dites plutôt, Alice, que je ne vous aurais pas confiées, » reprit le jeune homme avec émotion ; « je le connais, sans quoi il n'aurait pas ma confiance, surtout en ce moment. On le dit Canadien, et cependant il a servi chez nos amis, les Mohawks, qui, comme vous le savez, sont l'une des six nations alliées. Il a été amené parmi nous, m'a-t-on dit, par je ne sais quel étrange incident où votre père se trouvait mêlé et dans lequel ce sauvage fut traité avec beaucoup de rigueur ; mais j'ai oublié cette histoire ; qu'il vous suffise de savoir qu'il est aujourd'hui notre ami.

— S'il a été l'ennemi de mon père, je l'aime encore moins ! » s'écria la jeune fille devenue tout de bon inquiète. « Parlez-lui, major Heyward, afin que j'entende le son de sa voix. C'est une folie de ma part, mais vous savez combien j'ai foi aux sons de la voix humaine.

— Ce serait en vain, il ne répondrait probablement que par une exclamation. Quoiqu'il comprenne l'anglais, il affecte, comme la plupart de ses compatriotes, de ne pas en savoir un mot ; il voudra bien moins encore condescendre à parler cette langue, maintenant que la guerre exige de lui le maintien rigoureux de sa dignité. Mais le voilà qui s'arrête ; le sentier secret par lequel nous devons passer est sans doute près d'ici. »

Le major Heyward ne se trompait pas ; quand ils eurent atteint l'endroit où l'Indien se tenait, en montrant du doigt la clairière qui bordait la route militaire, ils aperçurent un sentier caché et étroit, où l'on ne pouvait passer qu'un de front, et encore en se gênant.

« C'est ici qu'est notre chemin, » dit le jeune homme à voix basse ; « ne montrez aucune défiance, ce serait provoquer le danger que vous paraissez redouter.

— Cora, qu'en pensez-vous ? » demanda la jeune fille inquiète. « En voyageant avec les troupes, leur présence nous serait sans doute peu agréable ; mais ne serions-nous pas plus en sûreté ?

— Peu accoutumée aux habitudes des sauvages, Alice, vous voyez du danger où il n'y en a pas, dit Heyward. Si les ennemis ont atteint le passage de la plaine, ce qui n'est pas probable, puisque nos éclaireurs sont en campagne, ils voltigeront sans doute sur les flancs de la colonne, pour y trouver l'occasion de manier leur scalpel. La route du détachement est connue, tandis que la nôtre, qui n'a été fixée qu'au moment du départ, doit être encore ignorée.

— Faut-il nous défier de cet homme, parce

que ses manières ne sont pas les nôtres, et qu'il a la peau basanée? » demanda froidement Cora.

Alice ne balança plus ; mais donnant à son narraganset un petit coup de cravache, elle écarta la première les branches des broussailles, et suivit le coureur dans le sentier sombre et embarrassé. Le jeune homme regarda avec admiration celle qui venait de parler, et laissant marcher seule sa compagne plus blanche, mais non certes plus belle, il se hâta de frayer un passage à celle que nous avons appelée Cora. Il paraît que les domestiques avaient reçu des ordres antérieurs, car, au lieu de pénétrer dans la clairière, ils suivirent la route de la colonne; Heyward assura que la sagacité de son guide avait dicté cette mesure, afin de diminuer les traces de leur passage, dans le cas où les sauvages canadiens auraient précédé d'aussi loin l'avant-garde de leur armée. Pendant quelques minutes les difficultés de la route rendirent toute conversation impossible ; après quoi ils quittèrent la vaste enceinte de broussailles qui avoisinaient la grande route, et entrèrent sous la voûte haute et sombre de la forêt. Là, leur marche trouva moins d'obstacles ; et du moment que leur guide s'aperçut que les dames pouvaient régler les mouvements de leur monture, il partit d'un pas qui tenait de la marche et du trot, de manière à tenir à un amble rapide, mais facile, les coursiers excellents et aux pieds sûrs qu'elles montaient. Le jeune homme s'était retourné pour adresser la parole à Cora aux yeux noirs, quand on entendit dans le lointain et sur le derrière, des pas de chevaux qui résonnaient sur le sentier raboteux ; il arrêta la marche de son cheval ; et ses deux compagnes en ayant fait autant, l'on fit halte pour obtenir l'explication de cette interruption inattendue.

Au bout de quelques instants, on vit un poulain courant comme une bête fauve à travers les pins, et bientôt on aperçut le disgracieux personnage décrit dans le chapitre précédent, s'avançant avec toute la vitesse qu'il pouvait faire supporter à sa maigre monture, sans en venir avec elle à une rupture ouverte. Dans leur court passage du quartier-général de Webb au lieu où les attendaient leurs domestiques, ils n'avaient pas eu l'occasion de jeter les yeux sur l'individu qui maintenant s'approchait d'eux. S'il méritait de fixer les regards étonnés lorsqu'il déployait à pied toutes les beautés de sa haute stature, les grâces qu'il montrait à cheval n'étaient pas moins dignes d'attention ; nonobstant l'application constante de son unique éperon au flanc de sa jument, tout ce qu'il pouvait faire était de lui faire prendre le galop de Canterbury, avec les jambes de derrière, mouvement auquel celles de devant aidaient de leur mieux, bien qu'en général elles se contentassent du petit trot. Peut-être que la rapidité avec laquelle s'effectuait le changement d'un de ces pas à l'autre, créait une illusion d'optique, qui exagérait la vigueur de la bête. Toujours est-il certain qu'Heyward, qui se connaissait en chevaux, ne pouvait, avec toute son habileté, décider qu'elle était l'allure qu'imprimait à sa monture celui qui s'avançait sur ses traces avec tant de persévérance.

Les efforts et les mouvements du cavalier n'étaient pas moins remarquables que ceux de son coursier. A chaque changement d'allure de ce dernier, le premier se levait de toute sa taille sur ses étriers ; ce qui produisait, grâce à la longueur indue de ses jambes, un allongement et une réduction de stature qui mettaient en défaut toutes les conjectures qu'on pouvait former. A cela, si l'on ajoute que, par suite de l'application partielle de l'éperon, un côté de la jument paraissait marcher plus vite que l'autre, et qu'on pouvait reconnaître le flanc sacrifié par les coups incessants de la queue, nous aurons complété le portrait tant du cheval que du cavalier.

L'humeur qui commençait à rembrunir le front noble, ouvert et mâle d'Heyward, se dissipa peu à peu, et un sourire effleura ses lèvres à la vue de l'étranger. Alice ne fit pas un grand effort pour retenir un éclat de rire, et dans l'œil noir et pensif de Cora parut un éclair de gaieté que l'habitude, plutôt que sa volonté, parut réprimer.

« Cherchez-vous quelqu'un ici? demanda Heyward, quand l'autre fut arrivé assez près pour ralentir sa marche. » Vous n'êtes sans doute porteur d'aucune mauvaise nouvelle?

— Comme vous dites, » répondit l'étranger en faisant de son castor triangulaire un usage assez redoublé pour établir la circulation dans l'air pesant de la forêt, et en laissant ses auditeurs dans l'incertitude de savoir à laquelle des questions du jeune homme il avait voulu répondre. Toutefois, après s'être essuyé le visage et avoir repris haleine, il continua : « J'ai appris que vous vous rendiez à William-Henri; comme j'y vais moi-même, j'ai pensé qu'une compagnie agréable vous plairait comme à moi.

— Le nombre des voix de part et d'autre n'est pas égal, reprit Heyward ; nous sommes trois, tandis que vous n'avez que vous à consulter.

— Il n'y a pas là plus d'inégalité qu'il n'y en aurait à ce qu'un seul galant se chargeât de protéger et de défendre deux jeunes dames, » dit l'autre d'un ton qui tenait le milieu entre la simplicité et la grossièreté. « Si toutefois il est véritablement homme, et elles véritablement femmes, elles n'auront point d'avis, et adopteront son opinion dans toutes les matières contradictoires ; vous n'en avez donc pas plus à consulter que moi. »

La jolie fille baissa les yeux, en souriant, sur la bride de son cheval, et les teintes délicates de ses joues firent place au plus vif incarnat ; mais les roses du teint de sa compagne se changèrent en une pâleur soudaine, et elle continua à marcher en avant, comme si déjà l'entrevue l'eût fatiguée.

« Si vous vous rendez au lac, vous vous trompez de route, dit Heyward avec hauteur ; la grande route est à un mille et demi au moins derrière vous.

— Très-bien, » reprit l'étranger sans être déconcerté par cette froide réception ; « je me suis arrêté une semaine à Édouard, et, à moins d'être muet, il fallait bien que je m'informasse de la route que j'avais à suivre ; et si j'étais muet, c'en serait fait de mes fonctions. » Après une petite grimace, comme un homme trop modeste pour exprimer plus ouvertement son admiration d'un mot spirituel tout à fait inintelligible à ses auditeurs, il continua avec toute la gravité convenable : « Il y a de l'imprudence dans un homme de ma profession à se trop familiariser avec ceux qu'il est chargé d'instruire ; c'est pour cela que je ne suis pas la marche de l'armée ; en outre, je me suis dit qu'un gentilhomme de votre réputation doit savoir mieux que personne quelle est la meilleure route à suivre ; j'ai donc pris la résolution de me joindre à vous pour rendre le voyage plus agréable et jouir du plaisir de votre société.

— Voilà une résolution arbitraire et un peu irréfléchie, s'écria Heyward, ne sachant s'il devait se fâcher ou rire au nez du personnage. « Mais vous parlez d'instruction et de profession ; êtes-vous adjoint au corps provincial comme professeur de la noble science de la défense et de l'attaque ; ou ne seriez-vous pas de ces gens qui tracent des lignes et des angles sous couleur d'enseigner les mathématiques ? »

L'étranger regarda un moment son interrogateur avec un étonnement prononcé ; puis, remplaçant son air satisfait par l'expression d'une grave humilité, il répondit :

« En fait d'attaque, il n'y en a, j'espère ni d'une part ni de l'autre ; quant à la défense, je n'en ai aucune à faire ; car, par la grâce de Dieu, je n'ai pas, que je sache, commis de péché grave depuis la dernière fois que j'ai imploré son pardon. Je ne comprends pas ce que vous voulez me dire par vos lignes et vos angles, et je laisse l'enseignement à ceux qui ont été appelés et spécialement destinés à remplir cette sainte fonction ; mes prétentions ne vont pas au delà des actions de grâces et des prières accompagnées de l'art de la psalmodie.

— Cet homme est sans doute un disciple d'Apollon, » s'écria Alice, qui était revenue de son embarras momentané. « Je le prends sous ma protection spéciale. Ne froncez pas le sourcil comme cela, Heyward ; et, par complaisance pour mes oreilles curieuses, laissez-le voyager avec nous. D'ailleurs, » ajouta-t-elle en baissant la voix, et en jetant un regard sur Cora qui, à quelques pas de là, marchait lentement sur les traces de leur guide silencieux et sombre, « ce sera un ami ajouté à notre force, en cas d'événement.

— Croyez-vous, Alice, que je conduirais ce que j'aime par ce chemin, si je supposais qu'il pût y avoir le moindre danger à craindre ?

— Ce n'est pas à quoi je songe en ce moment, Heyward ; mais cet étranger m'amuse, et puisqu'il a de la musique dans l'âme, ne soyons pas assez malhonnêtes pour refuser sa compagnie. »

Elle lui lança un regard persuasif, puis étendant sa houssine, lui montra le sentier. Leurs yeux se rencontrèrent un instant ; le jeune officier retarda son départ pour le prolonger, il céda à sa douce influence, fit sentir l'éperon à son coursier, et fut bientôt à côté de Cora,

« Je suis charmée de vous avoir rencontré, l'ami, » dit la jeune fille à l'étranger, en lui faisant signe de la suivre, et en remettant son narraganset à l'amble. « Des parents trop indulgents m'ont persuadée que je ne suis pas tout à fait indigne de figurer dans un duo, et nous pouvons égayer la route en nous livrant à notre goût favori. Ignorante comme je le suis, ce serait pour moi un grand avantage que de recevoir les avis d'un maître expérimenté dans cet art.

— C'est un rafraîchissement pour l'esprit comme pour le corps, de se livrer à la psalmodie en temps convenable, » répliqua le maître de chant, et le suivant sans se faire prier, « et rien ne soulagerait autant l'esprit qu'une communion si consolante. Mais il faut indispensablement quatre parties pour produire une mélodie parfaite. Vous avez tout ce qui annonce un dessus aussi doux que riche ; grâce à la faveur spéciale du ciel, je puis porter le ténor jusqu'à la note la plus élevée ; mais il nous manque une haute-contre et une basse-taille. Cet officier du roi, qui hésitait à m'admettre dans sa compagnie, pourrait se charger de cette dernière partie, à en juger par les intonations de sa voix dans la conversation ordinaire.

— Prenez garde ; ne jugez pas témérairement et trop à la hâte, s'écria Alice en souriant ; les apparences sont souvent trompeuses. Quoique le major Heyward puisse quelquefois produire les tons de la basse-taille, je puis vous assurer que le son naturel de sa voix approche beaucoup plus du ténor que du ton que vous venez d'entendre.

DÉPOT LÉGAL
2
1875

— Uncas est ici (Page 13)

— A-t-il donc beaucoup de pratique dans l'art de la psalmodie ? » lui demanda son compagnon naïf.

Alice éprouvait une grande disposition à partir d'un éclat de rire, mais elle eut assez d'empire sur elle-même pour réprimer ce signe extérieur de gaieté, et répondit :

« Je crains qu'il n'ait plus de goût pour les chants profanes. La vie d'un guerrier, les périls auxquels il se livre, ne sont guère propres à lui donner des inclinations rassises.

— La voix est donnée à l'homme comme les autres talents, répliqua son compagnon, pour qu'il en use, et non pour qu'il en abuse. Personne ne peut me reprocher d'avoir négligé les dons que j'ai reçus. Quoique ma jeunesse,

comme celle du roi David, ait été entièrement consacrée à la musique, je rends grâce à Dieu de ce que jamais une syllabe de vers profanes n'a souillé mes lèvres.

— Vos études se sont donc bornées au chant sacré ?

— Précisément. De même que les Psaumes de David offrent des beautés qu'on ne trouve dans aucune autre langue, de même la mélodie que les théologiens et les sages du pays y ont adaptée est au-dessus de toute harmonie profane. J'ai le bonheur de pouvoir dire que ma bouche n'exprime que les désirs et les pensées du roi d'Israël lui-même ; car quoique le temps et les circonstances puissent exiger quelques légers changements, néanmoins la traduction dont

nous nous servons dans la colonie de la Nou-
velle-Angleterre l'emporte tellement sur toutes
les autres par sa richesse, son exactitude et sa
simplicité naturelle, qu'elle approche autant
qu'il est possible du grand ouvrage du poëte
inspiré. Jamais je ne marche, je ne séjourne, ni
ne me couche, sans un exemplaire de ce livre
saint. Le voici. C'est la vingt-sixième édition,
publiée à Boston, *anno Domini* 1744, et intitu-
lée : « Psaumes et Cantiques spirituels de l'Ancien et du Nouveau Testament, fidèlement tra-
duits en vers anglais pour l'usage, l'édification
et la consolation des saints en public et en particulier, et spécialement dans la Nouvelle-An-
gleterre. »

Pendant qu'il prononçait l'éloge de cette pro-
duction des poëtes de son pays, l'étranger tirait
le livre de sa poche ; il mit sur son nez une
paire de lunettes montées en fer, il ouvrit le volume avec l'air de vénération et de gravité requise. Alors, sans plus de circonlocution, et
sans autre apologie que le mot « Écoutez ! » il
appliqua sa bouche à l'instrument dont nous
avons déjà parlé, en tira un son très-élevé et
très-aigu, que sa voix répéta un octave plus
bas, et se mit à chanter les paroles suivantes
d'un ton plein, doux et harmonieux, qui bra-
vait la musique, la poésie, et même le mouvement irrégulier de sa monture :

> O qu'il est doux ! ô qu'il est bon
> De vivre en bonne intelligence !
> Ainsi, sur la tête d'Aaron
> L'huile coulait en abondance,
> Mouillait sa barbe et son menton,
> Et puis sa chemise et sa panse.

Le chant de ces vers élégants était accompagné d'un geste ascendant et descendant de la
main ; en se levant, sa main faisait un mouvement qu'on n'aurait pu imiter qu'après un
long apprentissage, et quand elle se baissait,
elle venait toucher un instant les feuillets du
livre saint. Une longue habitude lui avait probablement rendu nécessaire cet accompagnement manuel, car il le continua jusqu'à la fin
de la strophe, et il appuya surtout sur les deux
syllabes du dernier vers, si habilement choisi
à cet effet par le poëte.

Une telle interruption du silence de la forêt
ne pouvait manquer de frapper les autres voyageurs qui étaient un peu en avant. L'Indien
articula quelques mots en mauvais anglais à
Heyward, et celui-ci, retournant sur ses pas et
s'adressant à l'étranger, interrompit, pour cette
fois, l'exercice de ses talents harmoniques.

« Quoique nous ne courions aucun danger, dit-
il, la prudence doit nous engager à voyager
dans cette forêt avec le moins de bruit possible.
Vous me pardonnerez donc, Alice, si j'inter-

romps vos plaisirs, en priant votre compagnon
de réserver ses chants pour une autre occasion.

— Vous m'interrompez sans doute, » répondit Alice d'un ton malin, « car je n'ai jamais
vu si peu d'accord entre les paroles et les sons ;
et je m'occupais de recherches scientifiques sur
les causes de cette disparate entre le chant et
les paroles, quand votre basse-taille est venue
rompre le charme de mes méditations.

— Je ne sais pas ce que vous entendez par
ma basse-taille, » répondit Heyward évidemment piqué de cette remarque ; mais je sais
que votre sûreté, Alice, que la sûreté de Cora,
m'occupent en ce moment infiniment plus que
toute la musique d'Hændel. » Le major se tut
tout à coup, tourna vivement la tête vers un
gros buisson qui bordait le sentier, et jeta un
regard plein de soupçon sur le guide indien qui
continuait à marcher avec une gravité impor-
turbable. Il sourit de sa méprise, car il croyait
avoir vu briller à travers les feuilles les yeux
noirs de quelque sauvage ; il continua sa marche et reprit la conversation que cette pensée
avait interrompue.

La méprise d'Heyward n'avait consisté qu'à
laisser endormir un instant son active vigilance.
La cavalcade ne fut pas plutôt passée que les
branches du buisson s'entr'ouvrirent, et une tête
d'homme, aussi hideuse que pouvaient la rendre l'art d'un sauvage et ses passions sans frein,
en sortit et suivit les voyageurs qui se retiraient ;
une satisfaction féroce se peignit sur les traits
de l'habitant des forêts, en voyant la direction
que prenaient les victimes désignées à sa rage
et qui marchaient en avant sans connaître leur
péril. Les formes légères et gracieuses des deux
dames, que le mâle figure du major suivait pas
à pas, se montrèrent encore à travers les détours des arbres, jusqu'à ce qu'enfin le maître
de chant, qui formait l'arrière-garde, devint
invisible à son tour derrière les arbres innombrables qui s'élevaient en lignes sombres dans
l'espace intermédiaire.

CHAPITRE III.

> Avant qu'un bras laborieux
> D'abondantes moissons eût couronné ces lieux,
> Nos fleuves à pleins bords coulaient : le bruit des ondes
> Enchantait de nos bois les retraites profondes ;
> La cascade grondait, et la voix des torrents
> Se mêlait aux soupirs des ruisseaux murmurants.
>
> BRYANT.

Laissons le confiant Heyward et sa compagne
rassurée continuer à pénétrer toujours plus

avant dans les profondeurs d'une forêt qui contenait des habitants aussi perfides; nous allons user du privilége des conteurs, et transporter la scène à l'ouest du lieu où nous avons quitté nos voyageurs.

Ce jour-là, on voyait deux hommes arrêtés sur les bords d'une rivière, petite mais rapide, à une heure de chemin du camp de Webb. On eût dit qu'ils attendaient l'arrivée d'une personne absente, ou l'approche de quelque événement inattendu. La forêt s'étendait en voûte sur les rives, et se projetait sur les eaux dont elle assombrissait la surface. Les rayons du soleil commençaient à devenir moins ardents et la chaleur intense du jour diminuait, à mesure que les vapeurs du soir s'élevaient des sources et des fontaines, et se dispersaient dans l'atmosphère. Ces lieux étaient plongés dans le silence solennel qui accompagne en Amérique les chaleurs assoupissantes de juillet, et qui n'était interrompu que par la conversation à voix basse de ces hommes, les coups de bec de quelque pivert contre un arbre, le cri discordant d'un geai au brillant plumage, ou le mugissement monotone de quelque cataracte lointaine.

Ces bruits faibles et irréguliers étaient trop familiers aux habitants des forêts pour détourner leur attention de l'objet plus intéressant de leur causerie. L'un d'eux avait la peau rouge et le sauvage accoutrement d'un enfant de la forêt; l'autre, sous ses vêtements grossiers et non moins sauvages, indiquait par son teint plus clair, bien que brûlé du soleil, et depuis longtemps fané, qu'il était d'origine européenne; le premier était assis sur l'extrémité d'un tronc moussu, dans une posture qui lui permettait d'ajouter à son langage plein de chaleur le secours des gestes calmes mais expressifs d'un orateur indien. Son corps presque entièrement nu présentait l'image d'un squelette tracé par un mélange de couleur blanche et noire. Sa tête rasée de très-près, et sur laquelle on n'avait laissé que la fameuse et belliqueuse touffe du crâne, n'avait aucune espèce d'ornement, à l'exception d'une plume d'aigle qui la surmontait en travers et lui retombait sur l'épaule gauche. Il portait à sa ceinture un tomahawk et un couteau scalpel, de manufacture anglaise, et une courte carabine, du genre de celles dont la politique des blancs armait leurs sauvages alliés, était placée en travers sur ses genoux nus et nerveux. La large poitrine, les membres bien formés, et la contenance grave de ce guerrier, semblaient indiquer la vigueur de l'âge, qu'aucun symptôme de déclin n'avait encore diminuée.

Le corps du blanc, à en juger par ce que ses vêtements laissaient apercevoir, semblait indiquer un homme qui, dès son jeune âge, avait été exposé à de grandes fatigues. Sa taille musculeuse annonçait plus de maigreur que d'embonpoint; mais l'inclémence des saisons et les travaux semblaient avoir donné une tension vigoureuse à ses nerfs et à ses muscles. Il portait aussi un couteau à sa ceinture, semblable à celle qui retenait les rares vêtements de l'Indien; mais il n'avait pas de tomahawk; ses mocassins étaient ornés avec luxe, à la manière des indigènes. Il n'avait d'autres vêtements sous sa blouse de chasse qu'une paire de guêtres lacées en dehors, et attachées au-dessus du genou avec un nerf de daim. Une gibecière et une poudrière complétaient l'équipement de sa personne, et une très-longue carabine, que l'expérience des blancs avait appris aux Indiens à considérer comme l'arme à feu la plus meurtrière, était appuyée contre un arbre voisin. Les yeux du chasseur ou de l'éclaireur, quel qu'il fût, étaient petits, vifs, pénétrants et mobiles, roulant sans cesse pendant qu'il parlait, comme s'il eût guetté du gibier, ou craint l'approche subite de quelque ennemi caché. Malgré ces symptômes de défiance habituelle, non-seulement ses traits n'avaient rien de faux, mais au moment où nous le mettons en scène, ils portaient l'expression d'une brusque honnêteté : « Vos traditions elles-mêmes sont en ma faveur, Chingachgook, » dit-il en parlant la langue familière à tous les indigènes établis autrefois dans le pays qui s'étend entre l'Hudson et le Potamack, et dont nous donnerons au lecteur une traduction libre, nous efforçant en même temps de conserver le caractère particulier de l'individu et de son langage, « Vos pères sont venus du soleil couchant, ont traversé le grand fleuve, ont combattu les habitants du pays, et se sont approprié le territoire; les miens sont venus du ciel vermeil de l'aurore, en traversant le lac salé, et ils ont fait leur besogne à peu près de la manière dont les vôtres leur avaient donné l'exemple : que Dieu donc juge entre nous, et que des amis s'épargnent d'inutiles querelles.

— Mes pères ont combattu l'homme rouge et nu! » répondit l'Indien fièrement et dans la même langue. « N'y a-t-il pas de différence, Œil-de-Faucon, entre la flèche de pierre du guerrier, et la balle de plomb avec laquelle vous tuez ?

— Il y a de la raison dans un Indien, quoique la nature lui ait donné une peau rouge ? » dit le blanc, comme un homme qui sentait la justesse de cet argument. Un moment il parut convaincu qu'il avait tort; puis revenant à la charge, il répondit à l'objection de son antagoniste le mieux que le lui permirent les limites étroites de ses connaissances : « Je ne suis pas savant, et je n'en fais pas secret; mais si j'en

juge par ce que j'ai vu faire par vos gaillards
de là-bas à la chasse aux daims et aux écureuils,
je pense qu'un fusil entre les mains de leurs
ancêtres devait être moins dangereux qu'un arc
et une flèche à la pointe de pierre, ajustée et
décochée par un Indien.

— C'est de l'histoire telle que vos pères vous
l'ont dite, » répondit l'autre en faisant de la
main un geste d'orgueil et de dédain. « Que
disent vos vieillards? Disent-ils aux jeunes
guerriers que les visages pâles, lorsqu'ils ont
combattu les hommes rouges, étaient peints pour
la guerre et armés de la hache de pierre ou du
fusil de bois?

— Je ne suis point homme à préjugés, ni de
ceux qui se vantent de leurs priviléges naturels;
et pourtant l'ennemi le plus acharné que j'aie
sur la terre, et c'est un Iroquois, devra convenir que je suis un vrai blanc, » reprit l'éclaireur
en regardant avec une satisfaction secrète la
couleur fanée de sa main osseuse et nerveuse ;
« et je ne fais pas difficulté d'avouer qu'il y a
dans mes compatriotes bien des choses qu'en
honnête homme je ne puis approuver. Ils ont
pour habitude d'écrire dans les livres ce qu'ils
ont fait et vu, au lieu de le raconter dans leurs
villages, où un lâche fanfaron peut recevoir un
démenti en face, et le brave soldat invoquer le
témoignage de ses camarades à l'appui de la
vérité de ses paroles. En conséquence de cette
sotte coutume, un homme qui a trop de conscience pour perdre son temps parmi les femmes
à apprendre les noms de marques noires, n'aura
jamais l'occasion de connaître les exploits de ses
ancêtres, et ne pourra mettre son orgueil à les
surpasser. Pour moi, je suis sûr que tous les
Bumppos savaient tirer ; car j'ai à manier le
fusil une adresse naturelle qui doit m'avoir été
transmise de génération en génération, puisque
nos saints commandements nous disent que
toutes nos bonnes et mauvaises qualités nous
sont données : toutefois, dans des matières de ce
genre, je ne voudrais pas répondre pour d'autres. Mais toute histoire à deux faces ; ainsi je
vous demande, Chingachgook, ce qui s'est passé
quand mes pères ont rencontré les vôtres pour
la première fois. »

Il y eut alors une minute de silence pendant
laquelle l'Indien resta muet ; puis s'armant de
toute sa dignité, il commença son court récit
d'un ton solennel qui servait à relever encore
l'apparence de la vérité :

« Écoutez-moi, Œil-de-Faucon, et vos oreilles
ne boiront pas de mensonges. Je vais vous dire
ce que mes pères ont dit, et ce que les Mohicans
ont fait. » Il hésita un instant, et jetant un
regard circonspect vers son compagnon, il continua d'un ton qui tenait tout à la fois de
l'interrogation et de l'affirmation : « Cette rivière

qui coule à nos pieds, ne se dirige-t-elle pas vers
le soleil, jusqu'à ce qu'enfin ses eaux deviennent
salées et le courant remonte vers sa source ?

— Il est certain que vos traditions disent vrai
sous ces deux rapports, dit le blanc, car j'ai été
dans ce pays-là, et j'ai vu ce que vous dites ;
néanmoins, pour ce qui est de savoir pourquoi
l'eau qui est si douce à l'ombre, devient si amère
au soleil, c'est un changement que je n'ai jamais
pu m'expliquer.

— Et le courant ? » demanda l'Indien qui
attendait sa réponse avec cette sorte d'intérêt
qu'un homme attache à voir confirmer son
témoignage sur une chose qui l'étonne, bien
qu'il y ajoute foi ; « les pères de Chingachgook
n'ont pas menti, j'espère !

— La sainte Bible n'est pas plus vraie, et
c'est ce qu'il y a de plus vrai dans la nature.
On appelle ce courant qui remonte, la marée ?
c'est une chose claire et facile à expliquer.
Pendant six heures les eaux descendent, et
pendant six autres heures elles remontent, et
en voici la raison : quand il y a plus d'eau dans
la mer que dans la rivière, elle y entre jusqu'à
ce que la rivière s'élève à son tour, et alors elle
en sort de nouveau.

— Les eaux dans les bois et sur les grands lacs
coulent du haut en bas, jusqu'à ce qu'elles soient
dans la position où est ma main, » dit l'Indien
en étendant sa main devant lui sur une ligne
horizontale ; « et alors elles ne coulent plus.

— Aucun honnête homme ne le niera, » dit
l'éclaireur, un peu piqué du peu de confiance
que témoignait son interlocuteur sur son explication des mystères de la marée ; « et je conviens
que cela est vrai sur une petite échelle et là où
le terrain est de niveau. Mais tout dépend de
l'échelle sur laquelle vous mesurez les choses.
Or, sur une petite échelle, la terre est de niveau,
mais sur une grande elle est ronde. De cette manière, les mares et les étangs, et même les grands
lacs d'eau douce, peuvent être stagnants, comme
nous le savons vous et moi qui les avons vus ;
mais lorsque vous venez à étendre l'eau sur une
grande surface comme la mer, cette surface étant
arrondie, comment l'eau pourrait-elle rester immobile ? C'est comme si vous vouliez que le
fleuve restât immobile au bord de ces rochers
noirs qui sont à un mille au-dessus de nous,
quoique vous entendiez le bruit qu'elles font en
ce moment même en se précipitant par-dessus ! »

Si les raisonnements philosophiques de son
compagnon ne semblaient pas le convaincre,
toutefois l'Indien avait trop de dignité pour laisser apercevoir son incrédulité. Il écoutait en
homme convaincu, et reprit son récit du même
ton solennel qu'auparavant :

« Nous vînmes de l'endroit où le soleil se ca-
che pendant la nuit, en traversant de grandes

plaines où vivent les buffles, jusqu'à ce que nous eûmes atteint la grande rivière. Là nous combatîmes les Alligewi jusqu'à ce que le sol fût rougi de leur sang. Des bords de la grande rivière jusqu'aux rives du lac salé, nous ne trouvâmes point d'ennemis. Les Maquas nous suivaient à quelque distance. Nous dîmes que le pays serait à nous depuis le lieu où l'eau ne remonte plus dans ce fleuve, jusqu'à une rivière à vingt soleils de distance vers le sud. Le territoire que nous avions pris en guerriers, nous le gardâmes en hommes; nous rejetâmes les Maquas dans les bois avec les ours : ils ne goûtèrent le sel que du bout de la langue; ils ne tirèrent point de poissons du grand lac; nous leur jetâmes les arêtes.

— J'ai entendu dire tout cela, et je le crois, » dit le blanc, voyant que l'Indien s'arrêtait; « mais c'était longtemps avant que les Anglais vinssent dans le pays.

— Il y avait alors un pin là où est aujourd'hui ce châtaignier. Les premiers visages pâles qui vinrent parmi nous ne parlaient pas l'anglais. Ils vinrent dans un grand canot, lorsque déjà mes pères avaient enterré le Tomahawk ainsi que les hommes rouges qui les entouraient. Alors, Œil-de-Faucon, » continua-t-il, et il ne trahit sa profonde émotion qu'en donnant à sa voix ce ton grave et guttural qui rend quelquefois si musicale la langue qu'il parlait; « alors, Œil-de-Faucon, nous étions un peuple, et nous étions heureux. Le lac salé nous donnait son poisson, le bois ses daims, et l'air ses oiseaux. Nous prîmes des femmes qui nous donnèrent des enfants, nous adorâmes le Grand-Esprit, et nous tînmes les Maquas assez éloignés de nous pour qu'ils n'entendissent pas nos chants de triomphe!

— Savez-vous quelque chose de votre famille à cette époque? demanda le blanc. Mais vous êtes un homme juste pour un Indien ; et comme je pense que vos pères vous ont transmis leurs qualités, ils doivent avoir été des guerriers braves, et des hommes sages au Feu du Conseil.

— Ma tribu est l'aînée des nations, dit l'Indien, mais je suis un homme choisi. Le sang des chefs coule dans mes veines, où il restera toujours. Les Hollandais débarquèrent, et donnèrent à mes compatriotes l'eau de feu; ils en burent jusqu'à ce que le ciel et la terre parussent se confondre, et ils crurent sottement avoir trouvé le Grand-Esprit. On leur ôta alors leur territoire. Peu à peu on les repoussa loin du rivage, en sorte que moi qui suis un chef et un Sagamore, je n'ai jamais vu briller le soleil qu'à travers les arbres, et n'ai jamais visité les tombeaux de mes pères.

— Les tombeaux inspirent à l'âme des sentiments graves, » répliqua l'éclaireur, vivement touché de la douleur résignée de son compagnon, « et fortifient souvent un homme dans ses bonnes intentions; quoique, pour ce qui est de moi, je m'attende à laisser mes os sans sépulture blanchir dans les forêts, ou devenir la proie des loups. Mais où se trouve maintenant votre nation qui, il y a déjà bien des étés, est venue se réunir à ses frères de Delaware ?

— Où sont les fleurs de tous ces étés?... tombées une à une : il en a été ainsi de toute ma famille; chacun de mes parents est parti à son tour pour le pays des esprits. Je suis au sommet de la colline, il me faudra descendre dans la vallée; et quand Uncas m'aura suivi, il ne restera plus personne du sang des Sagamores, car mon fils est le dernier des Mohicans.

— Uncas est ici! » dit derrière lui une autre voix avec le même ton doux et guttural; « qui demande Uncas?»

Le blanc tira son couteau de sa gaîne de cuir, et porta involontairement la main vers son fusil à cette interrogation subite; mais l'Indien resta calme et sans même tourner la tête vers la voix qu'il venait d'entendre.

Aussitôt un jeune guerrier passa entre eux d'un pas léger, et s'assit sur le bord du fleuve rapide. Le père ne laissa échapper aucune exclamation de surprise; le père et le fils n'échangèrent aucune parole pendant quelques minutes ; chacun d'eux paraissait attendre le moment où il pourrait parler sans montrer une curiosité de femme ou une impatience d'enfant. Le blanc parut imiter leur exemple, et laissant son fusil qu'il avait déjà saisi, il garda le même silence et la même réserve. Enfin Chingachgook tournant lentement ses regards vers son fils, lui dit :

« Les Maquas osent-ils laisser l'empreinte de leurs mocassins dans ces bois?

— J'ai été sur leurs traces, répondit le jeune Indien, et je sais que leur nombre est égal à celui des doigts de mes deux mains; mais ils se cachent comme des lâches.

— Les voleurs sont aux aguets pour scalper et piller! » dit le blanc, que nous appellerons désormais Œil-de-Faucon, comme le nommaient ses compagnons. « Montcalm, ce Français actif, enverra ses espions jusque dans notre camp, mais il apprendra sur quelle route nous marchons!

— C'est assez! » répondit le père, en jetant les yeux vers le soleil couchant, « nous les chasserons de leurs broussailles comme des daims. Œil-de-Faucon, mangeons ce soir, et demain montrons aux Maquas que nous sommes des hommes.

— Je suis aussi prêt à faire l'un que l'autre, reprit l'éclaireur; mais pour combattre les Iroquois, il faut les trouver dans leurs cachettes;

et pour manger, il faut du gibier. Quand on parle du loup, on en voit la queue; voilà la plus belle paire de bois que j'aie encore vus cette année qui s'agitent dans les broussailles au bas de la colline! Maintenant, Uncas, » continua-t-il à demi-voix, et en riant d'un rire concentré, comme un homme qui avait appris à se tenir sur ses gardes, « je parie trois charges de poudre contre une aune de wampum, que je l'atteins entre les yeux, plus près de l'œil droit que du gauche.

— C'est impossible! » dit le jeune Indien en se levant avec toute la vivacité de la jeunesse; « on n'aperçoit que le bout des cornes!

— En voilà un enfant! « dit le blanc en secouant la tête et en s'adressant au père. « Croit-il donc que lorsqu'un chasseur voit une partie de l'animal, il ne peut pas dire où est le reste? »

Déjà il mettait son fusil en joue, et il allait donner une preuve de cette adresse dont il se vantait, quand le guerrier, rabattant son fusil avec la main, dit:

« Œil-de-Faucon, voulez-vous combattre les Maquas?

— Ces Indiens connaissent la nature des bois comme par instinct! » reprit l'éclaireur, en retirant son arme et en se retournant comme un homme convaincu de son erreur. « J'abandonne ce daim à votre flèche, Uncas; autrement nous le tuerions pour servir de repas aux Iroquois. »

Le père témoigna son assentiment par un geste expressif de la main; aussitôt Uncas se jeta ventre à terre, et s'approcha de l'animal en rampant. Lorsqu'il fut à quelques pas du buisson, il ajusta une flèche à son arc avec le plus grand soin, tandis que les cornes du cerf remuaient, comme si l'animal eût flairé un ennemi dans l'air imprégné d'émanations étrangères. Un moment après, on entendit le bruit de la détente de l'arc, une ligne blanche sillonna le buisson, et le daim blessé se précipita aux pieds mêmes de son ennemi caché. Évitant les cornes de l'animal furieux, Uncas se jeta vers son flanc et lui plongea son couteau dans la gorge; et le daim tomba d'un bond au bord de la rivière, dont il teignit les eaux de son sang.

« Voilà qui a été fait avec l'adresse d'un véritable Indien, » dit l'éclaireur en riant intérieurement, mais de grand cœur; « cela méritait d'être vu! Cependant une flèche ne se tire que de près, et il faut un couteau pour achever la besogne.

— Chut! » dit son compagnon en se retournant vivement comme un chien qui sent le gibier.

« Pardieu, en voilà une troupe! » s'écria le chasseur, dont les yeux commencèrent à briller de toute l'ardeur de sa profession accoutumée;

« s'ils viennent à la portée de la balle, je leur en lâcherai une, quand même les six nations seraient cachées dans ce bois à la portée de la détonation! Qu'entendez-vous, Chingachgook? car pour mes oreilles, les bois sont muets.

— Il n'y a qu'un seul daim, et il est mort, » dit l'Indien en se penchant vers la terre, que son oreille touchait presque. « J'entends le bruit de pas.

— Peut-être que des loups emportent ce daim, et d'autres suivent sa trace?

— Non, ce sont des chevaux et des hommes blancs qui viennent! » reprit l'autre en se relevant avec dignité, et reprenant son siége sur le tronc d'arbre avec son calme ordinaire : « Œil-de-Faucon, ce sont vos frères; parlez-leur.

— Je le veux bien, et je leur parlerai un anglais auquel le roi lui-même ne ferait pas difficulté de répondre, » reprit le chasseur dans la langue dont il était si fier; « mais je ne vois rien, et je n'entends ni hommes ni animaux; il est étrange qu'un Indien reconnaisse les sons qui annoncent l'approche d'un blanc, mieux qu'un homme tel que moi, qui, de l'aveu de mes ennemis mêmes, n'ai que du sang pur dans les veines, quoique j'aie vécu assez longtemps avec les Peaux-Rouges pour qu'on me soupçonne d'en faire partie. Ah! j'entends quelque chose qui ressemble au craquement d'une branche sèche; oui, maintenant voilà les broussailles qui remuent... oui, oui, voilà le bruit des pas que je prenais pour celui de la chute d'eau... et... Mais les voilà qui arrivent; Dieu les garde des Iroquois! »

CHAPITRE IV

Fais ce que tu voudras; ce bois est ta prison.
De cette injure il faut enfin que j'aie raison.
SHAKSPEARE. *Le Rêve d'une nuit d'été.*

L'Éclaireur parlait encore, quand le premier de ceux dont l'oreille vigilante de l'Indien avait deviné l'approche, se montra à découvert. Un sentier battu, comme ceux que pratique le passage périodique des daims, traversait une petite vallée peu éloignée, et aboutissait à la rivière au point où s'étaient postés le blanc et ses compagnons rouges. C'est par ce sentier que les voyageurs qui avaient produit une surprise si rare dans les profondeurs de la forêt, s'avancèrent lentement vers le chasseur qui, placé en avant des deux Indiens, était prêt à recevoir.

« Qui va là? » demanda l'éclaireur, rejetant négligemment son fusil en travers de son bras gauche, pendant que l'index de sa main droite était sur le chien, tout en évitant de donner à son action la moindre apparence de menace. « Qui va là au milieu des dangers des bêtes féroces et du désert?

— Des hommes qui croient à la religion, des amis de la loi et du roi, » répondit celui qui était en tête des voyageurs; des hommes qui ont voyagé depuis le lever du soleil, dans les ombres de la forêt, sans nourriture, et qui sont terriblement fatigués de la route.

— En ce cas, vous avez perdu votre chemin, interrompit le chasseur, et vous savez maintenant combien on est embarrassé quand on ne sait pas si c'est à gauche ou à droite qu'il faut prendre.

— C'est tout à fait cela; des enfants à la mamelle ne sont pas plus à la merci de ceux qui les guident, que nous ne le sommes, nous qui sommes grands; et on peut dire de nous, que nous avons la taille des grandes personnes, sans leur capacité. Savez-vous la distance qu'il y a d'ici à un poste de la couronne qu'on nomme William-Henry?

— Oh! oh! s'écria l'éclaireur, qui ne s'épargna pas le rire, bien qu'aussitôt il en réprimât les éclats dangereux, pour ne pas être entendu d'ennemis cachés. « Hé bien! vous voilà donc dépistés comme le serait un chien qui aurait l'Horican entre lui et le daim qu'il poursuit. William-Henry! camarade, si vous êtes les amis du roi, et que vous vouliez rejoindre l'armée, ce que vous auriez de mieux à faire ce serait de suivre le cours de la rivière jusqu'à Édouard, où vous conteriez votre affaire à Webb qui perd là son temps au lieu de pousser en avant dans les défilés, et de forcer ce Français impertinent à repasser le Champlain et à rentrer dans sa tanière. »

Avant que l'étranger pût répondre à cette proposition inattendue, un autre cavalier franchit les broussailles et fit sauter son cheval dans le sentier, vis-à-vis de son compagnon.

« A quelle distance sommes-nous donc du fort Édouard? demanda ce nouvel interlocuteur; nous avons quitté ce matin l'endroit où vous nous conseillez d'aller, et nous nous rendons à l'extrémité supérieure du lac.

— Il faut alors que vous ayez perdu le sens de la vue avant de perdre votre chemin; car la route qui traverse la plaine a pour le moins deux verges de largeur, et est aussi bonne qu'aucune de celles qui passent dans Londres, et devant le palais du roi lui-même.

— Nous ne contestons pas l'excellence de la route, » répondit Heyward, car c'était lui, comme le lecteur l'a sans doute déjà deviné. « Il suffit, pour le moment, que vous sachiez que nous nous sommes confiés à la conduite d'un Indien qui a offert de nous conduire par un chemin caché, mais plus court, et que nous nous sommes trompés en comptant sur sa connaissance des lieux. En un mot, nous ne savons pas où nous sommes.

— Un Indien qui se perd dans les bois! » dit l'éclaireur en secouant la tête d'un air d'incrédulité, « à une époque de l'année où le soleil grille le sommet des arbres, et où les chutes d'eau sont pleines; quand chaque brin de mousse qu'il voit lui indique de quel côté luit l'étoile polaire pendant la nuit! Les bois sont remplis de sentiers pratiqués par les daims, et qui conduisent aux rivières et aux cours d'eau, lieux que chacun peut connaître; et puis les oies sauvages n'ont pas encore pris leur vol pour les eaux du Canada! Il est bien étonnant qu'un Indien se perde entre l'Horican et le coude de la rivière! Est-ce un Mohawk?

— Il ne l'est pas de naissance, bien qu'il ait été adopté dans cette tribu; je pense qu'il est né plus au nord, et qu'il est de ceux que vous appelez Hurons.

— Ouf! s'écrièrent les deux compagnons de l'éclaireur, qui, jusqu'à cet endroit du dialogue, étaient restés assis, immobiles, et, en apparence, indifférents à ce qui se passait, mais qui maintenant se levèrent avec une vivacité et une émotion qui montraient que la surprise les avait fait sortir de leur réserve accoutumée.

« Un Huron! » répéta brusquement le chasseur, en secouant de nouveau la tête en signe de défiance manifeste; « c'est une race de voleurs, et peu m'importe par qui ces gens-là sont adoptés; vous ne ferez jamais d'eux que des lâches et des vagabonds. Du moment que vous êtes confié à un homme de cette nation, ce qui m'étonne seulement, c'est que vous n'en ayez pas encore rencontré d'autres.

— Cela n'est guère à craindre, puisque nous sommes encore à une grande distance de William-Henry. Vous oubliez que je vous ai dit que notre guide est maintenant un Mohawk; qu'il est de nos amis et sert sous nos drapeaux?

— Je vous dirai que quiconque est Mingo, mourra Mingo, reprit l'autre d'un ton positif. Un Mohawk! non. Pour l'honnêteté, donnez-moi un Delaware ou un Mohican; et quand ils consentiront à combattre, ce que tous ne feront pas, car ils ont souffert que les Maquas, leurs rusés ennemis, fissent d'eux des femmes; enfin, quand ils voudront bien se battre, prenez vos guerriers parmi les Delaware et les Mohicans!

— En voilà assez! dit Heyward impatient; je n'ai pas besoin de savoir ce que je dois penser d'un homme que je connais, et que vous ne pouvez pas connaître. Vous n'avez pas encore répondu à la question que je vous ai adressée;

combien y a-t-il d'ici au corps d'armée principal, cantonné à Édouard?

— Cela dépend beaucoup de la qualité de
votre guide. Je suis porté à croire qu'un cheval
comme celui que vous montez doit faire bien du
chemin entre le lever et le coucher du soleil.

— Je ne veux pas faire avec vous assaut de
paroles, » dit Heyward dévorant son mécontentement et prenant un ton de voix plus doux;
« si vous voulez me dire combien il y a d'ici au
fort Édouard et m'y conduire, votre peine ne
sera pas perdue.

— Et qui sait si, en faisant ce que vous me
demandez, je ne conduis pas un ennemi, un espion de Montcalm, venu pour examiner les
dispositions et les travaux de l'armée?

— Si vous appartenez à l'armée, dont vous
êtes sans doute un des éclaireurs, vous devez
connaître le soixantième, un des régiments du
roi?

— Le soixantième! il n'y a pas de royal américain que je ne connaisse, bien que je porte
une blouse de chasse au lieu d'un habit rouge.

— Eh bien! dans ce cas, vous devez savoir le
nom du major de ce régiment?

— Le major! » interrompit le chasseur en relevant la tête comme un homme pénétré de son
importance; « s'il y a au monde quelqu'un qui
connaisse le major Effingham, vous le voyez
devant vous.

— Il y a dans ce corps plusieurs majors; celui dont vous parlez est le plus ancien; mais je
parle du plus jeune de tous, celui qui commande les compagnies en garnison à William-
Henry.

— Oui, oui, on m'a dit que ces fonctions sont
remplies par un jeune gentilhomme très-riche,
venu de l'une des provinces les plus méridio-
nales. Il est trop jeune pour être revêtu d'un
grade si élevé et pour prendre le pas sur des
anciens dont la tête commence à grisonner;
mais, à dire vrai, il sait son métier de soldat,
et c'est un galant homme.

— Quel qu'il soit, et quels que puissent être
ses droits au rang qu'il occupe, c'est lui qui
vous parle en ce moment, par conséquent vous
n'avez pas à craindre en lui un ennemi. »

L'éclaireur regarda un moment Heyward d'un
air étonné; puis, se découvrant la tête, il répondit d'un ton moins défiant qu'avant, mais où
se trahissaient encore quelques doutes:

« J'ai su qu'un détachement a dû quitter le
camp ce matin pour se porter vers le lac.

— On vous a dit vrai; mais j'ai préféré prendre un chemin plus court, me confiant aux connaissances de l'Indien dont je vous ai parlé.

— Et cet homme vous a trompés, puis vous
a abandonnés?

— Ni l'un, ni l'autre; il ne nous a point

quittés: en tout cas, il est là sur les derrières.

— Je serais bien aise de voir cette créature-là;
si c'est un véritable Iroquois, je le verrai à son
air de lâcheté et à son tatouage, » dit l'éclaireur,
qui aussitôt passa devant le cheval d'Heyward
et entra dans le sentier derrière la jument du
maître de chant, dont le poulain avait profité
de la halte pour mettre à contribution la mamelle maternelle. Après avoir écarté les broussailles et s'être avancé de quelques pas, il rencontra les dames qui attendaient avec anxiété,
et non sans quelque crainte, le résultat de la
conférence. Derrière elles le coureur était adossé
à un arbre, et là il soutint l'examen scrutateur de
l'éclaireur, d'un air impassible, mais avec un
regard si sombre et si farouche, qu'il en était
effrayant. Satisfait de son investigation, le chasseur bientôt le quitta. En passant devant les
deux dames, il s'arrêta un moment pour contempler leur beauté, répondant par un regard
gracieux au sourire et au salut d'Alice. De là il
se rendit auprès de la maternelle monture, et
après avoir donné à son cavalier une minute
d'investigation inutile, il secoua la tête et revint
auprès d'Heyward. « Un Mingo est toujours un
Mingo, et puisque Dieu l'a fait ainsi, il n'est pas
au pouvoir des Mohawks ni de personne de le
changer, » dit-il, après avoir regagné sa première station. « Si nous étions seuls et que vous
voulussiez faire aux loups, cette nuit, le sacrifice de ce beau cheval, je pourrais moi-même
vous conduire dans une heure au fort Édouard,
car il n'y a d'ici là qu'une heure de chemin;
mais avec la compagnie de ces dames, cela est
impossible!

— Et pourquoi cela? elles sont fatiguées,
mais elles feront bien encore quelques milles.

— Il y a impossibilité naturelle! répéta l'é-
claireur d'un ton résolu. Je ne voudrais pas
pour le meilleur fusil des colonies me hasarder
dans ces bois après la nuit tombante, dans la
société de ce coureur. La forêt est pleine d'Iroquois en campagne, et ce coquin de Mohawk
sait trop bien où les trouver pour que sa compagnie me convienne.

— Vous croyez? dit Heyward en se penchant
sur sa selle et en parlant à voix basse; j'avoue
que je n'ai pas été sans quelques soupçons, bien
que j'aie fait mon possible pour les cacher, et
que j'aie affecté, à cause de ces dames, une confiance que je n'avais pas toujours. C'est parce
que je me défiais de lui que je n'ai pas voulu
consentir plus longtemps à le suivre, et que je
l'ai fait marcher en queue, comme vous voyez.

— Aussitôt que j'ai jeté les yeux sur lui, j'ai
jugé que c'était un fourbe, « reprit l'éclaireur
en plaçant un doigt contre son nez en signe de
circonspection; « le voleur est adossé au tronc de
cet érable à sucre que vous voyez là-bas s'élever

BIBLIOTHÈQUE NATIONALE
R.F.
IMPRIMÉS

Alors l'éclaireur appuyant une perche contre un rocher... (Page 22)

au-dessus de cette clairière ; sa jambe droite est placée parallèlement à l'arbre, et, ajouta-t-il en frappant sur son fusil, de l'endroit où je suis, je puis lui envoyer une balle entre la cheville et le genou, qui le mettra dans l'impuissance de reprendre, avant un ou deux mois, ses caravanes dans la forêt. Si je retournais auprès de lui, le rusé animal se douterait de quelque chose, et décamperait à travers les arbres comme un daim effrayé.

— Gardez-vous-en bien ; il peut être innocent, et cet acte ne me convient pas. Pourtant si j'avais la certitude de sa trahison...

— On peut, sans crainte de se tromper, prendre pour un fait certain la scélératesse d'un Iro-

quois, » dit l'éclaireur en mettant son fusil en joue par un mouvement instinctif.

« Arrêtez ! s'écria Heyward ; je ne le veux pas ; il faut songer à d'autres moyens ; et pourtant j'ai bien des raisons de croire que le coquin m'a trompé. »

Le chasseur qui, sur l'ordre de son supérieur, avait déjà renoncé à son projet de mutiler le coureur, réfléchit un moment, puis fit un geste, qui sur-le-champ amena près de lui ses deux compagnons rouges. Ils s'entretinrent pendant quelque temps avec vivacité, mais à voix basse, dans la langue delaware; et aux gestes du chasseur, qui montrait fréquemment l'érable dont on découvrait le sommet, il était facile de juger qu'il indiquait la retraite de leur ennemi. Ses compagnons ne furent pas longs à comprendre son désir, et déposant leurs armes à feu, ils partirent chacun en prenant un côté différent du sentier, et se plongèrent dans la clairière avec des mouvements si circonspects, qu'on ne pouvait entendre le bruit de leurs pas.

« Retournez maintenant vers lui, dit le chasseur à Heyward, et faites causer le manant; ces Mohicans que vous voyez vont s'emparer de sa personne, sans même toucher à son tatouage.

— Non, dit Heyward avec fierté, je veux le saisir moi-même.

— Bah! Eh que pouvez-vous faire à cheval contre un Indien dans les broussailles?

— Je mettrai pied à terre.

— Lorsqu'il vous verra ôter un pied hors de l'étrier, croyez-vous qu'il attendra que vous ayez dégagé l'autre? Quiconque a affaire dans les bois à des indigènes, doit employer les méthodes indiennes, s'il veut réussir. Allez donc; parlez à haute voix à ce mécréant; et faites semblant de le regarder comme l'ami le plus vrai que vous ayez au monde. »

Heyward se prépara à faire ce qu'on lui disait, bien qu'il éprouvât de la répugnance pour la nature de l'expédient auquel il était obligé de recourir. Cependant, le temps pressait et lui faisait sentir la situation critique dans laquelle son aveugle confiance avait placé le dépôt précieux confié à sa garde. Le soleil avait déjà disparu, et les bois, tout à coup privés de sa lumière, commençaient à prendre une teinte sombre qui lui rappelait vivement l'approche de l'heure choisie habituellement par le sauvage pour ses actes barbares d'hostilité et de vengeance. Stimulé par ces appréhensions pressantes, il ne répondit rien et quitta l'éclaireur, qui entra en conversation immédiatement et à haute voix avec l'étranger qui, avec si peu de cérémonie, s'était réuni le matin à la compagnie des voyageurs. En passant près des dames, Heyward leur adressa quelques paroles d'encouragement, et fut charmé de voir que, bien que fatiguées de l'exercice de la journée, elles paraissaient croire que l'embarras actuel était uniquement accidentel. Après leur avoir donné à entendre qu'il s'occupait simplement d'une consultation sur le chemin qu'ils avaient à suivre, il piqua son cheval, et l'arrêta lorsque l'animal l'eut transporté à quelques pas du lieu où le coureur morose était encore adossé à l'arbre.

« Vous voyez, Magua, » dit-il, en s'efforçant de prendre un air de liberté et de confiance, « que la nuit s'approche, et cependant nous ne sommes pas plus près de William-Henry que lorsque nous avons quitté le camp de Webb au lever du soleil. Vous avez perdu votre route, et je n'ai pas mieux réussi que vous. Mais heureusement, nous avons rencontré un chasseur, celui que vous voyez là-bas causer avec le chanteur; il connaît tous les sentiers et tous les détours de la forêt, et il promet de nous conduire dans un lieu où nous serons en sûreté jusqu'à demain. »

L'Indien fixa sur Heyward ses yeux étincelants, et lui dit en mauvais anglais : « Est-il seul?

— Seul! » répondit en hésitant Heyward, pour qui la dissimulation était chose nouvelle et qui ne s'y livrait qu'avec embarras. « Oh! il n'est certainement pas seul, Magua, car vous savez que nous sommes avec lui.

— Alors le Renard Subtil s'en ira », répondit le coureur, en relevant froidement la petite valise qui était à ses pieds; « et les visages pâles ne verront plus que les gens de leur couleur.

— Qui s'en ira? qui appelez-vous le renard?

— C'est le nom qu'ont donné à Magua ses pères canadiens », reprit le coureur d'un air qui indiquait combien il était fier de cette distinction, bien qu'il ignorât probablement le sens de cette désignation. « Le jour et la nuit sont indifférents au Subtil, quand Munro l'attend.

— Et quel compte rendra le Renard des deux filles du commandant de William-Henry? Osera-t-il dire au bouillant Écossais qu'il a laissé ses enfants sans guides, bien que Magua eût promis de leur en servir?

— La tête grise a la voix forte et le bras long; mais le Renard l'entendra-t-il ou sentira-t-il son atteinte dans les bois? » répliqua le rusé coureur.

« Mais que diront les Mohawks? ils lui feront des jupons et lui ordonneront de rester dans le vigwam avec les femmes, car il ne mérite plus qu'on lui confie les fonctions d'un homme.

— Le Subtil sait le chemin des grands lacs, et il peut y retrouver les ossements de ses pères », fut toute la réponse de l'impassible coureur.

« Assez, Magua, dit Heyward; ne sommes-nous pas amis? Pourquoi échangerions-nous des paroles amères? Munro a promis de vous récompenser de vos services à votre retour, et j'ai aussi une dette à acquitter envers vous. Reposez donc vos membres fatigués, et ouvrez votre valise pour manger. Nous avons quelques moments à nous; ne les perdons pas à nous disputer comme des femmes. Quand nos dames auront pris quelques rafraîchissements, nous continuerons notre route.

— Les visages pâles se font les chiens de leurs femmes », marmotta l'Indien dans la langue de sa nation, « et quand elles ont besoin de manger, il faut que les guerriers posent le tomahawk pour nourrir leur paresse.

— Que dites-vous, Renard?

— Le Subtil dit que c'est bon. »

L'Indien regarda alors fixement le visage ouvert d'Heyward ; mais, ayant rencontré son regard, il détourna promptement le sien ; s'asseyant à terre, il tira de sa valise quelques restes de son dernier repas, et commença à manger, non toutefois sans regarder lentement et avec circonspection autour de lui.

« C'est bien, continua Heyward ; et le Renard aura assez de force et il verra assez clair pour retrouver sa route demain matin. » Il s'arrêta, car il entendit dans les broussailles voisines le craquement d'une branche sèche et le froissement des feuilles ; mais, se remettant aussitôt, il reprit : « Nous devrons partir avant le lever du soleil, sans quoi Montcalm pourrait se trouver sur notre route, et nous interdire l'entrée du fort. »

Magua laissa retomber sur sa cuisse la main qu'il portait à sa bouche ! et bien que ses regards fussent fixés vers la terre, sa tête se détournait, ses narines s'élargissaient, et ses oreilles mêmes semblaient se dresser plus qu'à l'ordinaire : on eût dit la statue de l'Attention.

Heyward, qui surveillait ses mouvements d'un œil attentif, dégagea négligemment un de ses pieds de l'étrier pendant qu'il passait la main vers la peau d'ours qui couvrait ses pistolets. Il était impossible de découvrir sur quel objet était principalement attachée la vue du coureur : ses regards, qu'on eût crus immobiles, étaient néanmoins dans une agitation continue, et ne paraissaient se fixer sur aucun objet particulier. Pendant qu'il hésitait sur ce qu'il avait à faire, le Subtil se leva doucement, et avec un mouvement si lent et tant de circonspection, qu'il ne fit pas le plus léger bruit en changeant ainsi de position. Heyward sentit que le moment d'agir était arrivé ; passant dans sa jambe par-dessus sa selle, il mit pied à terre dans la résolution de s'avancer et de saisir son perfide compagnon, se fiant à sa vigueur pour y réussir. Toutefois, afin de ne pas lui donner d'alarme, il continua à conserver un air de calme et d'amitié.

« Le Renard subtil ne mange pas ? » dit-il en employant l'appellation qui flattait le plus la vanité de l'Indien ; « son grain paraît mal grillé et desséché. Laissez-moi l'examiner ; je trouverai peut-être dans mes provisions quelque chose qui excitera davantage son appétit. »

Magua, acceptant son offre, lui tendit sa valise. Il permit même que leurs mains se touchassent, sans trahir la moindre émotion, sans changer son attitude d'attention profonde. Mais quand il sentit les doigts d'Heyward remonter doucement le long de son bras nu, il frappa le bras du jeune homme, et poussant un cri perçant, se précipita par dessous et plongea d'un seul bond dans la clairière en face. L'instant d'après on vit apparaître derrière les broussailles la figure tatouée de Chingachgook qui, semblable à un spectre, s'élança à la poursuite de Magua. Uncas poussa un grand cri, une lueur soudaine éclaira la forêt, et on entendit la détonation du fusil du chasseur.

———

CHAPITRE V

La nuit régnait ainsi ; le temps était pareil
Quand Thisbé du matin devança le réveil.
Et que, pâle et tremblante, à travers le bois sombre,
Avant le lion même, elle aperçut son ombre,

SHAKSPEARE. *Le Marchand de Venise.*

La fuite soudaine du guide, et les cris farouches de ceux qui le poursuivaient, tinrent Heyward pendant quelques instants dans une immobile stupeur. Alors se rappelant de quelle importance il était de s'assurer du fugitif, il écarta les broussailles qui l'environnaient, et se joignit à la poursuite. Mais avant d'avoir fait cent pas, il rencontra les trois enfants de la forêt, revenant déjà de leur chasse infructueuse.

« Pourquoi si tôt vous décourager ? s'écria-t-il, le coquin doit être caché derrière quelqu'un de ces arbres, et on peut encore s'en emparer. Tant qu'il sera en liberté, notre sûreté sera compromise.

— Voulez-vous mettre un nuage à la poursuite du vent ? répondit l'éclaireur désappointé ; j'ai entendu le manant se glisser à travers les feuilles sèches comme un serpent noir, et l'ayant entrevu un instant contre ce grand pin, je l'ai tiré comme à la piste, mais j'ai perdu mon coup ! et cependant j'avais bien ajusté, et si tout autre que moi eût lâché la détente, j'aurais dit que c'est un habile tireur ; et on peut dire que j'ai de l'expérience dans ces matières, et que je dois m'y connaître. Voyez ce sumac, ses feuilles sont rouges, et cependant tout le monde sait qu'elles n'ont pas cette couleur au mois de juillet !

— C'est le sang du subtil ! Il est blessé, il est possible qu'il en meure !

— Non, non, reprit l'éclaireur exprimant sa désapprobation de cette opinion. Je lui ai écorché un membre peut-être, mais le coquin n'en a sauté que plus agilement. Une balle de fusil agit sur un animal courant, quand elle l'effleure, comme l'éperon sur un cheval ; elle accélère ses mouvements, et au lieu de lui ôter la vie, elle

lui en donne. Mais quand la balle fait un trou
après un bond ou deux, il est d'habitude qu'on
ne saute plus, qu'on soit un daim ou un Indien.

— Nous sommes quatre bien portants contre
un homme blessé!

— Êtes-vous las de vivre? interrompit l'éclaireur. Ce diable rouge vous attirerait sous le
coup des tomahawks de ses camarades, avant
que vous eussiez pris goût à la chasse. C'est une
imprudence dans un homme qui, comme moi, a
souvent dormi au cri de guerre, de faire feu pendant que des ennemis cachés pouvaient nous
entendre! Mais c'était une tentation naturelle:
oh oui, bien naturelle! Venez, amis, sortons
d'ici, mais de manière à dépister la ruse d'un
Mingo ; sans quoi, avant demain soir, à cette
heure, nos chevelures courent risque de sécher
au vent en face du camp de Montcalm. »

Cette déclaration effrayante que l'éclaireur
articula avec la froide assurance d'un homme
qui comprenait toute la portée du danger qu'il
n'hésitait pas à affronter, servit à rappeler à
Heyward l'importance du dépôt qui lui avait
été confié. Jetant les yeux autour de lui, ses regards essayèrent vainement de percer la profon-
deur des ténèbres qui recouvraient le feuillage
de la forêt; il lui sembla qu'il était loin de tous
secours humains, et que ses compagnes sans défense seraient bientôt à la merci de leurs barbares ennemis, qui, comme des bêtes féroces, n'attendaient que la nuit pour porter des coups plus
fatals et plus sûrs à la faveur des ténèbres. Son
imagination éveillée, trompée par les illusions
de l'optique, croyait voir une forme humaine
dans chaque buisson qui se balançait, dans
chaque tronc d'arbre tombé à terre; et vingt
fois il s'imagina voir les visages horribles de ses
ennemis aux aguets, s'avançant hors de leur
retraite, et surveillant tous les mouvements de
la troupe. Levant les yeux, il vit que les nuages légers et veloutés que le soir avait semés sur
un ciel bleu, commençaient déjà à prendre leur
teinte de rose, et que le fleuve qui coulait près
de là ne se distinguait plus que par la sombre
bordure de ses rives boisées.

« Quel parti faut-il prendre? » dit-il, sentant
que le doute le livrait sans défense à un danger
aussi pressant ; au nom de Dieu, ne m'abandonnez pas! restez pour défendre les personnes que
j'accompagne, et fixez vous-même votre récompense. »

Ses compagnons, qui s'entretenaient entre
eux dans la langue de leur tribu, ne firent
point attention à cette apostrophe soudaine et
pressante. Quoique leur conversation eût lieu
à voix basse et avec beaucoup de circonspection,
Heyward, qui s'approcha alors, distingua facilement le ton animé du plus jeune guerrier, de

la parole plus calme de celui qui était plus âgé
Il était évident qu'ils discutaient la convenance
de quelques mesures qui intéressaient de près
la sûreté des voyageurs. Cédant à l'intérêt qu'il
avait lui-même à l'objet en discussion, et impatient d'un délai qui pouvait ajouter à leur danger, Heyward se rapprocha du groupe qui était
dans les ténèbres, dans l'intention de faire des
offres plus précises de récompense, quand le
blanc, faisant un geste de la main comme pour
indiquer qu'il cédait le point contesté, se retourna en disant dans une sorte de monologue et en
anglais :

« Uncas a raison: ce ne serait pas agir en
hommes que d'abandonner à leur sort des êtres
sans défense, lors même qu'il devrait en résulter pour nous la perte de notre asile. Monsieur,
si vous voulez sauver ces tendres fleurs de la
dent des serpents les plus cruels, vous n'avez ni
temps, ni résolution à perdre!

— Comment pouvez-vous douter de ma volonté? N'ai-je pas déjà offert...

— Offrez vos prières à celui qui, seul, peut
nous donner la sagesse de déjouer les ruses des
diables qui remplissent cette forêt, interrompit
avec calme l'éclaireur, mais laissez là vos offres
d'argent ; nous ne vivrons peut-être pas, vous
pour les réaliser, moi pour en profiter. Ces
Mohicans et moi, nous ferons tout ce qu'il est
possible de faire pour protéger ces fleurs, qui,
toutes charmantes qu'elles sont, n'ont pas été
faites pour ces déserts, et cela sans attendre
d'autre récompense que celle que Dieu accorde
toujours aux actions honnêtes. Mais d'abord il
faut nous promettre deux choses en votre nom
et au nom de vos amis ; sinon, nous pourrions
nous nuire à nous-mêmes sans vous servir.

— Nommez-les.

— L'une est de garder, quoi qu'il arrive, un
silence aussi profond que ces solitudes ; l'autre
est de ne découvrir à qui que ce soit le lieu où
nous vous mènerons.

— Je ferai mon possible pour que ces deux
conditions soient remplies.

— Suivez-nous donc, car nous perdons des
moments aussi précieux que le sang du cœur à
un daim blessé. »

Heyward put distinguer le geste impatient
de l'éclaireur à travers l'ombre croissante du
soir, et le suivit rapidement vers le lieu où il
avait laissé le reste de la compagnie. Quand ils
eurent rejoint les dames inquiètes et dans l'attente, il leur fit part brièvement des conditions
de leur nouveau guide et de la nécessité qu'il y
avait de faire céder toute espèce de crainte à des
efforts immédiats et énergiques. Quoique cette
communication alarmante ne fût pas reçue avec
beaucoup de terreur par ses compagnes, néanmoins le ton pressant et sérieux dont il parla,

joint peut-être à la nature du danger, réussit à les disposer à supporter quelque épreuve nouvelle et inattendue. En silence et sans perdre un moment, il les aida à monter en selle ; tous alors se hâtèrent de descendre jusqu'au bord de la rivière, où déjà l'éclaireur avait réuni ses compagnons à l'aide de ses gestes expressifs plutôt que par des paroles.

« Et que ferons-nous de ces créatures muettes ? » dit le chasseur, qui semblait chargé seul de la direction future des mouvements de toute la troupe ; « leur couper la gorge et les jeter ensuite dans la rivière, ce serait encore perdre bien du temps ; les laisser ici ce serait avertir les Mingos qu'ils n'ont pas bien loin à aller pour trouver leurs maîtres.

— Jetez-leur la bride sur le cou, et chassez-les dans la forêt, dit Heyward en hésitant.

— Non ; il vaudrait mieux donner le change à ces bandits, et leur faire croire qu'il faut qu'ils courent avec la rapidité d'un cheval s'ils veulent atteindre leur proie. Ah ! voilà qui va les attraper. Holà ! Chingach... qu'entends-je dans les broussailles.

— C'est le poulain.

— Il faut que le poulain meure ! » dit l'éclaireur en saisissant la crinière de l'agile animal, qui lui échappa facilement. « Uncas, vos flèches.

— Arrêtez ! » s'écria le propriétaire de l'animal condamné, en élevant la voix, sans faire attention que ses compagnons ne se parlaient qu'à voix basse. « Épargnez l'enfant de Miriam ! c'est le joli rejeton d'une jument fidèle, et il ne peut faire de mal à personne.

— Quand des hommes luttent pour conserver la vie unique que Dieu leur a donnée, dit l'éclaireur d'un ton sévère, ils n'épargnent pas plus les jours de leurs semblables que les bêtes des forêts. Si vous ajoutez un mot, je vous abandonne à la merci des Maquas. Prenez une de vos flèches, Uncas, tirez à bout portant ; nous n'avons pas le temps de recommencer à deux fois. »

On entendait encore sa voix sourde et grave, quand le poulain blessé, se dressant encore sur ses jambes de derrière, s'abattit sur ses genoux. Dans ce mouvement, il rencontra le couteau de Chingachgook qui le lui plongea dans la gorge avec la rapidité de l'éclair, et poussa la victime, qui se débattait encore, dans la rivière, qui se referma sur l'animal, où des bulles nombreuses annoncèrent les efforts qu'il faisait dans son agonie pour aspirer un souffle d'air. Cet acte, d'une cruauté apparente, mais d'une nécessité réelle, fut pour les voyageurs comme un avant-coureur terrible des périls qui les attendaient, et cette impression s'augmenta encore à la vue de la résolution ferme et calme des acteurs de cette scène tragique. Les deux sœurs tressaillirent et se rapprochèrent l'une de l'autre ; Heyward, par un mouvement instinctif, porta la main sur l'un de ses pistolets qu'il venait de mettre à sa ceinture, au moment où il se plaça entre les personnes confiées à sa garde, et ces ombres épaisses qui semblaient tirer devant la forêt comme un voile impénétrable.

Cependant les Indiens, sans hésiter un moment, prirent la bride des chevaux, et, malgré leur effroi et leur résistance, les firent entrer dans le lit de la rivière.

A peu de distance du rivage, ils firent un détour, et furent bientôt cachés par la projection de la rive, à l'abri de laquelle ils s'avancèrent en remontant le fleuve. En même temps l'éclaireur tira un canot d'écorce du lieu où il était caché sous des broussailles, dont les branches se balançaient au mouvement des flots, et sans prononcer une parole, il fit signe aux dames d'y entrer. Elles obéirent sans hésiter, mais non sans jeter plus d'un regard d'inquiétude et d'effroi derrière elles, vers ces épaisses ténèbres qui s'étendaient, comme une barrière sombre, le long des rives du fleuve.

Cora et Alice furent à peine assises, que l'éclaireur, sans faire attention à la force du courant, dit à Heyward de soutenir un côté de la fragile embarcation, et, se plaçant à l'autre bout, il lui fit remonter le fleuve ; suivi de l'affligé propriétaire du poulain mort. Ils avancèrent ainsi pendant quelque temps, dans un silence qui n'était interrompu que par le murmure des eaux qui se pressaient autour d'eux, ou le léger bruit qu'ils faisaient en s'approchant d'un pas plein de précaution. Heyward abandonnait la direction du canot à la discrétion entière de l'éclaireur, qui s'approchait ou s'éloignait du rivage pour éviter les fragments de rochers ou les parties profondes de la rivière, avec une habileté qui montrait qu'il connaissait parfaitement la route qu'il suivait. De temps à autre il s'arrêtait, et au milieu du silence profond que le mugissement croissant de la chute d'eau ne servait qu'à rendre plus imposant, il prêtait une oreille attentive pour saisir le moindre son de vie qui pourrait s'échapper du sommeil de la forêt. Lorsqu'il s'était assuré que tout était tranquille, et qu'à l'aide de ses sens exercés il n'avait pu découvrir aucun signe qui lui annonçât l'approche d'un ennemi, il reprenait tranquillement sa marche prudente et lente. A la fin, ils atteignirent un point de la rivière où les yeux inquiets d'Heyward se fixèrent sur je ne sais quoi de noir qu'on voyait à un endroit où l'élévation de la rive jetait une ombre plus épaisse sur les flots. Ne sachant trop s'il devait avancer, il désigna ce lieu à l'attention de son compagnon.

« Oui, reprit l'éclaireur avec calme, les Indiens ont caché les chevaux avec la sagacité de véritables indigènes. Les eaux ne laissent pas de traces, et un hibou ne verrait goutte dans ce trou ténébreux. »

Toute la société fut bientôt réunie, et l'éclaireur et ses nouveaux camarades tinrent une consultation pendant laquelle ceux dont la vie était à la merci de la fidélité et de l'intelligence de ces habitants des forêts eurent le temps d'observer leur situation de plus près.

La rivière était renfermée entre des rochers escarpés, dont l'un avançait sa cime jusqu'au-dessus du lieu où le canot était arrêté. Comme ces rocs étaient, en outre, surmontés de grands arbres qui paraissaient chanceler sur la crête du précipice, on eût dit que la rivière coulait dans un ravin étroit et profond. Au-dessous de ce rocher bizarre et de ces arbres difformes qui se dessinaient en lignes sombres sur le fond du ciel étoilé, tout était obscurité et ténèbres. Derrière eux, la vue était arrêtée par un coude que faisait la rivière, et l'on n'avait sous les yeux qu'une ligne de bois sombres ; mais en face, et à une distance qui ne paraissait pas trop grande, l'eau semblait tomber du ciel dans de profondes cavernes, d'où s'échappaient ces sons lugubres dont l'air du soir avait été chargé. Ce lieu semblait choisi exprès pour un ami de la solitude ; et je ne sais quel sentiment de sécurité se glissa dans l'âme des deux sœurs, lorsqu'elles fixèrent leurs regards sur ce paysage romantique et sauvage. Un mouvement général parmi leurs guides les arracha bientôt à la contemplation des charmes que la nuit prêtait à ce lieu, pour les rappeler au sentiment pénible de leur danger réel.

On avait attaché les chevaux à des arbustes épars qui croissaient dans les fentes de rochers ; c'est là qu'on les laissa, les pieds dans l'eau, pour passer la nuit. L'éclaireur fit placer Heyward et ses compagnons de voyage attristés à l'un des bouts du canot, et se tint lui-même à l'autre, aussi droit et aussi ferme que s'il eût été sur une embarcation faite de matériaux plus solides. Les Indiens retournèrent avec précaution à l'endroit qu'ils avaient quitté ; alors l'éclaireur, appuyant une perche contre un rocher, par un coup vigoureux poussa la barque fragile au centre même du fleuve turbulent. Pendant quelques minutes la lutte entre le frêle bateau et le courant rapide fut difficile et douteuse. N'osant remuer, à peine respirer, et pour d'exposer leur fragile soutien à la furie du fleuve, les passagers inquiets suivaient avec une agitation fiévreuse le mouvement des eaux brillantes. Vingt fois ils crurent que les flots tourbillonnants allaient les engloutir ; mais la main savante de leur pilote présentait la poupe du canot au cou-

rant, et leurs yeux erraient sur une masse confuse d'ondes murmurantes, tant était rapide le mouvement dans lequel les flots et la barque se croisaient. Le voyage se termina par un long et vigoureux effort, qui saisit d'effroi les deux sœurs ; au moment où Alice se cachait les yeux d'épouvante, croyant que le tourbillon au pied de la cataracte allait les engloutir, le canot flotta immobile près d'une plate-forme de rocher qui était au niveau de l'eau.

« Où sommes-nous, et que nous reste-t-il à faire ? » demanda Heyward lorsqu'il vit que l'éclaireur avait cessé d'agir.

« Vous êtes au pied du Glenn, » répondit l'autre à haute voix, ne craignant plus d'être entendu, grâce au mugissement de la cataracte ; « il faut maintenant nous occuper du débarquement, de crainte que le bateau ne chavire, et que vous ne repreniez la route que nous avons faite avec plus de rapidité que nous n'en avons mis à venir ici ; il est difficile de remonter le courant quand la rivière est un peu haute, et c'est beaucoup que cinq personnes pour braver ce tintamarre dans une barque composée d'écorce de bouleau et de gomme. Allez, montez tous sur le rocher pendant que j'irai chercher les Mohicans et le gibier. Un homme ferait mieux de dormir sans son crâne que de mourir de faim au milieu de l'abondance. »

Les passagers exécutèrent cet ordre avec joie. Lorsque le dernier pied se fut posé sur le rocher, le canot s'éloigna rapidement. Pendant quelque temps on vit la taille élevée de l'éclaireur glisser sur les ondes ; mais bientôt elle disparut dans l'ombre impénétrable qui couvrait le lit du fleuve. Privés de leur guide, les voyageurs restèrent quelques minutes dans l'ignorance complète de ce qu'ils avaient à faire ; ils n'osaient même marcher sur le roc crevassé, de peur qu'un faux pas ne les précipitât dans quelques-unes des nombreuses cavernes qui les entouraient, et dans les profondeurs desquelles les eaux tombaient avec un épouvantable fracas. Mais bientôt ils furent tirés de leur inquiétude, car avec l'aide de l'expérience des Indiens, le canot sillonna de nouveau le fleuve avec rapidité, et fut de retour auprès de la plate-forme en moins de temps qu'il n'en eût fallu, selon les voyageurs, pour que l'éclaireur rejoignît ses compagnons.

« Nous voilà maintenant fortifiés, retranchés et approvisionnés, s'écria Heyward gaiement, et nous pouvons tenir tête à Montcalm et à ses alliés. Eh bien ! ma vigilante sentinelle, pouvez-vous voir sur la rive du fleuve quelqu'un de ces gens que vous appelez Iroquois ?

— Je les appelle Iroquois, parce que tout indigène qui parle une langue étrangère est pour moi un ennemi, lors même qu'il prétendrait servir le roi ! Si Webb veut des Indiens fidèles

et honnêtes, qu'il appelle les tribus des Delawares, et qu'il renvoie ces Mohawks et ces Oneï-
das, gens fourbes et avides, avec leurs six nations; qu'il les laisse aux Français, à qui ils appartiennent de droit.

— Nous changerions alors des amis belliqueux contre des alliés inutiles. On m'a dit que
les Delawares ont déposé la hache, et consentent
à porter le nom de femmes.

— Oui, et que la honte en retombe sur les
Hollandais et les Iroquois, qui par leur ruse
diabolique, les ont amenés à conclure un pareil
traité! Mais je les ai connus pendant vingt ans,
et j'appellerai menteur quiconque dira que du
sang de lâche coule dans les veines d'un Delaware. Vous avez repoussé leurs tribus du rivage
de la mer, et sur la foi de leurs ennemis vous
croyez pouvoir dormir en paix. Non, non! pour
moi, tout Indien qui parle une langue étrangère
est un Iroquois, que le siége de sa tribu soit
York ou le Canada. »

Heyward, s'apercevant que l'attachement opiniâtre de l'éclaireur à la cause de ses amis les
Delawares et les Mohicans (car c'étaient des
branches de la même nation nombreuse, allait
probablement prolonger une discussion inutile,
changea adroitement le sujet de la conversation.

« En dépit de tous les traités du monde, je sais
très-bien que vos deux compagnons sont des
guerriers prudents et braves. Ont-ils vu ou entendu quelque chose de nos ennemis?

— Un Indien est un homme qu'il faut sentir
à la piste avant de le voir à l'œil nu, » répondit
l'éclaireur qui monta au sommet du rocher et
jeta nonchalamment le daim à ses pieds. « C'est
à d'autres signes qu'à ceux qui frappent la vue
que je me fie quand je suis la trace des Mingos.

— Vos oreilles vous disent-elles qu'ils ont découvert notre retraite?

— J'en serais bien fâché, quoique ce soit ici
un lieu où des gens de cœur peuvent tenir longtemps. J'avouerai cependant que les chevaux
ont bronché quand j'ai passé près d'eux, comme
s'ils eussent senti les loups; et le loup est un animal accoutumé à rôder autour des embûches des
Indiens, attiré par les débris des daims que
tuent les sauvages.

— Vous oubliez le daim qui est à vos pieds;
ou plutôt n'est-ce pas au poulain mort que nous
devons leur visite? Ah! quel bruit est-ce là?

— Pauvre Miriam! » murmura l'étranger,
d'une voix beaucoup moins basse que le dernier interlocuteur; « ton poulain était prédestiné
à devenir la proie des animaux dévorants? »
Alors élevant tout à coup la voix, au milieu du
concert éternel des cieux, il chanta ces vers :

Les premiers nés, troupe innocente,
Tombèrent sous ses coups vengeurs!
Pharaon et ses serviteurs
Éprouvèrent sa main puissante!

« Le propriétaire du poulain ne peut se consoler de sa mort, dit l'éclaireur ; mais c'est bon
signe quand un homme est attaché à ses amis
muets : il a une religion conforme à sa position,
puisqu'il croit que ce qui doit arriver arrivera;
avec cette consolation-là, il comprendra bientôt
la rationalité qu'il y a à tuer un animal à quatre
pattes pour sauver la vie à des créatures humaines. Vous avez peut-être raison, » continua-
t-il en faisant allusion à la dernière observation
d'Heyward : « c'est un motif pour que nous man-
gions notre gibier, et que nous jetions ensuite
les carcasses dans la rivière, si nous ne voulons
avoir une troupe de loups hurlants le long des
rochers, et nous reprochant chaque bouchée
que nous avalerions. D'ailleurs, quoique la langue delaware soit comme un livre pour les Iroquois, les rusés coquins ont assez d'intelligence
pour comprendre le motif des hurlements d'un
loup. »

Pendant que l'éclaireur parlait, il s'occupait
de divers préparatifs nécessaires ; cela terminé,
il s'éloigna en silence du groupe des voyageurs,
accompagné des Mohicans, qui parurent comprendre ses intentions avec une promptitude
instinctive; on les vit disparaître successivement tous trois devant la surface noire d'un roc
perpendiculaire qui s'élevait à quelques pieds
au-dessus de la surface de l'eau.

CHAPITRE VI

Mes filles, chantez-nous quelqu'un de ces cantiques
Où vos voix si souvent, se mêlant à mes pleurs,
De la triste Sion célèbrent les malheurs.

RACINE. *Esther.*

Heyward et ses compagnes regardèrent ce
mouvement mystérieux avec une inquiétude
secrète; car bien que la conduite du blanc eût
été jusque-là irréprochable, son équipement
grossier, sa parole brusque, ses antipathies énergiques, le choix de ses compagnons silencieux,
tout cela bien capable de jeter la défiance
dans des esprits qu'avait si récemment alarmés
la trahison d'un Indien. L'étranger seul semblait regarder tout ce qui se passait avec indifférence. Il s'était assis sur un fragment de rocher,
et ne donnait de signes de vie rationnelle que

par les fréquents et profonds soupirs que lui
arrachaient les luttes intérieures de son esprit.
On entendit alors des voix étouffées ; on eût dit
des hommes qui s'appelaient l'un l'autre dans
les entrailles de la terre, quand tout à coup une
lumière apparut aux yeux des voyageurs, et
leur dévoila le secret important de cette mystérieuse retraite.

A l'extrémité d'une caverne étroite et profonde, dont la longueur paraissait augmenter
par la perspective et la nature de la lumière qui
l'éclairait, était assis le chasseur, tenant à la
main une torche de pin enflammée. La lueur
vive du feu tombant à plein sur sa physionomie
sévère et basanée, et sur sa mise sauvage et
forestière, donnait un air d'étrangeté roma-
nesque à la personne d'un individu qui, vu à la
lumière du jour, aurait offert l'aspect d'un
homme remarquable par la singularité de son
costume, sa constitution de fer, et le singulier
mélange de sagacité vive et vigilante et d'exquise
simplicité qui se peignaient tour à tour dans
ses traits musculaires. A quelque distance de
lui se tenait Uncas, que faisaient ressortir complétement son attitude et sa proximité. Les
voyageurs considérèrent avec intérêt la taille
droite et flexible du jeune Mohican, ainsi que la
grâce de son attitude et la liberté de ses mouvements. Bien que sa personne fût cachée plus
qu'à l'ordinaire par une blouse de chasse verte
et à franges, comme celle de l'éclaireur, on découvrait ses yeux noirs, brillants, intrépides ;
son regard à la fois terrible et calme ; ses traits
élevés, hardis, avec la couleur rouge pure de sa
nation ; l'élévation majestueuse de son front no-
blement arqué, et une tête qui offrait les plus
belles proportions, et qui n'avait d'autre chevelure que l'héroïque touffe réservée au scalpel[1].
C'était la première fois que Duncan et ses compagnons avaient l'occasion d'observer les traits
de leur guide indien, et ils se sentirent soulagés
d'un doute pénible lorsque leur regard aperçut
l'expression des traits du jeune guerrier, qui
portaient l'empreinte d'un noble orgueil et
d'une sauvage intrépidité. Quelque mal partagé
que pût être ce jeune homme sous le rapport
des lumières, ils sentaient néanmoins qu'il était
impossible qu'un être que la nature s'était plu
à parer de dons aussi magnifiques, fût capable
de tramer quelque trahison. L'ingénue Alice
contemplait sa mine libre et fière, comme elle
eût regardé quelque chef-d'œuvre du ciseau
grec auquel un miracle aurait donné la vie ;
tandis qu'Heyward, bien qu'il fût accoutumé à

---

1. Le guerrier indien se rase entièrement la tête, à
l'exception d'une touffe qu'il laisse croître au sommet,
pour que son vainqueur puisse arracher sa chevelure,
seul titre de ses exploits que ce dernier puisse produire.

voir la perfection de formes qui abonde parmi
les Indiens que la corruption n'a pas encore
atteints, exprimait ouvertement l'admiration
que lui inspirait ce magnifique modèle des plus
nobles proportions de l'homme.

« Je pourrais dormir en paix, dit tout bas
Alice en réponse à Duncan, si un jeune homme
aussi intrépide, aussi généreux, gardait mon
sommeil. Sans doute, Duncan, sans doute ces
cruels homicides, ces épouvantables tortures
dont on nous parle tant et dont j'ai lu tant de
fois le récit, ne se passent jamais en présence
d'hommes tels que lui.

— C'est certainement un rare et brillant
exemple des qualités naturelles dans lesquelles
on dit que ce peuple excelle, répondit-il. Je
pense comme vous, Alice, qu'un tel front et de
tels yeux sont faits plutôt pour intimider l'ennemi que pour tromper ; mais ne nous faisons
pas illusion en attendant de ce peuple d'autres
exemples de ce que nous considérons comme
vertus, que ce qui est à la portée d'un sauvage.
Parmi les Indiens comme parmi les chrétiens,
les brillants exemples de grandes qualités sont
rares ; disons cependant, à la gloire de la nature
humaine, qu'ils ne sont pas impossibles. Espé-
rons donc que ce Mohican ne trompera pas notre
espoir, et qu'il se montrera, comme il en a l'air,
ami fidèle et brave.

— Maintenant le major Heyward parle comme
il doit parler ! dit Cora à voix basse. En regardant cet enfant de la nature, qui pourrait songer à la couleur de sa peau ? »

Une courte pause où se montrait quelque embarras suivit cette remarque caractéristique ; le
silence fut interrompu par la voix de l'éclaireur
qui les invitait tout haut à entrer.

« Ce feu commence à donner une flamme trop
brillante, continua-t-il quand ils furent dans la
caverne, et pourrait attirer les Mingos, dont la
visite nous serait fatale. Uncas, baissez la couverture, afin que ces coquins n'y voient que du
noir. Ce n'est pas là un souper comme aurait
droit de l'attendre un major du Royal-Américain, mais j'ai connu des détachements de ce
corps qui se trouvaient contents de manger leur
gibier cru, et sans assaisonnement encore. Vous
voyez que nous ne manquons pas de sel et que
nous pouvons faire promptement une grillade.
Voilà des branches de sassafras sur lesquelles
ces dames peuvent s'asseoir ; ce n'est pas un
siége aussi brillant que leurs chaises d'acajou,
mais elles exhalent un parfum plus suave que
tous les bois étrangers, qu'ils viennent de Gui-
née ou d'ailleurs. Allons, mon ami, ne pleurez
pas votre poulain ; c'était une innocente créature
et qui n'avait pas encore subi de grandes fatigues.
Sa mort épargnera à la pauvre bête bien des
douleurs de reins et de jambes ! »

DÉPÔT LÉGAL
Seine

La lune était arrivée à son zénith... (Page 31)

Uncas fit ce que l'autre lui ordonnait; et quand Œil-de-Faucon eut cessé de parler, le mugissement de la cataracte ne s'entendit plus que comme le roulement lointain du tonnerre.

« Sommes-nous en sûreté dans cette caverne? demanda Heyward; n'y a-t-il pas de danger d'être surpris? Un seul homme armé placé à l'entrée nous tiendrait tous en échec. »

Une longue figure s'éleva comme un spectre dans l'ombre derrière le chasseur, et saisissant une torche allumée, en éclaira l'extrémité de la caverne. Alice poussa un faible cri, et Cora même se leva en voyant ce personnage effrayant se mouvoir à la clarté de la torche; mais un seul mot d'Heyward les calma: c'était leur guide Chingachgook qui, soulevant une autre couver-ture, leur fit voir que la caverne avait deux issues; alors, tenant toujours la torche, il traversa une crevasse étroite et profonde coupée à angle droit avec la caverne où ils étaient, mais qui était découverte, et d'où l'on voyait le ciel; elle aboutissait à une autre grotte en tout semblable à la première.

« De vieux renards comme Chingachgook et moi ne se laissent pas souvent prendre dans un terrier qui n'a qu'une issue, dit Œil-de-Faucon en riant; vous pouvez facilement voir les avantages que présente ce lieu; le rocher est de pierre calcaire, qui est molle, comme tout le monde le sait; on s'en sert d'oreiller quand on manque de broussailles; hé bien, la cataracte était autrefois à quelques pas au-dessous de nous, et je vous

assure qu'elle formait dans son temps une chute
d'eau aussi régulière et aussi belle qu'on puisse
en voir le long de l'Hudson. Mais le temps fait
beaucoup de tort aux belles choses, comme ces
charmantes dames ont encore à l'apprendre ; les
lieux sont bien changés ! ces rochers sont pleins
de crevasses ; la pierre est plus molle en certains
endroits qu'en d'autres, et l'eau s'est creusé des
trous profonds, jusqu'à ce qu'enfin elle s'est
rejetée en arrière d'une centaine de pieds, s'élançant ici, débouchant par là, en sorte que maintenant les chutes n'ont plus ni forme ni figure.

— Et dans quelle partie sommes-nous? demanda Heyward.

— Ma foi, nous sommes près du lieu où la
Providence avait d'abord placé la cataracte, mais
où il paraît qu'elle a refusé de rester. A notre
droite et à notre gauche, les eaux ayant trouvé
des roches plus molles, ont laissé à sec le centre
de la rivière, en commençant par pratiquer ces
deux petits trous qui nous servent de retraite.

— Nous sommes donc dans une île?

— Oui, nous avons une chute de chaque côté,
et la rivière par devant et par derrière. S'il faisait jour, il vaudrait la peine de gravir le sommet de ce rocher, pour de là contempler la perversité de l'eau ; elle procède sans règle aucune :
quelquefois elle bondit, d'autrefois elle tombe ;
ici elle sautille, là elle s'élance en jets ; là elle
est blanche comme la neige ; ailleurs elle est
verte comme du gazon ; en certains endroits elle
pénètre dans des trous profonds, et les torrents
grondent et ébranlent la terre ; en d'autres elle
murmure comme un ruisseau, ou bien elle
forme des gouffres et des tourbillons dans le
vieux roc, comme s'il n'était pas plus dur que
l'argile. La rivière semble n'avoir pas de dessein
arrêté. D'abord elle coule paisiblement comme
si elle se proposait d'effectuer sa chute régulièrement ; puis elle tourne à angle droit et fait
face au rivage ; il y a même des endroits où elle
jette un regard en arrière, comme si elle quit-
tait à regret le désert pour se mêler avec l'eau salée. Oui, ma belle dame, ce tissu aussi fin qu'une
toile d'araignée, que vous portez à votre cou,
est grossier et semblable à un filet de pêche,
comparé à certains endroits que je puis vous
montrer, où la rivière fabrique toutes sortes de
dessins délicats, comme si, une fois affranchie de
toute autorité, elle se plaisait à essayer de tout.
Et pourtant, à quoi cela vient-il aboutir ? Après
avoir laissé pendant quelque temps l'eau faire à
sa guise comme un enfant têtu, la main qui l'a
créée la réunit tout entière, et à quelques pas
au-dessous de nous vous pouvez la voir, s'avançant d'un cours paisible vers la mer, selon
l'ordre qui avait été établi depuis l'origine du
monde. »

Cette description simple du Glenn fit com-

prendre aux voyageurs qu'ils étaient en sûreté
dans leur retraite, mais ils ne jugèrent pas de
ces beautés sauvages aussi favorablement que le
faisait Œil-de-Faucon. Il est vrai que leur situation ne leur permettait guère de goûter les
charmes de la nature ; et comme l'éclaireur
n'avait pas jugé nécessaire d'interrompre en
parlant ses occupations culinaires, si ce n'est
pour montrer avec une fourchette cassée la direction de quelque point dangereux dans le
fleuve rebelle, ils souffrirent qu'on appelât leur
attention sur la question essentielle quoique
plus vulgaire de leur souper.

Le repas, auquel ne nuisait pas l'addition de
quelques articles délicats qu'Heyward avait eu
la précaution d'emporter avant qu'on se sépa-
rât des chevaux, venait on ne peut plus à propos pour la compagnie fatiguée. Uncas se chargea de servir les dames, et remplit ces fonctions
avec un mélange de dignité et d'empressement
gracieux qui amusa beaucoup Heyward ; il savait en effet que c'était une innovation complète aux mœurs indiennes, qui interdisent aux
guerriers toute fonction domestique, et surtout
à l'égard de leurs femmes. Toutefois, comme les
lois de l'hospitalité sont sacrées parmi eux, cette
petite dérogation à la dignité masculine ne sus-
cita pas de commentaires apparents. S'il se fût
trouvé dans la compagnie quelqu'un qui eût en
l'esprit assez libre pour jouer le rôle d'observateur, il eût pu juger que le jeune chef ne mettait pas dans la répartition de ses services une
impartialité complète ; il est vrai qu'il présentait
à Alice, avec une dose suffisante de politesse, la
calebasse d'eau douce et une tranche de venaison coupée du plus beau morceau ; mais lorsqu'il
remplissait les mêmes fonctions auprès de sa
sœur, son œil noir fixait le teint brillant, les
traits expressifs de Cora, avec une douceur qui
faisait disparaître de ses regards les éclairs de
fierté qu'ils lançaient habituellement. Une ou
deux fois il fut obligé de parler pour appeler
l'attention de celles qu'il servait. Dans ces occasions, il s'exprimait en mauvais anglais, mais
qui était suffisamment intelligible, et que sa
voix grave et gutturale savait rendre si doux et
si musical[1], que les deux dames ne pouvaient
s'empêcher de lever les yeux sur lui avec étonnement et admiration. Dans le cours de ces civi-
lités, on échangea quelques mots qui servirent
à établir les apparences d'un commerce amical.

Cependant la gravité de Chingachgook restait
imperturbable. Il s'était assis dans l'endroit le
plus éclairé ; là, les regards inquiets et fréquents de ses hôtes pouvaient plus facilement
distinguer l'expression naturelle de ses traits,

1. Le sens des mots indiens se détermine principalement par le ton et l'accentuation.

sous l'épouvantail artificiel du tatouage. Ils trouvèrent entre le père et le fils beaucoup de ressemblance, sauf la différence que devaient y apporter l'âge et les fatigues. La fierté de sa physionomie était maintenant effacée; elle était remplacée par ce calme indolent qui distingue un guerrier indien, quand les grands intérêts de son existence ne réclament pas l'emploi de ses facultés. Toutefois, on pouvait facilement voir, par les éclairs qui sillonnaient de temps en temps son visage basané, qu'il ne fallait que soulever ses passions pour donner une expression terrible aux moyens artificiels qu'il avait adoptés pour intimider ses ennemis. D'un autre côté, l'œil actif et vigilant de l'éclaireur était rarement en repos; il mangeait et buvait avec un appétit qu'aucune appréhension ne pouvait troubler, mais on voyait que sa vigilance ne l'abandonnait jamais. Vingt fois, pendant que la calebasse et la venaison étaient suspendues à ses lèvres, on vit sa tête se détourner comme s'il eût prêté l'oreille à quelques bruits suspects et lointains; ce mouvement ne manquait jamais de rappeler ses hôtes, occupés de la nouveauté de leur situation, au souvenir des raisons alarmantes qui les y avaient amenés. Comme ces pauses fréquentes n'étaient suivies d'aucune observation, le malaise momentané qu'elles causaient se dissipait promptement et était bientôt oublié.

«Allons, mon ami, » dit Œil-de-Faucon sur la fin du repas, en tirant de dessous les feuilles un petit baril, et adressant la parole à l'étranger assis à son côté, qui faisait grand honneur à sa cuisine, « goûtez de cette bière de choix : elle vous fera oublier le poulain et vous mettra la gaieté au cœur. Je bois au progrès de notre amitié, et j'espère qu'une méchante rosse ne mettra pas de rancune entre nous. Comment vous nommez-vous?

— La Gamme, — David La Gamme, » répondit le maître de chant, en essuyant machinalement sa bouche avant de noyer ses chagrins dans un verre copieux du breuvage admirable que lui offrait le chasseur.

« Voilà un excellent nom, » répondit l'autre, en reprenant haleine après avoir bu un coup d'une longueur qui annonçait toute son admiration pour la bière de sa fabrique, » et je pense qu'il vous a été transmis par d'honnêtes aïeux. Je suis admirateur des noms, quoique les chrétiens le cèdent de beaucoup aux sauvages sous ce rapport. Le plus grand lâche que j'aie jamais connu s'appelait Lion; et pour fâcher sa femme, qui se nommait Patience, il ne fallait pas plus de temps qu'il n'en faut à un daim pour franchir un pied de distance. Mais chez l'Indien c'est une affaire de conscience; en général, il est ce qu'indique son nom : ce n'est pas que

Chingachgook, qui signifie gros serpent, soit réellement un serpent gros ou petit; mais il comprend les détours et les replis de la nature humaine; il est silencieux et frappe ses ennemis au moment où ils s'y attendent le moins. Quel est votre métier?

— Je suis professeur indigne dans l'art de la psalmodie.

— Hein!

— J'enseigne le chant aux conscrits de la levée de Connecticut.

— Vous pourriez vous occuper plus utilement. Les jeunes vauriens ne rient et ne chantent déjà que trop dans les bois, où ils ne devraient pas plus souffler qu'un renard dans son terrier. Savez-vous vous servir d'un fusil, ou manier une carabine?

— Dieu soit loué! je n'ai jamais eu occasion de faire usage de ces instruments dangereux.

— Vous tenez peut-être le compas? vous dessinez le cours des eaux et des montagnes du désert, afin que ceux qui les traversent puissent les reconnaître par leurs noms?

— Je ne m'occupe pas de choses pareilles.

— Vous avez une paire de jambes qui peut raccourcir une longue route; vous voyagez sans doute pour porter des nouvelles au général?

— Jamais; je ne m'occupe que de ma vocation spéciale, qui est d'enseigner la musique sacrée.

— Voilà une étrange vocation! » marmotta Œil-de-Faucon, avec un rire concentré; « passer sa vie, comme l'oiseau moqueur, à imiter tous les tons hauts et bas qui sortent du gosier de l'homme. Fort bien, mon ami; c'est sans doute le talent que vous avez reçu en partage, et il est aussi respectable que si c'était la vocation de bon tireur, ou quelque autre inclination préférable. Voyons ce que vous savez faire dans ce genre; ce sera une manière amicale de terminer la soirée; car il est temps que ces dames aillent réparer leurs forces pour le voyage pénible et long de demain, et il faudra partir de grand matin, avant le lever des Maquas.

— J'y consens avec plaisir, » dit David, en ajustant de nouveau ses lunettes montées en fer, et en tirant son cher petit volume, qu'il présenta aussitôt à Alice. « Qu'y a-t-il de plus convenable et de plus consolant, que d'offrir à Dieu notre prière du soir après une journée aussi périlleuse? »

Alice sourit; mais, jetant les yeux sur Heyward, elle rougit et hésita.

« Ne vous gênez pas, lui dit-il tout bas; la demande du digne homonyme du psalmiste ne doit-elle pas être de quelque poids dans un pareil moment. »

Encouragée par son assentiment, Alice fit ce

que ses inclinations pieuses et son goût pour la musique la disposaient fortement à faire. Le livre fut ouvert à une hymne dans laquelle le poëte, n'étant plus entravé dans son désir de surpasser le roi d'Israël, avait trouvé quelques inspirations vraies et touchantes. Cora manifesta le désir d'accompagner sa sœur, et le chant sacré fut exécuté après que le méthodique David eut préludé pour donner le ton avec son instrument, préliminaire indispensable en ces sortes d'occasions.

L'air était solennel et lent. Tantôt il s'élevait aussi haut que pouvait monter la voix sonore des jeunes filles qui, pénétrées d'un saint enthousiasme, se penchaient sur leur petit livre, et tantôt il descendait si bas que le murmure des eaux accompagnait leur mélodie comme les sons d'une basse. Le goût naturel et l'oreille juste de David dirigeaient et modifiaient les sons de manière à les adapter à la caverne resserrée, dont chaque fente et chaque crevasse répercutaient les notes brillantes de leur voix flexible. Les Indiens demeuraient les yeux fixés sur le rocher, et prêtaient l'oreille avec une attention qui leur donnait l'air de statues. Mais l'éclaireur, qui écoutait, le menton appuyé sur sa main, avec l'expression d'une froide indifférence, laissa peu à peu ses traits sévères se dérider, jusqu'à ce qu'enfin, à mesure que les chants se succédaient, il sentit sa nature de fer vaincue ; ses souvenirs le reportèrent aux jours de son enfance, alors que ses oreilles avaient été accoutumées, dans les établissements de la colonie, à entendre des chants pareils, quoique moins doux. Ses yeux commencèrent à devenir humides, et avant que l'hymne fût terminée, de grosses larmes sortirent d'une source qui semblait tarie depuis longtemps, et sillonnèrent des joues plus accoutumées aux eaux battantes des orages qu'à ces témoignages de faiblesse. Les chanteurs appuyaient sur un de ces tons bas et mourants que l'oreille dévore avec tant d'avidité, comme si elle prévoyait qu'elle va les perdre, lorsqu'un cri, qui semblait n'avoir rien d'humain ni de terrestre, s'éleva dans l'air, et pénétra non-seulement dans les profondeurs de la caverne, mais jusqu'au fond des cœurs de tous ceux qui l'entendirent. Il fut suivi d'un silence profond, comme si cette interruption horrible et étrange eût suspendu le cours orageux du fleuve.

« Qu'est-ce que cela ? » murmura Alice après quelques instants d'inquiétude terrible ? « Qu'est-ce que cela ? » répéta Heyward à haute voix.

Ni Œil-de-Faucon, ni les Indiens ne répondirent ; ils prêtèrent l'oreille, comme pour attendre que ce même cri se répétât, et on lisait sur leur visage l'étonnement dont ils étaient frappés. Enfin, ils s'entretinrent ensemble avec vivacité dans la langue delaware ; puis Uncas quitta avec précaution la caverne par l'issue la plus cachée. Quand il fut parti, l'éclaireur dit en anglais :

« Aucun de nous ne peut dire ce que c'est ou ce que ce n'est pas ; et pourtant deux d'entre nous ont parcouru les forêts pendant plus de trente ans. Je croyais qu'il n'y avait pas de cris d'Indiens ou d'animaux que je n'eusse entendus ; mais ceci m'a prouvé que j'étais un mortel vain et présomptueux.

— Ne serait-ce pas le cri que poussent les guerriers lorsqu'ils veulent effrayer leurs ennemis ? » dit Cora, en tirant à elle son voile avec un calme que sa sœur agitée ne partageait pas.

« Non, non ; ce cri avait quelque chose d'effrayant, et je ne sais quoi de surnaturel ; mais quand on a une fois entendu le cri de guerre, on ne peut plus le confondre avec aucun autre.— Eh bien, Uncas ! » dit-il en Delaware au jeune chef de retour, « que voyez-vous ? aperçoit-on notre lumière à travers les ouvertures ? »

La réponse fut courte, faite dans la même langue, et elle parut décisive.

« En dehors on ne voit rien, » continua Œil-de-Faucon, en secouant la tête d'un air mécontent, « et notre retraite est plongée encore dans les ténèbres. Passez dans l'autre caverne, vous qui en avez besoin, et allez dormir ; il faut que nous soyons sur pied longtemps avant le lever du soleil, afin d'arriver à Édouard, pendant que les Mingos se livreront à leur sommeil du matin. »

Cora se leva et donna l'exemple avec une promptitude qui fit comprendre à la timide Alice la nécessité d'obéir. Avant de sortir, néanmoins, elle demanda tout bas à Duncan de vouloir bien les accompagner. Uncas souleva la couverture pour leur donner passage ; et, au moment où les deux sœurs se retournèrent pour le remercier de cette attention, elles virent l'éclaireur assis devant les cendres mourantes, le visage appuyé sur ses mains, et dans une attitude qui montrait l'inquiétude que lui donnait le bruit inexplicable qui était venu interrompre leur dévotion du soir.

Heyward prit une torche allumée, qui jeta une lueur sombre dans l'étroite enceinte de leur nouvel appartement. Ayant placé ce fanal dans un endroit favorable, il rejoignit les deux dames, qui se trouvaient alors seules avec lui pour la première fois depuis qu'elles avaient quitté les remparts amis du fort d'Édouard.

« Ne nous quittez pas, Duncan, dit Alice ; nous ne pouvons dormir dans un lieu comme celui-ci, avec cet horrible cri qui résonne toujours à nos oreilles !

— Examinons d'abord si vous êtes en sûreté

dans votre forteresse, répondit-il, et puis nous parlerons de repos. »

Il s'approcha de l'extrémité de la caverne, où il vit une issue qui, comme les autres, était cachée par des couvertures. Ayant écarté cet abri, il respira l'air frais et vivifiant de la cataracte. Un bras de la rivière coulait dans un ravin étroit et profond que le courant avait creusé dans le rocher immédiatement au-dessous de lui, et qui, de ce côté, formait, autant qu'il en put juger, une protection efficace contre tout danger; à quelques pieds au-dessus d'eux, l'eau se précipitait avec fracas.

« La nature a établi de ce côté une barrière impénétrable, » continua-t-il en leur faisant voir, avant d'abaisser la couverture, l'issue perpendiculaire qui donnait sur le courant orageux; et comme par-devant vous êtes gardées par des hommes fidèles et courageux, je ne vois pas pourquoi vous ne suivriez pas le conseil de notre excellent hôte. Je suis persuadé que Cora pense, comme moi, que le sommeil vous est nécessaire à toutes deux.

— Cora peut partager votre avis sans pouvoir le mettre en pratique, » répondit la sœur aînée, qui s'était placée à côté d'Alice sur un lit de feuilles de sassafras; «lors même que nous n'aurions pas entendu ce bruit mystérieux, d'autres motifs encore nous empêcheraient de dormir. Je vous le demande, Heyward, des filles peuvent-elles oublier les inquiétudes d'un père qui ne sait où ses enfants passent la nuit, au milieu de ce désert, et entourées de tant de périls?

— Il est soldat, et sait apprécier à leur juste valeur les dangers de ces forêts.

— Il est père, et ne peut abdiquer sa nature.

— Combien il a été bon pour moi dans toutes mes folies! Avec combien de tendresse et d'indulgence il a accueilli toutes mes fantaisies! s'écria Alice en sanglotant. Nous avons eu grand tort, ma sœur, de vouloir nous rendre près de lui au risque de tels périls.

— J'ai peut-être demandé son consentement avec trop de vivacité dans un moment aussi critique; mais j'avais à cœur de lui prouver que, bien que les autres le négligeassent dans son isolement, ses enfants lui restaient fidèles.

— Quand il apprit votre arrivée au fort Édouard, dit Heyward tendrement, il sentit son cœur partagé entre la crainte et l'amour paternel; mais ce dernier, qu'avait augmenté une si longue séparation, l'emporta à la fin. « C'est le courage de ma noble Cora qui les conduit, Duncan, me dit-il, et je ne tromperai point son espoir. Plût à Dieu que le ministre auquel est confié le dépôt de l'honneur de notre royal maître possédât la moitié de sa fermeté! »

—Et n'a-t-il pas aussi parlé de moi, Heyward? demanda Alice avec un sentiment d'affection jalouse; sans doute il n'avait pas entièrement oublié sa petite Elsie!

— Cela était impossible, après l'avoir si bien connue, reprit le jeune homme. Il vous donna je ne sais combien de noms pleins de tendresse, que je n'oserai pas prendre sur moi de répéter, mais dont je reconnais bien vivement la justesse. Je me rappelle, entre autres, qu'il me disait.... »

Duncan cessa de parler; car, pendant que ses yeux étaient fixés sur ceux d'Alice, qui était tournée vers lui pour saisir ses paroles avec toute l'anxiété de la piété filiale, le même cri horrible qu'ils avaient déjà entendu remplit l'air une seconde fois, et lui coupa la parole. Il se fit un long et lugubre silence, pendant lequel tous trois se regardèrent attentivement, attendant avec une inquiétude mortelle la répétition du même bruit. Enfin, la couverture se souleva, et l'éclaireur parut à l'entrée de la caverne. On lisait sur son visage que sa fermeté était ébranlée par un mystère qui semblait annoncer quelque danger inconnu, et contre lequel toute sa ruse et toute son expérience pourraient être impuissantes.

CHAPITRE VII.

Non, ils ne dorment pas :
Sur ces rocs escarpés, ils sont assis là bas.
GRAY.

« Ce serait négliger un avertissement qui nous est donné pour notre bien, que de rester cachés plus longtemps lorsque de tels bruits se font entendre dans la forêt, dit Œil-de-Faucon. Ces dames peuvent rester ici renfermées, mais les Mohicans et moi nous ferons sentinelle sur le rocher, où je suppose qu'un major du soixantième désirera nous tenir compagnie.

— Le danger est-il donc si pressant? demanda Cora.

— Celui qui fait naître des sons étranges et qui les fait entendre à l'homme pour l'avertir, est le seul aussi qui sache quel est notre danger. Je me croirais rebelle à sa volonté si je restais enfermé dans une caverne lorsque de tels avertissements retentissent dans l'air! Il n'est pas jusqu'au cœur faible qui passe sa vie à chanter, que ce cri n'ait ému, et il dit qu'il est « prêt à marcher au combat. » S'il ne s'agissait que de combattre, ce serait chose facile et que chacun de nous comprendrait; mais j'ai entendu dire que lorsque des cris semblables se font entendre

entre le ciel et la terre, ils sont les avant-coureurs d'une guerre d'une autre nature!

— Si nous n'avons d'autre motif de crainte,
mon ami, que ceux qui proviennent de causes
surnaturelles, nous n'avons guère sujet de nous
alarmer, continua la jeune fille avec calme.
Êtes-vous certain que nos ennemis n'ont pas
inventé quelque nouveau moyen pour nous
frapper de terreur, afin de rendre leur victoire
plus facile?

— Madame, répondit le chasseur d'un ton
grave, j'ai prêté l'oreille à tous les bruits de la forêt pendant trente ans, comme un homme dont
la vie ou la mort dépend de la finesse de son
ouïe. Il n'y a pas de hurlements plaintifs de la
panthère, de sifflements de l'oiseau moqueur,
d'inventions diaboliques des Mingos, qui puissent me tromper. J'ai entendu les forêts gémir
comme des hommes dans leur affliction; j'ai
écouté les soupirs harmonieux du vent dans les
branches des arbres; j'ai entendu l'éclair cra-
quer dans l'air comme le pétillement d'un fagot
embrasé, pendant qu'il dardait des étincelles et
des flammes; et dans tous ces bruits, je n'ai jamais pensé entendre autre chose que le bon
plaisir de celui qui se joue des créations de sa
main. Mais ni les Mohicans, ni moi qui suis
un blanc sans mélange, nous ne pouvons expliquer le cri qui vient de frapper nos oreilles.
Nous pensons donc que c'est un signe qui nous
est donné pour notre bien.

— C'est une chose fort extraordinaire!» s'écria
Heyward en prenant ses pistolets à l'endroit où
il les avait déposés en entrant. « Que ce soit un
présage de guerre ou un signal de guerre, il faut
voir ce que c'est. Montrez-moi le chemin, mon
ami; je vous suis. »

Tous quittèrent alors la caverne, et le passage
de l'air concentré de ces retraites à l'atmosphère
pure et vivifiante de la cataracte rafraîchit leur
sang et retrempa leur énergie. La brise du soir
soufflait sur la surface de la rivière et apportait
le mugissement de la cataracte dans les profondeurs des cavernes, d'où il sortait ensuite et se
prolongeait comme le bruit du tonnerre sur les
collines lointaines. La lune était levée, et sa lumière brillait çà et là sur les eaux au-dessus
d'eux; mais le sommet du rocher où ils se tenaient était encore dans l'ombre. Excepté les
sons produits par la chute des eaux, et le bruit
du vent qui venait parfois agiter l'air et murmurer à leurs oreilles, partout régnait le silence
de la nuit et de la solitude. En vain leurs yeux
inquiets, fixés sur l'une et l'autre rive, cherchaient à y découvrir quelques signes de vie qui
pût expliquer la nature des sons parvenus jusqu'à eux; leurs regards étaient déçus par la lumière trompeuse de la lune, et ne pouvaient dé-

couvrir que des rochers nus ou des arbres droits
et immobiles.

« On ne voit ici que l'ombre et le calme d'un
beau soir, dit Duncan à voix basse. Cora, combien nous plairaient, dans tout autre moment,
un pareil tableau et toute cette solitude silencieuse! Figurez-vous que vous n'avez rien à
craindre, et ce qui maintenant peut-être accroît
votre terreur, pourrait devenir une source de
jouissances.

— Écoutez! » interrompit Alice.

L'avis était inutile. Le même bruit se fit
entendre encore; il semblait sortir du lit de la
rivière, et s'échappant de l'enceinte étroite des
rochers qui bordaient le fleuve, on l'entendait
onduler dans la forêt, où il allait s'affaiblissant
d'écho en écho.

« Y a-t-il ici quelqu'un qui puisse donner un
nom à un pareil cri? » demanda Œil-de-Faucon
quand le dernier écho s'éteignit dans les bois;
« si quelqu'un le peut, qu'il parle; quant à moi,
je soutiens que ce bruit n'a rien de terrestre.

— Il y a ici quelqu'un qui peut vous détrom-
per, dit Duncan; je connais ce bruit, car je l'ai
souvent entendu sur le champ de bataille, et
dans des situations qui se représentent fréquemment dans la vie d'un soldat. C'est l'horrible cri
d'un cheval à l'agonie; c'est quelquefois la douleur, et quelquefois aussi la terreur qui le lui
arrache: ou mon cheval est en ce moment la
proie des bêtes de la forêt, ou il voit son danger
sans avoir moyen de s'y soustraire. Je m'étais
mépris sur ce bruit dans la caverne, mais au
grand air il ne peut pas me tromper. »

Le chasseur et ses compagnons écoutèrent
cette explication simple avec l'empressement
d'hommes qui adoptent une idée nouvelle, en
même temps qu'ils en rejettent d'autres qui les
occupaient péniblement. Les deux derniers articulèrent leur exclamation habituelle et expressive: « Ouf! » lorsque la vérité apparut à leur
intelligence; le premier, après une courte pause,
prit sur lui de répondre:

« Je ne puis nier la vérité de vos paroles, dit-
il; car je me connais peu en chevaux, quoique
je sois né dans un pays où ils abondent. Sans
doute que les loups rôdent au-dessus d'eux sur
la rive, et les pauvres bêtes effrayées appellent
les secours de l'homme aussi bien qu'elles le
peuvent. Uncas, ajouta-t-il en Delaware, Uncas,
sautez dans le canot, et lancez un tison au
milieu de la bande; sans quoi la crainte fera
ce que les loups ne peuvent faire, et nous nous
trouverons sans chevaux demain matin, lorsqu'ils nous seront si utiles pour voyager rapidement. »

Le jeune Indien était déjà descendu au bord
de l'eau pour exécuter cet ordre, lorsqu'il s'éleva
du bord de la rivière de longs hurlements répé-

tés dans les profondeurs de la forêt, comme si les loups, frappés d'une terreur soudaine, abandonnaient d'eux-mêmes leur proie. Uncas, avec une rapidité instinctive, revint, et les trois enfants de la forêt conférèrent entre eux à voix basse.

« Nous avons été comme des chasseurs qui ont perdu les points cardinaux, et qui n'ont pas vu le soleil depuis plusieurs jours, dit Œil-de-Faucon en se détournant de ses compagnons ; maintenant nous commençons à voir la route que nous avons à suivre, et le sentier où nous marchons n'a plus d'épines. Asseyez-vous à l'ombre que projette ce rocher ; elle est plus épaisse que celle que donnent les pins, et attendons ce qu'il plaira au Seigneur de nous envoyer ; ne parlez qu'à voix basse ; il serait même mieux et peut-être, au bout du compte, plus sage que, pendant quelque temps, on ne parlât pas du tout. »

Le chasseur s'exprimait d'un ton grave, sérieux où l'on n'apercevait cependant aucun signe de crainte ou de faiblesse. Il était évident que son inquiétude momentanée avait disparu avec l'explication d'un mystère que son expérience personnelle ne lui avait pas permis d'approfondir. Maintenant, bien qu'il sentît tout ce que leur position actuelle avait de périlleux, il était préparé à faire face au danger avec toute l'énergie de sa forte nature. Ce sentiment parut aussi partagé par les Indiens, qui se placèrent de manière à découvrir complétement les deux rives, sans être vus eux-mêmes. Dans de telles circonstances, la prudence demandait qu'Heyward et ses compagnons imitassent une circonspection dont l'exemple leur était donné par des hommes aussi intelligents. Le jeune homme alla chercher dans la caverne une certaine quantité de sassafras, qu'il plaça dans l'intervalle qui séparait les deux cavernes ; il y fit asseoir les deux sœurs que protégeaient les rochers contre tous les projectiles, et dont l'inquiétude était diminuée par l'assurance qu'aucun danger ne pouvait les atteindre sans qu'elles fussent averties de son approche. Heyward se posta assez près d'elles pour pouvoir leur parler sans trop élever la voix tandis que David, imitant l'exemple des Indiens, s'arrangea dans les crevasses des rochers de manière à ne pas offrir aux regards l'aspect disgracieux de sa personne.

Dans cet état, les heures se passèrent sans aucune interruption nouvelle. La lune était arrivée à son zénith, et répandait perpendiculairement sa douce lumière sur le groupe charmant des deux sœurs endormies paisiblement dans les bras l'une de l'autre. Duncas étendit le grand schall de Cora sur un spectacle qu'il aimait tant à contempler, et chercha à son tour un oreiller sur le rocher. David, pendant ce temps, poussait des gémissements en sons discordants, qui dans tout autre temps, auraient offensé ses oreilles délicates ; enfin tous, à l'exception d'Œil-de-Faucon et des Mohicans, s'abandonnèrent à un sommeil profond qu'ils ne pouvaient pas maîtriser. Mais la vigilance de ces protecteurs infatigables ne céda ni à la fatigue ni au sommeil. Immobiles comme le rocher dont ils semblaient faire partie, ils étaient là, promenant sans cesse leurs regards le long de la ligne sombre que traçaient les arbres sur les rives adjacentes de la rivière étroite. Aucun son ne leur échappait ; l'examen le plus attentif n'aurait pu reconnaître s'ils respiraient. Il était évident que cet excès de précaution venait d'une expérience qu'aucune ruse de la part de leurs ennemis ne pouvait mettre en défaut. Leur surveillance continua sans qu'aucun danger se montrât, jusqu'à ce qu'enfin la lune disparut à l'horizon, et une raie pâle au sommet des arbres, à l'endroit où la rivière formait un coude, annonça l'approche du jour. Alors on vit remuer Œil-de-Faucon pour la première fois. Il se leva, et rampant le long des rochers, alla tirer Duncan de son profond sommeil.

« Voilà le moment de nous mettre en marche, lui dit-il à voix basse ; éveillez ces dames, et soyez prêts à entrer dans le canot dès que je l'amènerai à la plate-forme.

— Avez-vous eu une nuit tranquille, dit Heyward ? pour moi, je crois que le sommeil l'a emporté sur ma vigilance.

— Tout est calme encore comme à minuit. Du silence, mais de la promptitude. »

Pendant ce temps, Duncan s'était réveillé et il alla immédiatement soulever le schall qui recouvrait les deux beautés endormies. Au mouvement qu'il fit, Cora étendit la main, comme pour le repousser, et Alice murmura d'une voix douce : « Non, non, mon cher père, nous n'avons pas été abandonnées ; Duncan était avec nous !

— Oui, innocente beauté, se dit à voix basse le jeune homme transporté ; Duncan est ici, et tant qu'il aura un souffle de vie, et qu'il existera une ombre de danger, il ne te quittera pas. Cora ! Alice ! éveillez-vous ! voici l'heure du départ. »

Un cri perçant poussé par la plus jeune des deux sœurs, et la vue de l'autre debout devant lui et dans les traits de laquelle se peignaient l'horreur et la consternation, furent l'unique réponse qu'il reçut. Avant qu'Heyward eût eu le temps d'articuler une parole, il s'éleva de toutes parts des hurlements et des cris confus qui firent refluer son jeune sang vers son cœur. On eût dit qu'en un moment tous les démons de l'enfer étaient déchaînés dans l'air et exhalaient en sons barbares leur sauvage fureur. Les cris ne partaient d'aucun point en particulier, mais remplissaient toute l'étendue de la forêt, et ils semblaient s'échapper des cavernes, de la cataracte, des rochers, du lit de la rivière et de l'air au-dessus de leurs têtes. David, au milieu de ce vacarme infernal, se leva de toute sa hauteur en se bouchant les oreilles et en s'écriant :

« D'où vient ce tintamarre? l'enfer a-t-il laissé échapper les damnés, que de tels bruits se fassent entendre à l'homme?

La lumière brillante et la détonation d'une douzaine de coups de feu partis des deux rives du fleuve suivirent cet imprudent démasquement de sa personne, et étendirent l'infortuné maître de chant immobile sur le rocher où il avait dormi si longtemps. Les Mohicans répondirent fièrement aux hurlements de leurs ennemis, qui poussèrent un cri de joie farouche en voyant tomber La Gamme. Les détonations devinrent plus rapides et plus pressées; mais de part et d'autres on était trop habile pour s'exposer à découvert au feu ennemi. Duncan écoutait avec une inquiétude intense, croyant à chaque instant que le bruit des rames allait se faire entendre; car la fuite était, il le croyait du moins, leur unique refuge. La rivière brillait et continuait son cours avec sa rapidité accoutumée, mais sur ses eaux unies le canot n'apparaissait pas. Déjà il s'imaginait que le chasseur l'avait abandonné, lorsqu'une traînée de lumière sortit du rocher au-dessous de lui, et un hurlement terrible, mêlé à un cri d'agonie, annonça que le messager de mort parti de l'arme fatale d'Œil-de-Faucon avait fait une victime. A ce léger échec les assaillants s'éloignèrent aussitôt, et peu à peu le silence régna comme avant ce tumulte subit. Duncan saisit cette occasion pour emporter La Gamme au lieu abrité où étaient les deux sœurs. Bientôt toute la petite troupe fut réunie en cet endroit, où l'on était en sûreté.

« Le pauvre diable a sauvé sa chevelure, » dit Œil-de-Faucon, en passant froidement la main sur la tête de David; « mais il offre la preuve qu'un homme peut avoir quelquefois la langue trop longue. Il y avait une véritable folie à montrer aux sauvages furieux six pieds de chair et de sang sur un rocher nu; et tout ce qui m'étonne, c'est qu'il ait échappé la vie sauve!

— N'est-il pas mort?» demanda Cora d'une voix entrecoupée qui annonçait en elle une lutte intérieure entre un effroi bien naturel et la fermeté qu'elle déployait. « Pouvons-nous quelque chose pour secourir ce malheureux?

— Non, non, la vie n'est pas éteinte encore en lui, et lorsqu'il aura dormi un peu, il reviendra à lui, et n'en sera que plus sage jusqu'à l'heure de sa mort véritable, » répondit Œil-de-Faucon,

en jetant un autre regard oblique sur le corps insensible, tandis qu'il s'occupait à charger son fusil avec un admirable sang-froid. « Portez-le dans la caverne, Uncas, et étendez-le sur le sassafras. Plus long sera son sommeil, mieux cela vaudra pour lui, car je doute qu'un corps comme le sien puisse trouver sur ces roches un abri convenable; et auprès des Iroquois il ne lui servirait de rien de chanter.

— Vous croyez donc que l'attaque sera renouvelée? demanda Heyward.

— Croirai-je qu'un loup affamé se contentera d'une bouchée? ils ont perdu un homme, et ils ont coutume de reculer lorsqu'ils éprouvent une perte et échouent dans une surprise; mais nous les reverrons revenir à l'attaque avec de nouveaux expédients pour se rendre maîtres de nos chevelures. Tout notre espoir, » continua-t-il en relevant la tête, pendant qu'une ombre d'inquiétude passait comme un nuage sombre sur son visage sévère, « sera de nous maintenir sur ce rocher jusqu'à ce que Munro nous envoie secourir! Dieu veuille que ce soit bientôt, et que le détachement soit commandé par un chef qui connaisse bien les usages des Indiens!

— Vous voyez la position dans laquelle nous sommes, Cora, dit Duncan; et vous savez que nous avons tout à attendre des inquiétudes et de l'expérience de votre père. Venez donc avec Alice dans cette caverne, où vous serez du moins à l'abri du feu meurtrier de nos ennemis, et où vous pourrez prodiguer à notre infortuné camarade les soins qui sont l'apanage de votre sexe. »

Les sœurs le suivirent dans la caverne extérieure, où David commençait à donner, par ses gémissements, des symptômes de vie; Duncan, après avoir recommandé le blessé à leur attention, se mit aussitôt en devoir de les quitter.

— Duncan! » dit la voix tremblante de Cora qui arrêta les pas du jeune homme au moment où il allait franchir l'entrée de la caverne. Il se retourna et vit la jeune fille, dont le teint brillant avait fait place à une pâleur mortelle, et dont les lèvres tremblaient d'émotion, jeter sur lui un regard si expressif et si attendri, qu'il revint immédiatement à ses côtés. « Rappelez-vous, Duncan, que votre salut est nécessaire au nôtre, qu'un père vous a confié un dépôt sacré; songez combien il importe que vous ayez du sang-froid et de la prudence; enfin, » ajouta-t-elle, et en même temps un vif incarnat colora ses joues et jusqu'à ses tempes, « songez à combien de titres vous êtes cher à tout ce qui porte le nom de Munro.

— Si quelque chose pouvait ajouter à mon lâche amour de la vie, » dit Heyward en laissant errer à son insu ses regards sur les formes charmantes de la silencieuse Alice, « ce serait

DÉPÔT LÉGAL

BIBLIOTHÈQUE NATIONALE
R. P.

Ils firent feu en même temps (Page 37)

une assurance comme celle-là. En ma qualité de major du soixantième, notre hôte courageux vous dira que je dois prendre ma part du combat; mais notre tâche sera facile; elle consiste uniquement à tenir ces misérables en respect pendant quelques heures. »

Sans attendre de réponse, il s'arracha de la présence des deux sœurs, et alla joindre le chasseur et ses compagnons, qui étaient encore abrités dans l'étroit passage situé entre les deux cavernes.

« Je vous le répète, Uncas, dit le premier lorsque Duncan les eut rejoints, vous prodiguez trop la poudre, et le recul du fusil vous empêche de bien ajuster! Peu de poudre, peu de plomb, et un long bras, c'est tout ce qu'il faut pour arracher à un Mingo le cri de mort! Du moins, c'est l'expérience que j'ai faite de ces créatures. Venez, mes amis; que chacun se place à son poste, car nul ne peut dire quand et où un Maqua frappera son ennemi! »

Les Indiens allèrent en silence prendre position dans des crevasses de rochers, d'où ils dominaient les approches des cataractes. Au centre de la petite île, quelques pins courts et rabougris avaient pris racine, et formaient un taillis dans lequel Œil-de-Faucon s'élança avec la vitesse d'un daim, suivi de l'agile Duncan. Ils s'y abritèrent comme ils purent derrière des arbustes et des fragments de pierres qui étaient là épars. Au-dessus d'eux était un rocher nu et arrondi, à droite et à gauche duquel l'eau se précipitait pour plonger dans les abîmes inférieurs de la manière que nous avons décrite. Comme le jour commençait à paraître, les rives opposées n'offraient plus un tableau confus ; leurs regards pouvaient pénétrer dans les bois et distinguer les objets sous la voûte sombre que formaient les pins et les taillis.

Ils restèrent longtemps dans ce poste, sans que l'attaque parût devoir se renouveler, et Duncan commença à espérer que leur feu avait produit des effets plus fatals qu'ils ne l'avaient cru, et que leurs ennemis avaient été définitivement repoussés. Quand il se hasarda à communiquer cette idée à son compagnon, celui-ci secoua la tête d'un air d'incrédulité et répondit :

« Vous ne connaissez pas la nature d'un Maqua, si vous croyez qu'ils se laisseront battre sans enlever une seule chevelure. S'ils n'étaient pas quarante ce matin, il n'y en avait pas un seul ! et ils savent trop bien qui et en quel nombre nous sommes, pour abandonner sitôt la chasse. Chut ! voyez là-bas dans la rivière, à l'endroit où elle se brise contre les rochers : que je meure si les hardis coquins n'ont pas nagé jusqu'au milieu du fleuve, et par malheur pour nous, ils vont atteindre la pointe de l'île ! Chut ! tenez-vous caché ! ou votre chevelure vous sera enlevée en moins de temps qu'il n'en faut pour tourner la lame d'un couteau. »

Heyward leva la tête au-dessus de son abri, et vit ce qu'il considéra avec raison comme un prodige d'audace et d'adresse. La rivière avait usé l'extrémité du rocher de manière à rendre son abord moins escarpé et moins perpendiculaire que ne le comporte une cataracte. Sans autre guide que le bouillonnement de la rivière, à l'endroit où elle rencontre la pointe de l'île, un certain nombre de leurs insatiables ennemis s'étaient aventurés dans le courant, et nageaient vers ce point, sachant que s'ils réussissaient à aborder, ils ne tarderaient pas à atteindre les victimes qu'ils cherchaient. Au moment où Œil-de-Faucon cessa de parler, quatre têtes d'hommes se montrèrent au-dessus de quelques pièces de bois flottant arrêtées sur ces roches nues, et qui avaient probablement fait naître l'idée de la possibilité de cette entreprise hasardeuse. Bientôt on vit un cinquième nageur sur la cime verte de la cataracte, mais pas tout à fait dans la direction de l'île. Le sauvage luttait avec effort pour gagner l'endroit où il serait en sûreté ; favorisé par l'eau étincelante, il tendait déjà un bras à l'étreinte de ses compagnons, lorsqu'il fut emporté par le tourbillon du courant ; on le vit s'élever en l'air, les bras étendus et les yeux sortant de leur orbite, puis tomber précipité dans l'abîme profond et béant au-dessus duquel il était suspendu. Un seul cri

de désespoir s'élevant de la caverne domina le sombre mugissement de la cataracte, puis, tout fut de nouveau plongé dans un silence de mort.

Par un mouvement généreux Duncan allait s'élancer au secours de la malheureuse victime, mais il se sentit retenir au poste qu'il occupait par l'étreinte de l'impassible chasseur.

« Voulez-vous donc attirer sur nous tous une mort certaine, en indiquant aux Mingos la place où nous sommes ? demanda Œil-de-Faucon gravement ; c'est une charge de poudre épargnée, et les munitions nous sont aussi précieuses maintenant que le souffle à un daim haletant ! Essayez la batterie de vos pistolets ; le brouillard de la cataracte peut avoir mouillé la poudre ; préparez-vous à un combat corps à corps, tandis que je recevrai leur attaque à coups de fusil. »

Il plaça son doigt dans sa bouche et fit entendre un sifflement aigu auquel on répondit des rochers inférieurs gardés par les Mohicans. Duncan aperçut des têtes s'élever à ce signal au-dessus des bois flottants, mais elles disparurent presque aussitôt. Un léger bruit attira ensuite son attention derrière lui ; il se tourna et vit, à quelques pas, Uncas qui arrivait près d'eux en rampant. Œil-de-Faucon lui ayant adressé la parole en delaware, le jeune chef se plaça au poste indiqué avec beaucoup de circonspection et un sang-froid imperturbable. Ce fut pour Heyward un moment d'anxiété fiévreuse et impatiente ; néanmoins le chasseur crut l'occasion propice pour donner une leçon à ses jeunes compagnons sur l'art de manier habilement les armes à feu.

« De toutes les armes, dit-il, la carabine longue, rayée et bien trempée, est la plus dangereuse entre des mains habiles ; mais pour briller dans toute sa beauté elle exige un bras vigoureux, un coup d'œil juste et beaucoup de prudence à charger. Les armuriers montrent peu de connaissance de leur art lorsqu'ils fabriquent des fusils de chasse et des pistolets qui... »

Ici, il fut interrompu par un « Ouf ! » exclamation habituelle d'Uncas.

« Je les vois, enfant, je les vois, continua Œil-de-Faucon ; ils se préparent à avancer, sans quoi ils resteraient cachés derrière leurs morceaux de bois. Eh bien ! qu'ils viennent, ajouta-t-il en examinant la pierre de son fusil ; celui qui sera en tête trouvera la mort, fût-ce Montcalm lui-même. »

En ce moment les bois retentirent d'un autre cri épouvantable, et à ce signal quatre sauvages s'élancèrent du milieu des bois flottants qui les abritaient. Heyward brûlait d'envie de s'élancer à leur rencontre, tant était grande l'excitation délirante qu'il éprouvait ; mais il fut retenu par l'exemple du calme de ses compagnons.

Lorsque les ennemis, après avoir gravi en bondissant et en poussant d'effroyables cris les rochers noirs qui les séparaient, ne furent plus qu'à une distance de quelques verges, le fusil d'Œil-de-Faucon s'éleva lentement entre les taillis et fit feu. L'Indien qui marchait le premier bondit comme un daim blessé, et fut précipité du haut des rochers de l'île.

« Maintenant, Uncas, » s'écria le chasseur en tirant son grand coutelas et les yeux étincelants d'ardeur, chargez-vous de celui de ces mécréants qui marche le dernier ; nous nous occuperons des deux autres ! » Uncas obéit ; et il ne resta plus que deux ennemis à vaincre. Heyward avait remis un de ses pistolets à Œil-de-Faucon, et tous deux s'élancèrent par une petite pente vers leurs ennemis ; ils déchargèrent leurs pistolets au même instant et avec aussi peu de succès l'un que l'autre.

« Je le savais bien, et je vous le disais ! » murmura le chasseur en lançant avec un amer mépris cette arme misérable dans la cataracte. « Avancez, diables d'enfer, sanguinaires scélérats ! vous allez avoir affaire à un blanc de pur sang ! »

Il avait à peine achevé ces paroles qu'il se trouva face à face avec un sauvage d'une taille gigantesque et d'une mine effroyable. Au même instant, Duncan se trouva engagé de son côté dans un combat corps à corps avec un autre Indien. Avec une adresse égale, Œil-de-Faucon et son antagoniste se saisirent l'un l'autre par le bras qui tenait le fatal coutelas. Pendant près d'une minute ils se regardèrent fixement, et chacun chercha à maîtriser l'autre par la puissance des muscles. Enfin le bras nerveux du blanc l'emporta sur les membres moins exercés de l'Indien. Le bras de ce dernier céda lentement à la vigueur toujours croissante du chasseur, qui, retirant tout à coup sa main armée de l'étreinte de son ennemi, lui enfonça jusqu'au cœur l'instrument acéré. Pendant ce temps-là Heyward avait à soutenir un combat plus terrible : sa légère épée fut brisée au premier choc. Comme il n'avait pas d'autre moyen de défense, il dut chercher son salut dans la force du corps et dans sa résolution. Bien qu'il ne manquât ni de l'une ni de l'autre de ces qualités, il avait affaire à un adversaire qui le valait. Heureusement il réussit bientôt à le désarmer ; son couteau tomba à leurs pieds sur le rocher, et de ce moment s'engagea entre eux une lutte terrible à qui précipiterait l'autre de cette effrayante hauteur dans les cavernes de la cataracte. Chaque nouvel effort qu'ils faisaient les rapprochait de plus en plus du bord fatal, où Duncan sentit qu'il fallait de toute nécessité vaincre ou périr. Chacun des combattants déploya toute sa vigueur dans ce dernier effort,

et déjà tous deux chancelaient sur le bord du précipice. Déjà Heyward sentait la main de son ennemi lui serrer la gorge, et voyait le rire féroce de l'Indien, comme s'il se fût flatté de l'horrible espérance d'entraîner son ennemi dans sa chute. Il se sentait succomber à une puissance irrésistible, et éprouvait l'agonie d'un pareil moment dans toute son horreur. En cet instant d'extrême danger, une main noire et un couteau brillant parurent devant lui ; l'Indien lâcha prise ; le sang coula abondamment des tendons de son poignet, qui venait d'être coupé ; et tandis que le bras libérateur d'Uncas ramenait Duncan en arrière, les regards de ce dernier, comme sous l'empire d'un pouvoir magique, restèrent fixés sur les traits farouches et la fureur déçue de son ennemi, qui roula sans retour dans l'effroyable abîme.

« A nos postes ! à nos postes ! » s'écria Œil-de-Faucon qui venait d'expédier son ennemi ; « à nos postes, notre vie en dépend ; l'œuvre n'est qu'à moitié faite ! »

Le jeune Mohican poussa un grand cri de triomphe, et, suivi de Duncan, gravit de nouveau le rocher d'où ils étaient descendus pour combattre, et tous trois se placèrent derrière l'abri protecteur des rochers et des arbustes.

CHAPITRE VIII

Vengeurs de leur pays, ils combattent encore.

L'avis que venait de donner le chasseur n'était pas sans motif ; tant qu'avait duré le combat acharné que nous venons de raconter, aucune voix humaine n'avait interrompu le mugissement de la cataracte. On eût dit que l'intérêt qu'attachaient au résultat de la lutte les Indiens de l'autre côté du rivage, les tenait comme en suspens, tandis que les évolutions rapides et les changements soudains dans la position des combattants leur interdisaient un feu qui aurait pu être également fatal à un ami et à un ennemi. Mais du moment que la lutte fut terminée, il s'éleva en l'air des hurlements de rage et de vengeance. Une vive fusillade commença, et le feu des assaillants se croisa sur le rocher comme s'ils eussent voulu décharger leur fureur impuissante sur le théâtre inanimé de ce fatal combat.

Le fusil de Chingachgook, qui pendant ce temps-là avait gardé son poste avec une résolution inébranlable, répondait à leur attaque par un feu également soutenu. Quand le cri de victoire d'Uncas parvint à ses oreilles, sa voix paternelle avait répondu par un cri solitaire, après quoi les coups répétés de son arme annoncèrent seuls qu'il continuait à garder son poste avec une vigilance infatigable. C'est ainsi que plusieurs minutes s'écoulèrent avec la rapidité de la pensée, les assaillants continuant leur feu, tantôt par volées, tantôt par coups détachés. Bien qu'autour des assiégés le rocher, les arbres et les arbustes fussent criblés de balles, ils étaient si bien abrités que jusque-là David était le seul de leur petite troupe qui eût été blessé.

« Qu'ils brûlent leur poudre, » dit le chasseur avec sang-froid, pendant que les balles sifflaient près du lieu où il était retranché ; « nous ferons une fameuse récolte de plomb quand l'affaire sera terminée, et les coquins se lasseront de ce jeu avant que ces vieux rochers crient merci ! Uncas, mon enfant, vous chargez trop votre fusil, et une arme qui recule ne porte jamais juste. Je vous avais dit d'atteindre ce mécréant au-dessous de la ligne blanche de son tatouage, et vous avez frappé deux pouces au-dessus. Les Mingos ont la vie dure, et l'humanité exige que nous en finissions promptement avec ces serpents. »

Un sourire calme éclaira les traits altiers du jeune Mohican, et prouva qu'il avait compris ce que l'autre venait de lui dire en anglais ; mais il n'y répondit point, et ne chercha pas à se justifier.

« Je ne puis vous permettre d'accuser Uncas de manquer de jugement ou d'adresse, dit Duncan ; il m'a sauvé la vie avec un courage et un sang-froid admirable, et il a désormais en moi un ami qui ne l'oubliera jamais ce qu'il lui doit. »

Uncas se leva à demi, et tendit la main à Heyward. Pendant qu'ils se donnaient ce témoignage d'amitié, les deux jeunes gens échangèrent des regards d'intelligence qui firent oublier à Duncan la couleur et la condition du jeune sauvage. En même temps Œil-de-Faucon, témoin calme mais affectueux de cette manifestation de sentiments généreux, se contenta de répondre :

« La vie est une obligation que des amis se doivent souvent l'un à l'autre dans le désert. J'ose dire que j'ai moi-même rendu à Uncas quelques services de ce genre, et je me rappelle fort bien qu'il s'est placé cinq fois entre la mort et moi ; trois fois en combattant les Mingos, une fois en traversant l'Horican, et une autre...

— Voilà un coup mieux ajusté que d'ordinaire ! » s'écria Duncan, qui s'écarta involontairement, en voyant rebondir une balle qui avait frappé le rocher à côté de lui.

Œil-de-Faucon ramassa la balle, qui était aplatie, et après l'avoir examinée, il dit en se couant la tête : « Une balle ne s'aplatit pas en tombant, à moins qu'elle ne nous vienne des nuages ! »

Mais le fusil d'Uncas était déjà pointé vers le ciel, et les yeux de ses compagnons se portant dans cette direction, découvrirent aussitôt le mystère. Un vieux chêne décharné s'élevait sur la rive droite de la rivière, presque en face de la position qu'ils occupaient ; son branchage cherchant de l'espace, s'était étendu si loin que les tiges supérieures se projetaient en voûte sur le bras du fleuve qui coulait de ce côté. Parmi les feuilles les plus élevées qui cachaient à peine les branches noueuses et rabougries, s'était niché un sauvage de mauvaise mine, qui, en ce moment, était en partie abrité par le tronc de l'arbre et en partie découvert, car il se penchait en avant pour s'assurer de l'effet produit par son feu perfide.

« Ces diables escaladeront le ciel, je crois, pour venir à bout de nous, dit Œil-de-Faucon ; tenez-le occupé, mon enfant, jusqu'à ce que mon « perce-daim » soit prêt ; alors nous ferons feu de chaque côté de l'arbre en même temps. »

Uncas différa son feu jusqu'à ce que le chasseur eût donné le signal ; les coups partirent ; les feuilles et l'écorce du chêne jaillirent en éclats ; dispersées par le vent ; mais l'Indien ne répondit à leurs décharges que par un rire insultant, et leur envoya une autre balle qui jeta par terre le bonnet d'Œil-de-Faucon. Les hurlements recommencèrent dans la forêt, et une grêle de balles siffla sur la tête des assiégés, comme pour les obliger à rester dans un lieu où ils seraient facilement immolés par le guerrier entreprenant monté sur l'arbre.

« Il faut mettre ordre à cela ! » dit le chasseur, jetant autour de lui des regards inquiets. « Uncas, faites venir votre père ; nous avons besoin de toutes nos armes pour déloger cette rusée chenille. »

Le signal fut aussitôt donné, et avant qu'Œil-de-Faucon eût rechargé son fusil, Chingachgook les rejoignit. Lorsque Uncas eut montré au guerrier expérimenté le poste qu'occupait leur dangereux ennemi, il fit son exclamation habituelle : « Ouf ! » et ce fut la seule expression de surprise ou d'alarme qui lui échappa. Œil-de-Faucon et les Mohicans conférèrent ensemble en delaware pendant quelques minutes, après quoi chacun prit paisiblement son poste, afin d'exécuter le plan qu'ils avaient rapidement arrêté.

Le guerrier posté sur le chêne avait, depuis le moment de sa découverte, nourri un feu vif mais inefficace. La vigilance de ses ennemis l'empêchait d'ajuster, car leurs fusils se dirigeaient à l'instant sur la moindre partie de sa personne qu'il laissait à découvert ; néanmoins ses balles continuaient à tomber au milieu de la troupe abritée. Les vêtements d'Heyward, que son uniforme mettait en évidence, furent percés en divers endroits, et une balle le blessa légèrement au bras. Enfin, enhardi par la longue patience de ses ennemis vigilants, le Huron essaya d'ajuster avec plus de précision. L'œil exercé des Mohicans aperçut, à travers le rare feuillage, la partie inférieure de son corps imprudemment découverte et se projetant à quelques pouces du tronc de l'arbre. Ils firent feu en même temps, le sauvage blessé laissa à découvert une partie de son corps ; prompt comme la pensée, Œil-de-Faucon saisit ce moment, et déchargea son arme fatale au sommet du chêne. Les feuilles furent agitées par un mouvement inaccoutumé ; le sauvage laissa échapper son arme, et après quelques moments d'efforts inutiles, on vit son corps se balancer en l'air, retenu à une branche que ses mains serraient avec l'étreinte du désespoir.

« Achevez-le, envoyez-lui une autre balle ! » s'écria Duncan, en détournant avec horreur ses regards de la vue de cet homme placé dans une position aussi terrible.

« Pas un noyau ! s'écria l'inflexible Œil-de-Faucon ; sa mort est certaine, et nous n'avons pas de poudre à perdre ; car les combats des Indiens durent quelquefois plusieurs jours : il y va de leurs chevelures ou des nôtres ! et Dieu qui nous a créés nous a mis dans le cœur l'amour de la vie. »

Il n'y avait rien à répondre à ce raisonnement sévère, absolu, et si évidemment conforme à la prudence. A dater de ce moment, les hurlements de la forêt cessèrent, le feu se ralentit, et tous les regards, amis ou ennemis, se fixèrent sur la situation désespérée du malheureux suspendu entre le ciel et la terre. Le corps était balancé par le vent ; quoique aucun murmure, aucun gémissement n'échappât à la victime, il y avait des moments où il tournait vers ses ennemis un front farouche ; et, malgré l'éloignement, on pouvait distinguer sur ses traits basanés l'agonie du désespoir. Trois fois, par un mouvement de compassion, le chasseur leva son fusil ; trois fois, cédant aux conseils de la prudence, il l'abaissa silencieusement. Enfin, une main du Huron lâcha prise, et retomba épuisée le long de son corps. Il fit des efforts vains et désespérés pour ressaisir la branche, et on le vit, pendant quelques instants, s'agiter inutilement dans l'air. L'éclair n'est pas plus prompt que la flamme qui partit alors du fusil d'Œil-de-Faucon ; les membres de la victime tremblèrent et se contractèrent, sa tête retomba sur sa poitrine, et le corps, comme une masse de plomb, entr'ouvrit l'onde écumante, qui, dans

son cours rapide, se referma sur lui, et le malheureux Huron disparut pour toujours.

Aucun cri de triomphe ne suivit cet avantage important, mais les Mohicans se regardèrent avec un sentiment d'horreur silencieuse. Un hurlement solitaire résonna dans les bois, puis tout rentra dans le silence. Œil-de-Faucon, le seul qui dans cette circonstance eût conservé toute sa présence d'esprit, secoua la tête en se blâmant lui-même de sa faiblesse.

« C'était ma dernière charge de poudre et ma dernière balle, dit-il, j'ai agi comme un enfant ; qu'importait qu'il tombât sur les rocs mort ou vivant ! il n'en aurait pas eu pour longtemps. Uncas, mon garçon, allez au canot et apportez la grande corne ; c'est toute la poudre qui nous reste, et nous en aurons besoin jusqu'au dernier grain, ou je connais bien peu la nature des Mingos. »

Le jeune Mohican obéit aussitôt, laissant le chasseur occupé à retourner sa gibecière et à secouer sa poudrière vide avec de nouvelles manifestations de mécontentement. Toutefois il fut interrompu dans cet examen peu agréable, par un cri perçant que poussa Uncas, et qui retentit à l'oreille peu exercée de Duncan, comme le signal de quelque malheur nouveau et inattendu. Saisi d'inquiétude pour le trésor précieux qu'il avait caché dans la caverne, le jeune homme se leva sur-le-champ, sans songer aux périls qu'il courait en se découvrant ainsi : ses compagnons imitèrent son mouvement, comme si une impulsion commune les eût dirigés, et tous ensemble ils se précipitèrent vers le passage qui conduisait aux deux grottes, avec une rapidité qui rendit inutile le feu irrégulier de leurs ennemis. Le cri inaccoutumé avait fait sortir les deux sœurs ainsi que le blessé David de leur lieu de refuge, et un coup d'œil suffit pour apprendre à chacun le désastre qui avait ébranlé jusqu'au stoïcisme éprouvé du jeune Indien leur protecteur.

A peu de distance du rocher, ils virent leur petite barque qui flottait sur la rivière, emportée par le courant, de manière à indiquer qu'elle était dirigée par quelque agent caché. L'éclaireur, à cette vue fatale, mit son fusil en joue comme par instinct ; l'étincelle jaillit, mais il n'y eut point d'explosion.

« C'est trop tard ! c'est trop tard ! » s'écria Œil-de-Faucon en laissant tomber son arme inutile avec un dépit amer ; « Le mécréant a gagné le courant, et lors même que nous aurions de la poudre, c'est à peine si la balle pourrait le devancer. »

Comme il achevait ces mots, l'audacieux Huron leva la tête au-dessus du canot, et pendant qu'il glissait rapidement sur la vague, il fit signe de la main et jeta un cri, signal du suc-

cès. Il s'éleva alors de la forêt un hurlement
terrible et un long rire insultant, comme si une
troupe de démons eussent fait éclater leur joie
impie à la chute d'une âme chrétienne.

« Vous pouvez rire, enfants du diable, » dit
l'éclaireur en s'asseyant sur une pointe de rocher et en laissant tomber son fusil négligemment à ses pieds, « les trois meilleures carabines
de ces forêts ne peuvent pas plus servir maintenant que si c'étaient des brins d'herbe ou les
cornes dépouillées par les daims l'année dernière.

— Que ferons-nous maintenant ? » demanda
Duncan, dont le premier désappointement avait
bientôt fait place à un mâle désir d'agir ;
« qu'allons-nous devenir ? »

Œil-de-Faucon, pour toute réponse, passa son
doigt autour de son crâne d'une manière si significative, qu'en voyant ce geste il était impossible de n'en pas comprendre le sens.

« Sans doute, notre position n'est pas désespérée à ce point ! s'écria le jeune homme ; les
Hurons ne sont pas ici ; nous pouvons tirer
parti des cavernes, nous pouvons nous opposer
à leur débarquement.

« Avec quoi ? demanda froidement l'éclaireur ;
avec les flèches d'Uncas ou des larmes de femmes ! Non, non ! vous êtes jeune, riche ; vous
avez des amis ; vous êtes à un âge, je le sais, où
il est dur de mourir ; mais, » ajouta-t-il, en jetant les yeux sur les Mohicans, « rappelons-
nous que nous sommes des hommes de pur sang,
et montrons à ces Indiens de la forêt que le
sang des blancs peut couler aussi facilement
que celui des rouges, quand le moment en est
venu. »

Duncan porta ses regards dans la direction
indiquée par les yeux de l'éclaireur, et la conduite des deux Indiens le confirma dans toutes
ses craintes. Chingachgook, s'asseyant sur un
autre fragment de rocher, dans une attitude
pleine de dignité, avait déjà déposé son coutelas
et son tomahawk ; il enlevait la plume d'aigle
qui ornait sa tête et passait la main sur son
unique touffe de cheveux, comme pour la préparer à son dernier office. Son visage
était calme quoique pensif, et dans ses yeux
noirs et brillants peu à peu la fierté du combat
faisait place à une expression plus conforme à
la destinée qu'il prévoyait devoir être son partage.

« Nous ne devons pas renoncer à tout espoir !
dit Duncan ; dans ce moment même des secours
peuvent nous arriver. Je ne vois pas d'ennemis !
ils se sont lassés d'une lutte dans laquelle ils
ont tant à perdre et si peu à gagner.

— Les serpents attendront peut-être une minute ou peut-être une heure, avant de s'élancer
sur nous ; il est possible qu'au moment où nous

parlons ils soient ici près qui nous écoutent ;
c'est dans leur nature, dit Œil-de-Faucon ; mais
soyez certain qu'ils viendront, et de manière à
ne nous laisser aucun espoir. Chingachgook,
ajouta-t-il en delaware, mon frère, nous avons
livré ensemble notre dernier combat, et les Maquas vont triompher de la mort du sage des
Mohicans et du visage pâle dont les yeux peuvent faire le jour et la nuit, et abaisser les nuages au niveau des vapeurs des fontaines.

— Que les femmes des Mingos pleurent leurs
morts ! » répondit l'Indien avec sa fierté caractéristique et son inébranlable fermeté, « le
grand serpent des Mohicans s'est glissé dans
leurs wigwams, et il a empoisonné leur triomphe avec les gémissements des enfants dont les
pères ne sont pas revenus ! Onze guerriers dorment loin du tombeau de leur tribu depuis la
fonte des neiges, et nul ne pourra dire où ils
sont quand la langue de Chingachgook sera
silencieuse. Qu'ils tirent le coutelas le plus
tranchant, et brandissent le tomahawk le plus
rapide, car leur plus mortel ennemi est en leur
pouvoir. Uncas, mon enfant, branche aînée
d'une noble tige, dites à ces lâches de se hâter,
ou leurs cœurs s'attendriront, et ils deviendront
des femmes !

— Ils cherchent leurs morts parmi les poissons, répondit la voix douce et grave de leur
jeune chef ; les Hurons flottent avec les anguilles
de la rivière ; ils tombent de l'arbre comme le
fruit propre à être mangé, et les Delawares se
rient d'eux !

— Oui, oui, » murmura l'éclaireur, qui avait
écouté avec une attention profonde ce discours
des Indiens ; « ils ont échauffé leur fierté indienne, et bientôt ils provoqueront les Maquas
à leur donner une mort prompte. Pour moi, qui
n'ai que du sang de blanc dans les veines, je
dois mourir comme il convient à un homme de
ma couleur, sans paroles insultantes à la bouche, sans amertume dans le cœur.

— Et pourquoi donc mourir ? » dit en s'avançant Cora que jusqu'à ce moment une horreur
bien naturelle avait retenue appuyée contre le
rocher ; « de tous côtés le passage est ouvert ;
fuyez donc dans les bois et invoquez le secours
du ciel ! Allez, hommes courageux, nous vous
avons déjà trop d'obligations ; que nous ne
vous entraînions plus dans notre malheureuse
fortune !

— Vous connaissez bien peu les rusés Iroquois, madame, si vous croyez qu'ils ont laissé
le passage libre pour gagner la forêt, » répondit
Œil-de-Faucon qui toutefois ajouta aussitôt
avec simplicité : « Il est vrai que le courant
peut nous entraîner bientôt hors de la portée
de leurs carabines et du son de leurs voix.

— Profitez donc de la rivière ; pourquoi tarder ? Voulez-vous augmenter le nombre des victimes de nos implacables ennemis ?

— Pourquoi ? » répéta l'éclaireur en promenant fièrement ses regards autour de lui : « parce qu'il vaut mieux pour un homme mourir en paix avec lui-même que de vivre tourmenté par une conscience coupable. Que répondrons-nous à Munro quand il nous demandera ce que nous avons fait de ses enfants et où nous les avons laissées ?

— Allez le trouver, et dites-lui que vous les avez quittées pour chercher du secours, » reprit Cora, en s'avançant vers l'éclaireur dans son ardeur généreuse ; « dites-lui que les Hurons les ont entraînées dans les déserts du nord, mais qu'avec de la vigilance et de la promptitude, on peut encore les délivrer ; et si, après tout, le ciel permet que son assistance arrive trop tard, portez-lui, » continua-t-elle, en abaissant peu à peu le ton ferme de sa voix, qui se changea en accents étouffés, « portez-lui l'amour, les vœux, les dernières prières de ses filles, et dites-lui de ne pas pleurer leur mort prématurée, mais de songer avec une humble confiance au séjour bienheureux où la foi chrétienne doit le réunir à ses enfants. »

Les traits endurcis et basanés du chasseur parurent agités d'une manière sensible pendant qu'elle parlait ; quand elle eut fini, il appuya son menton sur sa main et parut méditer profondément sur la nature de cette proposition.

« Il y a de la raison dans ses paroles ! » dit-il enfin, les lèvres comprimées et convulsives ; « oui, et elles portent l'empreinte de la religion chrétienne ; ce qui peut être bien et convenable dans une peau rouge, peut être coupable dans un homme qui n'a pas même une goutte de sang mêlé à donner pour excuse. Chingachgook ! Uncas ! avez-vous entendu ce que vient de dire la femme aux yeux noirs ? » Alors il parla en delaware à ses compagnons, et son discours, quoique posé et calme, semblait avoir quelque chose de péremptoire. Le vieux Mohican l'écouta avec une profonde gravité, et parut méditer sur ses paroles comme s'il en eût senti toute l'importance. Après un moment d'hésitation, il fit signe de la main qu'il donnait son assentiment, et prononça en anglais le mot : « Bon ! » avec l'emphase ordinaire de sa nation. Alors, replaçant son coutelas et son tomahawk à sa ceinture, le guerrier s'avança silencieusement sur le bord du rocher le plus caché aux regards des ennemis qui couvraient la rive opposée. Là, il s'arrêta un moment, montra de la main la forêt, et après avoir dit quelques mots dans sa langue, comme pour indiquer la route qu'il se proposait de suivre, il se laissa tomber dans la rivière et disparut aux regards des témoins inquiets de son action.

L'éclaireur différa son départ, pour adresser la parole à la généreuse fille, qui commença à respirer plus à l'aise lorsqu'elle vit le succès de ses conseils.

« La sagesse est quelquefois donnée aux jeunes aussi bien qu'aux vieillards, dit-il, et ce que vous avez dit est sage, pour ne pas dire plus. Si on vous conduit dans les bois, c'est-à-dire ceux d'entre vous dont on aura pour quelque temps épargné la vie, brisez en marchant les tiges des taillis, et rendez aussi apparentes que vous pourrez les traces de votre passage, et s'il est possible à des yeux mortels de les apercevoir, comptez que vous avez un ami qui vous suivra au bout du monde avant de vous abandonner. »

Disant ces mots, il serra affectueusement la main de Cora, releva son fusil, et après l'avoir regardé quelque temps avec une sollicitude douloureuse, il le replaça soigneusement dans un coin écarté et s'avança vers l'endroit où Chingachgook venait de disparaître : jetant les yeux autour de lui d'un air soucieux, il ajouta avec amertume : « Si la poudre ne m'avait pas manqué, jamais nous n'aurions subi cette disgrâce. » Puis il s'élança dans l'eau qui se referma sur lui, et disparut.

Tous les yeux alors se tournèrent vers Uncas, qui était appuyé contre le roc crevassé, dans un calme imperturbable. Après avoir attendu quelque temps, Cora montra la rivière et dit :

« Vos amis, vous le voyez, n'ont pas été aperçus, et il est probable qu'ils sont maintenant en sûreté ; n'est-il pas temps que vous les suiviez ?

— Uncas veut rester, répondit tranquillement en mauvais anglais le jeune Mohican.

— Pour accroître l'horreur de notre captivité, et pour diminuer les chances de notre délivrance ! dit Cora. Allez, généreux jeune homme, » continua Cora en baissant les yeux sous le regard ardent du Mohican, et peut-être avec la conviction intérieure de son ascendant sur lui, « allez trouver mon père, comme je l'ai dit, et soyez le plus confidentiel de mes messagers ; dites-lui de vous confier les moyens de racheter la liberté de ses filles. Partez, je le désire, je vous en conjure ! »

Une expression de tristesse remplaça l'air calme et paisible du jeune chef, mais il n'hésita plus. D'un pas silencieux il franchit le rocher et s'élança dans le fleuve bouillonnant. Ceux qu'il laissait derrière lui respirèrent à peine, jusqu'au moment où, bien loin dans le courant, ils aperçurent sa tête qui s'élevait hors de l'eau pour respirer ; bientôt il plongea de nouveau sous les vagues, et on ne le revit plus.

Ces trois épreuves subites, et, selon toute

apparence, couronnées de succès, n'avaient employé que quelques minutes d'un temps qui maintenant était devenu si précieux. Aussitôt qu'Uncas eut disparu à ses regards, Cora se retourna, et d'une voix tremblante, s'adressa à Heyward :

« Je vous ai entendu vanter votre habileté à la nage, Duncan, dit-elle ; suivez donc le sage exemple que vous ont donné ces hommes simples et fidèles.

— Est-ce là la preuve de dévouement que Cora Munro exige de son protecteur ? dit le jeune homme en souriant tristement, mais avec amertume.

— Ce n'est pas le moment de s'occuper de subtilités et de sophismes, répondit-elle ; il faut maintenant considérer nos devoirs d'une manière impartiale et à tête reposée. Vous ne pouvez plus nous être utile ici, mais vous devez conserver vos jours pour des amis qui vous touchent de plus près que nous. »

Il ne répondit pas, mais son regard tomba avec émotion sur les formes charmantes d'Alice qui s'attachait à son bras comme un enfant à sa mère.

« Réfléchissez cependant, » continua Cora après un moment de silence, pendant lequel elle semblait lutter contre une douleur plus vive qu'aucune de celles que ses appréhensions avaient fait naître ; « ce qui peut nous arriver de pire, c'est la mort, tribut que tous doivent payer à l'époque que Dieu leur a fixée.

— Il est des maux pires que la mort, » dit Duncan d'une voix sombre, et comme importuné de son insistance, « mais que peut détourner un homme prêt à mourir pour vous. »

Cora n'insista plus, et se voilant le visage de son schall, elle entraîna avec elle au fond de la caverne sa sœur presque évanouie.

CHAPITRE IX

Rassurez-vous, ô ma belle maîtresse !
Éclaircissez ce front tout chargé de tristesse.
La mort d'Agrippine.

Le passage soudain et presque magique des incidents excitants du combat au calme qui maintenant régnait autour de lui, produisit sur l'imagination échauffée d'Heyward l'effet d'un rêve agité. Bien que les images et les événements qui avaient passé sous ses yeux restassent profondément gravés dans sa mémoire, il ne pouvait se persuader que difficilement de leur réalité. Ignorant encore le destin de ceux qui s'étaient confiés à la rapidité du torrent, il prêtait l'oreille au moindre bruit, au moindre signal qui pût annoncer le bon ou le mauvais succès de leur hasardeuse entreprise. Toute son attention fut vaine ; car avec Uncas toute trace de ces hommes courageux avait disparu, et rien ne lui faisait connaître leur sort ultérieur.

Dans un moment de doute si pénible, Duncan n'hésita pas à se lever et à promener ses regards autour de lui, sans demander aux rochers une protection qui tout à l'heure encore lui avait été si nécessaire. Toutefois les efforts qu'il fit pour découvrir quelque indice de l'approche de leurs ennemis cachés furent aussi inutiles que ceux qu'il avait faits pour connaître le sort de ses compagnons. Pas un être vivant ne se montrait sur les rives boisées du fleuve. Le mugissement que répétaient, il n'y a pas longtemps, les voûtes de la forêt avait cessé, et on n'entendait plus dans l'air que la sauvage harmonie de la cataracte. Un oiseau pêcheur qui, perché sur la branche la plus élevée d'un pin desséché, avait été de loin spectateur du combat, descendit alors de son poste élevé, et se mit à planer sur les eaux en quête de sa proie ; et un geai, dont la voix bruyante avait été réduite au silence par les hurlements des Indiens, fit de nouveau entendre ses sons discordants, comme s'il eût repris la possession paisible de ses sauvages domaines. Duncan puisa dans ces indices de solitude un rayon d'espérance ; il se prépara à mettre de nouveau ses facultés en action, et sentit renaître dans son cœur une confiance nouvelle.

« Les Hurons ont disparu, » dit-il en s'adressant à David, qui ne s'était pas encore remis des effets du choc étourdissant qu'il avait reçu ; « cachons-nous dans la caverne, et abandonnons le reste à la Providence.

— Je me rappelle d'avoir réuni ma voix à celle de deux aimables jeunes filles, pour offrir à Dieu nos prières et nos actions de grâces, reprit le maître de chant d'un air égaré ; depuis lors, le jugement du ciel m'a châtié pour mes péchés. J'ai été plongé dans un semblant de sommeil, tandis qu'autour de moi retentissaient des bruits discordants, comme si la consommation des temps fût arrivée, et que la nature eût oublié son harmonie.

— Pauvre garçon ! ta propre consommation a été, il est vrai, bien près de s'accomplir ! mais lève-toi et suis-moi ; je vais te conduire dans un lieu où tu n'entendras d'autre bruit que celui de la psalmodie.

— Il y a une mélodie dans les sons de la cataracte, et le mugissement des eaux est doux aux sens, » dit David en passant sa main sur

DÉPÔT LÉGAL
N° 6
1873

Et tous ceux qui s'y trouvaient furent entraînés hors de leur asile.. (Page 45)

son front, comme s'il eût cherché à coordonner ses idées confuses. « L'air n'est-il pas encore rempli de hurlements et de cris, comme si les âmes des damnés...

— Non, non, interrompit l'impatient Heyward, ils ont cessé, et ceux qui les poussaient sont, je l'espère, également partis; à l'exception de la cataracte, tout est calme et silence : entrez donc là où vous pourrez produire ces sons que vous éprouvez tant de charme à entendre. »

David sourit douloureusement ; et néanmoins cette allusion à sa vocation chérie fit luire sur son visage un rayon passager de satisfaction. Il n'hésita plus à se laisser conduire dans un lieu qui promettait des plaisirs si purs à ses sens fatigués ; et, appuyé sur le bras de son compagnon, il franchit l'ouverture étroite de la caverne. Duncan saisit un grand tas de sassafras, dont il boucha le passage de manière à en dérober complétement la vue. Derrière ce fragile rempart, il arrangea les couvertures abandonnées par les Indiens ; par ce moyen, l'extrémité intérieure de la caverne était plongée dans les ténèbres, tandis que l'autre recevait un faible jour d'un étroit ravin qui servait de lit à un bras de la rivière pour former sa jonction avec l'autre branche à quelques verges plus bas.

« Je n'aime pas le principe des Indiens qui leur apprend à se résigner sans résistance dans les cas qui leur paraissent désespérés, dit-il en se livrant à cette occupation ; j'aime mieux notre maxime qui dit : Là où reste la vie, l'espé-

rance reste. Elle est plus consolante et mieux
appropriée au caractère d'un soldat. Vous, Cora,
je ne vous adresserai pas d'inutiles paroles
d'encouragement; vous trouverez dans votre
propre fermeté, dans votre raison imperturbable, tout ce qui peut convenir à votre sexe:
mais ne trouverons-nous pas moyen de sécher
les larmes de cette sœur tremblante qui pleure
dans vos bras ?

— Je suis plus calme, Duncan, « dit Alice en
se relevant d'entre les bras de sa sœur, et en
essayant de paraître tranquille au milieu de
ses larmes ; « je suis beaucoup plus calme maintenant. Sans doute dans cette retraite cachée, on
ne peut nous découvrir; nous sommes en
sûreté, à l'abri de tout mal ; nous avons tout à
espérer de ces hommes généreux, qui se sont
déjà exposés pour nous à des périls si grands. »

— Maintenant notre charmante Alice parle
en véritable fille de Munro, » dit Heyward en
s'arrêtant pour lui serrer la main, au moment
où il se dirigeait vers l'issue extérieure de la caverne. « Avec deux pareils exemples de courage devant lui, un homme rougirait de ne pas
se montrer un héros. « Alors il s'assit au centre
de la grotte, pressant d'une main ferme le pistolet qui lui restait, tandis que son œil contracté
et sourcilleux annonçait une résolution sombre
et désespérée. « Les Hurons, s'ils viennent, ne
s'empareront pas de la place aussi facilement
qu'ils se l'imaginent, » murmura-t-il à voix
basse ; et, appuyant sa tête contre le rocher, il
parut attendre l'événement avec patience,
quoique son regard se dirigeât sans cesse sur
l'issue de la caverne par où arrivait le jour.

Les derniers sons de sa voix furent suivis
d'un silence profond et prolongé. L'air frais du
matin avait pénétré dans la grotte, et son influence se faisait graduellement sentir à ceux
qui l'habitaient. Le temps s'écoulait, et rien ne
troublait encore leur sécurité; peu à peu l'espoir
rentra dans tous les cœurs, bien que chacun
craignît d'exprimer tout haut des espérances que
le moment d'après pourrait détruire.

David seul faisait exception, et semblait étranger à ces émotions successives. Un rayon de lumière, parti de l'ouverture de la grotte, éclairait
son visage blême, et tombait sur les pages du
petit volume dont il s'occupait à tourner les
feuillets, comme s'il eût cherché quelque cantique plus approprié à leur situation qu'aucun de
ceux qu'il avait parcourus. Il est probable que,
dans ce moment, il agissait d'après un souvenir
confus de la promesse consolante de Duncan.
Enfin, il trouva sans doute ce qu'il cherchait
avec tant de peine; car, sans explication ni
préambule, il prononça à haute voix ces mots :
« L'île de Wight ! » tira de son instrument un
son doux et prolongé, et fit entendre, avec l'ac-

cent le plus doux de sa voix harmonieuse, le
prélude de l'air qu'il venait d'annoncer.

« Ne peut-il pas y avoir du danger à cela? »
demanda Cora en fixant ses yeux noirs sur le
major Heyward.

« Le pauvre homme ! sa voix est trop faible
pour qu'on l'entende au milieu du bruit de la
cataracte, répondit-il ; d'ailleurs la caverne le
protége. Laissons-le donc se livrer à ses goûts
favoris, puisqu'il peut le faire sans danger.»

« L'île de Wight! » répéta David en jetant les
yeux autour de lui, de ce ton de dignité avec
lequel autrefois il imposait silence aux chucho-
tements de sa classe. « C'est un très-bel air auquel on a adapté des paroles solennelles; qu'on
le chante donc avec tout le respect convenable ! »

Après un moment de silence profond pour
commander l'attention, la voix du chanteur se
fit entendre, d'abord en notes basses et murmurantes qui montèrent graduellement à un ton
plus élevé, jusqu'à ce qu'enfin l'étroite enceinte
de la caverne fut remplie de sons harmonieux
rendus plus pénétrants encore par les intonations tremblantes de sa voix affaiblie. La mélodie,
dont la faiblesse des sons ne pouvait détruire le
charme; étendit peu à peu son influence sur
ceux qui l'écoutaient. Elle triompha même des
misérables paroles dont l'auteur avait travesti
le chant du psalmiste et que La Gamme avait
choisies avec tant de soins parmi un grand nombre de cantiques semblables, en sorte que l'harmonie musicale fit oublier le sens. Alice malgré
elle sécha ses larmes et fixa ses regards humides
sur les traits pâles de La Gamme avec une expression de chaste délice qui n'était point affectée et qu'elle ne cherchait point à déguiser. Cora
donna un sourire d'approbation aux pieux efforts de l'homonyme du prince juif, et Heyward
ne tarda pas à détourner son regard inquiet et
sévère de l'issue de la caverne pour le reporter
plus doux sur le visage de David, ou pour saisir
au passage les rayons égarés qui par moments
s'échappaient des yeux humides d'Alice. La
sympathie évidente de ses auditeurs excita bientôt la verve du mélomane, dont la voix retrouva
toute sa richesse et tout son volume sans rien
perdre de cette douceur touchante qui faisait
son charme secret. Déployant son talent musical
dans tout son éclat, il faisait résonner les voûtes
de la grotte de ses accents pleins et mélodieux,
quand un cri horrible, retentissant hors de la
caverne, mit fin à son pieux concert et fit taire
aussitôt sa voix, comme si, d'un bond, son cœur
se fût porté tout à coup à son gosier et y eût
arrêté le passage des sons.

« Nous sommes perdus ! » s'écria Alice en se
précipitant dans les bras de Cora.

« Pas encore, pas encore, » reprit Heyward

agité mais toujours intrépide ; les cris viennent du centre de l'île, et ils ont été produits par la vue de leur compagnon mort ; nous ne sommes pas encore découverts ; il y a encore de l'espoir.»

Quelque faible que fût cet espoir, quelque désespérée que devînt leur position, les paroles de Duncan produisirent leur effet ; elles relevèrent l'énergie des deux sœurs, qui attendirent l'événement en silence. Un second hurlement suivit bientôt le premier, et l'on entendit une foule de voix qui parcouraient l'île dans toute son étendue ; enfin toutes ces voix atteignirent le rocher nu situé au-dessus des cavernes ; là, après un grand cri de triomphe, l'air continua à retentir de clameurs telles que l'homme seul plongé dans l'état le plus complet de barbarie peut les articuler.

Les sons s'étendirent rapidement autour d'eux dans toutes les directions. Les uns appelaient leurs camarades du bord de l'eau, et on leur répondait des rochers de l'île. On entendait des cris dans l'effrayant voisinage du passage communiquant de l'une à l'autre caverne, et ces cris se mêlaient à d'autres hurlements qui s'élevaient de l'abîme du ravin profond. Enfin ces bruits sauvages s'étaient disséminés si rapidement sur toute la surface du rocher, qu'ils en conclurent qu'on pourrait facilement entendre leurs voix comme ils entendaient les paroles de ceux qui étaient autour d'eux et au-dessus de leur tête.

Au milieu de ce tumulte, un hurlement de triomphe s'éleva à quelques pas de l'issue bouchée de la grotte. Heyward alors abandonna toute espérance, convaincu qu'ils étaient découverts. Cependant les cris s'éloignèrent, et l'on entendit les mêmes voix se réunir à l'endroit où l'éclaireur avait avec tant de regret abandonné sa carabine. Au milieu du jargon des dialectes indiens, qu'on entendait alors distinctement, il lui fut facile de comprendre non-seulement des mots, mais des phrases entières dans la langue du Canada. « La Longue-Carabine! » s'écrièrent une foule de voix, et les forêts de la rive opposée répétèrent « La Longue-Carabine! » nom célèbre qu'Heyward se rappela avoir fréquemment entendu et par lequel les ennemis désignaient un éclaireur fameux du camp anglais ; c'est alors qu'Heyward connut pour la première fois qui était celui qui avait été son compagnon dans cette île.

«La Longue-Carabine! la Longue-Carabine!» ce mot passa de bouche en bouche, jusqu'à ce qu'enfin la foule parut se réunir autour d'un trophée qui semblait annoncer la mort de son formidable propriétaire. Après une bruyante consultation plus d'une fois couverte par les éclats d'une cruelle joie, ils se séparèrent encore, faisant retentir l'air du nom d'un ennemi dont, comme Heyward crut le reconnaître à leurs expressions, ils espéraient trouver le corps caché dans quelque crevasse de l'île.

« Maintenant, dit-il à voix basse aux sœurs tremblantes, voici le moment de la crise! Si notre retraite échappe à cette recherche, nous sommes sauvés! En tout cas nous sommes sûrs, d'après ce que viennent de dire nos ennemis, que nos amis leur ont échappé, et dans deux heures nous pouvons espérer que les secours de Webb nous arriveront. »

Il y eut alors quelques minutes d'un silence effrayant pendant lesquelles Heyward savait que les sauvages mettaient dans leurs recherches plus de vigilance et de méthode. Plus d'une fois il put distinguer le bruit que faisaient leurs pieds en foulant les sassafras ; on entendait le froissement des feuilles et le craquement des branches. A la fin, la frêle barrière qu'il avait amoncelée céda un peu, un coin de la couverture tomba, et un faible rayon de lumière pénétra dans la partie intérieure de la grotte. Cora effrayée pressa Alice contre son sein, et Duncan se leva avec la rapidité de l'éclair. On entendit en ce moment un grand cri qui semblait partir du centre du rocher, et tout annonçait que les sauvages avaient enfin pénétré dans la grotte voisine. Bientôt le nombre et le bruit des voix indiquèrent que toute la troupe y était rassemblée ou se trouvait dans le voisinage.

Les passages intérieurs qui conduisaient aux deux grottes étaient si rapprochés, que Duncan, dans la conviction qu'il n'était plus possible d'échapper, alla se placer entre les deux sœurs et l'issue par où les sauvages devaient arriver. Réduit au désespoir par le péril de la situation, il se rapprocha de la barrière fragile qui ne le séparait plus que par un intervalle de quelques pieds de la poursuite infatigable de ses ennemis, et regardant à travers la petite ouverture qui venait d'être pratiquée, il examina leurs mouvements avec une effrayante indifférence.

A portée de son bras était le dos basané d'un Indien de taille gigantesque, dont la voix grave et impérieuse semblait diriger les mouvements de tous les autres. Plus loin, dans l'intérieur de la première caverne, Duncan vit un grand nombre de sauvages qui pillaient et retournaient dans tous les sens l'humble mobilier de l'éclaireur. Le sang sorti de la blessure de David avait rougi les feuilles du sassafras avant la saison où elles prennent cette couleur. En apercevant cette preuve de leurs succès, ils jetèrent un hurlement semblable à celui que poussent des limiers qui ont retrouvé la voie de la bête qu'ils poursuivent. Après ce cri de victoire, ils défirent le lit odorant de la caverne, et portèrent les branches de sassafras dans le passage de communication, ayant soin de les séparer et de les secouer, comme s'ils eussent soupçonné qu'elles recelaient la personne de l'homme qu'ils avaient si longtemps haï et redouté. Un guerrier au regard farouche s'approcha du chef, tenant une brassée de feuillage, sur lequel il lui fit voir, d'un air de triomphe, les taches de sang qui y étaient empreintes, témoignant en même temps sa joie féroce par des hurlements indiens auxquels se mêlait fréquemment le nom de « la Longue-Carabine. » Quand il eut terminé l'expression de son insultant triomphe, il jeta les branches qu'il tenait sur la pile qu'avait élevée Duncan à l'entrée de la seconde caverne, ce qui boucha le jour qui y était pratiqué. Son exemple fut suivi par les autres qui, enlevant tout le feuillage qui se trouvait dans la grotte de l'éclaireur, le mirent en tas, ajoutant ainsi sans le savoir à la sécurité de ceux qu'ils cherchaient; tout l'avantage de cette barrière était dans sa faiblesse même, car au milieu de cette confusion générale, il ne pouvait venir à l'idée de personne de remuer un tas de broussailles que les sauvages pensaient avoir été élevé par les mains de leurs camarades eux-mêmes.

Les couvertures ayant cédé à la pression extérieure, et les branches s'étant affaissées par leur propre poids dans la crevasse du rocher, où elles formaient un corps compacte, Duncan commença à respirer plus librement. D'un pas léger et le cœur plus léger encore, il retourna au centre de la grotte, et reprit la place qu'il occupait auparavant, et d'où ses regards pouvaient se fixer sur l'ouverture qui donnait sur la rivière. Pendant qu'il effectuait ce mouvement, les Indiens, comme s'ils se fussent ravisés, d'un commun accord sortirent tous du passage, et on les entendit parcourir l'île et se diriger vers le point d'où ils étaient d'abord venus. Là, un hurlement de deuil annonça qu'ils étaient de nouveau rassemblés autour des cadavres de leurs camarades morts.

Duncan alors se hasarda à jeter les yeux sur ses compagnes; car dans le moment le plus critique, il avait craint que l'inquiétude peinte dans ses traits ne contribuât à donner de nouvelles alarmes à des êtres si peu capables de soutenir un pareil choc.

« Ils sont partis, Cora ! » dit-il à voix basse; « Alice, ils sont retournés au point d'où ils étaient venus, et nous sommes sauvés ! remercions le ciel qui nous a soustraits à nos impitoyables ennemis !

— Je vais donc rendre grâces à Dieu, » s'écria Alice en quittant les bras de Cora, et en s'agenouillant sur le rocher nu avec un sentiment de gratitude fervente; ce Dieu qui a épargné des larmes à un père en cheveux blancs, qui a conservé les jours de ceux qui me sont si chers... »

Heyward, et Cora plus maîtresse d'elle-même,

ne purent voir sans éprouver une sympathie puissante cet acte d'émotion involontaire, et le premier pensa que la piété n'avait jamais revêtu des formes aussi attrayantes que celles que lui donnaient en ce moment les charmes et la jeunesse d'Alice. Ses yeux rayonnaient de reconnaissance; l'incarnat de sa beauté avait reparu sur ses joues, et à travers ses traits éloquents on voyait que son âme tout entière allait s'épancher dans sa douce prière. Mais au moment où ses lèvres s'ouvrirent, ses paroles semblèrent tout à coup glacées par je ne sais quel frisson subit. Son incarnat fit place à la pâleur de la mort; ses yeux humides semblèrent tout à coup pétrifiés; un sentiment d'horreur les contracta, et les mains jointes qu'elle élevait vers le ciel s'abaissèrent devant elle en ligne horizontale, montrant quelque chose du doigt avec une agitation convulsive. Heyward dirigea ses regards dans la direction qu'elle indiquait, et regardant par-dessus le rebord de l'ouverture pratiquée sur la rivière, il aperçut la figure cruelle, farouche et sauvage du Renard-Subtil.

Dans cet instant d'horrible surprise, la présence d'esprit de Duncan ne l'abandonna pas. Il vit à l'expression incertaine des traits de l'Indien que ses yeux, accoutumés au grand jour, n'avaient pu encore distinguer les objets à la lueur sombre qui régnait dans les profondeurs de la caverne : déjà même il pensait à se retirer avec ses compagnes dans une embrasure du rocher où l'on ne pourrait les voir, lorsqu'à l'expression d'intelligence qui tout à coup brilla dans les yeux de l'Indien, il vit qu'il était trop tard, et qu'on les avait découverts.

Le regard d'exaltation et de triomphe brutal qui annonça cette vérité terrible était trop irritant pour que la fierté de Duncan le supportât: ne prenant conseil que de son ressentiment, il dirigea son pistolet contre l'Indien et fit feu. L'explosion retentit dans la caverne comme l'éruption d'un volcan, et lorsque le courant d'air qui venait du ravin eut dissipé la fumée, le traître avait disparu. Courant à l'ouverture, Heyward aperçut la pâle figure de l'Indien s'enfuyant comme une ombre le long du rocher par un rebord bas et étroit qui bientôt le déroba à sa vue.

Parmi les sauvages un silence effrayant succéda à cette détonation qui leur sembla sortir des entrailles du rocher; mais dès que le Renard, élevant la voix, eut poussé un cri significatif et prolongé, tous les Indiens qui l'entendirent y répondirent par un hurlement spontané. L'île retentit de nouvelles clameurs, et avant que Duncan se fût remis de son agitation, la faible barrière de feuillage fut jetée aux vents, la caverne fut envahie par ses deux issues, et tous ceux qui s'y trouvaient furent entraînés hors de leur asile, emmenés au grand jour, où ils se virent entourés de toute la troupe des Hurons triomphants.

CHAPITRE X

Nous nous lèverons tard, mais ce n'est pas merveille,
Après avoir, la nuit prolongé notre veille.

Après être revenu du premier choc que lui avait fait éprouver cette soudaine catastrophe, Duncan commença à faire ses observations sur l'air et la conduite de ses vainqueurs. Contrairement aux usages des Indiens dans l'ivresse de leur victoire, ils avaient respecté non-seulement la personne des deux sœurs tremblantes, mais même la sienne. La richesse de son uniforme avait, il est vrai, attiré l'attention des sauvages, et déjà même plusieurs avaient porté la main sur les insignes de son grade, et on lisait dans leurs regards un désir ardent de s'en emparer; mais avant que cet acte de violence habituelle pût être consommé, un ordre impérieux du chef gigantesque dont nous avons déjà parlé arrêta la main déjà levée, et dès-lors Heyward fut convaincu qu'on les réservait pour quelque objet d'une haute importance.

Toutefois, pendant que les guerriers les plus jeunes donnaient ces manifestations de vanité et de faiblesse, les plus expérimentés continuaient leurs recherches dans les deux cavernes avec une activité qui annonçait que la conquête qu'ils venaient de faire était loin de les satisfaire. Dans l'impuissance de découvrir de nouvelles victimes, ces actifs instruments de vengeance s'approchèrent alors de leurs prisonniers en prononçant le nom de « la Longue-Carabine » d'un ton farouche sur lequel il n'était pas facile de se méprendre. Duncan faisait semblant de ne pas comprendre le sens de leurs questions répétées et violentes; quant à son compagnon d'infortune, son ignorance du français le dispensait de cette déception. Enfin, fatigué de leurs importunités et craignant d'irriter ses vainqueurs par un silence trop opiniâtre, Duncan chercha des yeux Magua, afin qu'il pût lui transmettre ces questions multipliées qui à chaque instant devenaient plus menaçantes.

La conduite de ce sauvage avait formé un contraste frappant avec celle de tous ses camarades. Tandis que les autres s'occupaient exclusivement de satisfaire leur passion enfantine pour la parure, en pillant jusqu'aux misérables effets de l'éclaireur, ou, avec des regards de sang et de vengeance, étaient à la recherche de leur propriétaire absent, le Renard se tenait à quelque distance des prisonniers, et on pouvait juger, à son air calme et satisfait, que lui, du moins, il avait atteint le but principal de sa trahison. Quand les yeux d'Heyward rencontrèrent le regard sinistre quoique tranquille de son ancien guide, il les détourna avec horreur. Cependant, surmontant sa répugnance, il lui parla ainsi en détournant les yeux :

« Le Renard-Subtil est un guerrier trop généreux pour refuser de dire à un homme désarmé ce que lui demandent ses vainqueurs?

— Ils veulent savoir où est le chasseur qui connaît les sentiers de la forêt, » répondit Magua en mauvais anglais; et en même temps il posait sa main avec un sourire féroce sur les feuilles qui bandaient une blessure qu'il avait reçue à l'épaule; « la Longue-Carabine! sa carabine est bonne et son coup d'œil est sûr; mais, comme le petit fusil du chef blanc, elle ne peut rien sur la vie du Subtil.

— Le Renard est trop brave pour se rappeler les blessures qu'il a reçues à la guerre, ou les mains qui les lui ont faites.

— Était-ce la guerre, quand l'Indien fatigué se reposait au pied de l'arbre à sucre pour manger son grain? Qui a rempli les broussailles d'ennemis rampants? Qui a tiré le couteau? Qui avait la paix sur les lèvres, tandis que son cœur était encoléré? Magua a-t-il dit que sa hache était hors de terre et que sa main l'en avait retirée? »

Comme Duncan n'osait pas rétorquer l'argument de son accusateur, en lui rappelant sa trahison, et dédaignait de désarmer son ressentiment par des paroles d'excuse, il garda le silence.

Magua parut également disposé à terminer là la controverse, ainsi que toute communication; car il reprit contre le rocher l'attitude qu'il avait quittée un instant par un effort momentané. Mais le cri « la Longue-Carabine! » recommença dès que les sauvages impatients s'aperçurent que la courte conversation avait cessé.

« Vous entendez, dit Magua avec un air d'indifférence; les Hurons rouges demandent la vie de la Longue-Carabine, sinon ils prendront le sang de ceux qui le cachent.

— Il est parti, il s'est échappé, il est hors de leur atteinte. »

Le Renard sourit avec un froid mépris, et répondit :

« Quand l'homme blanc meurt, il se croit en paix; mais les hommes rouges savent le moyen de torturer jusqu'aux ombres de leurs ennemis.

Où est son corps ? que les Hurons voient sa chevelure !

— Il n'est pas mort, mais échappé. »

Magua secoua la tête d'un air d'incrédulité,
et ajouta :

« Est-il un oiseau, et a-t-il des ailes ? ou est-il
un poisson, et peut-il nager sans voir le soleil ?
Le chef blanc lit dans ses livres et s'imagine
que les Hurons manquent de sens !

— Sans être un poisson, la Longue-Carabine
sait nager ; il s'est laissé aller au courant lorsque toute la poudre a été brûlée, et lorsqu'il y
avait un nuage sur les yeux des Hurons.

— Et pourquoi le chef blanc est-il resté ?
demanda l'Indien toujours incrédule. Est-il de
pierre et va-t-il au fond, ou sa chevelure lui
brûle-t-elle la tête ?

— Celui de vos camarades qui est tombé dans
la cataracte, s'il vivait encore, vous dirait si je
suis de pierre, » dit le jeune homme irrité, et
employant dans sa colère le langage ampoulé
qu'il savait devoir exciter l'admiration d'un
Indien. « L'homme blanc pense qu'il n'y a que
les lâches qui abandonnent leurs femmes. »

Magua marmotta entre ses dents quelques
paroles inintelligibles, puis il reprit tout haut :

« Les Delawares savent-ils nager aussi bien
que ramper dans les broussailles ? Où est le
Gros-Serpent ? »

Duncan, qui vit par l'emploi de ces dénominations canadiennes, que ses anciens compagnons étaient beaucoup mieux connus de ses
ennemis que de lui-même, répondit avec hésitation : il s'est également échappé dans l'eau.

— Le Cerf-Agile n'est pas ici ?

— Je ne sais pas qui vous appelez le Cerf-
Agile, » dit Duncan heureux de profiter de ce
prétexte pour gagner du temps.

— Uncas, » reprit Magua en prononçant ce
nom delaware avec plus de difficulté encore qu'il
ne prononçait les mots anglais. « Le Cerf-Agile
est le nom par lequel l'homme désigne le jeune
Mohican.

— Il y a entre nous une confusion de mots,
le Renard, dit Duncan, dans l'espoir de provoquer une discussion. En français, *deer* se traduit
par daim, *stag* s'exprime par cerf ; et le mot élan
est celui que les Français emploient pour désigner l'*eck* anglais.

— Oui, murmura l'Indien dans la langue de
son pays, les visages pâles sont des femmes
babillardes ! ils ont deux mots pour chaque
chose, tandis qu'un peau-rouge explique tout
par les inflexions de la voix. »

Alors, reprenant l'usage de l'anglais, il continua, en se conformant toujours à la nomencla-
ture imparfaite de sa province : « Le daim est
léger, mais faible ; le cerf est agile, mais fort ; et

le fils du Serpent est le Cerf-Agile. A-t-il sauté
de la rivière dans les bois ?

— Si c'est du jeune Delaware que vous parlez,
il s'est également échappé dans l'eau. »

Comme il n'y avait rien d'improbable pour un
Indien dans ce mode d'évasion, Magua admit la
vérité de ce que lui disait Duncan, avec une
facilité qui prouvait le peu de valeur qu'il attachait à la capture de ces trois individus. Toutefois il était évident qu'à cet égard ses compagnons pensaient différemment.

Les Hurons avaient attendu avec leur patience
caractéristique, et dans un silence profond, le
résultat de cette courte conversation. Quand
Heyward eut cessé de parler, tous les yeux se
portèrent sur Magua, comme pour lui demander l'explication de ce qui avait été dit. Leur
interprète, montrant du doigt la rivière, leur
expliqua tout, plus par des gestes que par des
paroles. Après cette communication, les sauvages poussèrent un effroyable hurlement, indice
du désappointement qu'ils éprouvaient : les uns
coururent au bord de l'eau, frappant l'air avec
des gestes frénétiques, tandis que d'autres cra-
chaient sur le fleuve comme pour le punir de sa
prétendue trahison en les privant des droits légi-
times de leur conquête. Les plus terribles de la
troupe jetèrent sur les captifs restés en leur pouvoir des regards farouches et sombres où la
cruauté n'était tempérée que par l'habitude de
se maîtriser ; il y en eut un ou deux qui manifestèrent leur sentiment de barbarie par des gestes menaçants contre lesquels ni le sexe, ni la
beauté des deux sœurs ne put les protéger. Le
jeune major essaya vainement de s'élancer auprès d'Alice, en voyant un sauvage enlacer sa
main noire dans les flots de sa belle chevelure
qui tombait sur ses épaules, tandis que l'autre
main passait un couteau autour de sa tête comme
pour indiquer la manière horrible dont cette
magnifique parure allait lui être enlevée. Mais
Duncan avait les mains attachées, et au premier mouvement qu'il fit il sentit l'étreinte du
chef gigantesque de la troupe lui presser l'épaule
comme dans un étau. Convaincu aussitôt qu'il
était inutile de lutter, et que tous ses efforts
seraient impuissants, il se soumit à sa destinée,
et se borna à adresser à ses deux compagnes des
paroles d'encouragement, leur donnant à entendre que chez les Indiens la menace allait toujours plus loin que l'action.

Mais tandis que Duncan cherchait à consoler
les deux sœurs et à calmer leurs terreurs, il
n'était pas assez insensé pour se faire illusion à
lui-même. Il savait fort bien que l'autorité d'un
chef indien était peu respectée, et qu'elle s'appuyait plus souvent sur la force physique que
sur la supériorité morale. Le danger était donc
augmenté dans la proportion exacte du nombr

des guerriers farouches qui les entouraient. Il était à craindre, à chaque instant, que l'ordre le plus positif de celui qu'ils paraissaient reconnaître pour chef ne fût enfreint par le premier furieux, à qui l'envie aurait pu venir de sacrifier une victime aux mânes d'un ami ou d'un parent. Tout en conservant une apparence extérieure de calme et de fermeté, il sentait son cœur battre avec violence toutes les fois qu'un des Indiens s'approchait des sœurs sans défense, ou fixait ses regards farouches sur ces êtres fragiles, si peu capables de résistance.

Toutefois ces terreurs furent beaucoup calmées lorsqu'il vit que le chef réunissait ses guerriers autour de lui pour tenir conseil. La délibération fut courte, et, à en juger par le silence du plus grand nombre des Indiens, la décision fut unanime : le petit nombre de ceux qui parlèrent étendaient fréquemment la main dans la direction du camp de Webb, ce qui semblait indiquer qu'ils craignaient de ce côté l'approche de quelque danger. Cette considération hâta probablement leur résolution et accéléra les mouvements qui en furent la suite.

Pendant cette courte conférence, Heyward, soulagé un instant de ses plus grandes craintes, eut le loisir d'admirer la manière prudente dont les Hurons avaient opéré leur débarquement, même après la cessation des hostilités.

Nous avons déjà dit que la partie supérieure de l'île était un rocher nu, sans autre défense que quelques pièces de bois flottant. Ils avaient choisi ce point pour y faire leur descente, et à cet effet ils avaient transporté le canot à travers le bois en remontant le fleuve jusqu'au-dessus de la cataracte. Après avoir placé leurs armes dans cette petite embarcation, une douzaine d'hommes s'appuyant sur ses rebords s'étaient abandonnés à la direction du canot que dirigeaient deux des guerriers les plus habiles dans une attitude qui leur permettait de porter la vue sur le passage dangereux. A la faveur de cet arrangement, ils avaient atteint la pointe de l'île à l'endroit qui avait été si fatal à leurs devanciers, mais avec l'avantage du nombre et la possession d'armes à feu. Il était évident que leur débarquement s'était opéré de cette manière; car Duncan les vit retirer le bateau de la pointe du rocher, et le placer dans cette partie de la rivière qui avoisinait l'issue de la caverne extérieure.

Aussitôt que ce changement fut effectué, le chef fit signe aux prisonniers de descendre et d'entrer dans la barque.

Comme la résistance était impossible et toute remontrance inutile, Heyward donna l'exemple de la soumission en se dirigeant le premier vers le canot, où il fut bientôt placé avec les sœurs et David qui n'était pas encore revenu de son étonnement. Bien que les Hurons ignorassent nécessairement les écueils et les bas-fonds du fleuve, ainsi que la position des divers courants, néanmoins les signes ordinaires de ce genre de navigation leur étaient trop familiers pour qu'ils commissent aucune erreur grave. Quand le pilote choisi pour diriger le canot se fut placé, toute la troupe plongea dans la rivière, la barque glissa sur la surface du courant, et au bout de quelques instants les captifs se trouvèrent sur la rive méridionale du fleuve, presque en face de l'endroit où ils étaient arrivés la soirée précédente.

Là on tint une autre consultation, qui fut courte mais vive, et pendant laquelle les chevaux, aux hennissements et à la terreur desquels leurs propriétaires attribuaient tous leurs malheurs, furent amenés du lieu où on les avait déposés. La troupe alors se divisa : le chef à la haute taille monta le cheval d'Heyward, et, suivi de la plupart de ses gens, traversa la rivière et disparut dans les bois, laissant les prisonniers sous la garde de six sauvages, à la tête desquels était le Renard-Subtil. Duncan observa tous leurs mouvements avec un redoublement d'inquiétude.

La modération peu ordinaire des sauvages lui avait fait croire qu'on voulait les garder prisonniers pour les livrer à Montcalm. La pensée de ceux qui souffrent ne s'endort jamais, et l'imagination n'est jamais plus active que lorsqu'elle est stimulée par l'espérance, quelque faible et éloignée qu'elle soit; aussi avait-il pensé qu'on chercherait à tirer parti des sentiments paternels de Munro pour l'amener à trahir son devoir envers son roi; car bien que le général français eût une grande réputation d'activité et de courage, il était aussi connu pour exceller dans ces expédients politiques qui ne respectent pas toujours les obligations strictes de la morale, et qui déshonoraient si fréquemment la diplomatie européenne.

Toutes ces conjectures ingénieuses furent bientôt détruites par la conduite de ceux dont il était le captif. Ceux de la troupe qui avaient suivi le chef des Indiens se dirigèrent vers le pied de l'Horican, et l'unique chance qui dès lors leur resta fut d'être retenus en captivité indéfinie par leurs farouches vainqueurs. Désireux de connaître leur sort, quel qu'il pût être, et voulant, dans cette circonstance critique, essayer le pouvoir de ses richesses, il vainquit la répugnance qu'il éprouvait à parler à Magua. S'adressant donc à celui qui naguère était son guide, et qui maintenant avait pris les manières et affectait la conduite d'un homme à qui était confiée la direction des mouvements ultérieurs de la troupe, il lui dit d'un ton qu'il s'efforça de rendre aussi affectueux et aussi confiant qu'il lui fut possible:

« Je désirerais dire à Magua quelque chose que le chef puissant doit seul entendre. »

L'Indien, jetant sur le jeune guerrier un regard de dédain, répondit :

« Parlez donc; les arbres n'ont point d'oreilles.

— Mais les Hurons rouges ne sont pas sourds, et il est des conseils qui conviennent aux premiers hommes d'une nation, et qui rendraient ivres les jeunes guerriers. Si Magua ne veut pas entendre, l'officier du roi saura se taire. »

Le sauvage adressa quelques paroles indifférentes à ses compagnons occupés gauchement à préparer les chevaux destinés à recevoir les deux sœurs, et, s'écartant à quelques pas, il fit à Heyward un signe plein de circonspection pour l'engager à le suivre.

« Parlez maintenant, lui dit-il; voyons si vos paroles sont telles que Magua puisse les entendre.

— Le Renard-Subtil s'est montré digne du nom honorable que ses pères canadiens lui ont donné, commença Heyward; je reconnais sa sagesse et tout ce qu'il a fait pour nous, et je m'en souviendrai quand viendra le moment de le récompenser. Oui, certes, le Renard a prouvé non-seulement qu'il est un grand chef dans le conseil, mais encore qu'il sait l'art de tromper ses ennemis.

— Qu'a-t-il fait, le Renard? demanda froidement l'Indien.

— Eh quoi! n'a-t-il pas vu que les bois étaient infestés de rôdeurs ennemis, et que le Serpent ne pouvait pas glisser inaperçu au milieu d'eux? alors, n'a-t-il pas perdu sa route pour tromper les yeux des Hurons? n'a-t-il pas fait semblant de rejoindre sa tribu qui l'avait maltraité et chassé comme un chien de ses wigwams? Et quand nous nous sommes aperçu de son dessein, ne l'avons-nous pas secondé en usant de dissimulation, afin de faire croire aux Hurons que l'homme blanc prenait son ami pour un ennemi? Tout cela n'est-il pas vrai? Et quand par sa sagesse, le Subtil a eu fermé les yeux et bouché les oreilles de ses compatriotes, n'ont-ils pas oublié qu'ils l'avaient maltraité et forcé de fuir chez les Mohawks? Et ne l'ont-ils pas laissé avec leurs prisonniers sur la rive méridionale du fleuve, tandis qu'eux-mêmes, ils se sont sottement dirigés vers le nord? L'intention du Renard n'est-elle pas de revenir sur ses pas, comme un vrai renard, et de ramener à leur père les filles du riche Écossais aux cheveux blancs? Oui, oui, Magua, j'ai tout vu, et déjà je me suis demandé comment tant de sagesse et de fidélité devaient être récompensées. D'abord le chef de William-Henry donnera ce que doit donner un grand chef pour un service aussi signalé. La médaille de Magua ne sera plus d'étain, mais d'or battu; sa poudrière regorgera de poudre; les dollars abonderont dans sa gibecière comme les cailloux sur le sol de l'Horican; et les daims lui lècheront les mains, car ils sauront qu'ils tenteraient vainement de fuir devant la carabine qu'il portera. Pour moi, je ne sais comment je pourrai surpasser les témoignages de la reconnaissance de l'Écossais, mais je... oui, je...

— Que donnera le jeune chef venu des lieux où se lève le soleil? » demanda le Huron, qui voyait qu'Heyward hésitait, désireux qu'il était de terminer cette énumération par quelque chose qui dépassât tout ce qui pourrait faire l'objet le plus vif des désirs d'un Indien.

« Il fera couler devant le wigwam de Magua l'eau de feu des îles du lac salé, en quantité aussi grande que les eaux de l'Hudson, jusqu'à ce que le cœur de l'Indien devienne plus léger que les plumes de l'oiseau-mouche et son haleine plus douce que le chèvrefeuille sauvage. »

Le Renard avait écouté Heyward dans le plus profond silence, pendant qu'il prononçait ce discours artificiel. Quand le jeune homme avait parlé de l'artifice qu'il supposait avoir été employé par l'Indien envers sa propre nation, ses traits s'étaient voilés d'une expression de prudente gravité. Lorsqu'il avait fait allusion à l'injure que le Huron avait reçue de sa propre tribu, un éclair de violence et de férocité avait brillé dans les yeux de l'Indien, et l'orateur en conclut qu'il avait touché la corde sensible; et enfin cette partie de son discours, où il avait eu l'art d'exciter tout à la fois la soif de la vengeance et le désir du gain, avait excité l'attention la plus profonde du sauvage. La question du Renard avait été faite avec calme et avec toute la gravité indienne; mais il était facile de voir à l'expression pensive de l'auditeur, que la réponse était on ne peut plus habilement conçue. Le Huron réfléchit quelques moments, puis, portant la main sur les grossiers bandages de sa blessure, il dit avec énergie :

« Les amis font-ils de pareilles marques?

— Croyez-vous que la Longue-Carabine ferait à un ennemi une blessure aussi légère?

— Les Delawares rampent-ils sur ceux qu'ils aiment comme des serpents qui enserrent leur victime avant de la frapper?

— Le Gros-Serpent aurait-il été entendu d'un homme dont il n'aurait pas voulu l'être?

— Est-ce que l'homme blanc brûle sa poudre à la face de ses frères?

— Manque-t-il son coup, lorsqu'il a l'intention de tuer? » reprit Duncan, en souriant d'un air de dédain parfaitement simulé.

Après ces questions sentencieuses, et les réponses qui les suivirent immédiatement, le Renard fit encore une longue pause et parut réflé-

DÉPÔT LÉGAL
1875
BIBLIOTHÈQUE NATIONALE

Déjà Duncan voyait briller en l'air le fatal couteau... (Page 56)

chir. Duncan vit qu'il hésitait. Afin de compléter sa victoire, il allait recommencer l'énumération des récompenses qu'il lui destinait, quand Magua fit un geste expressif et dit :

« Assez! le Renard est un chef sage, et on verra ce qu'il jugera convenable de faire. Allez, et que votre bouche soit close : quand Magua parlera, il sera temps de répondre. »

Heyward, s'apercevant que les yeux de son compagnon se fixaient avec inquiétude sur les hommes de sa troupe, s'éloigna aussitôt, afin de ne point paraître entretenir avec leur chef une intelligence suspecte. Magua s'approcha des chevaux, et affecta de se montrer satisfait de la diligence et de l'habileté de ses compagnons. Il fit signe alors à Heyward d'aider les deux sœurs à monter en selle ; car il daignait rarement parler anglais, à moins que ce ne fût dans des occasions importantes.

Les délais n'avaient plus de prétexte plausible, et Duncan fut obligé, quoique à regret, d'obéir. En s'acquittant de son office, il fit part, à voix basse, de ses espérances nouvelles aux deux jeunes filles qui, de peur de rencontrer les traits farouches de leurs gardiens, levaient rarement leurs yeux abaissés vers la terre. La jument de David avait été emmenée par ceux qui accompagnaient le chef à la haute taille; en conséquence, son propriétaire et Duncan furent obligés d'aller à pied. Toutefois ce dernier ne regretta pas cette circonstance, qui le mettait à même de retarder la marche de la troupe; car ses regards inquiets se tournaient encore dans la direction du fort Édouard, dans l'espérance vaine de saisir, dans cette partie de la forêt, quelques bruits précurseurs de l'approche d'un prompt secours.

Quand tout fut prêt, Magua donna le signal du départ, et il se mit à la tête de la troupe pour la conduire en personne. Venait ensuite David, qui peu à peu commençait à comprendre sa situation, à mesure que les effets de sa blessure devenaient moins apparents. Après lui venaient les deux sœurs, ayant Heyward à leur côté; les Indiens étaient en flanc, et fermaient la marche avec une vigilance qui semblait ne jamais se lasser.

Ils s'avancèrent ainsi dans un silence qui n'était interrompu que par quelques paroles de consolation qu'Heyward adressait aux dames, et par les pieuses exclamations par lesquelles David exprimait son humble résignation. Ils marchaient vers le sud, et dans une direction presque opposée à la route de William-Henry. Malgré cette conformité à la détermination primitive de ses vainqueurs, Heyward ne pouvait supposer que Magua résistât à la tentation de ses offres, et il connaissait trop bien les détours d'un sentier indien, pour supposer que sa direction apparente conduisît droit au but, lorsqu'il pouvait y avoir nécessité d'user d'artifice. Cependant le temps s'écoulait; on continuait à marcher de cette manière pénible dans les forêts sans limites, et rien n'annonçait encore le terme du voyage. Heyward suivait des yeux le soleil, qui était à son midi et dardait ses rayons à travers les branches des arbres, et il soupirait après le moment où la politique de Magua changerait leur route et en prendrait une plus favorable à ses espérances. Quelquefois il s'imaginait que le sauvage circonspect, désespérant de franchir en sûreté l'armée belligérante de Montcalm, se dirigerait vers un établissement de la frontière, où un officier distingué de la couronne, qui jouissait des bonnes grâces des Six Nations, possédait de vastes domaines et faisait sa résidence habituelle. Être livré entre les mains de sir William Johnson était bien préférable à être conduit dans les déserts du Canada; mais pour cela il fallait traverser une grande étendue de forêts, ce qui l'éloignait de plus en plus du théâtre de la guerre, et conséquemment du poste où l'appelaient l'honneur et le devoir.

Cora seule n'avait pas oublié la recommandation que l'éclaireur lui avait faite en partant; et, chaque fois que l'occasion s'en présentait, elle étendait le bras pour courber la tige que rencontrait sa main, afin de la briser; mais la vigilance des Indiens rendait cet acte de précaution tout à la fois difficile et dangereux. Souvent elle était obligée de renoncer à ce projet en rencontrant le regard sombre de leurs gardiens vigilants, et il lui fallait alors écarter leurs soupçons en feignant une alarme qu'elle n'éprouvait pas, et en faisant avec le bras qu'elle avait étendu quelques gestes de terreur. Une fois seulement elle réussit complétement : elle brisa la branche d'un grand sumac, et, par une inspiration soudaine, laissa tomber un de ses gants. Ce signe, destiné à ceux qui pourraient la suivre, fut remarqué par un de ses conducteurs qui lui rendit son gant, brisa les branches qui restaient à l'arbre, de manière qu'on pût croire que ce dégât provenait de quelque animal qui s'était débattu dans le feuillage; puis il porta la main à son tomahawk, avec un regard tellement significatif, qu'il mit entièrement fin à ces traces furtives de leur passage.

Comme dans les deux troupes d'Indiens il y avait des chevaux, l'empreinte de leurs pas ne pouvait servir de guide, et cette interruption leur ôta tout espoir qu'on pût découvrir leurs traces et venir à leur secours; vingt fois Heyward fut tenté d'aborder Magua et de lui faire des représentations; mais il était arrêté par l'air glacial et la réserve sombre du sauvage qui, pendant tout le temps, se tournait à peine et ne prononçait pas une parole. N'ayant que le soleil pour guide, et à l'aide seulement de quelques marques qui ne sont connues que de la sagacité des Indiens, il dirigeait sa route à travers des forêts de pins, des vallées fertiles, des torrents, des ruisseaux et des collines. Il semblait obéir à un instinct infaillible, et sa marche était aussi directe et aussi sûre que le vol de l'oiseau. Il ne montrait jamais d'hésitation. Que le sentier fût battu et bien marqué, qu'on pût à peine le discerner, ou qu'il disparût entièrement, la sûreté ou la rapidité de sa marche n'en était pas sensiblement affectée ; on eût dit que la fatigue ne pouvait rien sur lui. En marchant sur ce sol couvert de feuilles pourries, si les voyageurs fatigués levaient les yeux, ils apercevaient en avant sa figure sombre se dessiner à travers les arbres, son regard fixé devant lui, sa tête immobile, surmontée d'un léger panache qui s'agitait dans l'air par la rapidité seule de ses mouvements.

Cependant cette marche rapide avait un but. Après avoir traversé une vallée basse, dans laquelle serpentait un ruisseau, il se mit à gravir une colline si rapide et si escarpée, que les sœurs, pour le suivre, furent obligées de descendre de cheval. Arrivée au sommet, la troupe se trouva sur un terrain uni, couvert d'un petit nombre d'arbres, sous l'un desquels Magua avait déjà étendu sa sinistre personne, comme s'il eût voulu goûter un repos dont tout le monde avait le plus grand besoin.

CHAPITRE XI

Lui pardonner! jamais! que plutôt soit maudite,
Toute la race israélite.

SHYLOCK.

L'Indien avait choisi pour cette halte l'une de ces collines escarpées, pyramidales, qui ressemblent à des élévations artificielles et qu'on rencontre si fréquemment dans les vallées des États-Unis. Celle-ci était haute et en pente rapide; son sommet, comme cela est ordinaire, était aplati; mais l'une de ses pentes était plus irrégulière qu'elles ne le sont en général. Elle n'avait pour un lieu de repos d'autre avantage apparent que son élévation et sa forme qui pouvait rendre la défense facile et la surprise presque impossible. Mais comme Heyward ne comptait plus sur une délivrance que le temps et la distance rendaient de plus en plus improbable, il regardait ces petites circonstances d'un œil indifférent, s'occupant uniquement de ses compagnes et cherchant à les consoler. On laissa les chevaux narragansets brouter les branches des arbres et des arbustes disséminés en petit nombre sur le sommet de la colline, et le reste des provisions fut mis à terre, à l'ombre d'un bouleau qui étendait en voûte ses branches horizontales.

Malgré la rapidité de la marche, un des Indiens avait trouvé l'occasion de tuer avec ses flèches un faon égaré, et avait apporté patiemment jusqu'au lieu de la halte les meilleurs morceaux de l'animal. Sans le secours de la science culinaire, il s'occupa immédiatement avec ses camarades à se gorger de cette nourriture de digestion si facile. Magua, resté seul à l'écart, sans partager ce repas révoltant, paraissait plongé dans de profondes réflexions.

Cette abstinence, si remarquable dans un Indien, attira enfin l'attention d'Heyward. Le jeune homme crut que le Huron méditait le moyen le plus convenable d'éluder la vigilance de ses compagnons, afin d'obtenir la récompense promise. Désirant aider de ses conseils les plans qu'il pourrait former, et ajouter encore à la force de la tentation, il quitta le bouleau, et tout en paraissant se promener sans but, s'arrêta à l'endroit où le Renard était assis.

« Magua n'a-t-il pas eu le soleil en face assez longtemps pour n'avoir plus rien à craindre des Canadiens? » lui demanda-t-il comme ne doutant pas que la meilleure intelligence ne régnât entre eux; « le chef de William-Henry ne sera-t-il pas plus satisfait de voir ses filles avant qu'une autre nuit ait endurci son cœur contre leur perte, et l'ait rendu moins libéral dans ses récompenses?

— Les visages pâles aiment-ils moins leurs enfants le matin que le soir? demanda froidement l'Indien.

— Non, certes, » reprit Heyward désireux de réparer son erreur, s'il en avait commis une; « l'homme blanc peut oublier et oublie souvent en effet les tombeaux de ses pères; il cesse quelquefois de se rappeler ceux qu'il doit aimer et qu'il a promis d'aimer; mais il conserve toujours la tendresse d'un père pour son enfant.

— Le cœur du chef aux cheveux blancs est-il si tendre, et pensera-t-il aux enfants que ses femmes lui ont donnés? il est dur pour ses guerriers, et ses yeux sont de pierre!

— Il est rigoureux pour les oisifs et les méchants, mais il est juste et humain pour les hommes sobres et méritants. J'ai connu beaucoup de parents affectueux, mais je n'ai jamais vu un homme aimer plus tendrement ses enfants. Vous avez vu la tête grise en présence de ses guerriers, Magua, mais moi j'ai vu ses yeux se remplir de larmes, lorsqu'il parlait de ses enfants qui sont maintenant en votre pouvoir. »

Heyward s'arrêta, car il ne savait comment interpréter l'expression singulière qui brilla sur les traits basanés de l'Indien attentif. D'abord on eût dit qu'il éprouvait un sentiment de joie avide au souvenir de la récompense promise; et pendant qu'Heyward lui décrivait ces sentiments d'amour paternel qui devaient lui en assurer la possession; mais à mesure que Duncan parlait, sa joie prit une expression tellement féroce, qu'il était impossible de ne pas appréhender qu'elle n'eût sa source dans quelque passion plus sinistre encore que la cupidité.

« Allez », dit le Huron, en réprimant aussitôt cette manifestation alarmante, et en lui substituant un calme de mort, « allez dire à la fille aux cheveux noirs que Magua l'attend pour lui parler. Le père se rappellera ce que l'enfant aura promis. »

Duncan crut que l'Indien désirait une sécurité de plus pour la récompense stipulée; il s'éloigna avec répugnance et retourna à l'endroit où les sœurs se délassaient de leurs fatigues, pour transmettre à Cora le message de l'Indien.

« Vous comprenez la nature des désirs d'un Indien », lui dit-il en la conduisant vers le lieu où celui-ci l'attendait; « n'épargnez pas les offres de poudre et de couvertures. Cependant les gens de sa sorte préfèrent à tout les liqueurs spiritueuses; il ne serait pas mal non plus d'y ajouter quelque don de votre main, avec cette grâce qui vous est si familière. Rappelez-vous, Cora, que de votre habileté et de votre présence d'esprit vont dépendre jusqu'à un certain point votre vie et celle d'Alice. »

— Et la vôtre, Heyward!

— La mienne est peu de chose; elle appartient déjà à mon roi et au premier ennemi qui pourra la prendre. Je n'ai point de père qui regrette mon absence, et bien peu d'amis pour pleurer une mort que j'ai recherchée comme un honneur avec toute l'ardeur de la jeunesse. Mais, chut! nous approchons de l'Indien. Magua, la personne à laquelle vous désirez parler est ici. »

L'Indien se leva lentement, et demeura quelque temps silencieux et immobile. Puis, il fit signe à Heyward de s'éloigner, lui disant froidement :

« Quand le Huron parle à des femmes, sa tribu se bouche les oreilles. »

Comme Duncan ne s'éloignait pas, et paraissait refuser d'obéir à cet ordre, Cora lui dit avec un sourire calme :

« Vous entendez, Heyward; la délicatesse vous fait un devoir de vous retirer. Retournez vers Alice; allez la consoler en lui parlant du nouveau rayon d'espoir qui nous luit. »

Elle attendit qu'il fût éloigné; alors, se tournant vers l'Indien avec toute la dignité de son sexe dans son attitude et dans sa voix, elle ajouta : « Que veut dire le Renard à la fille de Munro?

— Écoutez », dit l'Indien en appuyant avec force sa main sur son bras, comme pour commander plus fortement son attention, mouvement que Cora repoussa avec une fermeté calme en retirant son bras de son étreinte : « Magua était né chef et guerrier parmi les Hurons rouges des lacs; il avait vu les soleils de vingt étés fondre dans les fleuves les neiges de vingt hivers avant de voir un visage pâle, et Magua était heureux. Alors ses pères canadiens vinrent dans les forêts, et lui apprirent à boire l'eau de feu, et il devint un mauvais sujet. Les Hurons le chassèrent des tombeaux de ses pères, comme ils auraient chassé un buffle. Il erra le long des rives des lacs, jusqu'à ce qu'il arriva à la « ville du canon ». Là, il chassa et pêcha, mais on le repoussa encore jusque dans les bras de ses ennemis. Le chef qui était né Huron devint enfin un guerrier parmi les Mohawks!

— Je savais déjà quelque chose de cela », dit Cora, voyant qu'il faisait une pause pour réprimer les passions dont la flamme brûlante se réveillait en lui au souvenir de ses prétendues injures.

« Était-ce la faute du Renard, s'il n'avait pas une tête de rocher? Qui lui avait donné l'eau de feu? qui avait fait de lui un misérable? Les visages pâles, les hommes de votre couleur.

— Est-ce ma faute à moi s'il existe des homme sans principes dont la couleur ressemble à la mienne? » demanda Cora avec calme au sauvage ému.

« Non, Magua est un homme et non un insensé; les gens qui vous ressemblent n'ouvrent jamais leurs lèvres au liquide brûlant. Le Grand-Esprit vous a donné la sagesse en partage.

— Que puis-je donc avoir de commun avec vos malheurs et vos fautes?

— Écoutez », reprit l'Indien en reprenant son attitude sérieuse; « Quand les Français et les Anglais déterrèrent la hache, le Renard prit parti dans les rangs des Mohawks, et marcha contre sa nation. Les visages pâles ont repoussé les peaux rouges de leur territoire de chasse, et maintenant, lorsqu'ils combattent entre eux, c'est toujours l'homme blanc qui les commande. A notre tête était votre père, le vieux chef de l'Horican. Il disait aux Mohawks : Faites ceci et cela, et on le faisait. Il établit une loi qui portait que, si un Indien buvait de l'eau de feu et entrait dans les wigwams de ses guerriers, il ne serait pas oublié. Magua eut la folie d'ouvrir la bouche, et la liqueur brûlante le conduisit dans la cabane de Munro. Que fit la tête grise? Je le laisse à deviner à sa fille.

— Il tint parole, et punit avec justice le coupable, dit l'intrépide jeune fille.

— Justice! » répéta l'Indien, en jetant sur ses traits courageux un regard oblique où se peignait une horrible férocité. « La justice consiste-t-elle à faire le mal et à le punir ensuite? Magua n'était pas dans son bon sens; c'est l'eau de feu toute seule qui dans lui avait parlé et agi; mais Munro ne voulut pas le croire. Le chef huron fut garrotté en présence de tous les guerriers au visage pâle, et battu de verges comme un chien. »

Cora se tut, car elle ne savait comment excuser cette imprudente sévérité de son père, de manière à se faire comprendre à l'intelligence d'un Indien.

« Voyez », continua Magua, en écartant le léger tissu de calicot qui recouvrait à demi sa poitrine tatouée; « voilà des cicatrices faites par des couteaux et des balles; celles-là, un guerrier peut les montrer à sa nation avec orgueil; mais la tête grise a laissé sur le dos du chef huron des marques qu'il est obligé de cacher, comme le ferait une femme, sous cette étoffe peinte des blancs.

— Je croyais, répondit Cora, qu'un guerrier indien était patient, et que son âme ne ressentait et n'apercevait même pas les souffrances de son corps.

— Quand les Chippewas attachèrent Magua au poteau, et lui firent cette entaille », reprit l'autre, en posant le doigt sur une large cicatrice placée sur sa poitrine, « le Huron leur rit au visage, et leur dit que des femmes seules pouvaient frapper d'aussi faibles coups : son esprit planait alors dans les nuages. Mais, en recevant les coups de Munro, son esprit était dans le bouleau qui le frappait. L'esprit d'un Huron n'est jamais ivre ; il se souvient toujours.

— Mais on peut l'apaiser. Si mon père a été injuste envers vous, montrez-lui qu'un Indien sait pardonner une injure, et ramenez-lui ses filles. Le major Heyward vous a dit... »

Magua secoua la tête, comme pour lui défendre de répéter des offres qu'il méprisait.

« Que voulez-vous donc ? » continua Cora, après une pause pénible, pendant laquelle elle se convainquit que le trop confiant et trop généreux Duncan avait été cruellement induit en erreur par le rusé sauvage.

« Je veux ce qu'il faut à un Huron... le bien pour le bien, le mal pour le mal.

— Vous voudriez donc venger le mal que vous a fait Munro sur ses filles sans défense ? Ne serait-il pas plus digne d'un homme de cœur de vous présenter à lui-même et de lui demander la réparation d'un guerrier ?

— Les armes des visages pâles sont longues et leurs couteaux affilés », répondit le sauvage avec un rire cruel, « pourquoi le Renard irait-il chercher la tête grise au milieu des mousquets de ses guerriers, lorsqu'il a son esprit entre les mains ?

— Dites quelle est votre intention, » dit Cora, en s'efforçant de parler avec calme. « Est-ce de nous emmener prisonniers dans les bois ; ou vous proposez-vous de nous infliger des maux plus grands encore ? N'y a-t-il donc aucune récompense, aucun moyen qui puisse expier l'injure et désarmer votre cœur ? Du moins, délivrez ma sœur, et épuisez votre fureur que sur moi seule. Échangez-la contre des richesses, et que votre courroux se contente d'une seule victime. La perte de ses deux filles pourrait conduire le vieillard au tombeau, et que deviendrait alors la vengeance du Renard ?

— Écoutez, reprit l'Indien. La fille aux yeux bleus peut retourner vers l'Horican, et dire au vieux chef ce qui s'est passé, si la fille aux cheveux noirs veut jurer par le Grand-Esprit de ses pères de ne pas dire de mensonge.

— Que faut-il que je promette ? » demanda Cora, qui, par sa dignité de femme, conservait encore quelque ascendant sur les passions indomptables de l'Indien.

« Quand Magua quitta sa nation, on donna sa femme à un autre chef ; il a maintenant des amis chez les Hurons ; il va donc retourner aux tombeaux de sa tribu, sur les rives du grand Lac. Que la fille du chef anglais le suive, et habite pour toujours dans son wigwam. »

Quelque révoltante que fût pour Cora une telle proposition, elle garda, malgré son dégoût, assez d'empire sur elle-même pour répondre sans trahir la moindre faiblesse :

« Quel plaisir trouverait Magua à partager sa cabane avec une femme qu'il n'aimerait pas, d'une nation et d'une couleur différentes de la sienne ? Mieux vaudrait prendre l'or de Munro, et, avec les dons de sa munificence, acheter le cœur d'une jeune fille de votre pays. »

Pendant quelques minutes l'Indien ne répondit rien ; mais la manière dont il regarda Cora obligea la jeune fille à baisser les yeux, car il lui sembla avoir rencontré pour la première fois des regards qu'une femme chaste ne saurait soutenir. Pendant qu'elle sentait son sang se glacer, par la crainte que quelque proposition plus révoltante encore que la première ne vînt blesser son oreille, Magua lui répondit avec un accent de perversité inouïe :

« Quand les écorchures de son dos lui feront mal, le Huron saura où trouver la femme qui en supportera la souffrance. La fille de Munro puisera son eau, cultivera son grain et fera cuire sa venaison. Pendant que le corps de la tête grise dormira au milieu de ses canons, son cœur sera à la portée du couteau du Subtil.

— Monstre ! tu mérites bien ton nom de traître ! » s'écria Cora dans une explosion d'indignation filiale qu'elle ne put comprimer. « Il n'y a qu'un démon qui puisse méditer une telle vengeance ! Mais tu as trop présumé de ta puissance ; tu verras que c'est véritablement le cœur de Munro que tu tiens, et qu'il est en état de braver toute ta perversité. »

L'Indien répondit à ce défi audacieux par un sourire infernal qui indiquait une résolution fixe et arrêtée. En même temps, comme pour mettre pour jamais un terme à leur entretien, il lui fit signe de se retirer. Cora, regrettant déjà sa précipitation, était sur le point de s'éloigner, car déjà Magua l'avait quittée pour se réunir à ses voraces compagnons. Heyward en cet instant courut vers la jeune fille agitée, et lui demanda le résultat d'une conversation qu'il avait surveillée de loin avec tant d'anxiété ; mais, dans la crainte d'alarmer Alice, elle évita de faire une réponse directe, laissant seulement lire dans ses traits le mauvais succès de son entrevue, et suivant d'un œil inquiet les moindres mouvements de ses gardiens. Aux questions réitérées et pressantes de sa sœur sur leur destination probable, elle ne répondit qu'en montrant le groupe des Indiens, avec une agitation dont elle n'était pas maîtresse, et, pressant Alice dans ses bras, elle ne put que murmurer ces mots :

« Là-bas ! là-bas ! tu peux lire dans leurs

traits notre destinée ; nous verrons, nous verrons ! »

L'action et la voix entrecoupée de Cora en diront plus que ses paroles, et aussitôt l'attention de ses compagnons se porta sur le lieu où la sienne était fixée avec une anxiété que ne justifiait que trop l'importance de la question qui allait se décider.

Quand Magua eut rejoint ses compagnons qui, après avoir terminé leur dégoûtant festin, s'étaient étendus à terre comme des animaux repus, il se mit à leur adresser la parole avec toute la dignité d'un chef indien. Aux premiers mots qu'il prononça, ses auditeurs se levèrent dans l'attitude d'une attention respectueuse. Comme le Huron s'exprimait dans sa langue natale, les prisonniers, quoique la défiance de leurs gardiens les eût tenus à la portée de leurs tomahawks, ne pouvaient comprendre que d'une manière conjecturale le sujet de sa harangue par la nature de ces gestes significatifs dont l'éloquence d'un Indien est toujours accompagnée.

D'abord l'action et le langage de Magua eurent un caractère de calme et de modération. Quand il eut réussi à éveiller suffisamment l'attention de ses auditeurs, Heyward conjectura, en lui voyant fréquemment étendre la main dans la direction des grands lacs, qu'il leur parlait du pays de leurs aïeux et de leur tribu lointaine. Les auditeurs laissaient échapper des signes fréquents d'approbation et, en répétant leur ouf expressif, se regardaient les uns les autres, et semblaient faire l'éloge de l'orateur. Le Renard était trop habile pour négliger cet avantage. Il parla alors de la route longue et pénible qu'ils avaient faite en quittant leurs spacieux territoires de chasse et leurs heureux villages pour venir combattre les ennemis de leurs pères canadiens. Il fit l'énumération des guerriers qui marchaient sous leur bannière, exalta leurs mérites divers, les services nombreux qu'ils avaient rendus à la nation, leurs blessures et le nombre des chevelures qu'ils avaient enlevées. Toutes les fois qu'il faisait allusion à quelqu'un de ceux qui étaient présents (et le subtil Indien n'eut garde d'en oublier aucun), un éclair de joie orgueilleuse sillonnait le visage de l'individu ainsi flatté, qui ne manquait pas de confirmer par un geste d'applaudissement la vérité des paroles qu'on venait d'entendre. Alors la voix de l'orateur baissa, et perdit le ton animé et triomphant dont il avait énuméré leurs exploits et leurs victoires. Il décrivit la cataracte de Glenn, la position imprenable de cette île de rochers, avec ses cavernes, ses courants rapides et ses tourbillons ; il prononça le nom de *la Longue-Carabine*, et attendit, avant de continuer, que le dernier écho de la forêt eût répété

le long hurlement dont fut accueilli ce nom détesté. Il montra alors le jeune officier captif, et décrivit la mort d'un guerrier renommé que sa main avait précipité dans l'abîme de la cataracte. Il parla de la mort de cet autre guerrier qui, suspendu entre le ciel et la terre, avait présenté à toute la troupe un spectacle si horrible ; il fit plus, il renouvela l'effroi de ses auditeurs, en représentant à leurs yeux, sur les branches d'un arbre, cette scène terrible, la situation périlleuse de cet infortuné, sa résolution et sa mort ; enfin il raconta la manière dont chacun de leurs amis avait succombé, ne manquant jamais de faire un pompeux éloge de leur courage et de leurs vertus. Quand il eut terminé ce récit, sa voix changea de nouveau, et prit un ton guttural, doux, plaintif et harmonieux. Il parla des femmes et des enfants des guerriers morts ; il représenta leur indigence, leur infortune physique et morale, et enfin leur injure laissée sans vengeance. Alors, donnant à sa voix un accent d'énergie terrible, il ajouta :

« Les Hurons sont-ils des chiens pour endurer tant d'outrages ? Qui osera dire à la femme de Menowgua que les poissons ont sa chevelure et que sa nation ne l'a pas vengé ? Qui osera aller à la rencontre de la mère de Wassawattimie, cette femme si fière, avec des mains qui ne seront point teintes de sang ? Que dirons-nous aux vieillards lorsqu'ils nous demanderont des chevelures, et que nous ne pourrons leur donner un seul cheveu de la tête d'un blanc ? Les femmes nous montreront au doigt. Il y a une tache noire sur le nom des Hurons, il faut l'effacer dans le sang. »

Alors on n'entendit plus sa voix, au milieu des accents de rage qui firent alors retentir l'air, comme si, au lieu de quelques individus, la nation tout entière eût été réunie dans la forêt. Pendant qu'il parlait, ceux qui étaient le plus intéressés au résultat de son discours pouvaient suivre d'une manière qui n'était que trop intelligible, les progrès de l'orateur dans les traits de ceux auxquels il s'adressait. Ils avaient répondu à ses paroles de tristesse et de deuil par leur sympathie et leur douleur ; à ses assertions, par des gestes d'assentiment ; et à la peinture de leur triomphe par l'exaltation de véritables sauvages. Quand il parla de courage, leurs regards étaient fermes et en harmonie avec ses paroles ; quand il fit le récit de leurs injures, la fureur se peignit dans leurs yeux ; quand il parla des railleries de leurs femmes, ils baissèrent la tête de honte ; mais quand il leur montra les moyens de vengeance qu'ils avaient entre les mains, il toucha une corde qui ne manque jamais de vibrer dans le cœur d'un Indien. A peine leur eut-il dit que cette vengeance était en leur pouvoir, que tous se levèrent comme un seul homme, et, poussant un cri de rage, s'élancèrent ensemble vers leurs prisonniers en tirant leurs couteaux et en brandissant leurs tomahawks. Heyward se jeta entre les sœurs et leurs ennemis, et saisit le premier qui s'avança avec une force qui tenait du désespoir et qui, pour quelques instants, réprima sa violence. Cette résistance inattendue donna à Magua le temps d'interposer son autorité, et par ses paroles rapides, ses gestes animés, il attira de nouveau à lui l'attention de la troupe. Habile à manier la parole, il réussit à détourner ses camarades de leur action immédiate, et les invita à prolonger les souffrances de leurs victimes. Sa proposition fut accueillie par des acclamations et exécutée avec la rapidité de la pensée.

Deux guerriers robustes se jetèrent à la fois sur Heyward, tandis qu'un autre s'assurait du maître de chant, beaucoup moins dangereux. Néanmoins aucun des deux captifs ne céda avant une résistance désespérée bien qu'inutile. David lui-même jeta son assaillant par terre ; et on ne triompha d'Heyward qu'après que la défaite de son compagnon eut permis aux Indiens de diriger contre lui seul tous leurs efforts réunis. Il fut alors attaché au tronc de l'arbre sur les branches duquel Magua avait représenté la scène de la mort du Huron. Quand le jeune guerrier reprit ses sens, il eut la douloureuse certitude que le même sort les attendait tous : à sa droite était Cora attachée comme lui, pâle et agitée, mais dont le regard tranquille suivait avec fermeté tous les mouvements de leurs ennemis ; à sa gauche, les liens qui enchaînaient Alice à un autre arbre lui prêtaient un secours que ses jambes lui refusaient, et empêchaient seuls ce corps débile et charmant de tomber à terre ; ses mains étaient croisées devant elle comme pour prier, mais au lieu de porter ses regards vers ce ciel qui seul pouvait les délivrer, elle les fixait malgré elle sur les traits de Duncan avec une expression de faiblesse enfantine. David avait combattu, et cette circonstance toute nouvelle pour lui le retenait silencieux, occupé à réfléchir sur la convenance de sa conduite dans cette occasion.

La vengeance des Hurons avait pris maintenant une direction nouvelle, et ils se préparaient à l'exécuter avec toute la barbarie ingénieuse à laquelle la pratique de plusieurs siècles a familiarisé ces nations. Les uns apprêtaient le bois du bûcher ; celui-ci taillait des chevilles de pin afin de les enfoncer toutes brûlantes dans la chair de ses captifs ; d'autres inclinaient vers la terre le sommet de deux jeunes arbres pour y attacher Heyward par les deux bras et leur laisser ensuite reprendre leur direction naturelle. Mais la vengeance de Magua cherchait une jouissance plus raffinée et plus perverse.

Pendant que la fureur grossière de ses compagnons préparait ces moyens connus de tortures vulgaires sous les yeux même de leurs victimes, il s'approcha de Cora, et lui faisant remarquer avec un air de méchanceté infernale le destin qui l'attendait :

« Ha ! ajouta-t-il, que dit la fille de Munro ? Sa tête est trop bonne pour trouver un oreiller dans le wigwam du Renard ! Aime-t-elle mieux qu'elle roule sur cette colline et serve de jouet aux loups ? Son sein ne veut pas nourrir les enfants d'un Huron ; elle verra les Indiens cracher dessus.

— Que dit ce monstre ? demanda Heyward étonné.

— Rien ! » répondit-elle avec douceur et fermeté ; « c'est un sauvage ignorant et barbare qui ne sait pas ce qu'il fait : demandons à Dieu en mourant qu'il se repente et qu'il soit pardonné.

— Pardonné ! » répéta le farouche Huron, se méprenant dans sa colère sur le sens de ses paroles ; « la mémoire d'un Indien est plus longue que le bras des visages pâles ; sa merci plus courte que leur justice ! Réponds, enverrai-je la fille aux cheveux blonds à son père, et veux tu suivre Magua aux grands lacs, pour porter son eau et préparer son grain ? »

Cora lui fit signe de se retirer avec une émotion de dégoût qu'elle ne put comprimer.

« Laissez-moi, » dit-elle d'un ton solennel qui en imposa un instant à ce barbare ; « vous mêlez de l'amertume à mes prières, ne vous interposez point entre mon Dieu et moi ! »

Cette impression légère s'effaça bientôt, et le sauvage continua en montrant Alice avec une ironie insultante :

« Regardez ! l'enfant pleure ! elle est bien jeune pour mourir ! Renvoyez-la à Munro pour soigner ses cheveux gris, et conserver la vie dans le cœur du vieillard. »

Cora ne put résister au désir de regarder sa jeune sœur ; elle rencontra dans ses yeux un regard suppliant qui trahissait l'amour de la vie.

« Que dit-il, chère Cora ? » demanda la voix tremblante d'Alice. « N'a-t-il pas parlé de me renvoyer à notre père ? »

Pendant quelques instants Cora regarda sa sœur, les traits agités d'émotions puissantes et contradictoires. Enfin elle parla, et sa voix sonore et calme prit une expression de tendresse presque surnaturelle.

« Alice, dit-elle, le Huron nous offre la vie à toutes deux ; il fait plus, il offre de rendre Duncan, notre inestimable Duncan, ainsi que vous à nos amis, à notre père, affligé, privé de ses enfants ; mais il faut pour cela que j'abaisse ma fierté rebelle, mon orgueil inflexible, et que je consente... »

La voix lui manqua, et joignant les mains, elle regarda le ciel comme si dans sa détresse elle eût demandé des conseils à la sagesse infinie.

« Poursuis, s'écria Alice ; qu'exige-t-il de toi, ma chère Cora ? O pourquoi n'est-ce pas à moi que cette offre a été faite ! Pour te sauver, pour consoler notre vieux père, pour délivrer Duncan, avec quel bonheur je consentirais à mourir !

— Mourir ! » répéta Cora d'une voix calme et plus ferme, « cela serait facile ! Peut-être l'autre alternative le serait moins. Il demande, ajouta-t-elle, et en même temps elle abaissa le ton de sa voix comme si elle eût rougi de révéler une proposition aussi dégradante ; « il demande que je le suive dans le désert, parmi les habitations des Hurons, que je demeure là ; enfin, que je devienne sa femme ! Parle, mon Alice, enfant de mes affections ! sœur de mon amour ! et vous aussi, major Heyward, aidez ma faible raison de vos conseils : la vie doit-elle être achetée par un tel sacrifice ? Consentirez-vous, Alice, à la tenir de moi à ce prix ? Et vous, Duncan, dirigez-moi ; disposez tous deux de moi, car je vous appartiens entièrement.

— Moi y consentir ! » s'écria le jeune homme indigné et étonné. « Cora, Cora, vous vous jouez de notre misère ; ne parlez plus de cette horrible alternative ; la seule pensée en est plus horrible que mille morts.

— Je savais que ce serait là votre réponse, » s'écria Cora, et en même temps ses joues reprirent leur incarnat, et ses yeux noirs brillèrent encore d'une émotion de femme. « Qué dit mon Alice ? pour elle je me soumettrai à tout. »

Quoique Heyward et Cora écoutassent dans une incertitude pénible et avec l'attention la plus profonde, aucune réponse ne se fit entendre. On eût dit que pendant qu'elle prêtait l'oreille à cette question, Alice eût ressenti tout son être délicat et sensible se replier sur lui-même. Ses bras étaient retombés à ses côtés, et ses doigts étaient agités de légères convulsions ; sa tête se penchait sur son sein ; toute sa personne était comme suspendue à l'arbre, gracieuse et touchante image de la délicatesse blessée de son sexe, et sous ces formes inanimées un sentiment intime vivait encore. Quelques moments s'écoulèrent ainsi ; puis, elle releva lentement la tête en faisant un signe de désapprobation profonde et insurmontable ; sa fierté de jeune fille couvrit ses traits si beaux d'un brillant incarnat, les sentiments qui l'oppressaient mirent de la flamme dans son regard, et alors elle trouva la force de murmurer :

« Non, non, non ! plutôt mourir ensemble comme nous avons vécu !

— Meurs donc ! » s'écria Magua, en lançant avec violence son tomahawk à la jeune fille sans défense, et en grinçant des dents avec une rage qu'il n'avait pu réprimer plus longtemps à cette manifestation soudaine de fermeté dans celle qu'il regardait comme la plus faible de ses victimes. La hache fendant l'air effleura le front d'Heyward, et coupant quelques boucles flottantes de la chevelure d'Alice, plongea profondément et trembla dans l'arbre, un peu au-dessus de sa tête. A cette vue, le désespoir mit Duncan hors de lui. Réunissant toute sa vigueur en un effort violent, il brisa ses liens, et se précipita sur un autre sauvage qui se préparait en hurlant à frapper un coup plus sûr. Ils se rencontrèrent, se saisirent et tombèrent l'un sur l'autre. Le corps nu de son adversaire n'offrait point de prise à Heyward ; il échappa donc à son étreinte, se releva et lui appuya un genou sur la poitrine avec la pesanteur d'un géant. Déjà Duncan voyait briller en l'air le fatal couteau, lorsqu'un léger sifflement passa près de lui et fut accompagné plutôt que suivi par l'éclatante détonation d'une arme à feu. Tout à coup il sentit sa poitrine soulagée du poids qui l'oppressait, il vit un air égaré remplacer l'expression farouche de son adversaire, et l'Indien tomber sans vie à côté de lui.

CHAPITRE XII

Le Clown.

Je pars, monsieur, je pars, et reviens à l'instant.
SHAKSPEARE.

A cette mort soudaine de l'un des leurs, les Hurons restèrent immobiles d'étonnement. Mais à la vue d'un coup de feu aussi extraordinaire qui venait d'immoler un ennemi au risque d'atteindre un ami, le nom de « la Longue-Carabine, » fut dans toutes les bouches, et il s'éleva aussitôt un hurlement farouche et plaintif, auquel répondit un grand cri parti d'un taillis voisin où la troupe imprudente avait déposé ses armes ; et au même instant Œil-de-Faucon, sans prendre le temps de recharger son arme, s'avança contre eux à grands pas, en élevant la crosse de son fusil en l'air. Quelle que fût la rapidité de l'éclaireur, il fut devancé par un

BIBLIOTHÈQUE NATIONALE R.F.

Saisissant Cora par sa magnifique chevelure... (Page 58)

autre combattant non moins vigoureux qu'agile, qui, après l'avoir dépassé d'un bond, s'élança avec une rapidité et une audace incroyable au centre même des Hurons, et là, se plaçant devant Cora, se mit à brandir contre eux son tomahawk et à les menacer de son coutelas. Avant que la pensée pût suivre ces mouvements subits et audacieux, une apparition, couverte des insignes de la mort, se glissa comme un spectre et vint prendre à ses côtés une attitude menaçante. Les sauvages bourreaux reculèrent devant ces ennemis redoutables et inattendus ; une exclamation de surprise accueillit les nouveaux venus, et on entendit successivement retentir ces dénominations redoutables qui leur étaient familières : « le Cerf-Agile ! le Gros-

Serpent ! » Mais le chef rusé et vigilant des Hurons ne se laissa pas aussi facilement déconcerter. Jetant un coup d'œil intelligent sur la petite plaine, il comprit sur-le-champ quelle devait être la nature du combat, et encourageant ses compagnons de la voix et de l'exemple, il tira son long et redoutable coutelas, et se précipita, en poussant un grand cri, sur Chingachgook qui l'attendait ; ce fut le signal d'un combat général. Aucun des deux partis n'avait d'armes à feu, et la question devait se décider par un combat à mort, corps à corps, avec des armes pour l'attaque et aucune pour la défense.

Uncas répondit au cri de guerre qui venait d'être poussé, et s'élançant contre un Indien, lui asséna un coup vigoureux de son tomahawk

et lui brisa le crâne. Heyward, s'emparant de la hache que Magua avait enfoncée dans l'arbre, se hâta de prendre part à la lutte. Le nombre des combattants devint alors égal de part et d'autre, et chacun choisit son adversaire dans les rangs ennemis. Les coups s'échangèrent avec la fureur de l'ouragan et la rapidité de l'éclair. Œil-de-Faucon prit bientôt à partie un autre adversaire ; d'un coup de son terrible instrument de mort il eut bientôt brisé les armes impuissantes que lui opposait son antagoniste, et un second coup l'étendit à terre. Heyward, trop impétueux pour attendre qu'il fût près de son ennemi, voulut lancer le tomahawk dont il venait de s'emparer. Il atteignit à la tête l'Indien qu'il avait choisi pour adversaire, et arrêta pour un moment son élan ; encouragé par ce léger avantage, l'ardent jeune homme poursuivit son attaque, et saisit le sauvage corps à corps. Il se convainquit bientôt de son imprudence ; et tout ce qu'il put faire, avec son activité et son courage, fut de parer les coups désespérés que lui portait le coutelas de son ennemi. Incapable de triompher d'un combattant si agile et si vigilant, il l'enlaça dans ses bras, et réussit à presser contre lui les bras du Huron avec une étreinte de fer, mais trop au-dessus de ses forces pour être longtemps continuée. Dans cette extrémité il entendit près de lui une voix qui criait : « Exterminez les misérables ! point de quartier aux maudits Mingos ! » Le moment d'après la crosse de la carabine d'Œil-de-Faucon tomba sur la tête nue de son adversaire : les muscles de l'Indien parurent se détendre sous le choc, et il tomba des bras de Duncan, flasque et sans mouvement.

Quand Uncas eut brisé le crâne de son premier antagoniste, il se mit comme un lion affamé à en chercher un autre. Le cinquième et dernier Huron, le seul qui n'eût point pris part à la première attaque, s'était arrêté un moment, et alors, voyant que tout le monde autour de lui était occupé dans cette lutte mortelle, il avait cherché avec une fureur infernale à compléter l'œuvre de vengeance qui venait d'être interrompue. Poussant un cri de triomphe, déjà il s'était élancé vers Cora sans défense et lui avait jeté de loin sa hache affilée comme un précurseur redoutable de son approche Le tomahawk lui frisa l'épaule et, coupant les liens qui l'attachaient à l'arbre, laissa à la jeune fille la liberté de fuir. Elle évita l'étreinte du sauvage, et, oublieuse de sa propre sûreté, se jeta sur le sein d'Alice, faisant d'inutiles efforts dans son agitation pour défaire les liens qui retenaient sa sœur. Tout autre qu'un monstre se serait arrêté à la vue de cet acte de généreux dévouement à l'affection la plus pure et la plus vive ; mais le cœur du Huron, égaré par la fureur, était étranger à tout sentiment de sympathie. Saisissant Cora par sa magnifique chevelure qui retombait sur elle en désordre, il lui fit lâcher prise, et, dans sa violence brutale, la fit tomber sur ses genoux. Le sauvage enlaça ses boucles flottantes autour de sa main, puis attirant à lui sa victime en étendant le bras, il passa son couteau autour de cette tête charmante avec un rire d'insulte et de triomphe. Mais il paya cher ce moment de jouissance farouche. Uncas venait d'apercevoir ce spectacle d'horreur : il s'élance, franchit l'air d'un bond, et tombe comme la foudre sur la poitrine de son ennemi, qu'il renverse et entraîne à quelques pas de là : la violence de cette attaque les fit tomber à côté l'un de l'autre ; ils se relevèrent ensemble, combattirent, et aucun ne fit couler le sang de son adversaire. Mais le combat fut bientôt terminé; le tomahawk d'Heyward et la carabine d'Œil-de-Faucon frappèrent le crâne du Huron, en même temps que le couteau d'Uncas pénétrait jusqu'à son cœur.

La bataille touchait à sa fin, mais la lutte entre le Renard-Subtil et le Gros-Serpent se prolongeait encore : ces guerriers barbares prouvaient qu'ils avaient bien mérité ces noms significatifs que leurs exploits antérieurs leur avaient fait donner. Lorsque le combat s'engagea, chacun d'eux s'occupa d'abord à parer les coups rapides et vigoureux de son adversaire ; puis s'élançant tout à coup l'un sur l'autre, ils se prirent corps à corps, roulèrent ensemble à terre, et comme deux serpents s'enlacèrent de nœuds redoublés. Au moment où les trois vainqueurs se trouvèrent délivrés d'ennemis, on ne pouvait distinguer le lieu où combattaient ces adversaires expérimentés et acharnés que par un nuage de poussière et de feuilles, qui se dirigeait du centre à la circonférence de l'étroite plaine, comme s'il eût été soulevé par le passage d'un ouragan. Poussés par les motifs de l'affection filiale, de l'amitié et de la reconnaissance, Heyward et ses compagnons se précipitèrent d'un commun accord vers ce lieu et formèrent un cercle autour de cette voûte qui couvrait les guerriers : en vain Uncas s'élançait dans ce nuage, cherchant à plonger son couteau dans le cœur de l'ennemi de son père ; en vain Œil-de-Faucon levait en l'air sa carabine menaçante ; et Duncan, d'une main qui paraissait avoir perdu toute vigueur, s'efforçait vainement de saisir les membres du Huron. Couverts de poussière et de sang, les combattants, dans la vélocité de leurs mouvements, semblaient ne former qu'un seul homme : l'image de la mort peinte sur le corps du Mohican, et la figure sinistre du Huron, apparaissaient tour à tour à leurs yeux dans une succession si rapide et si confuse, que les amis du premier ne savaient quand ni où frapper leurs coups secourables. Il est vrai qu'il y avait de courts et passagers intervalles où les yeux farouches de Magua brillaient comme ceux du fabuleux basilic, à travers le nuage de poussière qui les environnait ; et ces coups d'œil rapides lui suffisaient pour lire l'issue du combat dans la présence et dans les traits détestés de ses ennemis ; mais avant qu'une main ennemie pût atteindre sa tête coupable, elle était remplacée par le visage irrité de Chingachgook. C'est ainsi que le combat commencé au centre de la petite plaine avait été transporté à son extrême limite. Le Mohican trouva alors l'occasion de porter un coup terrible avec son couteau ; Magua aussitôt lâcha prise et tomba en arrière sans mouvement et apparemment sans vie : son adversaire se releva et fit retentir les voûtes de la forêt de son cri de victoire.

« Bravo les Delawares ! Victoire au Mohican ! » s'écria Œil-de-Faucon, en levant en l'air la crosse de sa longue et fatale carabine ; « le coup de grâce donné par un homme de pur sang ne saurait le déshonorer ni le priver de son droit à la chevelure. »

Mais au moment où la crosse du fusil s'abattait pour frapper, le subtil Huron, se dérobant au coup, se laissa rouler par-dessus le bord de l'escarpement, et se remettant sur ses pieds, on le vit s'élancer d'un bond au centre d'un taillis de broussailles suspendu au flanc de la colline. Les Delawares, qui avaient cru leur ennemi mort, laissèrent échapper leur exclamation habituelle de surprise, et déjà ils se mettaient à sa poursuite, en poussant de grands cris comme des limiers qui ont le gibier en vue, lorsqu'un cri perçant et particulier de l'éclaireur les arrêta tout à coup et les rappela au sommet de la colline.

« C'est bien lui ! » s'écria le vieil enfant de la forêt en qui les préjugés faisaient taire l'équité naturelle dans tout ce qui se rapportait aux Mingos ; « l'hypocrite et rusé scélérat ! Un honnête Delaware, une fois vaincu dans les règles, n'aurait pas bougé et se serait laissé casser la tête ; mais ces gueux de Maquas ont la vie dure comme des chats de montagne. Laissez-le aller, laissez-le aller ; ce n'est qu'un homme après tout : il n'a ni fusil, ni arc ; il est loin de ses camarades les Français ; c'est un serpent à sonnettes qui a perdu ses dents ; avant qu'il puisse nous faire du mal, nous et lui nous aurons laissé l'empreinte de nos mocassins sur une longue étendue de sables. Voyez, Uncas, » ajouta-t-il en delaware, « votre père s'occupe déjà à enlever les chevelures ; nous ferions bien de faire notre ronde et de voir si tous sont bien morts ; ou nous pourrions bien en voir d'autres s'enfuir dans les bois et crier comme des geais à qui on a coupé les ailes. »

Ce disant, l'honnête mais implacable éclai-

reur passa les morts en revue, et leur plongea dans le corps son long couteau avec autant de sang-froid que si c'eût été autant de cadavres d'animaux. Toutefois, le vieux Mohican avait déjà pris les devants à cet égard, et avait arraché de la tête des vaincus les trophées de la victoire. Mais Uncas, démentant ses habitudes et pour ainsi dire sa nature, et cédant à un instinct de délicatesse, courut, accompagné d'Heyward, au secours des deux sœurs, et ayant promptement débarrassé Alice de ses liens, la déposa dans les bras de Cora. Nous n'essaierons pas de peindre la reconnaissance dont furent pénétrées envers le souverain arbitre des événements, les deux jeunes filles ainsi miraculeusement sauvées et rendues l'une à l'autre. Leurs actions de grâce furent solennellement silencieuses ; leur prière touchante s'éleva comme une flamme brillante et pure sur l'autel secret de leur cœur ; et leurs sentiments, trop longtemps comprimés, s'épanchèrent dans un long embrassement, dans de ferventes et muettes caresses. Alice, qui était tombée à genoux à côté de Cora, se releva, et se jeta dans les bras de sa sœur, en prononçant avec des sanglots le nom de leur vieux père ; les rayons de l'espoir brillèrent de nouveau dans ses yeux de colombe, et donnèrent à toute sa physionomie une expression qui tenait plus du ciel que de la terre.

« Nous sommes sauvées ! nous sommes sauvées ! murmura-t-elle, nous retournerons dans les bras de notre père, de notre cher père, et son cœur ne sera point brisé de douleur ! Et vous aussi, Cora, ma sœur, ma plus que sœur, ma mère ! vous aussi vous êtes sauvée ; et Duncan ! » ajouta-t-elle en regardant le jeune homme avec un sourire de pureté et d'innocence ineffables ; « notre brave, notre généreux Duncan a échappé sain et sauf ! »

À ces discours ardents et presque incohérents, Cora ne répondait qu'en pressant tendrement sa jeune sœur sur son sein. Au spectacle d'une affection si touchante, Heyward ne rougit pas de verser des larmes ; et Uncas, couvert encore du sang du combat, regardait avec calme et dans une apparente indifférence ; mais ses yeux avaient déjà perdu leur caractère farouche, et brillaient d'une sympathie qui l'élevait bien au-dessus de l'intelligence de sa nation, et le mettait probablement en avance de plusieurs siècles sur ses sauvages compatriotes.

Pendant ces manifestations d'émotions si naturelles dans leur situation, Œil-de-Faucon, dont la méfiance vigilante s'était assurée que les Hurons, qui seuls défigureraient ce tableau céleste, n'étaient plus en état d'en troubler l'harmonie, s'approcha de David, et le délivra de ses liens que jusqu'à ce moment il avait endurés avec la patience la plus exemplaire.

« Voilà qui est fait, » s'écria l'éclaireur en
jetant à terre la dernière branche d'osier; « vous
voilà de nouveau maître de l'usage de vos membres, quoique vous ne paraissiez pas vous en
servir avec plus de jugement qu'on n'en a mis
primitivement à vous les faire. Si vous voulez
bien recevoir l'avis d'un homme qui n'est pas
plus vieux que vous, mais qui, ayant passé la
plus grande partie de sa vie dans le désert, a
plus d'expérience que ne le comporte son âge, je
vais vous dire ce que je pense: je vous conseille
de vendre au premier imbécile que vous rencon-
trerez ce petit instrument qui sort de votre poche,
et d'employer le produit à acheter quelque arme
utile, ne fût-ce qu'un canon de pistolet d'arçon.
Avec du travail et des soins, vous pourrez arriver à quelque promotion; car en ce moment je
pense qu'il vous est démontré clair comme le
jour qu'un corbeau à charogne vaut mieux qu'un
oiseau moqueur. L'un du moins délivre l'homme
d'un spectacle dégoûtant, tandis que l'autre
n'est bon qu'à brailler dans les bois, et abuser
par des sons trompeurs tous ceux qui l'entendent.

— Des armes et des clairons pour la bataille,
mais des chants pieux et des actions de grâce
après la victoire, » répondit David à son libérateur. « Ami, » ajouta-t-il, en tendant à Œil-de-
Faucon sa main maigre et délicate, avec une
expression affectueuse et les larmes aux yeux,
« je te remercie de ce que ma chevelure est
encore là où il a plu à la Providence de la placer; d'autres peuvent en avoir une plus brillante et mieux bouclée; mais j'ai toujours trouvé
la mienne fort commode, et merveilleusement
adaptée au chef qu'elle recouvre. Si je n'ai pas
pris part au combat, ce n'est pas que je n'en
eusse l'envie, mais j'étais retenu par les liens
de ces mécréants. Tu t'es montré vaillant et
habile dans la bataille, et je t'en remercie avant
de m'acquitter d'autres devoirs plus importants,
parce que tu t'es montré digne des louanges
d'un chrétien.

— Ce n'est qu'une bagatelle; il n'y a rien là
que vous ne puissiez voir fréquemment, si vous
passiez quelque temps parmi nous, » répondit
l'éclaireur, plus favorablement disposé à l'égard
du fils de l'harmonie après cette expression franche de sa reconnaissance. « J'ai retrouvé le perce-
daims, mon vieux et fidèle compagnon, » ajouta-
t-il en frappant sur la crosse de sa carabine, « et
cela seul est une victoire. » Ces Iroquois sont
malins, mais ils ont fait une sottise en plaçant
toutes leurs armes à feu hors de leur portée; et
si Uncas et son père avaient eu un peu de leur
prudence judicieuse, nous serions arrivés sur
ces misérables avec trois balles au lieu
d'une, et nous en aurions fini tout de suite avec
la bande, et ce coquin agile aurait partagé le

sort de ses camarades; mais il était écrit que
cela serait ainsi, et tout est pour le mieux.

— Vous dites vrai, reprit David, et vous avez
le véritable esprit du christianisme. Celui qui
doit être sauvé sera sauvé; celui qui est prédestiné à être damné sera damné. C'est là la vraie
doctrine; elle est consolante et rafraîchissante
pour le vrai croyant. »

L'éclaireur qui, pendant ce temps-là, s'était
assis, et examinait l'état de sa carabine avec une
sollicitude toute paternelle, regarda alors le maître de chant avec un mécontentement qu'il ne
chercha point à déguiser, et lui dit d'un ton
brusque, en l'interrompant:

« Doctrine ou non doctrine, c'est une croyance
de coquin et qui est maudite par tout honnête
homme. Je crois que ce Huron devait périr de
ma main; car je l'ai vu de mes propres yeux;
mais à moins d'en être témoin oculaire, jamais
je ne croirai qu'il soit admis parmi les élus, et
que Chingachgook sera condamné au jugement
dernier.

— Vous n'avez aucune garantie d'une aussi
audacieuse doctrine, et vous ne pourriez l'appuyer d'aucune autorité, » s'écria avec feu David, profondément imbu de ces distinctions sub-
tiles dont on avait de son temps, et surtout dans
sa province, défiguré la noble simplicité de la
révélation, en cherchant à pénétrer le mystère
de la nature divine, suppléant à la foi par la
grâce efficace, et entraînant par conséquent dans
l'absurde et le doute tous ceux qui raisonnaient
d'après de tels dogmes; « votre temple est bâti
sur le sable, et la première tempête entraînera
ses fondations. Je demande sur quelle autorité
vous appuyez cette assertion si peu charitable
(comme tous les avocats d'un système, David
n'était pas toujours exact dans le choix des termes): nommez le chapitre et le verset. Dans
quels livres des Écritures trouvez-vous un texte
à l'appui de votre doctrine?

— Des livres! » répéta Œil-de-Faucon avec
un dédain fortement prononcé; « me prenez-
vous pour un enfant criard, pendu au tablier
de l'une de vos grand'mères? Prenez-vous cette
bonne carabine qui est sur mes genoux pour
une plume de cigne, ma corne de bœuf pour une
bouteille d'encre, et ma poche de cuir pour un
mouchoir rayé qui a servi à porter le dîner de
l'école? Des livres! qu'ai-je besoin de livres,
moi qui suis un guerrier du désert, quoique
homme de pur sang? Je ne lis jamais que dans
un seul livre, et pour comprendre les mots que
contient celui-là, il ne faut pas de profondes
études; et pourtant je puis me vanter d'avoir
déjà vécu quarante longues et pénibles années.

— Comment nommez-vous ce livre? demanda
David qui se méprenait sur le sens des paroles
de l'éclaireur.

« Il est ouvert devant vous, reprit l'autre, et celui à qui il appartient n'en refuse la lecture à personne. J'ai entendu dire qu'il y a des hommes qui vont chercher dans les livres la preuve de l'existence d'un Dieu. Il est possible que dans les colonies l'homme déforme à tel point les œuvres de Dieu, que ce qui est évident dans le désert devienne matière de doute parmi les marchands et les prêtres. S'il existe un de ces gens-là, il n'a qu'à me suivre de soleil en soleil dans les profondeurs de la forêt ; il en verra assez pour apprendre qu'il est un sot, et que sa plus grande sottise consiste à vouloir s'élever au niveau de celui qu'il ne peut jamais égaler ni en bonté ni en puissance. »

Du moment que David s'aperçut qu'il discutait avec un homme qui puisait sa foi dans les lumières naturelles, sans se soucier des subtilités de doctrine, il abandonna volontiers une controverse dont il vit qu'il ne pouvait résulter ni profit ni lumière. Pendant le discours de l'éclaireur, il s'était assis comme lui ; et, tirant son petit volume et ses lunettes garnies en fer, il se préparait à remplir un devoir dont l'attaque inattendue, dirigée contre son orthodoxie, pouvait seule avoir suspendu si longtemps l'accomplissement. C'était véritablement un ménestrel du continent occidental, de plus fraîche date sans doute que ces bardes inspirés qui chantaient la gloire des barons et des princes ; mais enfin c'était un ménestrel conforme à l'esprit de son temps et de son pays ; et il se préparait à montrer son savoir-faire en célébrant la victoire qu'on venait de remporter, ou plutôt en offrant à Dieu les actions de grâce des vainqueurs. Il attendit patiemment qu'Œil-de-Faucon eût cessé de parler ; alors, levant les yeux et les mains vers le ciel, il dit à haute voix :

« Je vous invite, mes amis, à vous joindre à moi pour rendre des actions de grâce à Dieu, de notre délivrance signalée des mains des barbares et des infidèles, sur l'air consolant et solennel de « *Northampton*. »

Il nomma ensuite le page et le verset où se trouvaient les saintes paroles qu'il avait choisies, et appliqua son instrument à ses lèvres avec autant de gravité que s'il eût été dans un temple. Cette fois-ci, néanmoins, aucune voix n'accompagna la sienne ; car les deux sœurs étaient alors occupées à se donner ces tendres témoignages d'affection dont nous avons parlé. Sans être retenu par l'exiguïté de son auditoire qui, à dire vrai, ne se composait que de l'éclaireur mécontent, il éleva la voix, et chanta d'un bout à l'autre l'hymne sacrée, sans aucune espèce d'accident ni d'interruption.

Œil-de-Faucon écoutait, tout en s'occupant froidement à ajuster sa pierre à fusil et à recharger sa carabine ; mais ces accents, n'étant pas secondés par l'illusion des lieux et de la sympathie, ne firent aucune impression sur lui. Jamais ménestrel, qu'on donne à David ce nom ou un autre plus convenable, n'exerça ses talents en présence d'un auditoire plus insensible ; et néanmoins, en ne considérant que la bonne foi et la sincérité des motifs qui l'animaient, il est probable que jamais chantre profane n'a fait entendre des accents qui se soient élevés aussi près du trône à qui sont dus toute louange et tout hommage. Bientôt l'éclaireur secoua la tête, et marmottant quelques mots inintelligibles, parmi lesquels on distinguait seulement ceux de *gosier* et d'*Iroquois*, il se leva pour inspecter l'arsenal des Hurons, tombé en leur pouvoir. Dans cet examen il fut assisté de Chingachgook qui, parmi ces armes, retrouva son fusil et celui de son fils. Heyward et David furent également armés de cette manière, et il ne manquait pas de munitions pour rendre cet armement efficace.

Quand les deux enfants de la forêt eurent fait leur choix et terminé la distribution des objets pris sur l'ennemi, l'éclaireur annonça ouvertement que le moment était venu de se mettre en route. En ce moment les chants de La Gamme avaient cessé, et les deux sœurs avaient eu le temps de calmer la manifestation de leurs émotions. Aidées de Duncan et du jeune Mohican, ces dernières descendirent la déclivité de cette colline qu'elles avaient si récemment gravie, sous les auspices si différents, et dont le sommet avait failli être témoin de leur mort tragique. Au bas, elles trouvèrent leurs narragansets qui paissaient l'herbe des broussailles, et, montant à cheval, elles suivirent les pas d'un guido qui, dans les occasions les plus critiques, s'était si souvent montré leur ami. Cette première marche ne fut pas longue. Œil-de-Faucon, quittant le sentier détourné qu'avaient suivi les Hurons, tourna sur la droite, entra dans la clairière, et, après avoir traversé un ruisseau, la troupe fit halte dans une vallée étroite, à l'ombre de quelques ormes. Ils n'étaient qu'à une distance de quelques verges de la base de la colline, et les chevaux n'avaient été utiles aux dames que pour traverser le ruisseau.

L'éclaireur et les Indiens parurent en pays de connaissance dans ce lieu retiré ; car, appuyant leurs fusils contre un arbre, ils se mirent à écarter les feuilles sèches, et ayant ouvert l'argile bleue, ils en firent jaillir une source d'eau limpide et bouillonnante. L'éclaireur jeta alors des regards autour de lui, comme s'il eût cherché quelque chose qu'il ne trouvait pas aussi promptement qu'il l'eût désiré.

« Ces insouciants coquins, les Mohawks, avec leurs frères de Tuscarora et d'Onondaga, ont étanché ici leur soif, murmura-t-il, et les vagabonds ont jeté la gourde. Voilà ce que c'est que de rendre service à des êtres aussi ingrats. Dieu a étendu sa main au milieu de ces déserts pour leur bien, et a fait sortir des entrailles de la terre une source dont l'eau salutaire peut défier la plus riche boutique d'apothicaire de toutes les colonies ; et voilà ces misérables qui ont piétiné sur l'argile et souillé la propreté de ce lieu, comme s'ils étaient des brutes et non des hommes ! »

Uncas tendit silencieusement à Œil-de-Faucon la gourde désirée que sa mauvaise humeur l'avait empêché de voir, et qui était suspendue avec soin à la branche d'un ormeau. L'éclaireur la remplit d'eau, puis se retira à quelque distance à un endroit où le sol était plus ferme et moins humide ; là il s'assit froidement, et après avoir bu une longue gorgée avec grand plaisir, à ce qu'il parut, il commença une inspection minutieuse des restes des vivres qu'avaient laissés les Hurons, et qu'il portait dans sa carnassière.

« Merci, mon enfant, » continua-t-il en rendant à Uncas la gourde vide ; « maintenant nous allons voir comment vivaient ces pillards de Hurons dans leurs expéditions. Voyez ceci ! les coquins connaissent les meilleurs morceaux d'un daim, et on croirait qu'ils sont gens à couper à un roastbeef à l'égal du meilleur cuisinier du pays. Mais toute la viande est crue, car les Iroquois sont de vrais sauvages. Uncas, prenez mon briquet et allumez du feu ; une bouchée de grillade ne nous fera pas de mal après une course aussi longue. »

Heyward, voyant leurs guides s'occuper tout de bon de leurs repas, aida les dames à descendre de cheval, et s'assit à côté d'elles, heureux de goûter quelques instants d'un agréable repos, après les scènes sanglantes qui venaient de se passer. Pendant que la cuisine était en train, la curiosité l'engagea à questionner l'éclaireur sur les circonstances qui avaient amené leur délivrance et à propos et si à l'improviste.

« Comment se fait-il, mon généreux ami, demanda-t-il, que nous vous ayons revu sitôt, et sans l'assistance de la garnison d'Édouard ?

— Si nous nous étions rendus jusqu'au coude de la rivière, nous serions arrivés à temps pour étendre des feuilles sur vos cadavres, mais trop tard pour sauver vos chevelures, répondit froidement l'éclaireur. Non, non ! au lieu de perdre inutilement le temps et nos forces à nous diriger vers le fort, nous nous sommes cachés sous la rive de l'Hudson, et avons surveillé les mouvements des Hurons.

— Vous avez donc vu tout ce qui s'est passé ?

— Nous n'avons pas vu tout, car un Indien a la vue trop perçante pour être facilement déçue, et nous sommes restés cachés. Ce n'était pas chose facile que de retenir ce jeune Mohican

en repos dans notre embuscade ! Ah ! Uncas, Uncas, votre conduite est plutôt celle d'une femme curieuse que d'un guerrier à la piste de ses ennemis ! »

Les yeux pénétrants d'Uncas se portèrent un instant sur les traits sévères de l'éclaireur ; mais il ne parla pas, et rien n'indiqua en lui qu'il se repentît de sa faute : au contraire, Heyward crut lire dans l'air du jeune Mohican du dédain et de la fierté ; il lui sembla qu'il réprimait l'expression de sa colère prête à éclater, autant par égard pour les personnes présentes que par sa déférence habituelle pour son compagnon blanc.

« Vous avez vu notre capture ? demanda ensuite Heyward.

— Nous l'avons entendue, » répondit-il d'une manière significative. « Le cri d'un Indien est un langage intelligible pour ceux qui ont passé leur vie dans les forêts. Mais lorsque vous avez débarqué, nous avons été obligés de ramper sous les feuilles comme des serpents ; dès lors nous vous avons perdu de vue jusqu'au moment où nous vous avons retrouvés attachés à des arbres et près d'être massacrés par les Indiens.

— Notre délivrance a été l'œuvre de la Providence ! c'est un miracle que vous ne vous soyez pas trompés de chemin, car les Hurons se sont divisés en deux bandes, dont chacune avait des chevaux.

— Ah ! c'est là que nous avons été dépistés, et sans Uncas, nous aurions certainement perdu vos traces, » répondit l'éclaireur du ton et de la voix d'un homme qui se rappelle un grand embarras dans lequel il s'est trouvé. « Quoi qu'il en soit, nous prîmes le sentier qui mène au désert ; car nous pensâmes, et avec raison, que les sauvages se dirigeraient de ce côté avec leurs prisonniers. Mais lorsque nous eûmes marché plusieurs milles sans trouver une seule branche cassée, comme j'avais conseillé de le faire, je me trouvai embarrassé, attendu surtout que tous les pas portaient l'empreinte des mocassins.

— Nos conducteurs avaient eu la précaution de nous faire chausser comme eux, » dit Duncan en levant le pied pour montrer ses brodequins ornés à l'indienne.

— Ah oui ! c'était judicieux de leur part, et je les reconnais là ; mais nous étions trop fins pour qu'une invention aussi commune nous fît perdre la piste.

— A qui sommes-nous donc redevables de notre salut ?

— En ma qualité de blanc qui n'a pas une goutte de sang indien dans les veines, j'ai honte de l'avouer, vous devez la vie à la perspicacité du jeune Mohican, dans des matières que je devrais connaître mieux que lui, mais sur lesquelles, maintenant encore, je puis à peine croire le témoignage de mes yeux.

— Voilà qui est extraordinaire! nommez-moi donc cette circonstance.

— Uncas eut l'assurance de dire que les chevaux de ces dames, » continua Œil-de-Faucon en regardant avec une attention particulière les chevaux alezans des deux sœurs, « plaçaient à terre en même temps les deux pieds du même côté, ce qui est contraire à l'allure du trot de tous les quadrupèdes, excepté l'ours; et pourtant voilà des chevaux qui marchent toujours ainsi, comme mes propres yeux me le disent, et comme leurs traces dans un espace de vingt milles m'en ont convaincu.

— C'est ce qui fait le mérite de ces animaux : ils viennent des bords de la baie de Narragan-set, dans la petite province de Providence-Plantation; ils sont célèbres pour leur vigueur infatigable, et pour la commodité de cette allure qui leur est particulière, mais qu'on donne fréquemment à d'autres chevaux.

— C'est possible, c'est possible, » dit Œil-de-Faucon qui avait prêté une oreille attentive à cette explication; « quoique je n'aie dans les veines que du sang de blanc, je me connais mieux en daims et en castors qu'en bêtes de somme. Le major Effingham a plusieurs chevaux magnifiques, mais je n'ai vu à aucun cette allure de côté.

— C'est vrai, car il recherchait dans ses chevaux des qualités différentes. Toutefois c'est une race très-estimée, et souvent destinée, comme vous le voyez, à l'honneur de servir de monture aux dames. »

Les Mohicans avaient interrompu leurs opérations auprès du feu flamboyant pour prêter l'oreille à la conversation; quand Duncan eut achevé, ils se regardèrent l'un l'autre d'une manière significative, et le père ne manqua pas de pousser son exclamation de surprise. L'éclaireur se mit à réfléchir, comme un homme qui classe dans sa tête une connaissance nouvellement acquise ; puis, jetant de nouveau un regard curieux sur les chevaux.

« Certes, dit-il enfin, on voit d'étranges choses dans les colonies; une fois que l'homme a pris le dessus sur la nature, il lui fait subir de singulières transformations. Mais quoi qu'il en soit de cette allure, Uncas s'en était aperçu, et ce sont les marques qui nous ont menés jusqu'à l'arbre dont les branches étaient brisées. Nous remarquâmes près de l'empreinte du pied des chevaux une branche qui avait été cassée par le haut, comme lorsqu'une dame cueille une fleur sur sa tige, tandis que toutes les autres brisées et froissées indiquaient que c'était l'ouvrage des mains d'un homme. J'en conclus que les rusés diables avaient aperçu la tige brisée, et avaient arraché le reste pour nous faire croire qu'un chevreuil avait frappé les branches de ses cornes.

— Votre sagacité ne vous trompait pas, car c'est ainsi que la chose s'était passée.

— Cela était facile à voir, » ajouta l'éclaireur qui ne voyait pas là-dedans une sagacité bien extraordinaire; « c'était moins difficile à reconnaître que l'allure d'un cheval! Il me vint alors à l'idée que les Mingos se dirigeraient vers cette source; car les coquins connaissent la vertu de ses eaux.

— Ont-elles donc une si grande réputation ? » demanda Heyward en examinant d'un œil plus curieux la vallée solitaire avec sa fontaine murmurante qu'entourait un sol d'un brun foncé.

« Il y a bien peu de peaux-rouges qui voyagent au sud et à l'est des grands lacs qui n'aient entendu parler des qualités de cette eau. Voulez-vous la goûter? »

Heyward prit la gourde, et après avoir avalé quelques gouttes, il la rendit en faisant la grimace. L'éclaireur rit dans sa barbe selon son habitude, mais de grand cœur, et continua en secouant la tête d'un air on ne peut plus satisfait :

« Ah! je vois que vous n'y êtes pas habitué : autrefois je ne l'aimais pas plus que vous, mais depuis j'ai changé de goût, et maintenant j'en ai soif comme un daim altéré. Vos vins forts et capiteux ne vous sont pas plus agréables que ne l'est cette eau à un Indien, surtout lorsqu'il est malade. Mais je vois que le feu d'Uncas est prêt, et il est temps que nous pensions à manger, car nous avons encore bien du chemin à faire. »

Après avoir interrompu le dialogue par cette brusque transition, l'éclaireur eut aussitôt recours aux provisions qui avaient échappé à la voracité des Hurons. La cuisine fut bientôt terminée, et les Mohicans et lui commencèrent leur humble repas en silence et avec la célérité caractéristique d'hommes qui mangeaient afin de se mettre à même de supporter de nouvelles fatigues.

Après l'accomplissement de ce devoir nécessaire et agréable, chacun des trois enfants de la forêt se baissa et but le coup de l'étrier à cette source salutaire et silencieuse qui, cinquante ans plus tard, devait réunir autour d'elle et de ses sœurs, les sources voisines, la richesse, la beauté et les talents de tout le nord de l'Amérique venant en foule pour y chercher la santé et le plaisir. Alors Œil-de-Faucon donna le signal du départ. Les deux dames remontèrent à cheval, Duncan et David prirent leurs fusils et les suivirent; l'éclaireur marcha en tête, et les Mohicans formèrent l'arrière-garde. La troupe s'avança lentement vers le nord en suivant l'étroit sentier, laissant derrière elle la source salntaire mêler son onde à celle du ruisseau voisin, et les cadavres des Hurons pourrir sans sépulture sur la hauteur voisine, destin trop commun aux guerriers de la forêt pour exciter la surprise ou la commisération.

CHAPITRE XIII.

Je vais prendre un chemin plus court.
PARNELL.

La route que prit Œil-de-Faucon traversait ces plaines sablonneuses entrecoupées de vallées et de collines que les voyageurs avaient déjà franchies dans la matinée du même jour, sous la conduite du désappointé Magua. Le soleil descendait vers les montagnes à l'horizon lointain, et comme ils marchaient dans l'épaisseur de l'interminable forêt, la chaleur n'était plus étouffante. Ils faisaient donc plus de chemin, et avant l'arrivée du crépuscule, ils avaient parcouru, dans leur voyage rétrograde, plusieurs milles d'une route pénible.

Le chasseur, comme le sauvage dont il occupait la place, semblait se diriger d'après des indices cachés: il paraissait obéir à une espèce d'instinct, ralentissait rarement son pas, et n'hésitait jamais. Un coup d'œil prompt et oblique sur la mousse des arbres, un regard jeté vers le soleil couchant, la vue du cours des nombreux ruisseaux qu'il franchissait, lui suffisaient pour déterminer sa route et pour écarter les plus grandes difficultés. Cependant la forêt commençait à changer de teintes, et ce beau vert qui avait brillé sous un dôme de feuillage, faisait place à cette couleur plus sombre qui annonce l'approche de la nuit.

Pendant que les yeux des deux sœurs cherchaient à saisir à travers les arbres quelques rayons de ce torrent de lumière qui formait autour du soleil une auréole brillante, colorant çà et là d'une raie de pourpre, ou bordant d'une frange d'or éclatant une masse de nuages accumulés à peu de distance au-dessus des collines à l'occident, Œil-de-Faucon se retourna tout à coup, et dit en montrant le ciel resplendissant :

« Voilà le signal donné à l'homme pour qu'il cherche la nourriture et le repos dont il a besoin. Il serait meilleur et plus sage s'il comprenait les signes de la nature, et s'il prenait leçon des oiseaux de l'air et des animaux des champs. Toutefois notre nuit ne sera pas longue ; car

lorsque la lune commencera à briller, nous nous lèverons et nous reprendrons notre marche. Je me rappelle d'avoir près d'ici combattu les Maquas, dans la première guerre dans laquelle j'ai fait couler du sang humain; nous élevâmes une espèce de retranchement pour mettre nos chevelures à l'abri de ces loups affamés. Si les indices ne me trompent pas, cet endroit doit être à quelques verges sur notre gauche. »

Sans attendre l'assentiment ou même la réponse des voyageurs, le robuste chasseur s'avança brusquement dans un bois épais de jeunes châtaigniers, écartant les branches des innombrables jets dont la terre était couverte, comme un homme qui s'attendait à découvrir quelque objet qu'il avait autrefois connu. Les souvenirs de l'éclaireur ne l'avaient pas trompé. Après avoir traversé une centaine de pas d'un terrain tapissé de broussailles et de ronces, il entra dans un espace ouvert, au milieu duquel était un tertre de verdure, que surmontait le block-house en question. Cet édifice grossier était un de ces ouvrages élevés à la hâte dans une nécessité pressante, et abandonnés dès que le danger avait disparu; il tombait paisiblement en ruine dans la solitude de la forêt, négligé, et presque oublié comme les circonstances qui l'avaient fait construire. Ces monuments du passage et des luttes de l'homme se montrent encore fréquemment dans cette vaste barrière du désert qui séparait autrefois les provinces ennemies, et forment des ruines qui se rattachent intimement aux souvenirs de l'histoire coloniale, et qui sont en harmonie avec le caractère sombre du paysage environnant. Le toit d'écorce était depuis longtemps tombé et mêlé au sol; mais les vastes charpentes de pin, qu'on avait jointes à la hâte, conservaient encore leur position relative ; néanmoins un angle de l'édifice s'était affaissé, et menaçait tout le reste d'une imminente destruction. Pendant qu'Heyward et ses compagnons hésitaient à s'approcher d'un bâtiment qui paraissait dans un tel état de décadence, Œil-de-Faucon et les Indiens pénétrèrent dans son enceinte non-seulement sans crainte, mais avec des marques évidentes d'intérêt. Pendant que le premier examinait les ruines, tant à l'intérieur qu'à l'extérieur, avec la curiosité d'un homme dont cette vue réveillait à chaque instant les souvenirs, Chingachgook racontait à son fils, dans la langue des Delawares et avec la fierté d'un vainqueur, l'histoire abrégée du combat dont, dans sa jeunesse, ce lieu retiré avait été le théâtre. Je ne sais quoi de mélancolie mêlé à l'expression de son triomphe donnait comme à l'ordinaire à sa voix un accent doux et musical.

En même temps les deux sœurs descendirent.

Duncan jeta autour de lui des regards inquiets, et vit les deux sœurs tremblantes... (Page 60)

volontiers de cheval, et se préparèrent à jouir de quelque repos et de la fraîcheur de la soirée dans une sécurité qui, selon elles, ne pouvait être troublée que par les animaux de la forêt.

« Notre lieu de repos n'aurait-il pas été plus retiré, mon digne ami, » demanda Duncan plus vigilant, lorsqu'il vit que l'éclaireur avait terminé sa courte inspection, « si nous avions choisi un endroit moins connu et plus rarement visité que celui-ci?

— L'existence de ce block-house est connue de bien peu de personnes, » répondit le chasseur d'un ton lent et d'un air pensif : « les livres et les histoires racontent rarement des combats pareils à celui qui fut livré ici entre les Mohicans et les Mohawks dans une de leurs querelles particulières. J'étais alors bien jeune, et je pris parti pour les Delawares, parce que je savais que leur race était calomniée et opprimée. Pendant quarante jours et quarante nuits, les misérables eurent soif de notre sang autour de cet édifice dont j'avais fait le plan et que j'avais en partie construit; car, comme vous le savez, je ne suis pas un Indien, mais un homme de pur sang. Les Delawares se mirent à l'ouvrage avec moi, et nous nous y défendîmes dix contre vingt, jusqu'à ce que le nombre fût à peu près égal de part et d'autre; alors nous fîmes une sortie contre ces chiens, et il n'en resta pas un pour porter la nouvelle de la défaite de ses frères. Oui, oui; j'étais jeune alors, je n'étais point accoutumé à la vue du sang, et je ne pouvais me faire à l'idée que des créatures qui avaient été pleines de vie comme moi, fussent là gisant sur la terre nue, et qu'on laissât dévorer leurs dépouilles par les bêtes féroces, et leurs os blanchir à l'air et à la pluie. J'enterrai les morts de mes propres mains, sous ce même tertre où vous êtes maintenant assis, et qui ne fait pas un mauvais siége, quoiqu'il ait été formé par des ossements humains. »

Heyward et les deux sœurs se levèrent aussitôt sur ce sépulcre de verdure, et ces deux dernières, malgré les scènes terribles par lesquelles elles avaient passé récemment, ne purent réprimer un mouvement d'horreur bien naturel, en se voyant ainsi en contact avec la tombe des Mohawks. La lumière grisâtre, l'enceinte ténébreuse couverte de gazon et entourée d'une bordure de broussailles au delà de laquelle les pins s'élevaient dans un solennel silence et paraissaient toucher les cieux, enfin le silence de mort de la vaste forêt, tout concourait à donner plus de force à cette sensation.

« Ils sont partis, ils ne sont plus dangereux, » continua Œil-de-Faucon, en levant la main avec un sourire mélancolique lorsqu'il vit leur alarme; « ils ne pousseront plus le hurlement de guerre, ils ne frapperont plus du tomahawk! et de tous ceux qui ont aidé à les placer à l'endroit où ils reposent, il n'y a aujourd'hui de vivants que Chingachgook et moi! Notre troupe guerrière se composait des frères et de la famille des Mohicans, et vous voyez tout ce qui reste maintenant de sa race. »

A ces mots, les auditeurs portèrent involontairement leurs regards sur les deux Indiens, avec un sentiment de vive compassion pour leur douloureuse destinée. On apercevait leurs formes se projeter dans l'ombre du block-house; le fils prêtait l'oreille à la voix de son père avec toute l'attention que devait naturellement exciter en lui un récit aussi glorieux pour la mémoire de ceux dont il avait depuis longtemps appris à vénérer le courage et les sauvages vertus.

« J'avais cru, dit Duncan, que les Delawares étaient un peuple pacifique, ne faisant jamais la guerre en personne, et confiant la défense de leurs terres à ces mêmes Mohawks que vous avez tués?

— Cela est vrai en partie, répondit l'éclaireur, et cependant, au fond, c'est un abominable mensonge. Un traité de ce genre a été conclu il y a bien longtemps par la perfidie des Hollandais, qui désiraient désarmer les indigènes légitimement investis de la possession du territoire où ces étrangers s'étaient établis. Les Mohicans, bien que faisant partie de la même nation, ayant eu affaire aux Anglais, ne furent pour rien dans ce marché stupide, et gardèrent

leur indépendance d'hommes; ce que firent aussi les Delawares lorsqu'ils ouvrirent les yeux sur leur folie. Vous voyez devant vous un chef des grands Sagamores Mohicans. Autrefois sa famille pouvait chasser le daim sur une étendue de territoire plus vaste que celui qui compose aujourd'hui l'Albany Patteroon, sans franchir un ruisseau ou gravir une colline qui ne fût pas sa propriété; mais que reste-t-il aujourd'hui à leur descendant? Il pourra trouver six pieds de terre, quand il plaira à Dieu; et cet héritage il le gardera en paix peut-être, s'il a un ami qui veuille prendre la peine de creuser sa fosse assez profonde, pour que la charrue ne l'atteigne pas!

— Assez! » dit Heyward, dans la crainte que ce sujet n'amenât une discussion qui troublerait l'harmonie si nécessaire au salut de ses belles compagnes. « Nous avons beaucoup marché, et il en est peu parmi nous qui aient une vigueur égale à la vôtre; car votre constitution ne connaît ni l'affaiblissement, ni la fatigue.

— Il n'y a là que les muscles et les os d'un homme, et avec cela je suffis à tout, » dit le chasseur, en regardant ses bras nerveux avec un air de simplicité qui attestait le sincère plaisir que lui faisait ce compliment. « Il y a dans les colonies des hommes plus grands et plus gros, mais vous pourriez parcourir longtemps une ville avant de trouver un homme capable, comme moi, de marcher cinquante milles sans prendre haleine, ou de suivre les limiers à portée de la voix pendant une chasse de plusieurs heures. Cependant comme la chair et le sang ne sont pas les mêmes pour tout le monde, il est fort raisonnable de supposer qu'après tout ce qu'elles ont vu ou fait aujourd'hui, ces dames ont besoin de repos. Uncas, dégagez la source, pendant que votre père et moi nous leur ferons un abri avec ces tiges de châtaigniers et un lit de gazon et de feuilles. »

La conversation cessa; le chasseur et ses compagnons s'occupèrent à préparer ce qui était nécessaire au repos et à la protection de ceux qui s'étaient confiés à leur conduite. Une source qui, bien des années auparavant, avait fait choisir ce lieu aux indigènes pour y établir leur forteresse temporaire, fut bientôt dégagée des feuilles qui la couvraient, et on vit jaillir une eau pure qui se répandit sur le tertre verdoyant. Un coin du bâtiment fut recouvert de branches touffues, de manière à garantir de la rosée abondante du climat, et par terre on étendit pour les deux sœurs un lit de feuillage et de feuilles sèches.

Pendant que le diligent éclaireur et ses compagnons s'occupaient de cette manière, Cora et Alice prirent quelque nourriture que le devoir plus que l'appétit les força d'accepter. Alors elles se retirèrent dans l'enceinte qui leur avait été préparée; après avoir remercié Dieu de ses bontés passées, et avoir demandé la continuation de sa faveur divine pendant la nuit actuelle, elles étendirent leurs membres délicats sur la couche odorante ; et bientôt, en dépit de leurs souvenirs et de leurs pressentiments, elles tombèrent dans un sommeil profond que la nature réclamait si impérieusement et qui était rafraîchi par l'espoir du lendemain. Duncan se préparait à veiller près d'elles en dehors de l'enceinte qu'elles occupaient ; mais l'éclaireur, qui s'aperçut de son intention, lui dit, en s'étendant froidement sur le gazon, et en lui montrant Chingachgook :

« Les yeux d'un blanc ne sont pas assez éveillés et assez perçants pour faire le guet en ce moment ! le Mohican nous servira de sentinelle ; en conséquence, dormons.

— Je me suis laissé surprendre par le sommeil à ma dernière garde, dit Heyward, et par conséquent, j'ai moins besoin de repos que vous qui avez mieux rempli vos devoirs de soldats. Que tout le monde se repose donc, tandis que je ferai sentinelle.

— Si nous étions campés parmi les tentes blanches du 60e et en face d'ennemis tels que les Français, je ne demanderais pas une meilleure sentinelle que vous, répondit l'éclaireur ; mais au milieu des ténèbres, et parmi les signes du désert, tout votre jugement équivaudrait à la folie d'un enfant, et toute votre vigilance serait en pure perte. Faites donc comme Uncas et moi ; dormez, et dormez en paix. »

Effectivement Heyward vit que, pendant qu'ils parlaient, le jeune Indien s'était couché auprès du tertre, comme un homme décidé à bien employer le temps accordé au sommeil, et que son exemple avait été suivi par David, qui, malgré la fièvre de sa blessure, accrue encore par les fatigues de la marche, n'en ronflait pas moins de tout son cœur. Ne voulant pas prolonger une discussion inutile, le jeune homme fit semblant de céder et se coucha à moitié, le dos appuyé sur les poutres du blockhouse, mais se promettant de ne pas fermer l'œil avant d'avoir remis entre les mains de Munro le dépôt précieux confié à sa garde. Œil-de-Faucon, croyant qu'il dormait, s'assoupit bientôt lui-même, et cette solitude devint aussi silencieuse qu'ils l'avaient trouvée.

Pendant quelque temps Duncan réussit à tenir ses sens éveillés et accessibles aux moindres soupirs envoyés par la forêt. Sa vue devint plus perçante à mesure que les ombres du soir s'épaississaient ; et même après que les étoiles eurent commencé à briller sur sa tête, ses yeux distinguaient ses compagnons étendus sur l'herbe, et la personne de Chingachgook, droite, immobile, et qu'on eût prise pour l'un des arbres qui formaient tout autour de l'enceinte une

barrière sombre. Il entendait la douce respiration des deux sœurs couchées à quelques pas de lui ; et le vent n'agitait pas une feuille que le bruit n'en arrivât jusqu'à lui. Déjà le hibou élevait son cri lugubre ; ses yeux appesantis cherchaient la lumière des étoiles ; puis il lui sembla les voir briller à travers ses paupières fermées. Près de s'assoupir, il se réveillait et prenait un buisson pour l'Indien en sentinelle. Peu à peu sa tête se pencha sur son épaule qui, à son tour, chercha un appui sur la terre ; enfin un relâchement complet s'empara de toute sa personne, et le jeune homme tomba dans un profond sommeil, rêvant qu'il était un ancien chevalier et qu'il veillait la nuit devant la tente de sa princesse reconquise, dont il ne désespérait pas de gagner les bonnes grâces par cette preuve de dévouement et de vigilance.

Combien de temps le fatigué Duncan resta dans cet état d'insensibilité, c'est ce que lui-même ne put savoir ; mais ce qu'il y a de certain, c'est que cet état de vision et de rêve qui tient le milieu entre la veille et le sommeil, avait depuis longtemps fait place à un complet assoupissement, quand il se sentit éveiller par un coup léger sur l'épaule.

Rappelé à lui par ce signal, tout faible qu'il était, il se leva avec le souvenir confus du devoir qu'il s'était lui-même imposé au commencement de la nuit.

« Qui est là ? » demanda-t-il, en cherchant son épée à l'endroit où il la portait habituellement. «Ami ou ennemi, parlez!

— Ami ! » répliqua à voix basse Chingachgook, qui en même temps lui fit voir au ciel la lune dont la paisible lumière brillait à travers les arbres, et éclairait en plein leur bivouac, ajoutant dans son mauvais anglais : « La lune vient, le fort de l'homme blanc est loin, très-loin. Il est temps de partir, quand le sommeil ferme les deux yeux du Français !

— Vous avez raison ! appelez vos amis, et bridez les chevaux, pendant que je vais préparer ces dames à partir.

— Nous sommes éveillées, Duncan, » dit de l'intérieur du bâtiment la voix douce et argentine d'Alice, « nous sommes prêtes à faire une longue route après un sommeil aussi rafraîchissant ; mais vous avez veillé pour nous toute cette longue nuit, après avoir enduré tant de fatigues pendant toute la journée.

— Dites plutôt que j'aurais voulu veiller, mais mes yeux perfides m'ont trahi ; j'ai prouvé deux fois que j'étais indigne du dépôt qui m'a été confié.

— Non, Duncan, ne le niez pas, » interrompit Alice en souriant, et en sortant du blockhouse à la clarté de la lune, dans tout l'éclat de sa beauté rafraîchie par le sommeil. « Je suis

que vous n'êtes que trop insouciant quand il ne
s'agit que de vous, et que trop vigilant quand
il s'agit des autres. Ne pouvons-nous rester ici
quelques instants de plus, afin que vous ayez le
temps de vous reposer? Nous veillerons volontiers, Cora et moi, tandis que vous et ces braves
vous prendrez quelques moments de sommeil.

— Si la honte pouvait me guérir du besoin de
dormir, je ne fermerais les yeux de ma vie, »
dit le jeune homme embarrassé en regardant
les traits d'Alice, où il n'aperçut qu'une tendre
sollicitude au lieu de l'ironie qu'il soupçonnait.
« Il n'est que trop vrai qu'après vous avoir mises
en péril par mon imprudence, je n'ai pas même
le mérite de garder votre sommeil comme devrait le faire un soldat.

— Duncan seul peut accuser Duncan d'une
telle faiblesse! » répondit la confiante Alice, qui
se livrait avec tout l'abandon d'une femme à
cette illusion généreuse qui lui peignait son
jeune admirateur comme un modèle de perfection. « Allez dormir; croyez-moi, bien que nous
ne soyons que de faibles filles, nulle de nous ne
manquera au devoir de sentinelles. »

Le jeune homme fut affranchi de la nécessité
déplaisante de protester de nouveau de son manque de vigilance par une exclamation de Chingachgook et de l'attitude d'attention profonde prise
par son fils.

« Les Mohicans entendent un ennemi, » dit à
voix basse Œil-de-Faucon qui venait de se réveiller, « le vent apporte à leur odorat l'annonce
de quelque danger.

— A Dieu ne plaise! dit Heyward, nous avons
eu assez de sang versé ! »

En parlant ainsi le jeune guerrier saisit son
fusil, et, faisant quelques pas en avant, se prépara à expier sa négligence bien pardonnable
en risquant sa vie pour la défense des personnes
confiées à sa garde.

« C'est sans doute quelque animal de la forêt
qui rôde pour trouver une proie? » dit-il à voix
basse aussitôt que les sons faibles et éloignés qui
avaient attiré l'attention des Mohicans furent
arrivés à son oreille.

« Chut! reprit l'éclaireur attentif; ce sont des
hommes qui s'approchent; j'entends leurs pas,
bien que mes sens n'aient pas la perspicacité de
ceux d'un Indien. Il faut que ce Huron si habile à décamper ait rencontré des éclaireurs de
l'armée de Montcalm, et sans doute il les amène
sur nos traces. Je n'aimerais pas à verser encore
du sang humain en cet endroit, « ajouta-t-il en
promenant des regards inquiets sur les lugubres
objets dont il était entouré; «mais ce qui doit être
sera! Uncas, conduisez les chevaux dans le
block-house; et vous, mes enfants, réfugiez-vous-
y également; tout pauvre et vieux qu'il est, il

offre un abri, et il a déjà entendu bien des coups
de fusil ! »

On lui obéit sur le champ; les Mohicans con-
duisirent les narragansets dans le block-house,
où tous les voyageurs se rendirent pareillement
dans le silence le plus profond.

Un bruit de pas qui semblaient s'approcher
s'entendit alors distinctement, et ne laissa plus
aucun doute sur la nature de cette interruption
du silence de la solitude. A ce bruit se mêla
bientôt celui de plusieurs voix qui s'appelaient
en langue indienne, et l'éclaireur dit tout bas à
Heyward que c'était le dialecte des Hurons.
Quand la troupe fut arrivée à l'endroit par où
les chevaux étaient entrés dans le taillis qui entourait le block-house, les Indiens parurent tout
déconcertés, et on vit qu'ils avaient perdu les
traces qui jusque-là les avaient guidés dans leur
poursuite.

D'après le bruit des voix, on pouvait conjec-
turer qu'il y avait là une vingtaine d'hommes
réunis qui exprimaient à grand bruit leur opinion et donnaient leur avis.

« Les scélérats connaissent notre petit nombre, »
dit tout bas Œil-de-Faucon qui était auprès
d'Heyward, et qui, caché dans l'ombre, regardait
par une fente entre les troncs d'arbres; « sans
quoi ils ne s'amuseraient pas à babiller comme
des femmes, en faisant leur ronde. Les entendez-
vous, les reptiles?, ne dirait-on pas que chacun
d'eux a double langue et une seule jambe? »

Duncan, quoique brave jusqu'à la témérité
dans le combat, ne put, dans ce moment d'anxiété
cruelle, faire aucune réponse à l'observation
froide et caractéristique de l'éclaireur. Il serra
d'une étreinte plus ferme sa carabine, et se mit
à regarder avec un redoublement d'attention à
travers la fente, d'où on apercevait tout l'espace
éclairé par la clarté de la lune. On entendit ensuite la voix plus grave de celui qui paraissait
être le chef, au silence respectueux avec lequel
ses avis ou plutôt ses ordres étaient reçus. Puis
on put juger par le froissement des feuilles et le
craquement des branches sèches, que les sauvages se divisaient en deux bandes pour chercher la trace qu'ils avaient perdue. Heureusement pour ceux qu'on poursuivait que la lumière
de la lune, bien qu'elle tombât en plein sur la
petite enceinte qui entourait le block-house,
n'avait pas assez de force pour pénétrer à travers la voûte profonde de la forêt, où tous les
objets étaient plongés dans une obscurité décou-
vante. La recherche fut sans résultat; car du
sentier à peine visible qu'avaient suivi les voyageurs, le passage dans le taillis avait été si court
et si rapide, que toute trace de leurs pas était
perdue dans l'obscurité des bois.

Néanmoins les infatigables sauvages ne tardèrent pas à revenir : on les entendit traverser

les broussailles et s'approcher graduellement de la bordure extérieure de jeunes châtaigniers qui formaient un épais rideau autour de la petite enceinte.

« Les voilà qui viennent! » murmura Heyward en s'efforçant de passer le canon de son fusil à travers la fente; « faisons feu sur eux à leur approche.

— Que tout reste dans l'ombre, dit le chasseur, l'étincelle d'une pierre à fusil, ou même l'odeur d'une charge de poudre, suffirait pour amener sur nous tous ces animaux affamés. S'il plaît à Dieu que nous livrions bataille, fiez-vous à l'expérience d'hommes qui connaissent la tactique des sauvages, et qui ne se font pas tirer l'oreille quand le hurlement de guerre a retenti. »

Duncan jeta autour de lui des regards inquiets, et vit les deux sœurs, tremblantes, tapies dans un coin du block-house, et se serrant l'une contre l'autre, tandis que les deux Mohicans se dessinaient dans l'ombre, droits comme des poteaux, et prêts à frapper, lorsqu'il le faudrait. Réprimant son impatience, il regarda de nouveau dans l'enceinte, et attendit le résultat en silence. En ce moment le taillis s'entr'ouvrit, et un Huron de haute taille et armé s'avança dans l'espace découvert. Pendant qu'il regardait le silencieux édifice, la lune tomba en plein sur son visage basané qui exprimait la surprise et la curiosité. Il fit l'exclamation qui accompagne toujours la première émotion d'un Indien, et ayant appelé à voix basse, il fut bientôt rejoint par un de ses compagnons.

Ces enfants de la forêt restèrent pendant quelque temps à la même place, se montrant du doigt l'édifice en ruine, et s'entretenant dans le langage inintelligible de leur tribu. Ils s'approchèrent alors à pas lents et circonspects, s'arrêtant fréquemment les yeux fixés sur le block-house, comme des daims effrayés; on voyait que la curiosité luttait entre eux contre un sentiment de terreur. Tout à coup l'un d'eux posa le pied sur le tertre, et se baissa pour l'examiner. En cet instant Heyward remarqua que l'éclaireur tirait son coutelas de sa gaine, et abaissait la gueule de son fusil. Le jeune homme en fit autant et se prépara à soutenir un combat qui paraissait désormais inévitable.

Les sauvages étaient si près que le moindre mouvement de l'un des chevaux, ou même une respiration plus forte que de coutume, auraient suffi pour trahir la retraite des fugitifs. Mais en apercevant la nature du tertre, l'attention des Hurons prit une autre direction. Ils se parlèrent d'une voix grave et solennelle, comme si la vue de ce lieu les eût pénétrés d'un sentiment de respect et de terreur. Puis ils s'éloignèrent avec précaution, les yeux fixés sur l'édifice, comme

s'ils se fussent attendus à voir les ombres des morts leur apparaître sur ses murs silencieux, jusqu'à ce que, parvenu à la limite de l'enceinte, ils pénétrèrent lentement dans le taillis et disparurent.

Œil-de-Faucon remit à terre la crosse de sa carabine, et respirant enfin librement, dit de manière à être entendu de tous ses compagnons :

« Ah! ils respectent les morts; ce sentiment leur a sauvé la vie, et peut-être aussi des vies plus précieuses que la leur! »

Ces paroles attirèrent un moment l'attention d'Heyward qui, sans lui rien répondre, la reporta tout entière sur ceux qui dans cet instant critique l'intéressaient davantage. Il entendit les deux Hurons quitter les broussailles; et il fut bientôt facile de voir que toute la troupe s'était rassemblée autour des deux Indiens, et écoutait leur rapport avec une attention profonde. Après quelques minutes d'un entretien grave et solennel, bien différent des clameurs bruyantes qui avaient accompagné leur première apparition, le bruit des voix s'affaiblit et s'éloigna peu à peu, et finit par se perdre dans les profondeurs de la forêt.

Œil-de-Faucon attendit jusqu'à ce que Chingachgook lui eût fait signe que les derniers bruits de leur retraite avaient expiré dans le lointain; alors il engagea Heyward à aller chercher les chevaux et à aider les dames à monter en selle. Cela fait, la troupe sortit par l'issue déjà pratiquée, et prenant une direction opposée à celle par laquelle elle était venue, elle prit congé de ce lieu; les deux sœurs ne purent s'empêcher de jeter en partant un regard furtif sur cette tombe silencieuse et sur ces ruines, au moment où elles quittèrent la douce lumière de la lune pour se plonger dans les ténèbres épaisses de la forêt.

CHAPITRE XIV

La Sentinelle. Qui est là?
Puck. Paysans, pauvres gens de France.
SHAKSPEARE, *Henri IV.*

Pendant ce mouvement rapide, et jusqu'à ce que la troupe eût pénétré bien avant dans la forêt, chacun était trop occupé du péril auquel il échappait, pour hasarder un seul mot même à voix basse. L'éclaireur reprit son poste à l'avant-garde; mais lorsqu'il eut mis une assez grande distance entre ses ennemis et lui, sa marche devint plus circonspecte qu'elle n'avait été auparavant, en conséquence de son ignorance complète des lieux et des bois environnants. Plus d'une fois on le vit s'arrêter pour prendre conseil de ses compagnons les Mohicans, montrant du doigt la lune et examinant l'écorce des arbres avec une attention extrême. Pendant ces courtes haltes, Heyward et les deux sœurs, à qui le danger avait donné une grande finesse d'ouïe, prêtaient l'oreille aux moindres sons qui auraient pu annoncer l'approche de leurs ennemis. Dans ces moments on eût dit qu'un sommeil éternel régnait sur toute l'étendue du pays, et dans la forêt aucun bruit ne se faisait entendre, si ce n'est le murmure faible et lointain d'un ruisseau. Tout paraissait dormir, les oiseaux, les bêtes sauvages et les hommes, si toutefois il s'en trouvait dans ce vaste désert. Mais tout faible qu'était le bruit du ruisseau, il tira les guides d'un grand embarras et mit fin à leurs incertitudes; ils se dirigèrent de ce côté d'un pas silencieux et diligent.

Quand on fut arrivé sur ses bords, Œil-de-Faucon fit faire une nouvelle halte; il ôta ses mocassins de ses pieds, et invita Heyward et La Gamme à en faire autant. Tous alors entrèrent dans l'eau, et pendant près d'une heure marchèrent dans le lit du ruisseau pour ne point laisser de traces dangereuses de leur passage. La lune était cachée derrière un immense rideau de nuages noirs amoncelés à l'horizon du côté de l'occident, lorsqu'ils quittèrent le cours bas et sinueux du ruisseau pour reprendre leur route à travers la plaine sablonneuse et boisée. Ici l'éclaireur sembla se trouver de nouveau en pays de connaissance, car il marcha d'un pas rapide et assuré comme un homme qui n'a plus ni incertitude ni embarras. Bientôt le sentier devint plus inégal; les voyageurs s'aperçurent qu'à droite et à gauche ils se rapprochaient des montagnes et qu'ils allaient traverser une gorge. Tout à coup Œil-de-Faucon s'arrêta, et ayant attendu que les autres l'eussent rejoint, il dit d'une voix basse et circonspecte, que les ténèbres et le silence de ce lieu rendaient encore plus solennelle :

« Il est facile de connaître les sentiers et de trouver les ruisseaux et les sources du désert; mais quel est celui qui, en voyant ce lieu, pourrait dire qu'une armée puissante est campée parmi ces arbres silencieux et ces montagnes stériles?

— Nous sommes donc dans la proximité de William-Henry? dit Heyward en se rapprochant avec intérêt de l'éclaireur.

— Il y a encore d'ici là un chemin long et pénible, répondit l'autre, et le plus difficile maintenant est de savoir quand et sur quel point nous y arriverons. Voyez, » ajouta-t-il, en lui faisant voir à travers les arbres une petite pièce d'eau qui réfléchissait la clarté des étoiles sur sa surface calme et paisible; « vous voyez l'*Étang de sang*; nous marchons sur un terrain que j'ai souvent parcouru et qui m'a vu combattre l'ennemi depuis le lever jusqu'au coucher du soleil.

— Ah! les eaux tristes et funèbres de cet étang ont donc servi de sépulture à plus d'un brave tombé sur le champ de bataille! Je l'avais déjà entendu nommer, mais c'est pour la première fois que je touche ses rives.

Nous livrâmes trois batailles aux Hollandais et aux Français dans la même journée! » Continua Œil-de-Faucon, poursuivant le cours de ses pensées sans répondre à la remarque de Duncan. « L'ennemi nous fit un rude accueil dans la marche que nous fîmes pour donner une embuscade à son avant-garde; il nous chassa comme des daims à travers le défilé, et nous dispersa sur les rives de l'Horican. Alors nous nous ralliâmes derrière une palissade d'arbres abattus, et nous lui tînmes tête sous le commandement de sir William, qui fut fait sir William pour sa conduite dans cette journée; nous lui rendîmes à usure la défaite qu'il nous avait infligée le matin. Des centaines de Français virent ce jour-là le soleil pour la dernière fois; et leur chef lui-même, Dieskau, tomba entre nos mains tellement labouré par les balles, qu'il retourna dans son pays hors d'état désormais de faire la guerre.

— Ce fut une journée glorieuse! » s'écria Heyward dans la chaleur de son enthousiasme: « le bruit en vint bientôt jusqu'à notre armée du midi.

— Oui! mais ce n'est pas tout. Par l'ordre exprès de sir William, le major Effingham me chargea de tourner le flanc des Français, de traverser la plaine, et de porter la nouvelle de leur désastre au fort placé sur l'Hudson. Dans ce lieu même où vous voyez une hauteur couverte d'arbres, je rencontrai un détachement qui venait à notre secours, et je le conduisis à l'ennemi au moment où il prenait son repas, bien loin de se douter que l'œuvre du sang ne fût pas encore terminée pour ce jour-là.

— Et vous les avez surpris?

— Si la mort est une surprise pour des hommes qui ne songent qu'à satisfaire leur appétit! Nous leur donnâmes bien peu le temps de respirer, car ils nous avaient menés rudement dans le combat du matin, et il y en avait peu parmi nous qui n'eussent à regretter la perte d'un ami ou d'un parent. Quand tout fut fini, les morts, quelques-uns disent même les mourants, furent jetés dans ce petit étang. J'ai vu de mes yeux ces eaux colorées de sang, telles que jamais eau ne sortit des entrailles de la terre.

— Un soldat ne pouvait désirer une tombe plus convenable et plus paisible! Vous avez donc beaucoup servi sur cette frontière?

— Moi! » dit l'éclaireur en se redressant de toute sa hauteur avec un air de fierté martiale, il n'y a pas beaucoup d'échos parmi ces collines qui n'aient rejeté les détonations de ma carabine, et il n'y a pas un mille carré entre l'Horican où mon perce-daims n'ait abattu quelque être vivant, soit un ennemi, soit un animal. Quant à cette tombe que vous dites si paisible, c'est une autre affaire. Il y en a dans le camp qui prétendent que l'homme pour reposer en paix ne doit pas être enterré lorsqu'il respire encore; et il est certain que dans la confusion du moment, les chirurgiens n'ont guère eu le loisir de distinguer les morts de ceux qui ne l'étaient pas. Chut! ne voyez-vous pas maintenant quelque chose qui se promène sur le bord de l'étang?

— Il n'est pas probable que d'autres que nou passent la nuit dans cette forêt, sans abri et à la belle étoile.

— Des êtres comme celui-là n'ont pas besoin de maisons ni d'abris, et la rosée de la nuit ne peut pas mouiller un corps qui reste toute la journée dans l'eau! » reprit l'éclaireur en serrant l'épaule d'Heyward avec une force convulsive qui fit sentir douloureusement au jeune militaire qu'une terreur superstitieuse dom i nait en ce moment cet homme habituellement si intrépide.

« Juste ciel! voilà une forme humaine, elle approche! A vos armes, mes amis, car nous ne savons pas à qui nous avons à faire. »

« Qui vive? » cria en français une voix forte et menaçante qui semblait un cartel de l'enfer sorti de ce lieu solitaire et lugubre.

« Que dit-il? dit tout bas l'éclaireur; il ne parle ni indien ni anglais. »

« Qui vive? » répéta la même voix; en même temps on entendit le bruit d'un fusil, et celui qui le portait prit une attitude hostile.

« France! » s'écria Heyward en s'avançant dessous les arbres vers le bord de l'étang à quelques pas de la sentinelle.

« D'où venez-vous? où allez-vous d'aussi bonne heure? » demanda le grenadier dans la langue et avec l'accent d'un homme de la vieille France.

« Je viens de la découverte et je vais me coucher.

— Êtes-vous officier du roi?

— Sans doute, mon camarade; me prends-tu pour un provincial? Je suis capitaine de chasseurs. (Heyward s'était aperçu que l'autre appartenait à un régiment de ligne.) J'ai ici avec moi les filles du commandant de la fortification. Ah! tu en as entendu parler! Je les ai faites prisonnières près de l'autre fort, et je les conduis au général.

— Ma foi! mesdames, j'en suis fâché pour vous, » s'écria le jeune soldat en portant la main à son bonnet avec une politesse étudiée et une grâce parfaite; « mais, fortune de guerre! vous trouverez notre général un brave homme et bien poli avec les dames.

— C'est le caractère des gens de guerre, » dit Cora avec un sang-froid admirable. « Adieu, mon ami; je vous souhaiterais un devoir plus agréable à remplir. »

Le soldat le remercia de son honnêteté par un humble salut; et Heyward ayant ajouté : « Bonne nuit, mon camarade, » ils s'éloignèrent paisiblement. Le factionnaire continua à se promener sur les bords de l'étang silencieux, ignorant à quel ennemi effronté il avait affaire, et fredonnant un air de son pays que lui avait sans doute rappelé la vue des dames, et peut-être aussi le souvenir de sa lointaine et belle France :

Vive le vin, vive l'amour, etc.

« Il est fort heureux que vous ayez compris ce coquin ! » dit tout bas l'éclaireur lorsqu'il fut à quelque distance, en remettant son arme sous le bras gauche; « j'ai vu bien vite que c'était l'un de ces Français remuants, et bien lui en a pris que ses paroles ont été amicales et ses sentiments bienveillants; sans quoi ses os auraient pu trouver place parmi ceux de ses compatriotes. »

Il fut interrompu par un long et sourd gémissement qui semblait partir du petit étang, comme si les âmes des trépassés fussent revenues errer autour de leur tombe liquide.

« Sans doute c'était un corps de chair! continue l'éclaireur; jamais une âme n'aurait pu manier ses armes avec tant d'aisance.

— C'était un corps de chair, mais il est fort douteux que le pauvre diable soit encore de ce monde, » dit Heyward qui jeta rapidement les yeux autour de lui, et qui s'aperçut que Chingachgook n'était plus avec eux. Un autre gémissement plus faible que le premier s'éleva encore, puis on entendit comme quelque chose de lourd qui tombait dans l'eau; puis tout rentra dans le calme, comme si les bords de l'étang funèbre n'eussent jamais été tirés du silence de la création. Pendant qu'ils étaient en proie à une incertitude que chaque instant rendait plus douloureuse encore, ils virent se glisser hors du taillis l'Indien, qui les rejoignit tenant d'une main la chevelure sanglante du jeune et malheureux Français qu'il attacha à sa ceinture, tandis que de l'autre il replaçait le couteau et le tomahawk qui avaient bu son sang. Alors il reprit tranquillement sa place accoutumée sur le flanc de la caravane, avec l'air satisfait d'un homme qui croyait avoir fait une action méritoire.

L'éclaireur laissa tomber à terre la crosse de son fusil, et, s'appuyant sur le canon, resta quelque temps plongé dans une profonde méditation ; puis secouant la tête avec tristesse :

« Cet acte, murmura-t-il, serait cruel et inhumain dans une peau blanche ; mais il est dans le caractère et la nature d'un Indien ; cela devait être, et il n'y a rien à dire. Cependant j'aurais préféré, je l'avoue, que ce malheur fût arrivé à un maudit Mingo plutôt qu'à cet enfant du vieux continent, si plein de gaieté et de jeunesse.

« C'est assez, dit Heyward qui craignait que les dames ne comprissent la cause de cette halte, et qui cherchait par des réflexions semblables à celles du chasseur à adoucir le sentiment d'horreur qu'il éprouvait ; « le mal est fait, et quoiqu'il eût mieux valu ne pas le faire, on ne peut y remédier. Vous voyez que nous sommes trop rapprochés des sentinelles de l'ennemi. Quelle route vous proposez-vous de suivre ?

— Oui, » dit Œil-de-Faucon en revenant à lui, « comme vous dites, la chose est faite, il n'y faut plus penser ! Oh ! oh ! les Français n'ont pas perdu de temps pour entourer le fort, et c'est une aiguille difficile à enfiler que de nous frayer un passage au milieu d'eux.

— Et il nous reste pour cela bien peu de temps, » ajouta Heyward en levant les yeux vers le rideau de vapeur qui cachait la lune prête à se coucher.

« Bien peu de temps, répéta l'éclaireur ; la chose peut s'effectuer par deux moyens, avec le secours de la Providence, sans laquelle la chose n'est pas possible.

— Nommez-les sur-le-champ, car le temps presse.

— Le premier consisterait à faire mettre pied à terre à ces dames et à lâcher les chevaux dans la plaine ; nous enverrions les Mohicans en avant ; nous nous frayerions un chemin à travers les avant-postes, et nous entrerions dans la forteresse sur les cadavres de l'ennemi.

— Cela n'est pas possible, cela n'est pas possible, » interrompit le généreux jeune homme ; « un soldat peut se frayer un passage de cette manière ; mais la chose n'est pas praticable avec un convoi pareil à celui que nous sommes chargés d'escorter.

— Ce serait, en effet, une route bien sanglante pour d'aussi jolis pieds, » répondit l'éclaireur à qui cet expédient ne répugnait pas moins ; « mais j'ai cru qu'il était de ma dignité d'homme de parler de ce moyen. Le seul alors qui nous reste est de revenir sur nos pas, et de nous tenir hors de la portée de leurs avant-postes ; puis nous tournerons à l'ouest et entrerons dans les montagnes, où je vous cacherai de manière à dépister pendant des mois entiers tous les limiers du diable à la solde de Montcalm.

— Adoptons donc ce parti, dit l'impatient jeune homme, et sans perdre un instant. »

Il était inutile d'en dire davantage. « Suivez-moi ! » dit Œil-de-Faucon ; et sans plus de paroles il reprit la route qu'ils venaient déjà de parcourir et qui les avait conduits dans cette situation critique et dangereuse. Leur marche, comme leur dernier colloque, était circonspecte et silencieuse ; car, à chaque instant, ils pouvaient tomber au milieu d'une patrouille ennemie ou d'une embuscade. Au moment où ils repassèrent auprès de l'étang, Heyward et l'éclaireur ne purent s'empêcher de jeter un regard furtif sur son onde funèbre et solitaire. Leurs yeux y cherchèrent en vain le factionnaire qui, un instant avant, se promenait sur ses bords ; un mouvement lent et régulier imprimé au flot montrait que l'eau n'avait pas encore repris son immobilité, et attestait par un effrayant témoignage l'acte sanglant dont elle avait été témoin. Bientôt l'étang et ses lugubres souvenirs disparurent dans l'ombre et se confondirent avec la masse des objets qu'on ne distinguait plus et que les voyageurs, dans leur marche rapide, laissaient derrière eux.

Bientôt Œil-de-Faucon changea la direction de leur retraite, et coupant vers les montagnes qui forment la limite occidentale de l'étroite plaine, il les conduisit d'un pas rapide jusque sous l'ombre épaisse que projetaient leurs hauts et âpres sommets. Leur marche devint alors pénible et lente sur un terrain hérissé de rocs et entrecoupé de ravins ; ils étaient partout entourés de collines noires et blafardes, qui les dédommageaient un peu de leurs fatigues par le sentiment de sécurité qu'elles leur inspiraient. Enfin ils commencèrent à gravir lentement une pente rapide et inégale, à la faveur d'un sentier qui serpentait en longs détours parmi les rochers et les arbres, évitant les uns et s'appuyant sur les autres, ouvrage merveilleux d'hommes exercés de longue main aux arts du désert. A mesure qu'ils s'élevaient au-dessus du niveau des vallées, l'épaisse obscurité qui d'ordinaire précède l'approche du jour commença à se dissiper, et tous les objets apparurent avec les couleurs réelles et palpables qu'ils tenaient de la nature. Lorsque, sortant des bois rabougris suspendus au flanc stérile de la montagne, ils atteignirent enfin la plate-forme de rochers moussus qui formait son sommet, leurs yeux rencontrèrent les premiers regards de l'aurore qui s'élevait en rougissant au-dessus des pins verdoyants d'une

J'en suis bien aise, dit Montcalm... (Page 80)

colline située de l'autre côté de la vallée de l'Horican.

L'éclaireur fit alors descendre les dames de cheval, et ayant débridé et dessellé les pauvres bêtes rendues de fatigue, il les laissa en liberté chercher une rare subsistance parmi les arbustes et l'herbe chétive de cette région élevée.

« Allez, leur dit-il, et cherchez votre nourriture là où la nature vous la donne, et prenez garde de servir vous-même à nourrir les loups de ces collines.

— N'en aurons-nous plus besoin? demanda Heyward.

— Jugez-en vous-même, » dit l'éclaireur en s'avançant vers la crête orientale de la montagne, où il fit signe au reste de la troupe de le suivre. « S'il était aussi facile de lire dans le cœur de l'homme qu'il l'est de découvrir, de cet endroit où nous sommes, tout le camp de Montcalm, les hypocrites deviendraient rares, et la ruse d'un Mingo serait une duperie comparée à l'honnêteté d'un Delaware. »

Quand les voyageurs furent arrivés au bord de l'escarpement, ils virent d'un coup d'œil que l'éclaireur disait vrai, et admirèrent la sagacité avec laquelle il les avait conduits sur ce point élevé.

Là montagne sur laquelle ils étaient forme un cône d'environ mille pieds de hauteur, placé un peu en avant de la chaîne qui longe la rive occidentale du lac, puis, après s'être réunie aux montagnes de la rive opposée, s'étend

Jusque vers le Canada, en masses irrégulières et confuses de rochers parsemés de quelques arbres verts. Sous les pieds des voyageurs, la rive méridionale de l'Horican traçait un vaste demi-cercle d'une montagne à l'autre, formant une vaste grève qui aboutissait à un plateau inégal et élevé; au nord étendait sa nappe limpide, et qui semblait étroite, vue de ce côté hauteur effrayante, le Saint-Lac, dentelé de baies multipliées, orné de pittoresques promontoires et entrecoupé d'îles sans nombre. A quelques lieues de distance, le lit des eaux se perdait dans les montagnes, ou était enveloppé dans les nuages de vapeurs qui roulaient lentement sur sa surface, chassées par la brise légère du matin. Mais, entre les crêtes des collines, une étroite ouverture indiquait l'endroit par lequel le lac se frayait un passage vers le nord, pour étendre de nouveau sa nappe vaste et pure avant de porter son tribut dans les ondes lointaines du Champlain. Au sud, était le défilé ou plutôt la plaine inégale dont nous avons eu tant de fois l'occasion de parler. Pendant plusieurs milles de ce côté, les montagnes paraissaient ne céder le terrain qu'avec répugnance; mais on le voyait diverger, et enfin se fondre dans le pays plat et sablonneux où nous avons suivi deux fois nos voyageurs. Le long des deux chaînes de collines qui bordaient les côtés opposés du lac et de la vallée, on voyait des nuages de vapeurs légères s'élever en spirale des bois inhabités, semblables à la fumée de cabanes cachées, ou descendre le long des pentes et se mêler aux brouillards de la plaine. Un nuage blanc et isolé flottait au-dessus de la vallée, et marquait l'emplacement silencieux de *l'Étang de sang.*

Sur la rive même du lac, plus à l'occident qu'à l'est, s'étendaient au loin les remparts de terre et les constructions basses de William-Henry. Deux de ses bastions s'avançaient dans l'eau qui baignait leur base; les autres points étaient défendus par des fossés profonds et de vastes marais. Le terrain avait été dégarni de bois dans un certain rayon de la forteresse; tout le reste du sol portait la verte livrée de la nature, excepté là où la vue s'arrêtait sur la surface limpide des eaux, ou sur les rochers qui élevaient leurs têtes sombres et arides au-dessus des lignes onduleuses de la chaîne de montagnes. En face du fort étaient des sentinelles disposées de distance en distance, et occupées à surveiller les mouvements de leurs nombreux ennemis; et, dans l'intérieur des murailles, on voyait des soldats fatigués d'une nuit de vigilance. Vers le sud-est, mais en contact immédiat avec le fort, était un camp retranché, placé sur une hauteur rocheuse, où il eût été bien plus sage de construire le fort même. Là étaient cantonnés les régiments auxiliaires qui avaient récemment

quitté les bords de l'Hudson en même temps qu'Heyward et ses compagnons. Du milieu des bois, un peu plus vers le sud, on voyait çà et là s'élever une fumée noire et sombre, facile à distinguer des exhalaisons plus pures des sources, et qui, comme l'éclaireur le fit remarquer à Heyward, indiquait que l'ennemi était en forces dans cette direction.

Mais ce qui attira surtout les regards du jeune officier, ce fut le spectacle qui s'offrit à lui sur la rive occidentale, tout près de son extrémité méridionale. Sur une langue de terre trop étroite pour contenir une telle armée, mais qui ne s'en étendait pas moins dans une largeur de plusieurs centaines de pas, des rives de l'Horican à la base de la montagne, on apercevait les tentes blanches et le matériel de guerre d'un camp de dix mille hommes. Des batteries avaient déjà été établies en avant; et tandis que les spectateurs, du haut du point culminant où ils étaient placés, contemplaient avec des sentiments si divers tout ce panorama qui se déroulait à leurs pieds, les détonations de l'artillerie s'élevèrent du sein de la vallée, et arrivèrent d'écho en écho jusqu'aux collines orientales.

« Ils commencent à recevoir là-bas la lumière du matin, dit le chasseur avec calme, et ceux qui ne dorment pas veulent éveiller les dormeurs au bruit du canon. Nous sommes arrivés quelques heures trop tard! Montcalm a déjà rempli les bois de ses maudits Iroquois.

— La place est en effet investie, répondit Duncan; mais n'avons-nous aucun moyen d'y entrer? Mieux vaudrait être pris dans le camp ennemi que de tomber de nouveau entre les mains des Indiens errants.

— Voyez! » s'écria l'éclaireur en attirant sans le savoir l'attention de Cora sur la maison de son père, « voyez comme ce boulet vient de faire sauter les pierres de la maison du commandant! Ah! quelque solide qu'elle soit, les Français vont la détruire en moins de temps qu'elle n'a été bâtie!

— Heyward, je ne puis supporter la vue d'un danger que je ne partage pas, dit la fille intrépide mais inquiète. Allons trouver Montcalm, et demandons-lui le passage; il ne refusera pas à des enfants la permission de rejoindre leur père!

— Il vous serait difficile d'arriver jusqu'à la tente du général français avec votre chevelure sur la tête, dit brusquement l'éclaireur. Si j'avais seulement l'un de ces milliers de bateaux qui sont à vide là-bas, le long du rivage, la chose serait possible. Ah! le feu cessera bientôt; car je vois venir un nuage qui va changer le jour en nuit, et qui rendra la flèche d'un Indien plus dangereuse qu'un boulet de canon. Maintenant, si vous voulez me suivre et si vous vous en croyez capables, nous allons pousser en avant; je grille d'arriver dans ce camp, ne fût-ce que pour tirer sur quelques chiens de Mingos que je vois rôder là-bas près de ce bouquet de bouleaux.

— Nous sommes prêtes! dit Cora d'une voix ferme; il n'est pas de danger que nous n'affrontions pour revoir notre père! »

L'éclaireur se tourna vers elle, et répondit avec un sourire de franche et cordiale approbation :

« Je voudrais avoir un millier d'hommes ayant des membres robustes, de bons yeux, et craignant aussi peu la mort que vous faites! avant la fin de la semaine, j'aurais renvoyé dans leurs cavernes tous ces bredouilleurs de Français, hurlant comme des chiens à l'attache ou des loups affamés. Mais il est temps d'agir, » ajouta-t-il en se tournant vers le reste de la troupe, « le brouillard s'avance avec tant de rapidité, que nous n'avons tout juste que le temps de le rejoindre dans la plaine et de nous y abriter. Si quelque accident m'arrive, rappelez-vous de tenir la joue gauche exposée au vent, ou plutôt suivez les Mohicans; de nuit ou de jour, ils reconnaîtront leur chemin à la piste. »

Il leur fit alors signe de la main de le suivre, et commença à descendre la pente d'un pas assuré, mais circonspect. Heyward aida aux sœurs à marcher, et au bout de quelques minutes ils se trouvèrent au bas d'une montagne qu'ils avaient eu tant de peine à gravir.

La direction qu'Œil-de-Faucon avait prise conduisit les voyageurs au niveau de la plaine, presque en face d'une porte de sortie dans la courtine occidentale du fort, qui n'était qu'à environ un demi-mille de l'endroit où l'éclaireur s'arrêta pour donner à Heyward le temps de le rejoindre avec ses deux compagnes. Dans leur empressement, et favorisés par la nature du terrain, ils avaient devancé le brouillard qui s'étendait sur le lac, et force fut de s'arrêter jusqu'à ce que le camp de l'ennemi fût enveloppé dans un manteau de vapeurs. Les Mohicans profitèrent de ce délai pour faire une sortie hors du bois et aller reconnaître les objets environnants. L'éclaireur les suivit à quelque distance pour savoir plus vite ce qu'ils auraient vu et pour prendre par lui-même connaissance du terrain.

Au bout de quelques moments, il revint tout rouge de dépit, exprimant son désappointement à demi-voix et en termes fort peu mesurés :

« Voilà ce finaud de Français qui a posté un piquet justement sur notre route, dit-il; ce sont des peaux-rouges et des blancs; et, grâce au brouillard, nous pouvons nous trouver au beau milieu d'eux tout aussi bien que passer à côté!

— Ne pouvons-nous faire un détour pour les éviter, demanda Heyward, et reprendre ensuite notre direction?

— Quand au milieu d'un brouillard on s'écarte une fois de la ligne qu'on doit suivre, il n'est pas facile de la retrouver. Les brouillards de l'Horican ne sont pas comme les nuages d'une pipe ou la fumée d'un mousqueton. »

Comme il parlait encore, un sifflement sourd s'entendit, et un boulet entra dans le taillis, frappa le tronc d'un arbre et rebondit à terre, la résistance qu'il avait déjà rencontrée lui ayant beaucoup ôté de sa force. Les Indiens suivirent de près l'arrivée de ce terrible message, et Uncas commença à parler en delaware avec beaucoup de chaleur et d'action.

« Cela peut être, mon garçon, » marmotta l'éclaireur quand il eut fini; « car une fièvre désespérée ne se traite pas comme un mal de dents. Allons, marchons! le brouillard s'épaissit.

— Arrêtez, s'écria Heyward; expliquez d'abord ce que vous voulez faire.

— Ce sera bientôt fait, et il n'y a pas grand espoir; mais enfin peu vaut mieux que rien. Vous voyez bien ce boulet, » ajouta l'éclaireur en poussant du pied le métal inoffensif, « il est arrivé du fort jusqu'ici en labourant la terre; en l'absence de tout autre indice, nous allons suivre le sillon qu'il a tracé. Trêve de paroles et suivez-moi, ou le brouillard venant à se dissiper nous laisserait au beau milieu de la route, où nous servirions de but au feu des deux armées. »

Heyward, reconnaissant que dans un moment aussi critique il fallait des actions et non pas des paroles, se plaça entre les deux sœurs et accéléra leur marche, les yeux fixés sur leur guide, afin de ne pas le perdre de vue. Il devint évident qu'Œil-de-Faucon n'avait point exagéré la force du brouillard, car avant d'avoir fait vingt pas il devint difficile aux différents individus qui composaient la troupe de se distinguer l'un l'autre à travers la vapeur.

Ils avaient fait un petit circuit à gauche, et commençaient déjà à incliner vers la droite; et déjà, selon le calcul d'Heyward, ils avaient parcouru la moitié de la distance qui les séparait du fort, lorsqu'à vingt pas d'eux une voix forte leur cria :

« Qui va là?

— Marchez toujours! » dit tout bas l'éclaireur en s'écartant de nouveau sur la gauche.

« Marchons toujours! » répéta Heyward pendant que le Qui vive? était répété par une douzaine de voix menaçantes.

« C'est moi! » cria Duncan en entraînant rapidement les deux sœurs plutôt qu'il ne les faisait marcher.

« Bête! qui? moi!

— Un ami de la France.

— Tu m'as plutôt l'air d'un ennemi de la

France. Arrête! ou par Dieu, je te ferai ami du diable. Non! feu, camarades, feu! »

L'ordre fut exécuté aussitôt, et une cinquantaine de coups de feu partirent dans le brouillard. Heureusement on avait mal ajusté, et les balles prirent une direction un peu différente de celle des fugitifs; cependant elles passèrent assez près pour qu'aux oreilles novices de David et des deux sœurs elles parussent siffler à quelques pouces de distance. Le Qui vive? fut répété, et on entendit distinctement non-seulement l'ordre de renouveler le feu, mais de poursuivre les fuyards. Lorsque Heyward eut expliqué brièvement le sens des paroles qu'ils avaient entendues, Œil-de-Faucon s'arrêta et dit avec beaucoup de fermeté et de résolution :

« Faisons feu à notre tour; ils croiront que c'est une sortie, et se retireront ou attendront des renforts. »

Le plan était bien conçu, mais l'exécution ne réussit pas. Aussitôt qu'on eut entendu le bruit de leur décharge, toute la plaine parut se couvrir de combattants. Ce fut un long roulement de coups de fusils qui s'étendit depuis les rives du lac jusqu'aux confins de la forêt.

« Nous attirerons toute l'armée sur nous, et amènerons une conflagration générale, dit Duncan. En avant! mon ami, dans l'intérêt de votre vie comme de la nôtre! »

L'éclaireur y consentit; mais dans la confusion du moment et dans le changement de position, il avait perdu la direction. En vain il tournait au vent l'une et l'autre joue, il ne soufflait pas plus d'un côté que de l'autre. Dans cet embarras critique, Uncas retrouva le sillon que le boulet avait tracé sur trois petites fourmilières.

« Laissez-moi voir la direction! » dit Œil-de-Faucon en se baissant pour examiner; puis il reprit sa marche en avant.

Les cris, les jurements, les voix qui s'appelaient, et les coups de feu, se succédaient rapidement, et de tous les côtés. Tout à coup un vif éclat de lumière traversa le brouillard, qui se déroula en tourbillons épais, et la détonation du canon retentit dans la plaine, répétée par les échos mugissants de la montagne.

« C'est du fort que l'on tire, s'écria Œil-de-Faucon en revenant sur ses pas; et nous, comme des imbéciles, nous nous dirigions vers la forêt, sous le couteau des Maquas. »

Aussitôt qu'ils se furent aperçu de leur méprise, ils se mirent à la réparer avec toute la promptitude possible. Duncan céda volontiers la protection de Cora au bras d'Uncas, que la jeune fille accepta sans difficulté. Il était manifeste qu'une foule irritée était à leur poursuite et à chaque instant ils étaient menacés d'être pris ou tués.

« Point de quartier aux coquins ! » s'écriait un des plus acharnés, qui semblait diriger les opérations de ceux qui les poursuivaient.

Tout à coup une voix forte s'écria d'en haut d'un ton d'autorité :

« A vos postes, braves du 60e! Attendez que vous voyiez l'ennemi : tirez bas et balayez le glacis.

— Mon père, mon père! » s'écria une voix perçante, une voix de femme au milieu du brouillard; « c'est moi! c'est Alice! c'est ton Elsie! Oh! épargne-nous! sauve tes filles!

— Arrêtez! » s'écria la première voix avec un accent terrible de douleur paternelle qui retentit jusque dans la forêt, répété par un écho solennel. » C'est elle! Dieu m'a rendu mes enfants! Ouvrez la porte de sortie; marchons à l'ennemi. Ne brûlez point une amorce, vous tueriez mes enfants! Repoussez ces chiens de France à la baïonnette. »

Duncan entendit crier les gonds rouillés, et, s'élançant du côté d'où ces sons étaient partis, il rencontra une longue file de soldats en habits rouges qui venaient sur le glacis. Il reconnut son bataillon du Royal-Américain; et, se mettant à la tête de ces braves, il eut bientôt balayé de devant le fort jusqu'aux moindres traces de ceux qui l'avaient poursuivi.

Pendant quelque temps, Cora et Alice restèrent tremblantes et ne sachant que penser de cette désertion inattendue; mais avant qu'elles eussent eu le temps de trouver la parole ou même la pensée, un officier d'une taille gigantesque, dont les cheveux étaient blanchis par les services et les années, mais dont l'âge avait plutôt adouci que détruit la fierté martiale, s'élança du sein du brouillard, et les pressa sur son cœur, pendant que de grosses larmes sillonnaient ses joues pâles et ridées, et qu'il s'écriait avec un accent écossais prononcé :

« Je te rends grâce, Seigneur! Vienne maintenant le danger, ton serviteur est préparé! »

CHAPITRE XV

Voyons ce que nous veut cet envoyé de France,
Tout ce qu'il nous dira je .e connais d'avance.
SHAKSPEARE. *Henri IV*.

Les jours qui suivirent se passèrent au milieu de toutes les privations, du bruit et des périls d'un siège, pressé avec vigueur par un ennemi aux approches duquel Munro ne pouvait opposer que d'insuffisants moyens de résistance ; on eût dit que Webb, avec son armée qui restait endormie sur les rives de l'Hudson, avait totalement oublié la situation critique de ses compatriotes. Montcalm avait rempli les bois de la plaine de ses sauvages, dont les hurlements allaient retentir dans le camp anglais, et y glacer le cœur d'hommes qui n'étaient déjà que trop disposés à s'exagérer le danger.

Il n'en était pas de même des assiégés. Animés par les paroles et stimulés par l'exemple de leurs chefs, ils avaient fait preuve de courage et soutenu leur ancienne réputation avec un zèle qui faisait honneur au caractère ferme et intrépide de leur commandant. Comme s'il eût eu assez des fatigues de la marche qu'il avait faite à travers le désert pour venir à la rencontre de l'ennemi, le général français, bien que d'une habileté éprouvée, avait négligé de s'emparer des montagnes voisines, d'où les assiégés auraient pu être exterminés avec impunité, et dont la possession, dans notre stratégie moderne, n'aurait pas été négligée un seul instant. Ce mépris pour les positions élevées, cette insouciance qui ne se donnait même pas la peine de les gravir, formait le côté faible des opérations de guerre à cette époque. Cette indifférence provenait de la simplicité des guerres indiennes, où la nature des combats et l'épaisseur des forêts rendait l'usage des forteresses extrêmement rare et l'artillerie presque inutile. Elle s'est prolongée jusqu'à la guerre de la révolution, et c'est à elle qu'il faut attribuer la perte de l'importante forteresse de Ticonderoga, qui ouvrit à l'armée de Burgoyne un passage de ce qui était alors le centre du pays. Nous regardons avec étonnement cette ignorance ou cette présomption, comme on voudra l'appeler; car, de nos jours, si on négligeait de profiter d'une éminence comme celle du Mont-Défiance, dont les difficultés avaient été beaucoup exagérées, cette imprévoyance serait fatale à la réputation de l'ingénieur qui aurait fait le plan des fortifications établies à leur base, ou à celle du général chargé de leur défense.

Le touriste, le valétudinaire, ou l'amateur des beautés de la nature, qui, dans sa berline à quatre chevaux, parcourt maintenant les lieux que nous avons essayé de décrire, pour son instruction, sa sûreté ou son plaisir; ou voyage, paisiblement porté sur ces eaux artificielles créées sous l'administration d'un homme d'État qui n'a pas craint de hasarder sa réputation politique dans cette entreprise hardie, ne doit pas s'imaginer que ses ancêtres traversaient ces collines ou luttaient contre ces courants avec la même facilité. Souvent le transport d'une pièce d'artillerie équivalait au gain d'une victoire, si toutefois les difficultés du passage ne l'avaient pas séparée des munitions, son accompagnement nécessaire, de manière à n'en faire qu'un tube d'airain pesant et inutile.

Les maux résultant de cet état de choses se faisaient vivement sentir à l'intrépide Écossais qui défendait alors William-Henry. Quoique son adversaire eût négligé de s'emparer des hauteurs, il avait habilement placé ses batteries dans la plaine, et il les faisait servir avec adresse et vigueur. A cette attaque, les assiégés ne pouvaient opposer que les préparatifs imparfaits et précipités d'une forteresse du désert, ne tirant aucun secours de ces immenses nappes d'eau qui se prolongeaient jusque dans le Canada, dont elles ouvraient à l'ennemi plus heureux un chemin facile.

Ce fut dans l'après-midi du cinquième jour du siége, le quatrième depuis qu'il était rentré dans la forteresse, que le major Heyward profita d'un pourparler qu'on venait d'annoncer au son du tambour, pour se rendre sur le rempart de l'un des bastions du côté de l'eau, afin d'y respirer l'air frais du lac, et d'examiner les progrès des travaux assiégeants. Il était seul, si l'on en excepte le factionnaire qui se promenait près de là; car les artilleurs avaient mis à profit la suspension temporaire de leur travail pénible. La soirée était délicieusement calme, et l'air léger émané de l'onde limpide était frais et doux: on eût dit que la nature avait saisi, pour revêtir ses formes les plus suaves et les plus attrayantes, le moment où le canon avait cessé de mugir et de vomir la mort. Le soleil jetait sur cette scène ses derniers rayons, et l'on ne ressentait point cette chaleur oppressive qui appartient au climat et à la saison. Les montagnes apparaissaient couvertes de verdure, de fraîcheur et de charme, éclairées par une clarté douce, ou à travers un rideau de vapeurs interposées entre elles et le soleil. Des nombreuses îles semées sur la surface de l'Horican, les unes étaient basses, enfoncées et comme encadrées dans l'eau; les autres, planant au-dessus du liquide élément, s'élevaient comme des tertres de velours vert, parmi lesquels les pêcheurs de l'armée belligérante se promenaient dans leurs barques paisibles, ou les laissaient flotter immobiles sur ce brillant miroir, pour se livrer à la poursuite de leur proie.

Ce tableau était tout à la fois animé et tranquille. Tout ce qui appartenait à la nature était doux, grand et simple; tout ce que le caractère et les mouvements de l'homme venaient y mêler en complétait l'harmonie.

En dehors, deux petits drapeaux blancs étaient arborés, l'un à l'angle saillant du fort, l'autre à la batterie avancée des assiégeants: emblèmes de la trève qui suspendait non-seulement les actes, mais encore les sentiments hostiles des combattants. En arrière de ces drapeaux, flottaient en longs replis de soie les étendards rivaux de France et d'Angleterre.

Une centaine de Français, jeunes, gais, insouciants, s'occupaient à tirer un filet sur le rivage, à une proximité dangereuse du canon redoutable mais silencieux du fort, et l'écho de la montagne orientale répétait les cris et la joie qui accompagnaient ce divertissement. Quelques-uns accouraient, empressés de se livrer aux plaisirs aquatiques du lac ; d'autres, poussés par la curiosité mobile de leur nation, gravissaient péniblement les collines du voisinage : ces exercices et ces jeux avaient pour spectateurs oisifs, mais non indifférents, ceux des ennemis qui surveillaient les assiégés, ainsi que les assiégés eux-mêmes. Çà et là, il est vrai, on voyait un peloton de service entonner une chanson, ou former une danse autour de laquelle venaient se ranger, dans un muet étonnement, les sauvages accourus de la forêt. Tout enfin annonçait un jour de plaisir et de fête, plutôt qu'une heure dérobée aux dangers et aux fatigues d'une guerre de sang et de vengeance.

Duncan s'était arrêté dans une attitude recueillie, occupé pendant quelques minutes à contempler ce tableau, lorsqu'un bruit de pas attira son attention vers le glacis faisant face à la porte de sortie dont il a déjà été parlé. Il s'avança à l'angle du bastion, et vit Œil-de-Faucon qui s'approchait du fort sous la conduite d'un officier français. Les traits de l'éclaireur étaient hagards et soucieux ; on voyait à son air abattu qu'il ressentait profondément l'humiliation d'être tombé au pouvoir de l'ennemi. Il était sans son arme favorite, et ses bras étaient attachés derrière lui avec des cordes faites de peau de daim. Depuis peu il y avait eu un échange si fréquent de parlementaires, que lorsque Heyward porta ses regards sur ce groupe, il s'attendait à voir un officier ennemi chargé d'un message de ce genre ; mais dès qu'il eut reconnu la haute taille et les traits sévères de son ami l'éclaireur, il tressaillit de surprise, et se prépara à descendre du bastion dans l'enceinte de la forteresse.

Mais d'autres voix attirèrent son attention, et donnèrent un moment le change à ses idées. A l'angle intérieur du bastion il rencontra les deux filles de Munro qui se promenaient le long du parapet pour respirer, comme lui, la fraîcheur du soir. Il ne les avait point vues depuis le moment où il les avait quittées tourmentées d'inquiétudes, accablées de fatigue ; il les retrouvait brillantes de beauté et de fraîcheur, bien que timides et inquiètes encore. Il ne faut donc pas s'étonner si le jeune homme, en les voyant, oublia tout pour leur adresser la pa-

role. Toutefois la voix de l'aimable et vive Alice le prévint.

« Ah ! méchant, chevalier déloyal qui abandonnez vos dames au milieu même de la lice, les laissant se tirer d'affaire comme il plaira à Dieu ! » lui cria-t-elle, en affectant un air de reproche que démentaient, d'une manière si flatteuse, ses yeux, son sourire et ses mains tendues vers lui. « Nous avons passé des jours, que dis-je ? des siècles, à attendre que vous vinssiez à nos pieds implorer le pardon de votre désertion ou plutôt de votre fuite ; car vous avez véritablement fui, comme jamais daim, dirait notre digne ami l'éclaireur, ne fuira de sa vie.

— Vous savez que c'est de nos remerciments et de notre reconnaissance qu'Alice a l'intention de se rendre l'interprète, » ajouta Cora, qui surpassait sa sœur en raison comme en courage : « à dire vrai, nous avons été un peu surprises que vous vous soyez si rigoureusement tenu éloigné d'une maison où les remerciments d'un père se seraient joints à la reconnaissance de ses filles.

— Votre père lui-même pourrait vous dire que, bien qu'éloigné de votre présence, je me suis occupé de votre sécurité, répondit le jeune homme ; la possession de ce village de tentes, » ajouta-t-il, en montrant du doigt le camp retranché, « a été vigoureusement disputée ; celui qui est maître de ce point a la certitude de l'être également de ce fort et de tout ce qu'il contient. C'est là que j'ai passé mes jours et mes nuits, depuis que nous nous sommes quittés, parce que j'ai cru que c'était là que le devoir m'appelait. Mais, » poursuivit-il d'un air chagrin qu'il s'efforçait vainement de cacher, « si j'avais pu prévoir qu'on donnerait une telle interprétation à ce que je considérais comme la conduite d'un soldat, ma confusion eût été pour moi un nouveau motif d'absence.

— Heyward ! Duncan ! » s'écria Alice, et en même temps elle se penchait pour lire ses sentiments sur son visage qu'il détournait à demi ; et une boucle de ses cheveux blonds, retombant sur sa joue, en faisait ressortir le merveilleux incarnat, et cachait presque une larme qui s'échappait de ses yeux ; « si je croyais que cette langue irréfléchie eût pu vous causer la moindre peine, je lui imposerais silence pour toujours ! Cora peut vous dire, si elle veut, combien profonde, je pourrai même dire combien fervente a été notre gratitude.

— Cora confirmera-t-elle les paroles de sa sœur ? » s'écria Duncan, en remplaçant par un sourire de satisfaction vraie le nuage qui avait obscurci son visage. « Que dit notre grave sœur ? Trouvera-t-elle, dans l'ardeur du soldat, un motif suffisant pour excuser la négligence du chevalier? » Cora ne répondit point, mais tourna ses regards vers le lac, et parut occupée à contempler la surface de l'Horican. Lorsque ses yeux se reportèrent sur le jeune homme, ils étaient pleins d'une expression douloureuse qui bannit de l'esprit d'Heyward toute autre pensée que celle d'une tendre sollicitude.

« Vous êtes indisposée, ma chère miss Munro! s'écria-t-il; nous badinons pendant que vous souffrez.

— Ce n'est rien, » répondit-elle en refusant doucement son bras par une réserve toute féminine ; » je ne vois pas le côté éclairé du tableau de la vie, comme cette innocente mais ardente enthousiaste, » ajouta-t-elle, en appuyant légèrement sa main sur le bras de sa sœur inquiète : « c'est le résultat amer de l'expérience, et peut-être aussi est-ce le malheur de mon organisation. Voyez, » continua-t-elle en faisant un effort, comme si elle eût pris la résolution d'étouffer toute faiblesse humaine sous le sentiment du devoir ; « jetez les yeux autour de vous, major Heyward, et dites-moi quel spectacle est celui-là pour la fille d'un soldat, qui n'a pas de bonheur plus grand que son honneur et sa gloire militaire.

— Cette gloire ne sera ni ne doit être ternie par des circonstances sur lesquelles il ne peut rien, reprit Duncan avec chaleur. Mais vos paroles me rappellent mon devoir. Je vais maintenant trouver votre valeureux père, afin de connaître sa décision sur des objets de la plus haute importance pour la défense de cette place. Que la bénédiction de Dieu vous accompagne dans toutes les situations de la vie, noble Cora! c'est un nom que je puis, que je dois vous donner. » Elle lui présenta sa main sans hésiter, mais ses lèvres tremblèrent et ses joues se couvrirent peu à peu d'une extrême pâleur. « Je sais que partout et dans toutes les positions vous serez l'ornement et l'honneur de votre sexe. Alice, adieu. » Ici l'accent de la tendresse remplaça celui de l'admiration. « Adieu, Alice ; nous nous reverrons bientôt comme vainqueurs, j'espère, et au milieu des réjouissances ! »

Sans attendre la réponse des deux sœurs, le jeune homme descendit l'escalier de verdure du bastion, et traversant rapidement la place d'armes, il se trouva bientôt en présence de leur père. Au moment où Duncan se présenta, Munro se promenait à grands pas et d'un air agité dans son appartement.

« Vous avez prévenu mes désirs, major Heyward, dit-il : j'allais vous faire prier de venir.

— Je suis fâché, commandant, que le messager que je vous avais si chaudement recommandé soit revenu ici sous la garde des Français; j'espère qu'on n'a pas lieu de soupçonner sa fidélité?

— La fidélité de la Longue-Carabine m'est connue ; elle est au-dessus de tout soupçon, reprit Munro, quoique sa bonne fortune habituelle semble l'avoir abandonné. Montcalm s'en est emparé, et avec la politesse maudite de sa nation, il me l'a renvoyé en me faisant dire que « sachant tout le cas que je faisais de cet homme, il se serait fait scrupule de le retenir prisonnier » : manière jésuitique, major Duncan Heyward, de faire sentir à un homme sa position critique.

— Mais le général et ses renforts?

— Avez-vous regardé vers le sud en entrant, et ne les avez-vous pas vus arriver? » dit le vieux soldat avec un rire amer. « Allons, allons! vous êtes un jeune homme impatient; laissez donc à ces messieurs le temps de venir.

— Ils viennent donc? Est-ce là ce que dit l'éclaireur?

— Quand, et par quelle route? c'est ce que le messager a oublié de me dire. Il paraît aussi qu'il y a une lettre, et c'est le seul point agréable de l'affaire. Car la politesse habituelle de votre marquis de Montcalm ; — sur ma parole, Duncan, le marquis de Lothian achèterait une douzaine de marquisats semblables ; — je dis donc que si la lettre contenait des nouvelles fâcheuses, la courtoisie du général français l'obligerait certainement à nous en faire part.

— Ainsi il garde le message et met le messager en liberté?

— Oui, précisément, et cela par suite de ce que vous appelez sa bonhomie. Je gagerais, s'il y a possibilité de le savoir, que le grand-père du marquis a enseigné la noble science de la danse.

— Mais que dit l'éclaireur? Il a des yeux, des oreilles et une langue ; quel est son rapport verbal ?

— Oh! il ne manque pas d'organes naturels, et il dit ouvertement tout ce qu'il a vu et entendu. En voici le sommaire : Il y a sur les bords de l'Hudson un fort de Sa Majesté appelé Édouard, en honneur, comme vous le savez, de sa gracieuse Altesse le duc d'York, et qui est garni de troupes comme une place de ce genre doit l'être.

— Mais n'y avait-il aucun mouvement, aucun signe qui annonçât l'intention de venir à notre secours?

— Il y avait la parade du matin et du soir ; et quand l'un des provinciaux, vous le savez, Duncan, car vous êtes à moitié Écossais, quand l'un d'eux laissait tomber sa poudre sur sa soupe, si elle touchait le charbon elle prenait feu ! » Puis remplaçant ce ton amer et ironique par un ton plus grave et plus rationnel, il continua : « Et pourtant il peut y avoir, il doit y avoir dans cette lettre quelque chose qu'il serait bon de connaître.

— Il faut que nous prenions une décision prompte, » dit Duncan profitant de ce changement d'humeur pour en venir à l'objet principal de leur entrevue; « je ne puis vous cacher, commandant, que le camp ne sera plus longtemps tenable; et je suis fâché d'ajouter que les choses ne paraissent pas en meilleur état dans le fort; plus de la moitié de nos canons est hors de service.

— Comment pourrait-il en être autrement? les uns ont été repêchés dans le fond du lac; d'autres ont rouillé dans les bois depuis la découverte du pays; d'autres enfin ne sont pas des canons, mais tout au plus des joujoux de corsaire! Croyez-vous donc, major, qu'on puisse avoir dans ce désert, à trois mille milles de la Grande-Bretagne, tout le parc d'artillerie de Woolwich?

— Nos murs croulent de toutes parts, et les provisions commencent à manquer, » continua Heyward sans faire attention à cette nouvelle explosion de colère; « les soldats commencent même à donner des signes de mécontentement et d'alarme.

— Major Heyward, » dit Munro en se tournant vers le jeune homme avec toute la dignité de son âge et de son rang, « c'est en vain que j'aurais blanchi pendant un demi-siècle au service de Sa Majesté si je ne connaissais pas tout ce que vous me dites ainsi que l'état critique dans lequel nous nous trouvons; néanmoins nous devons beaucoup à l'honneur des armes du roi, et quelque chose à nous-mêmes. Tant qu'il y aura espoir de voir cette lettre, afin de connaître les intentions de l'homme que le comte de Loudon nous a laissé pour substitut.

— Et puis-je vous être de quelque utilité dans cette circonstance?

— Vous le pouvez, major; le marquis de Montcalm a ajouté à ses autres politesses celle de m'inviter à une entrevue personnelle entre la forteresse et son camp; afin, me dit-il, de me communiquer quelques renseignements nouveaux. Or, je pense qu'il ne serait pas sage de montrer trop d'empressement à me rendre auprès de lui, et j'aurais désiré me faire remplacer par un officier supérieur tel que vous; car, après tout, ce serait mal soutenir l'honneur de l'Écosse que de souffrir qu'il fût dit qu'un Écossais a été surpassé en courtoisie par un étranger! »

Sans entreprendre l'inutile peine de discuter les mérites comparatifs de courtoisie nationale, Duncan consentit volontiers à remplacer le vé-

téran dans la prochaine entrevue. Une communication longue et confidentielle s'ensuivit dans laquelle le jeune homme reçut d'amples instructions de l'expérience et de la sagacité native de son commandant, puis il prit congé.

Comme Duncan n'agissait qu'en qualité de représentant du commandant de la forteresse, le cérémonial qui aurait accompagné une entrevue entre les chefs des deux partis fut naturellement omis. L'armistice existait encore, et dix minutes s'étaient à peine écoulées quand Heyward, après un roulement de tambour, sortit de la forteresse, précédé d'un petit drapeau blanc. Il fut reçu avec les formalités ordinaires par l'officier qui commandait les avant-postes français et conduit immédiatement à la tente éloignée du général illustre placé à la tête des armées de France.

Le général ennemi reçut Duncan entouré de ses principaux officiers et d'une troupe basanée de chefs indiens qui l'avaient accompagné avec les guerriers de leurs diverses tribus. Heyward s'arrêta tout court lorsque, jetant un coup d'œil rapide sur le groupe de ces derniers, il aperçut le visage pervers de Magua qui le regardait avec l'attention calme et sombre particulière à ce rusé sauvage. Une légère exclamation de surprise s'échappa même des lèvres du jeune homme; mais se rappelant tout à coup sa mission et en présence de qui il se trouvait, il comprima tout signe d'émotion et se tourna vers le général qui avait déjà fait un pas pour le recevoir.

Le marquis de Montcalm était à cette époque à la fleur de son âge et, nous pouvons ajouter, à l'apogée de sa fortune. Mais dans cette position si brillante il se distinguait autant par son attention scrupuleuse aux formes de la politesse que par ce courage chevaleresque qui lui fit deux ans plus tard sacrifier sa vie dans les plaines d'Abraham. Duncan, en détournant les yeux de la physionomie farouche de Magua, les reporta avec plaisir sur le visage gracieux et souriant, l'air noble et martial du général français.

« Monsieur, dit le dernier, j'ai beaucoup de plaisir à... Bah! où est cet interprète?

— Je crois, monsieur, qu'il ne sera pas nécessaire, répondit modestement Heyward; je parle un peu français.

— Ah! j'en suis bien aise, » dit Montcalm en prenant familièrement Duncan par le bras, et le conduisant à l'extrémité de la tente où ils pouvaient parler sans être entendus; « je déteste ces fripons-là; on ne sait jamais sur quel pied on est avec eux. Eh bien, monsieur, » poursuivit-il en continuant à l'entretenir en français, « quoique j'eusse été fier de recevoir votre commandant, je m'estime heureux qu'il ait

Il en sortit un homme enveloppé... (Page 88)

jugé à propos d'employer un officier aussi distingué que vous l'êtes, et aussi aimable que vous le paraissez. »

Duncan s'inclina profondément, flatté de ce compliment, en dépit de l'héroïque résolution qu'il avait prise de ne pas se laisser entraîner par la ruse ou la politesse à oublier les intérêts de son prince; et Montcalm, après une légère pause, comme pour réunir ses idées, continua ainsi :

« Votre commandant est un homme brave, et parfaitement capable de résister à mes attaques. Mais, monsieur, n'est-il pas temps de prendre un peu plus conseil de l'humanité et un peu moins de votre courage ? L'une n'est pas moins nécessaire que l'autre pour caractériser le héros.

— Nous considérons ces qualités comme inséparables, répondit Heyward en souriant, mais tant que nous trouverons dans la vigueur de Votre Excellence tant de motifs pour stimuler l'une, nous ne verrons pas de nécessité pressante pour l'exercice de l'autre. »

Montcalm à son tour s'inclina légèrement, mais de l'air d'un homme trop expérimenté pour se laisser prendre au langage de la flatterie. Après un moment de réflexion, il ajouta :

« Il est possible que mes lunettes d'approche m'aient trompé, et que vos ouvrages résistent à notre canon mieux que je ne l'aurais supposé. Vous connaissez nos forces ?

— L'opinion varie à cet égard, dit Heyward non chalamment, néanmoins l'estimation la plus élevée ne les porte pas à plus de vingt mille hommes. »

Le général se mordit les lèvres, et regarda fixement son interlocuteur comme pour lire dans sa pensée; puis avec une aisance qui lui était particulière et comme s'il eût reconnu la vérité de cette énumération à laquelle il savait que Duncan n'ajoutait pas foi, il continua :

« Cela ne fait pas honneur à notre vigilance à nous autres soldats; mais il faut l'avouer, monsieur, quoi que nous fassions, nous ne pourrons jamais déguiser notre nombre. Si la chose était possible, il semble que ce devrait être surtout au milieu de ces forêts. Quoique vous pensiez qu'il est trop tôt encore pour prêter l'oreille à la voix de l'humanité, » ajouta-t-il d'un air significatif, « il m'est permis de croire que la galanterie n'est pas oubliée par un homme aussi jeune que vous. On m'a dit que les filles du commandant sont entrées dans la forteresse depuis qu'elle est investie,

— Cela est vrai, général; mais loin d'affaiblir nos efforts, elles nous donnent elles-mêmes l'exemple du courage. Si la résolution suffisait pour repousser les attaques d'un général aussi habile que M. de Montcalm, je ne balancerais pas à confier la défense de William-Henry à l'aînée de ces dames.

— Nous avons dans nos lois saliques une disposition fort sage qui porte que la couronne de France ne peut tomber en quenouille, » dit Montcalm sèchement et avec un peu de hauteur; puis il ajouta avec son air d'aisance et d'affabilité ordinaire : « Comme toutes les nobles qualités sont héréditaires, je ne fais pas difficulté de vous croire; néanmoins, comme je vous le disais auparavant, le courage a ses limites et l'humanité ses droits. Je pense, monsieur, que vous êtes autorisé à traiter de la reddition de la place ?

— Votre Excellence a-t-elle donc trouvé notre défense si faible, qu'elle juge cette mesure nécessaire ?

— Je serais fâché que la défense se prolongeât de manière à irriter mes amis rouges que vous voyez ici, » continua Montcalm en portant ses regards vers le groupe grave et attentif des Indiens, et sans paraître avoir compris la question de son interlocuteur; « même aujourd'hui ce n'est pas sans peine que je les oblige à respecter les usages de la guerre. »

Heyward garda le silence, car un souvenir pénible lui rappela les dangers auxquels il venait si récemment d'échapper, et il pensa à ces deux êtres sans défense qui avaient partagé toutes ses souffrances.

« Ces messieurs-là, » dit Montcalm, en poursuivant l'avantage qu'il croyait avoir obtenu, « sont on ne peut plus formidables quand ils sont mis au défi, et vous ne sauriez croire combien il est difficile alors de retenir leur fureur. Hé bien, monsieur, parlerons-nous des termes de la capitulation?

— Je crains qu'on n'ait trompé Votre Excellence sur la force de William-Henry et sur les ressources de sa garnison.

— Je n'ai pas mis le siège devant Québec, mais devant une bicoque de terre défendue par trois mille trois cents hommes courageux; » telle fut la réponse polie mais laconique de Montcalm.

« Notre forteresse est de terre, cela est vrai, et elle n'est pas bâtie sur les rochers du cap Diamant, mais elle est assise sur ce même rivage qui a été si fatal à Dieskau et à sa brave armée. Nous avons aussi un corps d'armée considérable qui est à quelques heures de marche, et que nous comptons parmi nos moyens de défense.

— De six à huit mille hommes tout au plus, » reprit Montcalm avec une indifférence très-bien jouée; mais celui qui le commande juge plus prudent de les garder derrière leurs remparts que de les mettre en plaine.

Ce fut alors le tour d'Heyward de se mordre les lèvres de dépit en entendant Montcalm parler aussi froidement d'un corps d'armée dont le jeune homme savait qu'il exagérait la force. Tous deux réfléchirent quelque temps en silence; puis Montcalm renoua l'entretien de manière à faire voir qu'il croyait que la visite d'Heyward n'avait pour but que de proposer des termes de capitulation. De son côté Heyward essaya de faire prendre à la conversation une tournure qui donnât au général l'occasion de laisser échapper ce qu'il avait appris dans la lettre interceptée. Mais ni l'un ni l'autre artifice ne réussit; et après une entrevue prolongée et inutile, Duncan prit congé, emportant une haute opinion de la politesse et des talents du général ennemi, mais aussi peu avancé sur ce qu'il voulait apprendre que lorsqu'il était arrivé. Montcalm l'accompagna jusqu'à l'entrée de la tente, en renouvelant son invitation au commandant du fort de lui accorder une entrevue immédiate dans l'espace intermédiaire qui séparait les deux armées.

Là ils se quittèrent, et Duncan retourna aux avant-postes français, accompagné comme auparavant; puis il se rendit aussitôt dans la forteresse et à la maison de son commandant.

CHAPITRE XVI.

Edgar.
Ouvrez donc cette lettre ; après, vous combattrez.
SHAKSPEARE. *Le roi Lear.*

Le major Heyward trouva Munro seul avec ses filles. Alice était assise sur ses genoux ; ses doigts délicats s'occupaient à séparer les cheveux blancs du vieillard sur son front vénérable ; et chaque fois qu'il affectait de se fâcher de son enfantillage, elle apaisait sa feinte colère en pressant tendrement ses lèvres de rubis sur son front sillonné de rides. Assise près d'eux, Cora, le front calme, s'amusait de ce spectacle, et regardait les jeux enfantins de sa jeune sœur avec cette tendresse toute maternelle qui caractérisait son affection pour Alice. Non-seulement les dangers qu'elle avait courus, mais encore ceux qui les menaçaient, paraissaient momentanément oubliés dans le charme attendrissant de cette réunion de famille. On eût dit que tous trois profitaient de cette courte trêve pour consacrer un instant aux affections les plus pures ; les filles oubliaient leurs craintes, et le vétéran ses inquiétudes dans le calme et la sécurité de ce moment. Duncan qui, dans son empressement à venir rendre compte de sa mission, était entré sans se faire annoncer, resta quelque temps immobile, spectateur inaperçu et charmé de ce délicieux tableau. Mais les yeux actifs et mobiles d'Alice aperçurent son image qui se réfléchissait dans une glace ; elle quitta en rougissant les genoux de son père, et s'écria avec l'accent de la surprise : « Le major Heyward.

— Hé bien ! qu'y a-t-il? je l'ai envoyé jaser un peu avec le général français. Ah! c'est vous, major ; vous êtes jeune et ingambe. Allons, petites filles, laissez-nous ; comme si un soldat tel que moi n'avait pas ici assez d'embarras, sans qu'on vienne encore remplir son camp de petites babillardes comme vous. »

Cora sortit la première de l'appartement, où elle vit que leur présence n'était plus nécessaire, et Alice la suivit en riant. Munro, au lieu de demander à Heyward le résultat de sa mission, se mit pendant quelques instants à marcher à grands pas, les mains derrière le dos, et la tête baissée, comme occupé de profondes méditations. Enfin il leva des yeux où brillait toute la tendresse d'un père, et s'écria :

« Ce sont deux excellentes filles, Heyward, et il n'est personne qui ne fût fier de les avoir!

— Ce n'est pas d'aujourd'hui que vous connaissez mon opinion sur vos filles, colonel Munro.

— C'est vrai, mon enfant, c'est vrai, interrompit l'impatient vieillard ; vous vous disposiez à m'ouvrir plus franchement votre cœur sur ce sujet le jour de votre arrivée ici ; mais je n'ai pas cru qu'il convînt à un vieux soldat de parler de mariage et de félicité conjugale, lorsqu'il était menacé de voir les ennemis de son roi assister aux noces sans en être priés. Mais j'avais tort, Duncan ; j'avais tort, mon enfant, et me voilà prêt à entendre ce que vous avez à me dire.

— Malgré tout le plaisir que me causent ces paroles, commandant, j'ai à vous entretenir d'un message de Montcalm.

— Que ce Français et toute son armée aillent au diable ! » s'écria le vétéran en s'armant d'un front sévère. « Il n'est pas encore maître de William-Henri, et il ne le sera jamais, pourvu que Webb fasse son devoir. Non, non, Dieu merci, nous n'en sommes pas encore réduits à une telle extrémité qu'on puisse dire que Munro est trop préoccupé pour songer aux arrangements intérieurs de sa famille. Duncan, votre mère était la fille unique de mon meilleur ami ; je puis maintenant vous entendre, rien ne saurait m'en empêcher, lors même que tous les chevaliers de Saint-Louis seraient réunis en corps à la porte de sortie et me demanderaient la faveur d'un moment d'audience. C'est une belle chevalerie, ma foi, que celle qui s'achète avec des tonneaux de sucre! Et vos marquisats de deux sous, qu'en dirons-nous? En fait de dignité et d'antiquité, parlez-moi, major, de l'ordre du Chardon ; c'est là le véritable *nemo me impune lacesset* [1] de la chevalerie. Plusieurs de vos ancêtres, Duncan, ont été revêtus de cet ordre ; et ils étaient l'honneur de la noblesse d'Écosse. »

Heyward, qui s'aperçut que le colonel se faisait un malin plaisir de manifester son mépris pour le message du général français, résolut de se prêter à une fantaisie qu'il savait devoir être de courte durée ; en conséquence, il répondit avec autant d'indifférence qu'il lui était possible d'en témoigner sur un pareil sujet :

« Vous le savez, commandant, ma demande avait pour but d'obtenir de vous l'honneur de me dire votre fils.

— Fort bien, mon enfant, voilà des paroles claires et intelligibles ; mais dites-moi, je vous prie, vous êtes-vous fait également comprendre de ma fille?

— Non, sur mon honneur! s'écria Duncan vivement ; j'aurais abusé de votre confiance si j'avais profité de ma position pour m'expliquer avec elle sur ce point.

— Ce sont là les sentiments d'un homme d'honneur, major Heyward, et je les approuve fort. Mais Cora Munro est une fille trop pru-

1. Malheur à qui me touche!

dente et d'un esprit trop élevé et trop éclairé
pour avoir besoin de la direction de qui que ce
soit, même de celle d'un père.

— Cora?

— Oui, Cora! Nous parlons, ce me semble,
de vos prétentions à la main de miss Munro,
n'est-ce pas?

— Je... je... je... ne croyais pas avoir prononcé son nom, » dit Duncan, que son embarras faisait balbutier.

« Et de qui donc voulez-vous me demander la
main, major Heyward? » reprit le vieux militaire en se redressant avec toute la dignité de
l'orgueil blessé.

« Vous avez une autre fille, non moins charmante que son aînée.

— Alice! » s'écria le père dans un étonnement égal à celui avec lequel Duncan venait
tout à l'heure de répéter le nom de sa sœur?

« C'est vers elle que tendaient mes vœux,
commandant. »

Le jeune homme attendit en silence le résultat de l'effet extraordinaire produit par une
communication qui, à ce qu'il paraissait, était
aussi inattendue. Pendant quelques minutes,
Munro parcourut la chambre à grands pas et
avec rapidité; ses traits imposants se contractaient d'une manière convulsive, et toutes ses
facultés paraissaient absorbées dans la pensée
qui l'occupait. Enfin, il s'arrêta devant Heyward, le regarda fixement, et lui dit d'une voix
tremblante d'émotion :

« Duncan Heyward, je vous aime pour
l'amour de celui dont le sang coule dans vos
veines ; je vous ai aimé pour vos qualités per-
sonnelles ; enfin je vous ai aimé, parce que j'ai
cru que vous contribueriez au bonheur de mon
enfant ; mais toute mon affection pour vous se
tournerait en haine si j'étais sûr que ce que
j'appréhende est vrai.

— A Dieu ne plaise qu'aucune de mes actions
ou de mes pensées amène un pareil changement !
s'écria le jeune homme dont les yeux soutinrent
sans vaciller le regard pénétrant de Munro.
Sans réfléchir à l'impossibilité où était Heyward
de comprendre des sentiments cachés dans les
profondeurs de son âme, Munro s'apaisa en
voyant la contenance calme et ferme de Duncan, et d'une voix beaucoup adoucie, il continua ainsi :

« Vous voulez être mon fils, Duncan, et vous
ignorez l'histoire de l'homme que vous désirez
appeler votre père ; asseyez-vous, jeune homme,
et je vous découvrirai, aussi brièvement qu'il
me sera possible, les blessures qui font saigner
mon cœur. » En ce moment, le message de
Montcalm était aussi complètement oublié par
celui qui l'apportait que par l'homme auquel il
était adressé. Chacun d'eux approcha une chaise

et pendant que le vétéran semblait avec douleur
recueillir sa pensée, le jeune homme, compri-
mant son impatience, prit l'air et l'attitude du
respect et de l'attention. Enfin le premier parla
ainsi :

« Vous savez, major Heyward, dit l'Écossais,
que je suis d'une famille ancienne et honorable, quoique ses richesses ne répondissent pas à
son sang. J'avais à peu près votre âge, lorsque
j'engageai ma foi à Alice Graham, fille unique
d'un laird voisin de quelque fortune. Mais cette
union répugnait à son père, non-seulement à
cause de ma pauvreté, mais par d'autres motifs
encore. Je fis donc ce qu'un honnête homme
devait faire, je rendis à la jeune fille sa foi,
quittai le pays et entrai au service du roi. J'a-
vais visité bien des climats, et déjà mon train
avait coulé dans bien des contrées, quand mon
devoir m'appela aux Indes Occidentales. Là je
fis connaissance avec une dame qui par la suite
devint ma femme et fut la mère de Cora. Elle
était fille d'un propriétaire du pays, dont la
femme avait le malheur, si c'en est un, ajouta
le vieillard avec fierté, de descendre, quoiqu'à
un degré éloigné, de cette classe infortunée,
lâchement réduite en esclavage pour fournir
aux besoins et au luxe d'une société corrompue.
Oui, c'est là l'un des maux qu'a entraînés pour
l'Écosse son union forcée avec une nation étrangère et commerçante. Mais s'il se trouvait un
homme qui osât reprocher à mon enfant son
origine, celui-là sentirait le poids du courroux
d'un père! Ah! major Heyward, vous êtes né
dans les colonies du Sud, où l'on considère ces
infortunés comme une race inférieure à la
nôtre.

— Ce n'est malheureusement que trop vrai, »
dit Duncan embarrassé et n'osant lever les
yeux.

« Et vous en faites à ma fille un sujet de reproche? Vous dédaignez de mêler le sang des
Heyward à son sang avili, quelque charmante,
quelque vertueuse qu'elle soit? » demanda
Munro d'une voix qui trahissait sa colère et sa
susceptibilité paternelle.

« Dieu me garde d'un préjugé si indigne de
ma raison ! » répondit Duncan, qui sentait intérieurement ce préjugé profondément enraciné,
comme si la nature l'eût mis en lui. « La douceur, la beauté, la grâce enchanteresse de votre
fille cadette, colonel Munro, suffisent pour expliquer mes motifs, sans qu'il soit besoin de m'im-
puter une injustice.

— Vous avez raison, » reprit le vieillard en
prenant un ton de bonté ou plutôt de douceur ;
« cette fille est l'image de ce qu'était sa mère
dans sa jeunesse et avant qu'elle eût connu la
douleur. Quand la mort m'eut enlevé ma
femme, devenu riche par mon mariage, je revins

en Écosse. Pourriez-vous le croire, Duncan ? cet ange de souffrance était resté pendant vingt ans dans la tristesse et le célibat, et pour qui ? pour un homme qui avait pu l'oublier ! Elle fit plus, mon ami : elle pardonna mon manque de foi, et aucun obstacle n'existant plus à notre union, elle m'épousa.

— Elle devint mère d'Alice ! » s'écria Duncan avec une vivacité qui aurait pu être dangereuse dans un moment où Munro eût été moins absorbé dans ses pensées.

« Vous l'avez dit, » ajouta le vieillard, et pendant qu'il parlait, les muscles de son visage se contractaient avec force, « et elle paya cher le présent qu'elle venait de me faire. Mais elle habite le séjour des justes, et il ne me convient pas, à moi dont le pied est près de toucher la tombe, de plaindre un sort si désirable. Notre bonheur ne dura qu'un an ; c'était bien peu pour une femme qui avait vu sa jeunesse s'écouler dans une amertume sans espoir ! »

Il y avait dans l'affliction du vieillard quelque chose de si imposant, de si terrible, qu'Heyward n'osa pas hasarder un mot de consolation. Munro semblait ne plus s'apercevoir de sa présence ; ses traits agités exprimaient les angoisses de ses regrets ; de grosses larmes tombaient de ses yeux et sillonnaient ses joues. Enfin il fit un mouvement comme s'il eût recouvré l'usage de ses facultés ; puis il se leva, et après avoir fait un tour dans la chambre, il s'approcha de Duncan avec cet air de dignité militaire qui lui était familier, et lui dit :

« N'avez-vous pas, major Heyward, quelques communications à me faire de la part du marquis de Montcalm ? »

Duncan tressaillit à son tour, et commença aussitôt, d'une voix embarrassée, à rendre compte de sa mission dont il avait à moitié oublié les détails. Nous ne reviendrons pas sur la manière évasive et polie dont le général français avait déconcerté tous les efforts d'Heyward pour obtenir de lui le sens de la communication qu'il se proposait de faire, ainsi que sur le message formel et courtois par lequel il donnait à entendre à son ennemi, qu'à moins de venir recevoir cette communication en personne, il n'en obtiendrait aucune. Pendant que Munro prêtait l'oreille au rapport circonstancié de Duncan, l'émotion du père faisait insensiblement place aux obligations que lui imposait le poste qu'il occupait, et quand le major eut terminé, il ne vit plus devant lui que le vétéran blessé dans sa fierté de soldat.

« Vous en avez dit assez, major Heyward ! s'écria le vieillard irrité, assez pour faire un volume de commentaires sur la civilité française ; voilà un homme qui m'invite à me rendre à une conférence, et quand je lui envoie un officier capable de me remplacer, car vous l'êtes, Duncan, malgré votre jeunesse, il me répond par une énigme.

— Il aura eu peut-être de votre substitut une opinion moins favorable que vous, mon cher commandant, reprit Heyward en souriant, et vous devez vous rappeler que son invitation qu'il réitère était adressée au gouverneur de la forteresse et non à son lieutenant.

— Eh bien ! est-ce qu'un substitut n'est pas revêtu de tout le pouvoir, de toute la dignité de celui dont il tient la place ? Il veut conférer avec Munro en personne : ma foi, j'ai presque envie de faire ce qu'il me demande, ne fût-ce que pour lui montrer une contenance ferme en dépit de son armée nombreuse et de ses sommations ; cette idée n'est peut-être pas d'une mauvaise politique ; qu'en pensez-vous, jeune homme ? »

Duncan, qui regardait comme de la plus haute importance de connaître promptement le contenu de la lettre portée par l'éclaireur, ne manqua pas d'applaudir à cette idée, et dit :

« Sans doute, la vue de notre indifférence ne serait guère propre à lui inspirer de la confiance.

— Vous n'avez jamais dit plus vrai. Je désirerais qu'il visitât nos fortifications au grand jour et dans l'appareil d'un assaut : c'est une manière infaillible de voir si l'ennemi fait bonne contenance, et qui est bien préférable au système de canonnade qu'il a adopté. On a beaucoup fait perdre à la guerre de sa beauté, de son caractère mâle, major Heyward, avec les inventions de votre monsieur Vauban. Nos ancêtres étaient bien supérieurs à cette lâcheté scientifique.

— Cela est vrai, commandant ; mais nous sommes maintenant obligés d'opposer la science à la science. Que décidez-vous au sujet de l'entrevue ?

— Je m'aboucherai avec Montcalm sans crainte ni délai, et avec la promptitude qui convient à un serviteur de mon royal maître. Allez, major Heyward, faites sonner une fanfare, et envoyez avertir de mon approche. Nous suivrons avec une escorte ; car quelque respect est dû à celui à qui le roi a confié la garde de son honneur. Écoutez-moi, Duncan, ajouta-t-il à demi-voix, bien qu'ils fussent seuls, « il serait prudent peut-être d'avoir un renfort sous la main, au cas où il y aurait au fond de tout cela quelque trahison. »

Le jeune homme profita de cet ordre pour quitter l'appartement ; et comme le jour approchait de sa fin, il se hâta de prendre tous les arrangements nécessaires. Quelques minutes suffirent pour réunir un petit nombre de soldats et pour dépêcher une ordonnance avec un

drapeau blanc afin d'annoncer à l'armée ennemie l'approche du commandant du fort. Cela
fait, il conduisit l'escorte à la porte de sortie, où
il trouva le colonel attendant son arrivée.
Après les formalités ordinaires d'un départ militaire, le vétéran et son jeune compagnon quittèrent la forteresse suivis de leur escorte.

Ils avaient à peine fait cent pas qu'ils virent
le détachement qui accompagnait le général
français à la conférence, sortir d'un chemin
creux, formé par le lit d'un ruisseau qui coulait
entre les batteries des assiégeants et le fort. Au
moment où Munro avait quitté le fort pour paraître en présence de ses ennemis, sa contenance avait pris un air de grandeur, et la fierté
militaire avait éclaté dans sa démarche et dans
son port. Dès qu'il vit le panache blanc qui flottait sur le chapeau de Montcalm, ses yeux s'en-
flammèrent à l'idée des dangers qu'il pouvait
courir, et l'âge ne parut plus faire sentir son
influence à sa personne gigantesque et muscu-
laire.

« Dites à nos gens d'avoir l'œil au guet, »
dit-il à voix basse à Duncan, « et d'examiner la
batterie de leurs fusils ainsi que les lames de
leurs sabres, car on n'est jamais en sûreté avec
les serviteurs de ces Louis de France ; et partant, montrons-leur une sécurité complète.
Vous m'entendez, major Heyward? »

Sa voix fut interrompue par le roulement
des tambours français, auquel les Anglais répondirent ; puis une ordonnance s'avança de
part et d'autre, et le circonspect Écossais s'arrêta avec son escorte à ses talons. Après ces
préliminaires, Montcalm s'avança vers eux
d'un pas rapide et avec grâce, puis salua le vétéran en ôtant son chapeau, dont le panache
blanc toucha presque la terre. Si Munro avait
quelque chose de plus imposant et de plus mâle,
il lui manquait l'aisance et les manières accomplies du Français. Pendant quelque temps ni
l'un ni l'autre ne parla, chacun regardant son
adversaire avec curiosité et intérêt. Alors,
comme le demandaient la supériorité de son
rang et la nature de l'entrevue, Montcalm fut
le premier qui rompit le silence. Après quelques
mots de politesse à Munro, il s'adressa à Heyward en français et avec un sourire de connaissance.

« Je me réjouis, monsieur, que vous nous
ayez procuré le plaisir de votre compagnie en
cette occasion. Nous n'aurons pas besoin d'un
interprète ordinaire, car avec vous j'éprouve la
même sécurité que si je parlais moi-même
votre langue. »

Duncan le remercia de ce compliment, et
Montcalm se tournant vers son escorte qui, à
l'imitation de celle de Munro, s'était rangée
près de lui, ajouta :

« En arrière, mes enfants ; il fait chaud, retirez-vous un peu. »

Le major Heyward, avant d'imiter cette
preuve de confiance, jeta les yeux autour de
lui dans la plaine, et aperçut avec inquiétude
les groupes nombreux de sauvages rangés sur
la lisière des bois environnants pour être témoins de cette entrevue.

« Monsieur de Montcalm reconnaîtra que
notre situation n'est pas la même, » dit-il avec
quelque embarras en montrant les ennemis
dangereux qu'on apercevait dans presque toutes
les directions. « En renvoyant notre escorte,
nous serions ici à la merci de nos ennemis.

— Monsieur, vous avez pour garant de votre
sûreté la parole d'un gentilhomme français, »
répondit Montcalm en plaçant une main sur
son cœur, « et cela doit suffire.

— Elle suffira. Retirez-vous, dit Heyward à
l'officier qui commandait l'escorte ; retirez-vous
hors de la portée de la voix, et attendez nos
ordres. »

Munro ne vit pas exécuter ce mouvement
sans une inquiétude manifeste, et il en demanda sur-le-champ l'explication.

— N'avons-nous pas intérêt à ne montrer
aucune défiance? reprit Duncan. Monsieur de
Montcalm nous donne pour garant sa parole,
et j'ai ordonné à nos gens de s'éloigner un peu,
afin de faire voir que nous avons confiance en
lui.

— Tout cela est bel et bon, major, mais je
n'ai pas une excessive confiance dans la parole
de tous ces marquis, comme on les appelle :
leurs brevets de noblesse sont trop communs
pour qu'on soit certain qu'ils portent le sceau
du véritable honneur.

— Vous oubliez, commandant, que nous con-
férons avec un officier qui s'est distingué par
ses exploits en Europe et en Amérique. Nous
n'avons rien à craindre d'un général de sa réputation. »

Le vieillard fit un geste de résignation, bien
que ses traits sévères portassent encore les
traces d'une défiance obstinée que lui inspirait
une sorte de mépris héréditaire de son ennemi,
que rien dans les circonstances actuelles ne
semblait justifier. Montcalm attendit patiemment que ce petit dialogue à demi-voix fût terminé, puis il s'approcha et aborda la matière
de la conférence.

« Monsieur, dit-il, j'ai sollicité cette entrevue
de votre supérieur, parce que je crois qu'il reconnaîtra lui-même qu'il a fait tout ce que réclamait l'honneur de son prince, et qu'il con-
sentira à écouter les conseils de l'humanité. Je
rendrai en tout lieu témoignage qu'il a résisté
courageusement et tant qu'il lui est resté le
moindre espoir. »

Quand on eut traduit ces paroles à Munro, il répondit avec une dignité mêlée de politesse :

« Quelque prix que j'ajoute au témoignage de M. de Montcalm, il sera plus précieux encore lorsqu'il aura été mieux mérité. »

Le général français sourit lorsque Duncan lui eut transmis cette réponse, et ajouta :

« Ce qu'on accorde aujourd'hui librement à un courage qu'on honore, on peut le refuser plus tard à une obstination inutile. Si monsieur veut visiter mon camp, il pourra s'assurer par lui-même de mes forces et de l'impossibilité de résister avec succès.

— Je sais que le roi de France est bien servi, reprit l'Écossais sans s'émouvoir, aussitôt que Duncan eut terminé sa traduction ; « mais mon royal maître a des troupes aussi nombreuses et aussi fidèles.

— Heureusement pour nous qu'elles ne sont pas ici, » dit Montcalm à qui son impatience ne permit pas d'attendre les paroles de l'interprète. « La guerre a des nécessités ; un homme brave s'y soumet avec le même courage qu'il fait face à l'ennemi.

— Si j'avais su que M. de Montcalm possédât l'anglais, je me serais épargné les frais d'une mauvaise traduction, » dit sèchement Heyward, piqué et qui se rappelait l'aparté qu'il venait d'avoir avec Munro.

« Je vous demande pardon, monsieur, » répondit le général, dont le visage basané se couvrit d'une légère rougeur, « il y a bien de la différence entre parler une langue étrangère ou la comprendre ; veuillez donc, je vous prie, me continuer vos secours. » Puis, après une courte pause, il ajouta : « Ces collines, messieurs, nous donnent toutes les facilités nécessaires pour reconnaître vos fortifications, et leur faiblesse m'est peut-être aussi connue qu'à vous-mêmes.

— Demandez au général si ses lunettes vont jusqu'à l'Hudson, dit Munro avec fierté, et s'il sait sur quel point et à quelle époque l'armée de Webb doit arriver.

— Que le général Webb réponde lui-même, » reprit le politique Montcalm, et en même temps il présenta à Munro une lettre ouverte ; « vous verrez, parce qu'il écrit, que ses mouvements ultérieurs ne doivent pas causer de grandes inquiétudes à mon armée. »

Le colonel saisit la lettre qu'on lui présentait, sans attendre que Duncan lui traduisît les paroles qui l'accompagnaient, et avec un empressement qui faisait bien voir toute l'importance qu'il attachait à son contenu. À mesure que ses yeux la parcouraient, on voyait ses traits changer ; une profonde douleur avait remplacé sa fierté martiale ; ses lèvres tremblaient ; ses mains laissèrent échapper ce papier fatal, et sa tête s'affaissa sur sa poitrine comme un homme dont un coup subit aurait anéanti toutes les espérances. Duncan ramassa la lettre, et sans en demander la permission, il en parcourut d'un coup d'œil le douloureux contenu. Leur chef commun, loin de les encourager à résister, leur conseillait une capitulation prompte en leur donnant pour motif, dans les termes les plus clairs, l'impossibilité absolue où il était d'envoyer un seul homme à leur aide.

« On ne nous en impose pas ! » s'écria Duncan, en examinant la lettre de tous côtés, « c'est la lettre interceptée !

— Cet homme me trahit ! » s'écria enfin Munro avec amertume ; « il déshonore un homme qui fut toujours sans reproche. Il couvre de honte mes cheveux blancs !

— Gardez-vous de le croire ! s'écria Duncan ; nous sommes encore maîtres de la forteresse, et notre honneur nous appartient encore : vendons notre vie si cher que l'ennemi lui-même avoue que ses succès ont été trop payés !

— Enfant, je te remercie ! » s'écria le vieillard, sortant de sa stupeur ; « vous venez de rappeler à Munro son devoir. Retournons au fort et enterrons-nous sous ses remparts !

— Messieurs, « dit Montcalm, en s'avançant vers eux avec un intérêt plein de générosité, « vous connaissez bien peu Louis de Saint-Véran, si vous le croyez capable de profiter de cette lettre pour humilier de braves guerriers et bâtir sa réputation sur leur déshonneur. Avant de vous retirer, écoutez mes conditions.

— Que dit le Français ? » dit le vétéran d'un ton fier ; « se ferait-il par hasard un mérite d'avoir saisi sur un éclaireur une dépêche du quartier général ? Il fera mieux de lever le siège et d'aller le mettre devant le fort Édouard, s'il lui faut des ennemis que des paroles offraient. »

Duncan lui expliqua le sens de ce qu'avait dit le général.

« Monsieur de Montcalm, nous sommes prêts à vous entendre, » ajouta le vétéran d'un ton plus calme, quand Duncan eut fini.

« Il est impossible que vous conserviez le fort, dit son généreux ennemi : sa destruction importe trop aux intérêts de mon maître ; mais quant à vous et à vos braves camarades, tous les privilèges chers à un soldat vous seront accordés.

— Nos drapeaux ? demanda Heyward.

— Emportez-les, et montrez-les à votre roi.

— Nos armes ?

— Conservez-les ; personne n'en peut faire un meilleur usage.

— Notre départ ?... la reddition de la place ?...

— S'effectueront de la manière la plus honorable pour vous. »

Duncan expliqua alors ces conditions à son commandant, qui les entendit avec étonnement et fut vivement touché d'une générosité à laquelle il s'attendait si peu.

« Allez, Duncan, lui dit-il, allez avec ce marquis, car c'en est véritablement un ; suivez-le sous sa tente, et réglez tout avec lui. J'ai vécu pour voir dans mon vieil âge deux choses que je ne m'attendais pas à voir : un Anglais n'osant pas défendre un ami, et un Français trop honnête homme pour profiter de ses avantages ! »

En partant ainsi, le vétéran laissa de nouveau tomber sa tête sur sa poitrine, et reprit lentement le chemin de la forteresse, où son abattement apprit à la garnison inquiète le sort qui lui était réservé.

Duncan resta pour régler les termes de la capitulation. On le vit rentrer au fort pendant la première veille de la nuit, et après avoir conféré avec le commandant, retourner au camp français. On sut alors publiquement que les hostilités devaient cesser, que Munro avait signé une capitulation en vertu de laquelle la place devait être rendue à l'ennemi le lendemain matin ; que la garnison devait conserver ses armes, ses drapeaux, ses bagages, et que par conséquent l'honneur était sauf, selon les lois de la guerre.

CHAPITRE XVII

Tout le fil est filé ; la trame est terminée,
Et nous avons fini notre tâche ordonnée.
                                        GRAY.

Les deux armées ennemies campées dans les déserts de l'Horican passèrent la nuit du 9 août 1757 à peu près comme elles l'auraient passée si elles se fussent rencontrées sur le plus beau champ de bataille de l'Europe. Pendant que les vaincus étaient silencieux, sombres et découragés, les vainqueurs étaient dans l'enivrement du triomphe. Mais la douleur et la joie ont leurs limites ; et avant les premières veilles du matin, le silence de ces immenses forêts n'était interrompu que par la voix joyeuse de quelque jeune Français placé aux avant-postes, ou par une voix menaçante partie du fort, et qui en défendait l'approche à l'ennemi avant le moment stipulé pour sa reddition. Ces bruits mêmes cessèrent à l'heure silencieuse qui précède le jour, et alors aucun signe, aucun mouvement n'indiqua la présence de deux puissantes armées endormies sur les bords du Saint-Lac.

Ce fut dans cet intervalle de silence profond que la toile qui couvrait l'entrée d'une vaste tente dans le camp français s'entr'ouvrit, et il

en sortit un homme enveloppé d'un manteau qui avait sans doute pour but de le protéger contre l'humidité des bois, mais qui servait également à cacher sa personne. Le grenadier qui veillait devant la tente du général français le laissa passer en lui faisant le salut militaire, et on le vit traverser rapidement la petite cité de tentes, dans la direction de William-Henry. Toutes les fois que l'inconnu rencontrait l'un des innombrables factionnaires qui se trouvaient sur son chemin, sa réponse était prompte et sans doute satisfaisante, car on le laissait passer sans plus de difficultés.

Sa marche n'avait été retardée que par ces interruptions courtes et multipliées, et il s'était dirigé en silence du centre du camp jusqu'aux derniers avant-postes, lorsqu'il passa devant le soldat qui était en faction le plus près du fort ennemi. A son approche il fut accueilli par le cri ordinaire.

« Qui vive ?

— France ! répondit-il.

— Le mot d'ordre ?

— La victoire ! » dit l'inconnu à demi-voix en s'approchant du factionnaire.

— C'est bien, » répondit la sentinelle en remettant son fusil sur son épaule ; « vous vous promenez bien matin, monsieur.

— Il est nécessaire d'être vigilant, mon enfant, » observa l'autre, en laissant tomber un pli de son manteau et en regardant fixement le soldat ; en même temps, il continua sa marche vers le fort anglais. Le soldat tressaillit ; il lui présenta les armes de la manière la plus respectueuse ; puis, remettant son fusil dans sa position ordinaire, il recommença à se promener en marmottant entre ses dents :

« Il faut être vigilant, en vérité ! Je crois que nous avons là un caporal qui ne dort jamais ! »

L'officier continua sa marche sans paraître entendre les paroles qui avaient échappé au factionnaire étonné, et il ne s'arrêta que lorsqu'il eut atteint la grève de l'Horican, dans le voisinage dangereux du bastion occidental de la forteresse qui faisait face au lac. La lune voilée jetait une lueur sombre à peine suffisante pour distinguer les objets. Il prit donc la précaution de se placer derrière le tronc d'un arbre, où il resta appuyé quelques minutes, occupé à contempler attentivement les fortifications sombres et silencieuses. Le coup d'œil qu'il jetait sur les remparts n'était pas celui d'un curieux oisif ; mais ses regards erraient d'un point à un autre de manière à montrer sa connaissance des usages militaires, et on voyait que la défiance entrait pour quelque chose dans ses investigations. Enfin il parut satisfait ; et après avoir levé les yeux d'un air impatient vers le sommet de la montagne orientale, comme s'il eût trouvé que

DÉPÔT LÉGAL
Seine
N° 12
1875

BIBLIOTHÈQUE
R F
IMPRIMÉS

L'indien avec un sourire farouche lui tendit la main... (Page 80)

le jour était trop lent à paraître, il était sur le point de rétrograder, lorsqu'un léger bruit à l'angle du bastion le plus rapproché de lui arriva à son oreille et l'engagea à rester.

En ce moment, un homme s'approcha du rempart, où il s'arrêta, paraissant contempler à son tour les tentes lointaines du camp français. Sa tête parut alors se tourner vers l'orient comme s'il lui eût tardé de voir naître le jour, puis il s'appuya contre le rempart et laissa errer ses regards sur la nappe brillante du lac, où se reflétaient d'innombrables étoiles comme dans un firmament sous-marin. L'heure, l'air de tristesse, la haute taille de l'homme ainsi penché silencieux, ne laissèrent aucun doute sur sa personne dans l'esprit du spectateur attentif. La

délicatesse et la prudence lui prescrivirent alors de se retirer; et à cet effet, il tournait avec précaution autour de l'arbre, lorsqu'un autre bruit attira son attention et suspendit son départ.

C'était un mouvement lent et presque imperceptible de l'eau, qui fut bientôt suivi d'un bruit de cailloux frottés l'un contre l'autre. Aussitôt il vit un homme qui semblait sortir du lac, et qui se glissa sans bruit sur la grève, à quelques pas du lieu où lui-même était placé. Puis il le vit soulever lentement le canon d'un fusil; mais avant que le coup partît, la main de l'officier était déjà sur le chien.

« Ouf! » s'écria le sauvage, dont le projet perfide était interrompu d'une manière si étrange et si inattendue.

Sans lui répondre, l'officier français mit la main sur l'épaule de l'Indien, et le conduisit en silence à quelque distance d'un lieu où leur conversation aurait pu être périlleuse, et où il semblait que l'un d'eux avait cherché une victime. Alors ouvrant son manteau, et faisant voir son uniforme et la croix de Saint-Louis suspendue à sa poitrine, Montcalm demanda d'un ton sévère :

« Que signifie ceci? Est-ce que mon fils ne sait pas que la hache est enterrée entre les Anglais et son père canadien?

— Que feront maintenant les Hurons? » répondit le sauvage en mauvais français. « Pas un guerrier n'a une chevelure, et les visages pâles deviennent amis.

— Ah! le Renard-Subtil! il me semble que voilà un excès de zèle dans un ami qui, il n'y a pas longtemps, était notre ennemi! Combien de soleils se sont couchés depuis que le Renard a embrassé le parti des Anglais?

— Où est ce soleil? » demanda le sauvage d'un air farouche. « Il est derrière la colline, il est roid et sombre; mais quand il reparaîtra, il sera chaud et brillant. Le Subtil est le soleil de sa tribu. Des nuages et des montagnes se sont interposés entre lui et sa nation; mais il brille aujourd'hui et le ciel est serein.

— Je sais que le Renard est puissant auprès de ses compatriotes, dit Montcalm, car hier il en voulait à leurs chevelures, et aujourd'hui ils écoutent sa parole au Feu du Conseil.

— Magua est un grand chef!

— Qu'il le prouve en apprenant à sa nation à se conduire comme elle le doit envers nos nouveaux amis.

— Pourquoi le chef du Canada a-t-il fait venir ses jeunes hommes dans les bois et tiré le canon contre cette maison de terre? » demanda le subtil Indien.

— Pour la subjuguer. Le pays est la propriété de mon maître, et votre père a reçu l'ordre d'en chasser les Anglais. Ils ont consenti à s'éloigner, et maintenant il ne les appelle plus ses ennemis.

— C'est fort bien. Magua a pris la hache pour la colorer de sang. Aujourd'hui elle est brillante; quand elle sera rouge, je l'enterrerai.

— Mais Magua a pris l'engagement de ne pas souiller la blancheur des lis de France. Les amis du grand roi qui règne au delà du lac salé sont ses ennemis; ses amis sont les amis des Hurons.

— Nos amis! » répéta l'Indien avec un amer dédain. « Que mon père me donne sa main. »

Montcalm qui savait que son influence sur les tribus guerrières qu'il avait rassemblées devait se maintenir par des concessions plutôt que par l'autorité, lui tendit sa main, quoique avec répugnance. Le sauvage plaça le doigt du général français sur une cicatrice profonde qui était sur sa poitrine, puis il lui demanda d'un ton fier :

« Mon père connaît-il cela?

— Quel guerrier pourrait l'ignorer! c'est la marque qu'a laissée la balle de plomb.

— Et cela? » continua l'Indien en tournant son dos vers Montcalm et en écartant le manteau de calicot qui le recouvrait.

— Cela!... Mon fils a été cruellement maltraité en cet endroit!... Qui a fait cela?

— Magua a trop longtemps dormi dans les wigwams anglais, et le bâton lui a laissé ces marques, » reprit le sauvage avec un rire concentré qui ne cacha pas et ne pouvait cacher en effet la colère qui était près de l'étouffer. Puis, se remettant tout à coup, il ajouta avec toute la dignité d'un chef indien : « Allez; apprenez à vos jeunes hommes que la paix est faite; le Renard-Subtil sait ce qu'il doit dire aux guerriers hurons. »

Sans daigner en dire davantage ou attendre une réponse, le sauvage mit son fusil sous son bras et traversa lentement le camp pour retourner à la forêt où était sa tribu.

De distance en distance, les sentinelles lui adressaient leur qui vive? mais lui continuait à s'avancer, l'air farouche et sans faire attention à la voix des soldats, qui n'épargnaient sa vie que parce qu'ils reconnaissaient en lui l'air, la démarche et l'opiniâtre audace d'un chef. Montcalm resta quelque temps sur la grève où Magua l'avait laissé, livré à de douloureuses réflexions sur le caractère de férocité indomptable qu'il venait de découvrir dans son allié. Déjà sa gloire avait été ternie par une scène horrible et dans les circonstances qui avaient une effrayante conformité avec celle où il se trouvait alors. Ses réflexions lui firent sentir la grave responsabilité qu'assument ceux qui, pour parvenir à leur but, sont peu difficiles sur le choix des moyens, et le danger terrible qu'il y a à mettre en action un instrument dont il n'est pas au pouvoir de l'homme de contrôler l'exercice. Puis, chassant des idées qu'il traitait de faiblesse à la veille d'un triomphe, il prit le chemin de sa tente, et donna en passant les ordres nécessaires pour qu'on fît à l'armée le signal du réveil.

Les premiers roulements du tambour des Français furent répétés par la forteresse, et bientôt les sons vifs et brillants d'une musique guerrière s'unirent à cet accompagnement et remplirent la vallée. Les trompettes des vainqueurs sonnèrent de joyeuses fanfares, jusqu'à ce que le dernier traînard du camp fût à son poste; mais aussitôt que les fifres anglais firent entendre leur signal perçant, ils devinrent muets. Cependant le jour s'était levé, et lorsque l'armée française fut rangée en bataille pour recevoir son général, les rayons d'un soleil brillant éclairèrent ses lignes resplendissantes; alors le succès déjà connu fut officiellement annoncé; le détachement d'élite désigné pour garder les portes du fort se forma et défila devant le général; on annonça son approche, et tous les préparatifs d'un changement de maître furent ordonnés et exécutés sous le canon de la forteresse dont on s'était disputé la possession.

Un spectacle bien différent s'offrait dans les lignes de l'armée anglo-américaine. A peine le signal du départ eut-il été donné, que tout présenta un aspect de précipitation et de confusion. Les soldats attristés jetaient sur leur épaule leur fusil non chargé et prenaient leur rang avec humeur, comme des hommes dont la lutte passée avait échauffé la bile, et qui ne demandaient que l'occasion de venger une humiliation qui, bien que déguisée sous les formalités extérieures de l'étiquette militaire, n'en blessait pas moins au vif leur orgueil. On voyait errer çà et là des femmes et des enfants, quelques-unes portant leurs chétifs bagages, d'autres cherchant de rang en rang à reconnaître ceux dont elles avaient à réclamer la protection.

On voyait Munro, entouré de ses troupes silencieuses, et conservant un air de fermeté au milieu de son abattement. Il était évident que ce coup inattendu l'avait profondément blessé au cœur, bien qu'il essayât de supporter son malheur avec dignité et de montrer une contenance mâle.

Duncan fut touché de sa douleur calme et imposante. Il s'était acquitté des devoirs qu'il avait à remplir, et il venait trouver le vieillard pour lui demander s'il n'avait point d'ordres à lui donner.

« Mes filles! » Telle fut sa réponse laconique, mais expressive.

« Juste ciel! n'a-t-on pas déjà pris tous les arrangements nécessaires pour leur départ?

— Aujourd'hui je ne suis que soldat, major Heyward, dit le vétéran; voilà mes enfants, » ajouta-t-il en montrant les troupes.

Le major en avait assez entendu. Sans perdre un de ces instants qui devenaient si précieux, il courut au logement de Munro pour y chercher les deux sœurs. Il les trouva à la porte, déjà prêtes à partir et entourées d'une troupe de femmes qui pleuraient et se lamentaient, et qui s'étaient réunies en cet endroit par une sorte d'instinct qui les avertissait que c'était le point où elles trouveraient le plus de protection. Quoique Cora fût pâle et inquiète, elle n'avait rien perdu de sa fermeté; mais les yeux d'Alice, rouges et enflammés, annonçaient combien elle avait versé de larmes. Toutes deux virent le jeune officier avec un plaisir qu'elles ne ca-

chèrent pas; et Cora, contre son usage, fut la première à lui adresser la parole.

« Le fort est perdu, » lui dit-elle avec un sourire de tristesse; mais du moins j'espère que l'honneur nous reste.

— Il est plus brillant que jamais! s'écria Heyward. Mais, ma chère miss Munro, il est temps de penser un peu moins aux autres, et un peu plus à vous-même. Les usages militaires, l'honneur, cet honneur dont vous faites vous-même tant de cas, exige que votre père et moi nous restions encore quelque temps avec les troupes. Où vous trouver maintenant un protecteur convenable contre la confusion et les périls d'un pareil départ?

— Nous n'en avons pas besoin, répondit Cora; qui osera insulter les filles d'un tel père, dans un tel moment?

— Je ne vous laisserai pas seules, » continua le jeune homme en jetant autour de lui un coup d'œil rapide, « pour prendre le commandement du meilleur régiment à la solde du roi! Rappelez-vous que notre Alice n'a pas votre fermeté, et Dieu seul sait à quelles terreurs elle peut être en proie.

— Vous pouvez avoir raison, » reprit Cora avec un sourire beaucoup plus douloureux qu'auparavant. « Écoutez, le hasard nous envoie un ami au moment où nous en avons le plus besoin. »

Duncan prêta l'oreille et comprit aussitôt ce qu'elle voulait dire. Le son lent et grave de la musique sacrée, si connue dans les provinces de l'Est, arriva jusqu'à lui; ces accents partaient d'un bâtiment adjacent que ceux qui l'occupaient avaient déjà abandonné. Là il trouva David exhalant ses sentiments pieux par l'intermédiaire de l'art qui faisait ses délices. Duncan attendit jusqu'à ce que le mouvement de main qui accompagnait son chant eût cessé; alors lui touchant l'épaule, il réclama son attention, et lui expliqua brièvement ce qu'il désirait de lui.

« Volontiers, » répondit l'honnête disciple du roi d'Israël, quand le jeune homme eut fini de parler; « j'ai trouvé dans ces jeunes filles beaucoup d'amabilité et de mélodie, et il est juste qu'après nous être trouvés ensemble au milieu de tant de périls, la paix nous retrouve réunis. Je les accompagnerai lorsque j'aurai terminé mon cantique du matin, auquel il ne manque plus que la doxologie. Le mètre en est facile, et l'air connu; c'est celui de Southwell. »

Alors présentant à Heyward le petit volume, et recommençant à donner le ton de l'air avec une attention scrupuleuse, David reprit et termina son chant avec une fixité d'action qu'il n'était pas facile d'interrompre. Heyward fut obligé d'attendre que le verset fût terminé;

puis voyant David ôter ses lunettes et replacer son livre, il continua :

« Vous aurez à faire en sorte que nul n'approche de ces dames avec grossièreté ou n'insulte en leur présence à l'infortune de leur vaillant père. Vous serez secondé dans cette tâche par les domestiques de sa maison.

— Volontiers.

— Il est possible que les Indiens et les traînards de l'ennemi se présentent; dans ce cas vous leur rappellerez les termes de la capitulation, et vous les menacerez de vous plaindre à Montcalm. Un mot suffira.

— Si cela ne suffisait pas, j'ai quelque chose qui produira de l'effet, » reprit David en montrant son livre avec un singulier mélange d'humilité et de confiance. « Il y a là des paroles qui, prononcées ou plutôt fulminées avec l'emphase convenable, et en mesure, calmeraient le caractère le plus indomptable :

Des ennemis de Dieu j'entends mugir la rage.

— Assez, » dit Heyward, en interrompant l'explosion de son invocation musicale; « nous nous entendons; il est temps que chacun de nous accomplisse les devoirs qui lui sont imposés. »

La Gamme exprima son assentiment, et tous deux se rendirent aussitôt auprès des demoiselles. Cora accueillit son nouveau et singulier protecteur avec politesse, et la pâleur des traits d'Alice se ranima et fit place à son espièglerie habituelle, au moment où elle remercia Heyward de ce cadeau. Duncan prit occasion de leur dire qu'il avait fait tout ce que les circonstances permettaient, et que c'en était assez pour les rassurer complétement; que du reste il n'y avait aucun danger à craindre. Il parla alors du plaisir qu'il aurait à les rejoindre dès qu'il aurait conduit l'avant-garde à quelques milles sur la route de l'Hudson, puis il prit congé d'elles.

En ce moment, on donna le signal de départ, et la tête de la colonne anglaise se mit en mouvement. A ce bruit, les deux sœurs tressaillirent, et jetant les yeux autour d'elles, elles aperçurent les uniformes blancs des grenadiers français qui prenaient déjà possession des portes du fort. Au même instant un nuage parut passer au-dessus d'elles, et une ombre immense se projeta sur leur tête; elles levèrent les yeux : c'était l'étendard de France qui déroulait au vent les longs plis de sa blanche bannière.

« Partons! dit Cora; il ne convient pas aux filles d'un officier anglais de rester ici plus longtemps. »

Alice saisit le bras de sa sœur, et elles partirent ensemble, accompagnées du cortége mobile qui continuait à les entourer.

Au moment où elles franchirent les portes, les officiers français, qui avaient appris leur rang, leur firent des saluts respectueux, en s'abstenant d'autres marques d'attention, car ils avaient trop de tact pour ne pas voir que dans cette circonstance elles eussent été importunes.

Comme toutes les voitures et tous les chevaux étaient occupés par les malades et par les blessés, Cora avait décidé que sa sœur et elle supporteraient les fatigues d'une marche à pied, plutôt que de priver l'un de ces malheureux d'un secours essentiel. En effet, plus d'un soldat faible et mutilé était obligé de traîner ses membres épuisés à la suite de la colonne, dans l'impossibilité de trouver dans ce désert des moyens de transport. Cependant tout était en mouvement, les blessés et les malades gémissants et souffrants; les soldats silencieux et tristes; les femmes et les enfants effrayés, sans savoir pourquoi.

Dès que le cortége confus et timide eut quitté l'abri protecteur du fort et fut entré dans la plaine découverte, le tableau tout entier se présenta au regard. A quelque distance sur la droite, et un peu en arrière, l'armée française était sous les armes, Montcalm ayant rassemblé toutes ses troupes dès que ses grenadiers eurent pris possession de la forteresse. Cette armée était spectatrice attentive et silencieuse des mouvements des vaincus, leur rendant tous les honneurs militaires stipulés, et n'offrant à leur malheur aucune insulte.

Les Anglais, au nombre de près de trois mille, s'avançaient en colonnes épaisses, qui traversaient lentement la plaine, se dirigeant vers un centre commun, et se rapprochant l'une de l'autre à mesure qu'elles convergeaient vers l'endroit de la forêt où commençait la route qui conduisait à l'Hudson. Sur les lisières de la forêt on apercevait une nuée d'Indiens qui regardaient le passage de leurs ennemis et rôdaient à quelque distance, comme des vautours que la présence imposante d'une armée supérieure empêchait seule de s'abattre sur leur proie. Quelques-uns marchaient à la suite des colonnes, se mêlant aux vaincus avec un air sombre et mécontent, observateurs attentifs et passifs encore de tout ce mouvement.

L'avant-garde, Heyward à sa tête, avait déjà atteint le défilé, et on commençait à la perdre de vue, quand l'attention de Cora fut éveillée par le bruit d'une dispute élevée dans un groupe de traînards. Un sot provincial payait le prix de sa désobéissance et se voyait enlever ces mêmes effets pour lesquels il avait quitté son rang. C'était un homme d'une énorme carrure, et trop avare pour se laisser enlever son bien sans résistance. Des individus de l'un et de l'autre parti intervinrent, les uns pour empêcher le pillage, les autres pour y aider. La querelle s'échauffa, le bruit augmenta, et une centaine de sauvages parut comme par enchantement là où tout à l'heure il n'y en avait qu'une douzaine. Dans ce moment Cora aperçut Magua qui se glissait parmi les Indiens et leur parlait avec son insidieuse et fatale éloquence. Les femmes et les enfants s'arrêtèrent et se pressèrent confusément comme des oiseaux effrayés et voletants. Mais la cupidité de l'Indien fut bientôt satisfaite, et les colonnes reprirent lentement leur marche.

Les sauvages s'écartèrent alors et parurent disposés à laisser leurs ennemis s'avancer sans obstacle. Mais lorsque le groupe des femmes vint à passer, les couleurs éclatantes d'un châle attirèrent les regards d'un Huron farouche et grossier. Aussitôt, sans hésiter, il s'avança pour s'en emparer. La femme qui le portait, plutôt par un sentiment de terreur que pour conserver son châle, en enveloppa son enfant et pressa l'un et l'autre contre son sein. Cora allait prendre la parole et conseiller à cette femme d'abandonner cet objet de la convoitise de l'Indien, quand ce dernier, laissant aller le châle, arracha l'enfant effrayé des bras de sa mère. L'Indien avec un sourire farouche lui tendit une main comme pour indiquer qu'il consentait à un échange, tandis que de l'autre il tenait l'enfant par le pied et le faisait pirouetter autour de sa tête, comme pour rehausser la valeur de sa rançon.

« Voilà! tenez, tenez! tout, tout! » s'écria la mère pouvant à peine respirer et se dépouillant d'une main tremblante et précipitée de tout ce qu'elle avait sur elle; « prenez tout, mais, au nom du ciel, donnez-moi mon enfant! »

Le sauvage dédaigna ces chiffons sans valeur, et voyant que le châle était devenu la proie d'un autre, son sourire sombre et railleur fit place à une expression féroce, il brisa la tête de l'enfant contre un rocher, et jeta aux pieds de la mère ses restes palpitants. Un instant la mère demeura immobile, comme la statue du Désespoir, fixant un œil égaré sur cet objet horrible que tout à l'heure encore elle avait vu presser son sein et lui sourire; puis elle leva les yeux vers le ciel comme si elle eût demandé à Dieu de maudire l'auteur de cet acte abominable. Le Huron lui épargna le péché d'une telle prière; rendu furieux par son désappointement et excité par la vue du sang, il termina son agonie et lui ouvrit le crâne d'un coup de tomahawk. La mère tomba et, entourant son enfant d'une dernière étreinte, le pressa dans la mort avec l'énergique affection qu'elle lui avait vouée dans la vie.

En ce moment terrible, Magua, portant ses deux mains à sa bouche, poussa le fatal et effrayant cri de guerre. Soudain les Indiens épars tressaillirent, comme des chevaux de course bondissant au signal du départ; et il s'éleva aussitôt dans la plaine et sous les voûtes de la forêt des hurlements comme il en est rarement sorti de la bouche des hommes. Ceux qui les entendirent sentirent leur sang se glacer, et un mouvement d'horreur les saisit comme si la trompette du jugement dernier se fût fait entendre.

A ce signal, plus de deux mille sauvages furieux s'élancèrent de la forêt, et avec un empressement instinctif se répandirent dans la plaine. Nous n'essaierons pas de décrire la scène d'horreur qui suivit. La mort était partout et sous ses formes les plus terribles et les plus révoltantes. La résistance ne servait qu'à enflammer la rage des meurtriers, qui continuaient à frapper leurs victimes longtemps encore après que la mort les avait mises hors de leur atteinte. La plaine était inondée d'un torrent de sang; et dans l'ivresse du carnage qui avait saisi les Indiens, on en vit plusieurs s'agenouiller et boire ce sang avec une volupté infernale.

Les troupes disciplinées se formèrent à l'instant en carré, et s'efforcèrent d'intimider leurs assaillants par la vue imposante d'un front de bataille. L'expédient réussit jusqu'à un certain point, mais un grand nombre, dans la vaine espérance d'apaiser les sauvages, se laissèrent arracher leurs fusils non chargés.

Au milieu d'une telle scène, dont personne n'eut le loisir de calculer la durée, dix minutes, qui semblaient un siècle, s'étaient déjà écoulées depuis que les deux sœurs étaient restées immobiles, saisies d'horreur et sans défense : lorsque le premier coup fut frappé, leurs compagnes s'étaient pressées en foule autour d'elles en poussant de grands cris et avaient rendu la fuite impossible; et maintenant que la crainte ou la mort les avaient presque toutes dispersées, partout le tomahawk de leurs ennemis leur fermait toute issue. De toutes parts s'élevaient des cris, des gémissements, des supplications, des malédictions. En cet instant les yeux d'Alice aperçurent la haute taille de son père qui traversait rapidement la plaine dans la direction de l'armée française. Bravant tous les dangers, il se rendait auprès de Montcalm pour réclamer l'escorte tardive qui avait été stipulée. Cinquante haches brillèrent autour de lui, cinquante lances menacèrent sa poitrine; mais les sauvages, au milieu de leur plus grande furie, respectèrent son rang et sa intrépidité calme. Les redoutables armes furent écartées par le bras encore nerveux du vétéran, ou s'abaissèrent d'elles-mêmes comme si personne n'eût ou le courage de frapper. Heureusement que le vindicatif Magua cherchait sa victime à l'endroit même que Munro venait de quitter.

« Mon père! mon père! nous sommes ici! » s'écria Alice au moment où il passait à quelque distance de là sans paraître les voir. « Venez à nous, mon père, ou nous sommes perdues! »

Ce cri fut répété en des termes et avec un accent qui auraient amolli un cœur de bronze; mais nulle voix n'y répondit. Il y eut un moment, il est vrai, où ces accents parurent arriver jusqu'à l'oreille du vieillard, car il s'arrêta pour écouter; mais Alice était tombée évanouie, et Cora s'était précipitée sur sa sœur en la protégeant de sa courageuse tendresse. Munro secoua la tête d'un air chagrin, et poursuivit sa marche pour accomplir le devoir que lui prescrivaient ses fonctions et sa responsabilité.

« Madame, » dit La Gamme qui, bien qu'inutile et lui-même sans défense, n'avait pas songé à abandonner le dépôt confié à sa garde, « c'est le jubilé des diables, et il ne convient pas à des chrétiens de rester en pareil lieu. Levez-vous, et fuyons! »

— Allez, » dit Cora en jetant les yeux sur sa sœur évanouie; « sauvez-vous. Vous ne pouvez m'être d'aucune utilité. »

David comprit le caractère inébranlable de sa résolution par le geste simple mais expressif dont elle accompagna ses paroles. Il promena un moment ses regards sur les hommes farouches qui exécutaient autour de lui leur œuvre de sang; sa grande taille se redressa, sa poitrine se souleva, et tous ses traits s'animèrent et parurent s'empreindre d'un sentiment énergique.

« Si le berger d'Israël apaisa le mauvais esprit de Saül par les sons de sa harpe et ses chants sacrés, essayons, dit-il, quel sera ici le pouvoir de la musique. »

Alors, élevant la voix à son plus haut diapason, il entonna un cantique avec un accent si sonore qu'on l'entendit au milieu du bruit et de la confusion de ce champ de carnage. Plus d'un sauvage s'élança vers les deux sœurs sans défense pour les dépouiller et emporter leurs chevelures; mais en voyant ce personnage étrange et immobile à son poste, ils s'arrêtèrent pour l'écouter. De l'étonnement ils passèrent bientôt à l'admiration, et allèrent chercher d'autres victimes moins courageuses, en exprimant à haute voix leur satisfaction de la fermeté avec laquelle le guerrier blanc entonnait son chant de mort. Encouragé et déçu par ce succès, David déploya toute la puissance de ses poumons pour augmenter cette sainte et salutaire impression. Ces sons extraordinaires furent entendus d'un sauvage qui, loin de là, courait de rang en rang et d'un groupe à l'autre, comme un homme qui, dédaignant d'immoler des victimes vulgaires, en cherchait de plus dignes de son courage renommé: c'était Magua, qui poussa un cri de joie en voyant ses anciennes prisonnières de nouveau à sa merci.

« Venez, » dit-il, en posant sa main rouge de sang sur le vêtement de Cora, « le wigwam du Huron vous attend. N'est-il pas préférable à ce lieu?

— Loin de moi! » s'écria Cora en se couvrant les yeux pour ne point voir son effroyable aspect.

L'Indien partit d'un rire insultant, et levant en l'air sa main sanglante il répondit... « Elle est rouge, mais c'est le sang des veines blanches!

— Monstre! Il y a du sang, une mer de sang qui pèse sur ton âme; c'est toi, c'est ton infernal génie qui a suscité ce carnage.

— Magua est un grand chef! » reprit le sauvage d'un air triomphant... « La fille aux cheveux noirs veut-elle le suivre dans sa tribu?

— Jamais! Frappe, si tu veux, et achève ton implacable vengeance. »

Il hésita un moment; puis saisissant dans ses bras le corps léger et insensible d'Alice, le subtil Indien prit sa course à travers la plaine du côté des bois.

« Arrête! » s'écria Cora en s'élançant sur ses traces avec la vitesse du désespoir, « laisse cette enfant! Que fais-tu, misérable? »

Mais Magua était sourd à sa voix, ou plutôt il voyait le pouvoir qu'il avait pris sur elle et il résolut de le maintenir.

« Arrêtez!... madame... arrêtez, » s'écriait La Gamme en s'adressant à Cora qui ne l'entendait pas. « Le charme divin commence à opérer, et bientôt vous verrez cesser cet horrible tumulte. »

S'apercevant qu'on ne l'écoutait pas, le fidèle David suivit la sœur désolée, tout en continuant à chanter son cantique, dont ses longs bras agités en l'air marquaient la mesure. C'est ainsi qu'ils traversèrent la plaine au milieu des fuyards, des blessés et des morts. Le farouche Huron suffisait à défendre et lui-même et la victime qu'il portait; mais Cora fût plus d'une fois tombée sous les coups de ses sauvages ennemis, sans le personnage extraordinaire qui marchait sur ses traces, et que protégeaient aux yeux des Indiens étonnés l'esprit de folie dont il semblait inspiré.

Magua, qui savait les moyens d'éviter les dangers les plus pressants et d'éluder toute poursuite, entra dans la forêt par un ravin profond où il trouva bientôt les narragansets que les voyageurs avaient abandonnés quelque temps auparavant, et qui maintenant attendaient l'arrivée du Huron, sous la garde d'un sauvage dont les traits avaient une expression aussi féroce et aussi perverse que les siens. Ayant placé Alice sur l'un des chevaux, il fit signe à Cora de monter sur l'autre.

Malgré l'horreur qu'excitait en elle la présence de Magua, néanmoins la jeune fille éprouva quelque soulagement à se voir loin de la scène de carnage dont la plaine était encore le théâtre. Elle se mit en selle, et tendit les bras à sa sœur, avec un air de supplication et de tendresse auquel le Huron lui même ne put rester insensible. Ayant donc placé Alice sur le cheval de Cora, il saisit la bride, et se mit en marche en s'enfonçant dans la forêt. David, voyant qu'on le laissait seul, comme quelqu'un qui ne valait pas la peine d'être tué, enfourcha avec ses longues jambes le cheval abandonné, et piqua des deux pour suivre les sœurs autant que le permettaient les difficultés du chemin.

Ils commencèrent bientôt à monter ; mais comme le mouvement du cheval avait peu à peu ranimé les facultés d'Alice, l'attention de Cora, occupée à prodiguer à sa sœur les marques de la plus tendre sollicitude, et à prêter l'oreille aux cris dont la plaine retentissait encore, était trop absorbée pour remarquer la direction qu'on donnait à leur fuite ; mais lorsqu'ils eurent atteint la surface aplanie du sommet de la montagne et qu'ils se furent approchés de l'escarpement oriental, elle reconnut le lieu où elle était déjà venue sous les auspices amis de l'éclaireur. Là, Magua leur permit de mettre pied à terre, et malgré leur captivité, la curiosité, qui ne nous abandonne pas, même dans les situations les plus horribles, les porta à jeter un coup d'œil sur le spectacle douloureux de la plaine.

L'œuvre de cruauté continuait. De toutes parts les victimes fuyaient devant leurs impitoyables bourreaux, tandis que les bataillons du roi très-chrétien restaient, l'arme au bras, dans une immobilité dont on n'a jamais expliqué le motif, et qui a laissé une tache ineffaçable sur l'écusson si brillant d'ailleurs du général français. Le glaive de la mort ne ralentit ses coups qu'après que la cupidité eut fait oublier la vengeance ; alors les cris des blessés et les hurlements de leurs meurtriers devinrent de plus en plus rares, jusqu'à ce qu'enfin les derniers bruits du carnage expirèrent ou furent étouffés dans de longs et effroyables hurlements qui proclamèrent le triomphe des sauvages.

CHAPITRE XVIII.

> Innocent ou coupable,
> N'importe ! mon forfait n'a rien que d'honorable ;
> L'honneur, et non la haine, a dirigé mon bras.
> SHAKSPEARE. *Othello.*

La scène de carnage et de sang dont nous n'avons parlé qu'incidemment à la fin du chapitre précédent, occupe une place importante dans l'histoire des colonies, où elle est désignée sous le nom bien mérité de *Massacre de William-Henry.* Ce fut une nouvelle tache ajoutée à celle qu'avait déjà imprimée à la gloire du général français un événement à peu près semblable, et que n'atténua pas sa mort glorieuse et prématurée. Le temps l'a en quelque sorte effacée, ou du moins beaucoup affaiblie ; et parmi ceux qui savent que Montcalm mourut en héros dans les plaines d'Abraham, la plupart ignorent combien il était dépourvu de ce courage moral, sans lequel un homme ne saurait être véritablement grand. On peut apprendre par là combien il se mêle d'alliage à notre perfection humaine ; combien les sentiments les plus généreux, la courtoisie la plus exquise, le courage le plus chevaleresque, sont souvent étouffés sous l'ascendant d'un égoïsme erroné ; il y a une haute leçon morale dans l'exemple de cet homme, qui était grand dans toutes les qualités secondaires, mais qui cessait de l'être dès que les principes et la politique étaient en présence. Mais cette tâche ne rentre pas dans le domaine du conteur. L'histoire est comme l'amour : elle se plaît à entourer ses héros d'une auréole de gloire imaginaire ; il est probable que la postérité ne verra dans Louis de Saint-Véran que le vaillant défenseur de son pays, et que son apathie cruelle sur les rives de l'Oswégo et de l'Horican sera oubliée. Tout en regrettant cette faiblesse de ses confrères les historiens, nous allons de ce pas quitter leur domaine, pour rentrer dans les limites de nos attributions.

Le troisième jour depuis la reddition du fort touchait à sa fin ; cependant notre récit nous oblige à retenir quelque temps encore nos lecteurs sur les bords du Saint-Lac. Quand nous avons pris congé, les environs de la forteresse étaient un théâtre de violence et de clameurs. Il n'y régnait plus maintenant que le silence et la mort. Les vainqueurs couverts de sang étaient partis ; et ce camp qui retentissait, il y a peu de jours, des chants joyeux d'une armée victorieuse, n'offrait plus aux regards qu'une cité de huttes désertes et silencieuses. La forteresse n'était plus qu'un monceau de ruines. Les remparts de terre étaient jonchés çà et là de poutres calcinées, de fragments de canons sautés en éclats, de débris de murailles écroulées.

La saison avait également subi un douloureux changement. Le soleil cachait ses rayons derrière une masse impénétrable de vapeurs, et des centaines de cadavres, noircis par les ardeurs d'un soleil d'août, étaient engourdis dans leur difformité par le froid d'un hiver prématuré. Les nuages pittoresque et d'une éclatante blancheur qu'on voyait au-dessus des collines faire voile vers le nord, revenaient maintenant en nappe interminable et sombre, poussée par le souffle de la tempête. L'éclatant miroir de l'Horican et son spectacle animé avaient disparu ; ses eaux vertes et courroucées venaient battre le rivage, comme pour rejeter sur la grève les souillures du lac. Pourtant l'élément limpide n'avait pas perdu tout son charme ; mais il ne reflétait que la sombre tristesse du ciel. Cette atmosphère tiède et vivifiante, qui s'étendait comme un voile sur ce tableau, dont elle dissimulait la rudesse et adoucissait les aspérités, avait disparu, et le vent du nord soufflait sur les ondes avec tant de violence, qu'il n'y laissait rien qui pût reposer la vue ou occuper l'imagination.

Ce vent impétueux avait flétri la verdure de la plaine, comme si la foudre y eût passé ; seulement, çà et là s'élevait au milieu de la désolation générale une touffe d'un vert sombre, fruit précoce d'un sol engraissé de sang humain. Tout ce paysage, qui paraissait si attrayant sous un beau ciel et au milieu d'une température agréable, offrait alors comme un tableau allégorique de la vie où les objets se montraient sous leurs couleurs saillantes et réelles, sans qu'aucune ombre les adoucît.

Mais si on pouvait à peine apercevoir ces touffes solitaires de verdure qui s'élevaient à de rares intervalles, on ne voyait que trop distinctement les masses de rochers arides, et l'œil aurait en vain demandé un aspect plus doux au firmament, en cherchant à en percer le vide illimité ; car son azur était dérobé à la vue par les vapeurs épaisses qui flottaient dans l'air avec rapidité.

Le vent était pourtant inégal ; tantôt il rasait la surface de la terre, et semblait adresser ses lourds gémissements à la froide oreille de la mort ; tantôt élevant un sifflement aigu et funèbre, il pénétrait dans les bois, brisait les branches des arbres et jonchait le sol de leurs feuilles. Au milieu de ce désordre, quelques corbeaux affamés luttaient contre la fureur du vent ; mais dès qu'ils avaient dépassé le vert océan des forêts au-dessus desquelles ils planaient, ils s'abattaient au hasard sur cette scène de carnage pour y chercher une horrible pâture.

En un mot, ce lieu n'offrait aux regards que solitude et désolation, et on eût dit que tous les profanes qui étaient entrés dans son enceinte avaient tout à coup été frappés par le bras puissant et infatigable de la mort. Mais la prohibition n'existait plus, et, pour la première fois, depuis le départ des auteurs de ces actes sanglants qui avaient souillé ce lieu, des êtres humains osaient approcher cette scène d'épouvante.

Dans la soirée du jour dont nous venons de parler, une heure environ avant le coucher du soleil, on vit sortir cinq hommes de cette partie de la forêt où s'enfonçait la route qui conduisait à l'Hudson ; ils s'avançaient dans la direction de la forteresse en ruine. D'abord leur marche était lente et circonspecte, comme s'ils entraient avec répugnance dans ce lieu horrible, ou qu'ils redoutassent le renouvellement des actes sanglants dont il avait été le théâtre. Un jeune homme leste et agile marchait en avant avec toute la précaution et l'activité d'un indigène, gravissant toutes les hauteurs pour reconnaître les environs, et indiquant par ses gestes à ses compagnons la route qu'il jugeait le plus prudent de suivre. Ceux qui marchaient après lui n'étaient pas non plus dépourvus de cette circonspection et de cette vigilance qui caractérisent les guerres des Indiens. L'un d'eux, et c'était également un Indien, marchait en flanc à quelque distance de la troupe, et examinait la lisière du bois voisin d'un œil accoutumé à distinguer le moindre signe qui pût annoncer l'approche d'un danger ; les trois autres étaient blancs, et leur costume, tant pour la qualité que pour la couleur, était strictement adapté à leur nouveau rôle d'éclaireurs, occupés à suivre la retraite d'une armée dans le désert.

Les effets produits sur chacun d'eux par le spectacle effrayant qui s'offrait sans cesse à leurs regards dans l'intervalle de la forêt au lac, variaient comme le caractère des individus dont la troupe était composée.

Le jeune homme qui marchait le premier jetait à la dérobée des regards affligés sur les cadavres défigurés qui s'offraient sur son passage ; on voyait qu'il craignait de manifester les émotions naturelles qu'il éprouvait, mais que son inexpérience et sa jeunesse l'empêchaient d'en réprimer entièrement la subite et puissante influence. Pour son compagnon rouge, il était supérieur à une telle faiblesse ; il passait devant les groupes de cadavres l'œil calme et avec une tranquillité qu'une habitude longue et invétérée pouvait seule lui permettre de maintenir. Les sensations que ce même spectacle produisait sur les trois blancs n'avaient pas non plus le même caractère de douleur : l'un d'eux, en

DÉPÔT LÉGAL
N 13
1875

BIBLIOTHÈQUE
R. F.
IMPRIMÉS

Le jeune chef écarta sa blouse de chasse... (Page 104)

qui des cheveux blancs et des traits ridés, l'air et le port martial trahissaient, sous son grossier vêtement de forestier, un homme accoutumé depuis longtemps aux scènes terribles de la guerre, ne rougissait pas de gémir tout haut lorsqu'un spectacle plus qu'ordinaire de cruauté et d'horreur venait frapper sa vue. Le jeune homme qui marchait près de lui tressaillait, mais on voyait qu'il réprimait son émotion par égard pour son compagnon. Celui qui venait après eux et fermait la marche était le seul qui se livrât sans crainte et en liberté aux sentiments douloureux qu'il éprouvait; mais c'était plutôt l'homme intellectuel que l'homme physique qui était affecté en lui; lorsqu'il fixait quelque objet d'effroi, ses yeux et ses traits res-

taient immobiles, mais sa voix émue et irritée lançait d'amères imprécations contre les coupables auteurs de cette effroyable boucherie.

Dans ces cinq individus, le lecteur a sans doute déjà reconnu les Mohicans et leur ami blanc l'éclaireur, ainsi que Munro et Heyward. C'était, en effet, l'infortuné père qui allait à la recherche de ses filles, accompagné du jeune homme qui prenait à elles un si vif intérêt, et de ces braves et fidèles enfants des forêts, qui avaient déjà prouvé tant d'intelligence et de dévouement dans les circonstances critiques dont nous avons fait le récit.

Lorsque Uncas, qui précédait la petite troupe, fut arrivé au centre de la plaine, il jeta un cri qui fit venir tous ses compagnons auprès de lui.

Le jeune guerrier s'était arrêté devant un groupe de femmes amoncelées en une masse confuse de cadavres. Malgré l'horreur de ce spectacle, Munro et Heyward s'approchèrent à la hâte de ce monceau de morts, s'efforçant, avec une ardeur qu'aucune répugnance ne pouvait arrêter, à découvrir quelques vestiges de celles qu'ils cherchaient au milieu des débris des vêtements de toutes ces victimes. Le père et l'amant obtinrent dans cette recherche un soulagement immédiat à leur douleur ; ils ne trouvèrent rien qui annonçât la présence des deux sœurs dans cet effroyable holocauste ; mais l'horrible incertitude qui succéda à cette découverte était presque aussi intolérable que la plus cruelle vérité. Ils étaient immobiles, pensifs et silencieux devant cet amas de cadavres, quand l'éclaireur s'approcha. Contemplant ce tableau douloureux d'un regard indigné, le robuste enfant des forêts parla à haute et intelligible voix pour la première fois depuis qu'il était entré dans la plaine.

« J'ai vu bien des champs de bataille dont la vue faisait horreur ; j'ai suivi pendant des lieues entières la trace du sang, dit-il, mais je n'ai jamais vu la main du diable aussi manifestement qu'on la voit ici ! La vengeance est innée au cœur de l'Indien, et tous ceux qui me connaissent savent qu'il n'y a que du sang pur dans mes veines ; mais je déclare ici, à la face du ciel et avec l'aide du Seigneur dont la puissance éclate jusque dans ce désert sauvage, que si jamais ces Français s'approchent de nouveau à portée de la balle, il y a du moins une carabine qui fera son devoir tant que la pierre fera feu et que la poudre prendra au bassinet. Je laisse le tomahawk et le couteau à ceux à qui la nature en a destiné l'usage. Qu'en dites-vous, Chingachgook ? ajouta-t-il en delaware, en montrant les cadavres ; « les Hurons rouges iront-ils se vanter de cet exploit auprès de leurs femmes quand les grandes neiges arriveront ? »

Un éclair de colère brilla sur les traits basanés du chef mohican ; il tira son couteau de sa gaîne, puis se détournant de cette horrible vue, il reprit son calme habituel comme si aucune émotion ne l'eût troublé.

« Montcalm ! Montcalm ! » continua l'éclaireur moins maître de lui et ne pouvant comprimer son indignation ; « on nous dit qu'un temps viendra où toutes les actions commises par l'homme, dans son enveloppe de chair, apparaîtront sans voile à des yeux dont la vue ne sera plus obscurcie par nos infirmités mortelles. Malheur alors au misérable qui aura à répondre au jugement de Dieu en présence de cette plaine ! Ah ! aussi vrai que je suis du sang de blanc, voilà un peau-rouge qui n'a plus sur sa tête la chevelure que la nature y avait mise.

Regardez-le, Delaware ; c'est peut-être l'un des morts de votre tribu. Il faut lui donner la sépulture destinée aux guerriers vaillants. Sagamore, je lis dans vos regards qu'un Huron paiera de sa vie la mort de ce guerrier avant que les vents aient emporté l'odeur du sang ! »

Chingachgook s'étant approché de ce corps mutilé, et l'ayant retourné, il aperçut les marques distinctives de l'une de ces six tribus ou nations alliées, comme on les appelait, qui, tout en combattant dans les rangs anglais, étaient les ennemies mortelles de sa nation. Soudain, repoussant du pied cet objet hideux, il s'en éloigna avec la même indifférence que si c'eût été le cadavre d'un animal. L'éclaireur comprit son action et poursuivit sa marche en continuant toutefois à exhaler son indignation contre le général français.

« Il n'appartient qu'à la suprême sagesse, qu'à la puissance illimitée de balayer une multitude d'hommes de la surface de la terre, ajouta-t-il ; car à la première seule appartient le droit d'apprécier la nécessité du châtiment, et il n'y a que la seconde qui puisse remplacer les créatures du Seigneur. Je soutiens que c'est un péché de tuer un second daim avant d'avoir mangé le premier, à moins qu'on n'ait à exécuter une marche dans un pays où l'ennemi est embusqué. Il n'en est pas de même pour des guerriers en face de l'ennemi et sur un champ de bataille ; leur destin est de mourir le fusil ou le tomahawk à la main, selon que la nature les a faits blancs ou rouges. Uncas, venez ici, mon enfant, et que le Mungo soit la proie de ce corbeau. Je sais par expérience qu'ils ont un goût tout particulier pour la chair d'un Onéïda, et nous pouvons tout aussi bien les laisser suivre la prédestination de leur appétit naturel.

— Ouf ! » s'écria le jeune Mohican en s'élevant sur la pointe des pieds et en regardant avec attention en face de lui ; et en même temps son action fit envoler le corbeau, qui alla s'abattre sur une autre proie.

« Qu'y a-t-il, mon garçon ? dit à voix basse l'éclaireur en courbant sa haute taille, dans l'attitude d'une panthère qui va prendre son bond ; Dieu veuille que ce soit quelque traînard français à la recherche du butin. Il me semble que perce-daim remplirait joliment son office aujourd'hui ! » Uncas, sans répondre, s'élança d'un pas rapide, et un moment après, on le vit arracher d'un buisson et agiter en l'air, d'un signe de triomphe, un lambeau du voile vert de Cora ; ce mouvement, cette vue et le cri échappé au jeune Mohican attirèrent aussitôt tous ses compagnons auprès de lui.

« Mon enfant ! » dit Munro d'une voix entrecoupée par la douleur, « donnez-moi mon enfant !

— Uncas tâchera ! » ce fut la réponse laconique et touchante du jeune homme.

Le père agité n'entendit point cette assurance simple mais significative ; il saisit le morceau de voile, le pressa entre ses mains tandis que ses regards tremblants erraient sur les broussailles voisines, comme s'il eût espéré et redouté les secrets qu'elles pouvaient lui révéler.

« Il n'y a point de morts ici ! » dit Heyward d'une voix sourde et presque étouffée par la crainte ; « il y a toute apparence que l'orage n'a point passé de ce côté.

— Cela est manifeste et plus clair que le ciel qui est sur nos têtes, dit le chasseur froidement et sans s'émouvoir ; « mais il est certain que la jeune fille ou ceux qui l'ont enlevée ont passé près de ce buisson ; car je me rappelle ce voile qui couvrait des traits qu'on ne pouvait voir sans plaisir. Uncas, vous avez raison ; la fille aux cheveux noirs a passé ici, et comme un daim effrayé, elle aura fui dans les bois : mieux vaut fuir quand on le peut que de se laisser égorger ! Mettons-nous à la recherche de ses traces, car pour mes yeux d'Indien il me semble que l'oiseau lui-même laisse dans l'air des vestiges de son passage ! »

Il parlait encore, que le jeune Mohican était déjà parti, et l'éclaireur avait à peine achevé, que le premier poussa un cri triomphant près de la lisière de la forêt. Ses compagnons accoururent, et trouvèrent un autre fragment du voile suspendu aux branches inférieures d'un bouleau.

« Doucement, doucement, » dit l'éclaireur en étendant le canon de sa longue carabine devant le trop empressé Heyward ; « nous commençons maintenant à y voir clair ; mais il ne faut pas gâter notre ouvrage ni déranger la piste. Un pas de trop ou fait imprudemment peut nous donner des heures de besogne. Quoi qu'il en soit, nous les tenons ; c'est ce qu'il y a de sûr.

— Soyez béni, soyez béni, homme excellent ? s'écria le père tout ému ; par où ont-elles fui ? où sont mes enfants ?

— La route qu'elles ont prise dépend de beaucoup de circonstances. Si elles ont fui seules, elles peuvent avoir tourné dans un cercle, au lieu de suivre une ligne droite, et n'être qu'à une douzaine de milles ; mais si elles sont tombées au pouvoir des Hurons ou d'autres Indiens du parti des Français, il est probable qu'elles sont maintenant sur les frontières du Canada. Mais qu'importe ! » poursuivit avec calme l'éclaireur en voyant l'anxiété et le désappointement profond que manifestaient ses auditeurs ; « les Mohicans et moi, nous tenons un bout de la piste, et nous trouverons l'autre, fût-il à cent lieues d'ici !..... Doucement, doucement, Uncas ; vous êtes aussi impatient qu'un blanc

des colonies ; vous oubliez que les pas légers sont ceux qui laissent le moins de traces.

— Ouf ! s'écria Chingachgook, qui s'était baissé pour examiner une ouverture évidemment pratiquée dans les broussailles qui formaient la ceinture de la forêt, et qui tout à coup s'était relevé en étendant une de ses mains devant lui dans l'attitude et avec l'air d'un homme qui verrait un serpent hideux.

« Voilà évidemment l'empreinte d'un pied d'homme ! » s'écria Heyward en se penchant sur l'endroit que désignait la main du Mohican ; « un homme a marché sur le bord de cet étang ; on ne peut se méprendre sur cette marque. Elles sont prisonnières.

— Cela vaut mieux que si elles étaient restées dans le désert pour y mourir de faim, reprit l'éclaireur ; après elles n'en sera que plus considérable. Je gage cinquante peaux de castor contre un nombre égal de pierres à fusil, que les Mohicans et moi entrerons dans leurs wigwams avant qu'il soit un mois ! Baissez-vous, Uncas, et voyez si ce mocassin ne nous mènera pas à quelque découverte ; car il est évident que c'est l'empreinte d'un mocassin et non d'un soulier. »

Le jeune Mohican se baissa sur l'empreinte, et écartant avec soin les feuilles qui étaient autour, il l'examina avec toute l'attention qu'un changeur, dans notre époque de défiance pécuniaire, apporte à l'inspection d'une traite suspecte. Enfin il se releva, comme satisfait du résultat de son examen.

« Eh bien ! mon garçon, demanda l'éclaireur attentif, que pensez-vous de cette marque ? ne vous dit-elle rien ?

— Le Renard-Subtil !

— Ah ! encore ce démon-là ! nous n'en finirons avec ses cabrioles que lorsque perce-daim lui aura dit un petit mot d'amitié. »

Heyward n'admit qu'à contre-cœur ce renseignement, et dit en exprimant plutôt son espoir que ses doutes :

« Un mocassin ressemble tellement à un autre, qu'il est facile de s'y méprendre.

— Un mocassin ressembler à un autre ! c'est comme si vous disiez qu'un pied ressemble à un autre ; et cependant il est certain qu'il y en a de longs et de courts, de larges et d'étroits ; que quelques-uns ont le coude-pied plus haut, et d'autres plus bas ; que ceux-ci marchent en dedans, et ceux-là en dehors ! Un mocassin ne ressemble pas plus à un autre mocassin qu'un livre à un autre livre ; car tel qui sait lire dans l'un, ne comprend rien dans un autre ; et tout cela a été ordonné pour le mieux, afin de réserver à chacun ses avantages particuliers. Je vais l'examiner moi-même, Uncas ; car mocassin ou livre, il n'y a pas de mal à avoir deux opinions au lieu d'une » L'éclaireur se baissa, puis aussitôt il ajouta : « Mon enfant, vous avez raison ; et voilà la marque que nous avons vue tant de fois dans le cours de notre dernière chasse. Et puis le gaillard aime à boire quand il en trouve l'occasion ; et l'Indien qui boit marche les pieds en dehors beaucoup plus qu'un autre indigène ; car on reconnaît un buveur à ce signe, que ce soit une peau blanche ou une peau rouge. C'est aussi la largeur et la longueur exactes ! Regardez à votre tour, Sagamore ; vous avez mesuré plus d'une fois cette empreinte, dans la chasse que nous avons donnée à ces garnements, depuis Glenn jusqu'à la source de Santé. »

Chingachgook fit ce qu'il demandait ; après un examen fort court, il se releva, et d'un air calme et grave, il se contenta de dire avec son accent étranger :

« Magua.

— C'est donc une chose décidée, la fille aux cheveux noirs et Magua ont passé par ici.

— Et Alice ? demanda Heyward en tressaillant.

— D'elle nous n'avons encore vu aucune trace, » reprit l'éclaireur en regardant avec attention les arbres, les broussailles et le sol d'alentour. « Qu'est-ce que cela ? Uncas, apportez ce qui se balance là-bas aux branches de ce buisson. »

Le jeune Indien obéit ; quand il eut remis l'objet aux mains de l'éclaireur, celui-ci le montrant à ses compagnons, se mit à rire à sa manière silencieuse, mais de grand cœur, et dit :

« C'est l'instrument de notre chanteur. Maintenant, nous aurons des traces avec lesquelles un prêtre même pourrait se reconnaître et trouver son chemin. Uncas, voyez si vous ne trouverez pas l'empreinte d'un soulier assez vaste pour soutenir six pieds deux pouces de chair humaine mal bâtie. Je commence à ne plus désespérer du gaillard, puisqu'il a quitté le métier de braillard pour quelque profession plus raisonnable.

— Du moins il est resté fidèle au poste qu'on lui a confié, dit Heyward : Cora et Alice ont un ami auprès d'elles.

— Oui, » dit Œil-de-Faucon, en s'appuyant sur sa carabine, et avec un air de mépris fortement exprimé, « il leur fera de la musique ; mais pourra-t-il tuer un daim pour leur dîner, reconnaître sa route à la mousse des arbres, ou couper la gorge d'un Huron ? S'il en est incapable, le premier chat-huant est plus habile que lui. Hé bien ! mon enfant, trouvez-vous la trace de ce pied-là ?

— Voilà quelque chose qui ressemble à l'empreinte d'un soulier, » dit Heyward, heureux de saisir cette occasion d'interrompre la critique dirigée contre David, pour lequel il éprouvait en ce moment un vif sentiment de reconnaissance ; « ne serait-ce pas le pied de notre ami ?

— Touchez les feuilles avec précaution, ou vous allez déranger la trace. Cela, c'est bien l'empreinte d'un pied, mais c'est celui de la fille aux cheveux noirs ; et c'est un bien petit pied, ma foi, pour un port aussi noble, une taille aussi majestueuse ! Le chanteur le couvrirait tout entier avec son talon !

— Où est-il ? que je voie la trace des pas de mon enfant ! dit Munro, en écartant rapidement les broussailles, et se baissant avec amour sur l'empreinte presque effacée. Bien qu'un pas léger et rapide eût laissé cette trace, néanmoins on la voyait encore distinctement. Pendant que le vieux guerrier l'examinait, ses yeux étaient humides, et lorsqu'il se releva, Heyward vit qu'il avait arrosé d'une grosse larme l'empreinte charmante du passage de sa fille. Dans le dessein d'occuper le vétéran et de le distraire d'une douleur dont il lui serait bientôt impossible de comprimer la violence, le jeune homme dit à l'éclaireur :

« Maintenant que nous possédons ces signes infaillibles, mettons-nous en marche. Dans les circonstances actuelles, un moment est un siècle pour les captives.

— Ce n'est pas le daim qui bondit le plus vite, qui court le plus longtemps, » répondit Œil-de-Faucon, les yeux toujours fixés sur les traces qui venaient d'être découvertes ; « nous savons que le maudit Huron, la fille aux cheveux noirs et le chanteur ont passé par ici. Mais qu'est-elle devenue, celle qui a les cheveux blonds et les yeux bleus. Quoique petite et moins courageuse que sa sœur, elle est belle à voir, et son parler est agréable. N'a-t-elle ici aucun ami que personne ne s'enquiert d'elle ?

— Elle en trouverait cent s'il en était besoin, ce qu'à Dieu ne plaise ! Ne sommes-nous pas maintenant occupés à la chercher ? Pour moi, je ne cesserai ma poursuite que lorsque je l'aurai trouvée !

— Dans ce cas il pourrait se faire que nous eussions besoin de prendre des directions différentes ; car il est certain qu'elle n'a point passé par ici : quelque petit et léger que soit son pied, il aurait laissé des traces. »

Heyward fit un pas en arrière ; toute son ardeur parut s'évanouir en un moment. Sans s'apercevoir de ce changement, l'éclaireur, après un moment de réflexion, continua ainsi :

« Il n'y a dans ce désert que la fille aux cheveux noirs ou sa sœur dont le pied pût laisser une telle empreinte ? Nous savons que la première a été ici, mais où sont les indices du passage de l'autre? Continuons notre recherche, et si nous ne trouvons rien, nous retournerons dans la plaine pour y chercher une autre voie. Avancez, Uncas, et ayez toujours les yeux sur les feuilles sèches. J'examinerai les broussailles, pendant que votre père marchera le nez près de terre.

— Et moi, que ferai-je? demanda l'inquiet Heyward.

— Vous, » répéta l'éclaireur, qui avec ses amis rouges s'avançait déjà dans l'ordre qu'il avait prescrit, « vous marcherez derrière nous; seulement ayez soin de ne pas déranger la piste.

Ils n'étaient à peine avancés que de quelques verges, que les Indiens s'arrêtèrent, les regards fixés vers la terre avec une attention toute particulière. Le père et le fils se parlaient haut et avec vivacité, tantôt jetant les yeux sur l'objet de leur admiration mutuelle, tantôt se regardant l'un l'autre avec la satisfaction la plus manifeste.

« Ils ont trouvé le petit pied! » s'écria l'éclaireur en s'avançant, sans s'occuper davantage de cette partie de la tâche qu'il avait prise sur lui. « Qu'y a-t-il là? Il y a eu ici une embuscade! hé non! Par la meilleure carabine de la frontière! voilà les traces des chevaux qui ont une allure si singulière! Maintenant il n'y a plus de secret, et la chose est visible comme l'étoile polaire à minuit. Ici ils ont monté à cheval, là les chevaux en les attendant ont été attachés à un arbre; et voilà le grand sentier qui conduit, vers le nord, droit au Canada.

— Cependant nous ne trouvons pas encore de traces d'Alice, de la jeune miss Munro? dit Duncan.

— A moins que le brillant joujou que vient de ramasser Uncas ne nous mette sur la voie. Passez-le-moi, mon enfant, afin que nous le regardions.

Heyward reconnut à l'instant un collier qu'Alice aimait à porter, et qu'il se rappelait, avec la mémoire tenace d'un amant, avoir vu au cou de sa maîtresse dans la fatale matinée du jour du massacre. Il s'empara du précieux joyau, et pendant qu'il proclamait ce fait important, le collier disparut aux regards étonnés de l'éclaireur qui le crut tombé à terre, et le chercha vainement des yeux longtemps après qu'il avait pris place sur le cœur ému de Duncan.

« Oh! oh! » dit Œil-de-Faucon désappointé, après avoir remué les feuilles avec la crosse de sa carabine, « c'est un signe certain de vieillesse. Un joyau aussi brillant, et ne pas l'apercevoir! Bien, bien, je puis voir encore à travers la fumée d'un fusil, et cela suffit pour arranger toutes les disputes entre moi et les Mingos. Cependant je désirerais le trouver, quand ce ne

serait que pour le rapporter à celle à qui il appartient : ce serait joindre les deux bouts de ce que j'appelle une longue piste, car au moment où nous parlons, le vaste Saint-Laurent ou peut-être même les grands Lacs nous séparent.

— C'est une raison de plus pour ne pas ralentir notre marche, répondit Heyward; avançons.

— Sang jeune et sang chaud sont, dit-on, même chose. Nous ne faisons pas la chasse aux écureuils, nous n'allons pas nous mettre en marche pour pousser un daim dans l'Horican, mais pour éclairer le terrain jour et nuit, pour franchir un désert où les pieds de l'homme laissent rarement une empreinte, et dont toute l'instruction de vos livres ne vous ferait pas sortir sains et saufs. Un Indien ne s'embarque jamais dans une expédition de ce genre sans avoir fumé devant le Feu du Conseil; et quoique je n'aie que du sang de blanc, j'approuve cette coutume qui me semble prudente et sage. Nous retournerons donc sur nos pas, nous allumerons notre feu cette nuit dans les ruines du vieux fort; demain matin nous serons rafraîchis, et prêts à entreprendre notre tâche comme des hommes, et non comme des femmes babillardes, ou des enfants impatients. »

Heyward vit sur-le-champ, au ton de l'éclaireur, que toute discussion serait inutile. Munro était retombé dans cette apathie qui s'était emparée de lui depuis son dernier malheur, et dont il ne pouvait être tiré que par quelque excitation nouvelle et puissante. Faisant donc de nécessité vertu, le jeune homme prit le bras du vétéran, et marcha sur les pas des Indiens et de l'éclaireur, qui avaient déjà repris le chemin de la plaine.

<hr>

CHAPITRE XIX

Salarino
Je suis sûr que lors même qu'il ne te paierait pas, tu ne lui prendras pas sa chair; à quoi est-elle bonne?
Shylock
A amorcer le poisson; quand cette chair ne repaîtrait que ma vengeance, cela me suffirait.
SHAKSPEARE.

Les ombres du soir avaient ajouté encore à la solitude de ces lieux, quand la petite troupe entra dans les ruines de William-Henry; l'éclaireur et ses compagnons firent immédiatement leurs préparatifs pour y passer la nuit, mais d'un air grave et sérieux qui indiquait combien avait fait d'impression sur eux l'horrible spectacle qui avait affligé leurs regards. Quelques fragments de poutres furent appuyés contre un mur noirci; Uncas les recouvrit de quelque feuillage, et l'abri temporaire fut achevé. Quand le jeune Indien eut terminé cette construction grossière, il la montra à Heyward d'une manière significative. Heyward, qui comprit son geste silencieux, y fit entrer Munro. Laissant le vieillard seul avec sa douleur, Duncan retourna aussitôt en plein air, trop agité lui-même pour chercher le repos qu'il avait recommandé à son vieil ami.

Tandis qu'Œil-de-Faucon et les Indiens allumaient leur feu et prenaient leur frugal repas du soir, qui consistait en un jambon d'ours fumé, le jeune homme alla visiter la courtine du fort qui donnait sur le lac. Le vent avait cessé de souffler, et les vagues roulaient sur la rive sablonneuse au-dessous de lui, avec un mouvement plus doux et plus régulier. Les nuages, comme fatigués de leur course impétueuse, commençaient à se disperser; une partie s'accumulait en masse épaisse et noire sur l'horizon, et les plus légers se balançaient au-dessus de l'eau, ou ondoyaient au sommet des montagnes comme des volées d'oiseaux effrayés autour de leur juchoir. Çà et là, la clarté brillante d'une étoile perçait le rideau de vapeur et jetait une lueur sombre sur le lugubre aspect des cieux. Dans l'enceinte circulaire des collines, d'épaisses ténèbres s'étaient déjà répandues, et la plaine ressemblait à un charnier vaste et désert, sans qu'un mouvement ou un souffle vint troubler le sommeil de ses nombreux et silencieux habitants. Duncan resta quelques instants muet contemplateur de ce tableau si douloureusement en harmonie avec ce qui s'était passé. Ses regards se portaient tour à tour de l'enceinte du fort, où les trois enfants de la forêt étaient assis autour d'un feu brillant, à la lueur plus faible qu'on apercevait encore dans le ciel, puis se reposaient longtemps et avec inquiétude sur ces ténèbres compactes qui s'étendaient sur la lugubre solitude où reposaient les morts. Bientôt il crut entendre sortir de ce lieu des sons, mais si bas, si confus, que non-seulement leur nature, mais leur existence même étaient pour lui un problème. Honteux de ses craintes et de sa faiblesse, le jeune homme se tourna du côté du lac, et s'efforça de reporter son attention sur les étoiles, dont la lueur se réfléchissait d'une manière confuse sur la surface mouvante des eaux. Cependant ses oreilles obstinément attentives n'en continuaient pas moins à remplir leur douloureux devoir, comme pour le mettre en garde contre quelque danger caché. Enfin il crut entendre distinctement un bruit de pas à travers les ténèbres. Incapable de réprimer plus longtemps son in-

quiétude, Duncan appela à voix basse l'éclaireur, le priant de monter auprès de lui. Œil-de-Faucon prit son fusil et s'approcha d'Heyward, mais avec un calme et un sang-froid qui annonçaient combien il se croyait en sûreté.

« Écoutez, » dit Duncan quand l'éclaireur fut près de lui, « on entend dans la plaine des sons étouffés qui sembleraient indiquer que Montcalm n'a pas entièrement abandonné sa conquête.

— Alors les oreilles valent mieux que les yeux, » dit tranquillement et avec une prononciation lente et épaisse l'éclaireur, dont la bouche doublement occupée achevait en ce moment la mastication d'un morceau d'ours; « je l'ai vu moi-même rentrer dans sa cage avec toute son armée; car vos Français, quand ils ont obtenu un succès, ont hâte de s'en retourner pour danser et se réjouir de leur triomphe.

— Je ne sais, mais un Indien dort rarement à la guerre, et il est possible que le pillage ait retenu ici un Huron après le départ de sa tribu. Nous ferions bien d'éteindre le feu et d'être aux aguets. Écoutez! vous entendrez le bruit dont j'ai parlé.

— Il est plus rare encore qu'un Indien rôde autour des tombeaux; quoique toujours prêt à tuer et fort peu difficile sur les moyens, il se contente habituellement de la chevelure de son ennemi, à moins qu'il n'ait le sang fortement échauffé; mais l'âme une fois partie, il oublie son inimitié et laisse les morts dormir en paix. A propos d'âme, major, croyez-vous que les peaux-rouges et nous autres blancs, nous aurons un seul et même paradis?

— Sans doute... sans doute... Il m'a semblé l'entendre encore! C'était peut-être le froissement des feuilles de ce bouleau.

— Quant à moi, » continua Œil-de-Faucon en portant un moment ses regards avec nonchalance dans la direction indiquée par Heyward, « je crois que le paradis est un lieu de bonheur, et comme les hommes y trouveront des jouissances conformes à leurs goûts et à leur prédestination. Je pense donc que les peaux-rouges ne sont pas très-loin de la vérité, lorsqu'ils croient qu'ils y trouveront ces magnifiques terrains de chasse dont parlent leurs traditions. Ce n'est pas que je pense qu'il fût au-dessous de la dignité d'un homme de pur sang de passer son temps à.....

— L'entendez-vous encore? interrompit Duncan.

— Oui, oui, quand la proie est rare et quand elle est abondante, les loups s'enhardissent, dit l'éclaireur sans s'émouvoir. Si on y voyait clair et qu'on en eût le temps, on pourrait avoir leurs peaux sans trop de difficultés! Mais revenons au sujet de la vie future, major. Dans les colonies, j'ai entendu dire aux prédicateurs que le ciel était un lieu de repos ; or, les hommes diffèrent dans leurs idées de bonheur : quant à moi, et je le dis sans vouloir manquer au respect dû aux lois de la Providence, je n'aimerais pas, je l'avoue, à me voir enfermé dans les demeures bienheureuses dont on nous parle, ayant, comme je l'ai, le goût de l'exercice et de la chasse. »

« Duncan, qui crut alors comprendre la nature des bruits qu'il avait entendus, prêta plus d'attention au sujet de conversation que l'éclaireur avait choisi, et lui dit :

« Il est difficile de prévoir ce que nous éprouverons lors de ce grand et dernier changement.

— Ce serait en effet un grand changement pour un homme qui a passé sa vie en plein air, » repartit l'éclaireur dans la simplicité de son cœur, « et que l'aube a souvent trouvé sur les eaux supérieures de l'Hudson, de dormir à portée du mugissement du Mohawk; mais il est consolant de savoir que nous servons un maître miséricordieux, chacun à notre manière ; et quoiqu'il y ait entre nous d'immenses déserts... Qui va là ?

— Ne sont-ce pas les loups dont vous avez parlé ? »

Œil-de-Faucon secoua la tête et fit signe à Duncan de le suivre dans un endroit que la lumière du feu n'éclairait pas. Après avoir pris cette précaution, l'éclaireur se plaça dans une attitude d'attention intense et prêta longtemps l'oreille, comme s'attendant à la répétition du bruit qui les avait frappés ; toutefois sa vigilance parut exercée en vain, car, après une pause inutile, il dit à Duncan :

« Il faut appeler Uncas : ce jeune homme a les sens d'un Indien, et pourra entendre ce que nous n'entendons pas ; car étant une peau blanche, je ne puis renier ma nature. »

Le jeune Mohican, qui s'entretenait à voix basse avec son père, tressaillit en entendant le cri d'un hibou, et se levant sur le champ, il jeta les yeux sur le rempart pour s'assurer d'où provenaient ces sons. L'éclaireur répéta le même signal, et aussitôt Duncan aperçut Uncas qui s'avançait avec précaution le long du rempart vers l'endroit où il se tenait.

Œil-de-Faucon lui expliqua brièvement en delaware ce qu'il désirait de lui. Aussitôt qu'Uncas sut pourquoi on l'avait fait venir, il se jeta à plat ventre sur le gazon, où il resta complétement immobile. Surpris de cette immobilité du jeune guerrier, et curieux d'observer la manière dont il appliquait ses facultés à obtenir les renseignements qu'on désirait, Heyward s'avança vers l'endroit où il avait cru l'apercevoir. Il découvrit alors qu'Uncas avait

disparu, et que ce qu'il avait pris pour lui était une saillie du terrain.

« Qu'est devenu le Mohican ? » dit Heyward étonné en revenant sur ses pas; « c'est là que je l'ai vu tomber, j'aurais juré qu'il y était encore !

— Chut! parlez plus bas, car nous ignorons s'il n'y a pas des oreilles qui nous entendent, et les Mingos sont une race qui en a de bonnes. Quant à Uncas, il est maintenant dans la plaine, et les Maquas, s'il y en a, trouveront à qui parler.

— Vous pensez donc que Montcalm n'a pas rappelé tous ses Indiens? Réveillons nos compagnons, et prenons tous les armes. Nous sommes cinq accoutumés à voir l'ennemi en face.

— Gardez-vous de leur dire un mot ; il y va de votre vie. Regardez le Sagamore : n'a-t-il pas l'air d'un grand chef indien assis devant son feu? Si des ennemis rôdent dans l'ombre, ils ne découvriront pas à sa contenance que nous nous doutons de l'approche du danger.

— Mais ils peuvent le découvrir, lui, et lui donner la mort : sa personne est trop visible à la clarté de ce feu, et il deviendra certainement la première victime!

— Ce que vous dites est vrai, » reprit l'éclaireur en manifestant plus d'inquiétude qu'à l'ordinaire ; « et pourtant que pouvons-nous faire? le moindre mouvement suspect peut attirer l'ennemi sur nous avant que nous soyons prêts à le recevoir. Il sait, par le signal que j'ai fait à Uncas, que nous sommes sur le qui-vive ; je vais lui dire que nous sentons l'approche des Mingos; sa nature indienne nous indiquera ce qu'il doit faire. »

L'éclaireur mit alors ses doigts à sa bouche et fit entendre un sifflement sourd qui fit tressaillir Duncan comme s'il eût entendu un serpent. Chingachgook était assis l'air pensif, la tête appuyée sur une de ses mains; mais dès qu'il entendit le sifflement de l'animal dont il portait le nom, il releva la tête et promena rapidement de tous côtés ses yeux noirs et brillants. Ce mouvement soudain et peut-être involontaire fut la seule marque de surprise ou d'alarme qu'il donna. Son fusil resta près de lui sans qu'il y touchât, mais à la portée de sa main; son tomahawk, qu'il avait détaché de sa ceinture pour être plus à l'aise, resta à terre où il l'avait déposé, et toute sa personne parut s'affaisser comme un homme en état de repos et dont les muscles et les nerfs se détendent. Il reprit adroitement sa première position avec un simple changement de main, comme si son mouvement n'eût eu pour but que de soulager celle qui soutenait sa tête; puis il attendit l'événement avec cette intrépidité calme dont un guerrier indien seul était capable dans un pareil moment.

Mais Duncan vit que, bien qu'à des yeux moins exercés le chef mohican parût dormir, ses narines se dilataient plus que de coutume, sa tête se détournait un peu de côté comme pour aider l'organe de l'ouïe, et son œil vif et rapide errait continuellement sur tous les points à la portée de sa vue.

« L'homme admirable! voyez-le, » dit tout bas Œil-de-Faucon en prenant le bras d'Heyward: « il sait qu'un regard ou un mouvement pourrait déconcerter notre prudence et nous mettre à la merci de ces coquins... »

La lumière et la détonation d'une carabine l'interrompirent. L'air fut rempli d'étincelles de feu à l'endroit où les yeux d'Heyward étaient encore fixés avec étonnement et admiration. Un second coup d'œil lui apprit que Chingachgook, dans cet instant de confusion, avait disparu. En même temps l'éclaireur avait mis sa carabine en joue, comme s'il n'eût attendu pour s'en servir que le moment où un ennemi paraîtrait en vue. Mais après l'unique et inutile tentative faite contre la vie de Chingachgook, l'attaque parut se terminer. Heyward et l'éclaireur crurent une ou deux fois distinguer un bruit éloigné dans les broussailles, comme si un être inconnu les eût traversées; et peu de temps après, Œil-de-Faucon reconnut le bruit d'une troupe de loups fuyant précipitamment devant la présence de quelqu'un qui venait d'envahir leur domaine. Après quelques minutes d'impatience et d'anxiété, on entendit le bruit de quelque chose qui plongeait dans l'eau, suivi immédiatement d'une seconde détonation d'arme à feu.

« C'est Uncas! dit l'éclaireur : ce garçon a une bonne arme; j'en connais le son comme un père la voix de son enfant, car j'ai longtemps porté son fusil avant que j'en eusse trouvé un meilleur.

— Que signifie cela? demanda Duncan; nous sommes surveillés, et, à ce qu'il paraît, voués à la mort.

— Les éclats de ce tison prouvent qu'on ne nous voulait pas de bien, et voici un Indien qui prouve aussi qu'il n'y a point de mal, » reprit l'éclaireur en remettant son fusil sous le bras gauche, et en suivant dans l'enceinte du fort Chingachgook qui venait de reparaître auprès du feu. « Qu'y a-t-il, Sagamore? Les Mingos viennent-ils sur nous tout de bon? ou bien n'est-ce que l'un de ces reptiles qui rôdent sur les derrières d'une armée pour scalper les morts, s'en retourner, et se vanter, auprès des femmes, de leurs exploits sur les visages pâles ? »

Chingachgook reprit tranquillement son siége, et sans faire de réponse, se mit à examiner le tison frappé par la balle qui avait failli lui être fatale. Après quoi, levant un doigt en l'air, il fit cette réponse monosyllabique :

« Un.

— Je le pensais, dit Œil-de-Faucon en s'asseyant; et comme il a eu l'abri du lac avant qu'Uncas ait pu l'atteindre, il est plus que probable que le coquin ira se vanter de quelque grande embuscade, dans laquelle il dira s'être mis à la piste de deux Mohicans et d'un chasseur blanc; car les officiers ne comptent pour rien dans ces affaires-là. Bien, bien, qu'il en compte tant qu'il voudra. Dans toutes les nations il y a quelques braves gens, quoiqu'ils soient rares parmi les Maquas, qui sont prêts à rabattre le caquet d'un hâbleur, lorsque ses fanfaronnades dépassent toute mesure. La balle du mécréant a sifflé à vos oreilles, Sagamore. »

Chingachgook tourna des yeux calmes et indifférents vers l'endroit où avait frappé la balle, puis il reprit sa première attitude avec un sang-froid qu'un accident aussi léger ne pouvait troubler. En ce moment Uncas arriva et s'assit auprès du feu avec le même air d'indifférence que son père.

Heyward observait avec étonnement et intérêt tous ces mouvements. Il lui sembla que les enfants de la forêt avaient entre eux quelques moyens secrets de communication qui avaient échappé jusqu'alors à sa perception. Au lieu du récit empressé et loquace qu'un jeune blanc n'eût pas manqué de faire de ce qui s'était passé dans les ténèbres de la plaine, ne se faisant faute de donner large carrière à l'exagération, le jeune guerrier se contentait de laisser ses actes parler pour lui. Ce n'était en effet, pour un Indien, ni le moment ni l'occasion de se vanter de ses exploits, et il est probable que, sans les questions d'Heyward, il n'eût pas été articulé pour l'instant une syllabe de plus sur cette matière.

« Qu'est devenu notre ennemi? » demanda Duncan à Uncas : « nous avons entendu votre carabine, et nous espérions que vous n'auriez pas tiré en vain. »

Le jeune chef écarta sa blouse de chasse, et montra tranquillement la chevelure qui était le trophée de sa victoire. Chingachgook y porta la main et l'examina avec beaucoup d'attention, puis la rejetant avec une forte expression de dégoût, il s'écria :

« Ouf! Onéïda!

— Un Onéïda! » répéta l'éclaireur, qui se laissait déjà rapidement aller à l'apathique indifférence de ses compagnons rouges, mais qui maintenant s'avança avec empressement pour regarder le sanglant trophée. « Par le Seigneur! si les Onéïdas sont à notre piste, nous serons entourés de diables de tous côtés! Pour des yeux blancs, il n'y a point de différence entre cette peau et celle de tout autre Indien, et cependant le Sagamore déclare que c'est la dépouille d'un Mingo; il nomme même la tribu du pauvre

14

Il mit rapidement en joue et fit feu... (Page 112)

piable avec autant de facilité que si cette chevelure était le feuillet d'un livre, et chaque cheveu une lettre. De quel droit les blancs chrétiens
se vantent-ils de leur science, lorsqu'un sauvage
sait lire un langage auquel les plus instruits
d'entre eux ne comprennent rien? Et *vous*, mon
garçon, que dites-vous? A quelle nation appartenait ce coquin? »

Uncas leva les yeux sur l'éclaireur, et répondit de sa voix douce et musicale :

Onéïda.

— Onéïda encore! Quand un Indien fait une
déclaration, elle est généralement vraie; mais
quand un autre le confirme, croyez-y comme à
l'Évangile !

— Le pauvre diable nous a pris pour des
Français, dit Heyward, sans quoi il n'aurait
point attenté à la vie d'un ami.

— Lui, prendre un Mohican avec son tatouage pour un Huron ! C'est comme si vous
preniez les habits blancs des grenadiers de
Montcalm pour les habits rouges du Royal-
Américain, reprit l'éclaireur. Non, non, le serpent savait bien ce qu'il faisait. Après tout, il
n'y a pas grand mal ; car il n'y a que peu d'affection entre un Delaware et un Mingo, à quelque parti qu'ils se réunissent dans les querelles
des blancs. Pour ce qui est de moi, quoique les
Onéïdas soient au service de Sa Sacrée Majesté,
qui est mon souverain seigneur et maître, je

n'aurais pas balancé longtemps à lâcher perce-daim contre le maraud, si le hasard me l'avait fait rencontrer.

— C'eût été une violation des traités, indigne de votre caractère.

— Quand un homme en fréquente d'autres, continua Œil-de-Faucon, s'ils sont d'honnêtes gens, et qu'il ne soit pas un coquin, ils s'atta-cheront l'un à l'autre. Il est vrai que l'astuce des blancs s'est arrangée de manière à jeter une grande confusion dans les tribus, en ce qui concerne les amis et les ennemis; en sorte que les Onéïdas, qui parlent la même langue et qui sont pour ainsi dire le même peuple, s'enlèvent mutuellement les chevelures; de même les De-lawares sont divisés entre eux; quelques-uns sont fixés autour du feu de leur Grand Conseil sur les bords de leur rivière et combattent dans les mêmes rangs que les Mingos, tandis que la plus grande partie habite le Canada et nourrit une haine naturelle contre les Maquas. C'est ainsi qu'on a tout confondu et qu'on a détruit toute l'harmonie de la guerre. Cependant une nature rouge ne change pas avec toutes les mo-difications de la politique; en sorte que l'amour qui règne entre un Mohican et un Mingo res-semble beaucoup à l'affection qui existe entre un blanc et un serpent.

— Je suis fâché de l'apprendre; je croyais que ceux des Indiens qui habitent dans les li-mites de notre territoire, avaient trouvé en nous trop de justice et de libéralité pour ne pas s'identifier complètement à notre cause.

— Ma foi, dit l'éclaireur, je pense qu'il est na-turel de préférer sa cause à celle des étrangers. Quant à moi, j'aime la justice; c'est pourquoi je ne dirai pas que je déteste un Mingo, car cela ne conviendrait ni à ma couleur ni à ma religion. Mais je dirai encore que c'est la faute de la nuit si perce-daim n'a pris aucune part à la mort de ce rôdeur d'Onéïda. »

Alors, comme convaincu de la force de sa logique, quel qu'en pût être l'effet sur l'opinion de celui avec qui il discutait, l'honnête mais implacable enfant des bois se tourna d'un autre côté, et laissa tomber la controverse. Heyward se rendit sur le rempart, trop inquiet et trop peu accoutumé à la guerre des forêts pour que la possibilité d'attaques aussi insidieuses lui permit de dormir tranquille. Il n'en fut pas de même de l'éclaireur et des Mohicans. Leurs sens exercés et subtils, dont la perfection dépassait les limites de toute croyance, après avoir décou-vert le danger, les avaient mis à même d'en ap-précier l'étendue et la durée. Aucun des trois maintenant ne paraissait douter le moins du monde de leur parfaite sécurité, à en juger par les préparatifs qu'ils firent bientôt pour te-nir conseil sur leurs opérations ultérieures.

La confusion des nations et même des tribus dont avait parlé Œil-de-Faucon existait à cette époque dans toute sa force.

L'important lien du langage, et par consé-quent d'une commune origine, était brisé dans beaucoup d'endroits; et en conséquence, les De-lawares et les Mingos (comme on appelait les six nations) combattaient dans les mêmes rangs, et ces derniers enlevaient les chevelures des Hurons, qui étaient cependant la souche pre-mière de leur nation. Les Delawares étaient di-visés entre eux. Quoique l'amour du sol qui avait appartenu à ses ancêtres retint le Saga-more des Mohicans, avec un petit nombre de ses partisans qui servaient, au fort Edouard, sous la bannière du roi d'Angleterre, néan-moins la plus grande partie de sa nation était entrée en campagne comme alliée de Montcalm. Le lecteur sait probablement, si déjà il ne l'a appris par la lecture de cette histoire, que les De-lawares ou Lénapes avaient la prétention d'être la tige de ce peuple nombreux, autrefois maître de la plupart des états de l'Est et du Nord, et dont les Mohicans formaient l'une des peupla-des les plus anciennes et les plus honorées.

Ce fut donc avec une parfaite connaissance de tous les intérêts compliqués qui avaient armé l'ami contre l'ami, et placé dans les mêmes rangs des ennemis naturels, que l'éclai-reur et ses compagnons se disposèrent mainte-nant à délibérer sur les mesures qui devaient présider à leurs mouvements ultérieurs au mi-lieu de toutes ces tribus hostiles et sauvages. Le feu fut de nouveau alimenté, et les deux Mohicans ainsi que l'éclaireur s'assirent autour avec toute la gravité requise. Duncan connais-sait assez les coutumes des Indiens pour com-prendre la raison de ces préparatifs. Il se plaça donc à l'angle d'un bastion, d'où il pourrait être spectateur de ce qui allait se passer, tandis qu'il aurait l'œil au guet contre tout danger provenant de l'extérieur; et il attendit le résul-tat avec toute la patience dont il put s'armer en cette occasion.

Après quelques instants d'un imposant si-lence, Chingachgook alluma une pipe dont le godet était formé d'une pierre tendre du pays, artistement taillée, le tuyau se composait d'un tube de bois; puis il se mit à fumer. Après avoir aspiré quelque temps le parfum du tabac, il passa la pipe à Heyward. Elle fit ainsi trois fois la ronde dans le plus profond silence, et sans que personne prononçât une parole. Alors le Sagamore, comme le plus âgé et le plus élevé en dignité, énonça en quelques paroles pleines de gravité et de calme le sujet de la délibéra-tion. L'éclaireur prit la parole après lui. Chin-gachgook répondit, et son interlocuteur lui fit de nouvelles objections. Le jeune Uncas écoutait dans un respectueux silence, jusqu'à ce qu'Œil-de-Faucon voulût bien lui demander son avis. D'après le ton et les gestes des orateurs, Heyward conclut que le père et le fils avaient embrassé un côté de la question, tandis que l'éclaireur soutenait l'autre. Peu à peu la discussion s'échauffa, et il devint évident que chacun des orateurs s'efforçait vivement de faire prévaloir son avis.

Malgré la chaleur toujours croissante de cette discussion amicale, il n'est pas d'assemblée chrétienne bien tenue, sans même en excepter celles du clergé, qui n'eût pu prendre de ces trois hommes une leçon salutaire de modération et de politesse. Les paroles d'Uncas étaient accueillies avec autant d'attention que celles qui provenaient de la sagesse plus mûre de son père ; nul ne manifestait d'impatience ; chacun parlait à son tour, après avoir donné quelques moments de méditation silencieuse à ce que le dernier interlocuteur venait de dire.

Le langage des Mohicans était accompagné de gestes si directs et si naturels qu'Heyward n'eut pas beaucoup de peine à suivre le fil de leur argumentation. La logique du chasseur était plus obscure ; car, par un reste de l'orgueil que lui donnait sa couleur, il affectait le ton froid et simple qui caractérise les Anglo-Américains de toutes les classes, lorsqu'aucune émotion ne les exite. On voyait les Indiens décrire par les gestes les traces que laisse un passage au travers des forêts, et on pouvait en conclure qu'ils insistaient pour que la poursuite fût continuée par terre, tandis que le bras d'Œil-de-Faucon, fréquemment dirigé vers l'Horican, semblait indiquer qu'il était d'avis qu'on voyageât par eau.

Tout annonçait que le chasseur perdait du terrain et que la majorité allait se prononcer contre son avis, lorsque tout à coup il se leva, et, secouant son apathie, on le vit prendre le geste et le ton d'un indigène et recourir à tous les prestiges de l'éloquence indienne. Il leva la main vers le ciel en traçant la route suivie par le soleil et en répétant ce geste autant de fois qu'il leur fallait de jours pour accomplir l'objet de leur voyage. Alors il décrivit une longue et pénible route au milieu des rochers et des courants d'eau. L'âge et la faiblesse du colonel endormi et absorbé par sa douleur furent indiqués par des signes sur lesquels il n'était pas possible de se méprendre. Duncan remarqua que ses moyens physiques à lui-même n'étaient pas évalués très-haut, et que l'éclaireur, étendant la main, le désignait par le nom de la Main-Ouverte, nom que sa libéralité lui avait obtenu de toutes les tribus amies. Puis il décrivit les mouvements légers et gracieux d'un canot qu'il opposa à la marche chancelante

d'un homme affaibli et fatigué. Il termina en montrant du doigt la chevelure de l'Onéida, pour leur faire sentir la nécessité d'un prompt départ, sans laisser de traces de leur passage.

Les Mohicans écoutaient gravement, et les sentiments de l'orateur se réfléchissaient dans leurs traits. Peu à peu la conviction se forma, et vers la fin du discours d'Œil-de-Faucon, ses paroles furent accompagnées de l'exclamation approbative qui leur était habituelle. Enfin Uncas et son père se rangèrent à son avis et firent l'abandon des opinions qu'ils avaient antérieurement exprimées avec une bonne foi et une candeur qui, s'ils eussent été les représentants d'un peuple grand et civilisé, eussent infailliblement causé leur ruine politique, en détruisant pour toujours leur réputation d'hommes à principes.

Aussitôt que l'objet en discussion fut décidé, le débat et tout ce qui s'y rapportait, à l'exception du résultat, parurent oubliés. Œil-de-Faucon, sans s'amuser à lire son triomphe dans les regards approbatifs de ses auditeurs, étendit tranquillement sa vaste personne devant les tisons à moitié consumés, ferma les yeux et s'endormit.

Restés seuls, les Mohicans, jusque-là exclusivement occupés des intérêts d'autrui, profitèrent de ce moment pour s'occuper d'eux-mêmes. Mettant tout à coup de côté les manières graves et austères d'un chef indien, Chingachgook commença à s'entretenir avec son fils du ton doux et enjoué de l'affection. Uncas répondit avec joie à la familiarité de son père, et avant que les ronflements de l'éclaireur annonçassent qu'il dormait, un changement complet s'effectua dans les manières de ses deux compagnons.

Il est impossible de décrire la musique de leur langue harmonieuse lorsqu'ils se livraient ainsi avec abandon à leurs effusions de gaieté et de tendresse ; il faut avoir entendu sa mélodie pour s'en faire une idée. Le volume de leurs voix, particulièrement de celle du jeune homme, était surprenant ; elle s'étendait depuis les tons de basse les plus graves jusqu'aux accents les plus doux d'une voix féminine. Les yeux du père suivaient avec un délice manifeste les mouvements gracieux et ingénus de son fils, et il ne manquait jamais de sourire aux éclats silencieux de sa gaieté entraînante ; sous l'influence de ces sentiments doux et naturels, les traits désarmés du Sagamore n'offraient plus de trace de férocité : son emblème de mort semblait être un travestissement joyeux plutôt qu'il n'indiquait le farouche désir de porter sur ses pas la destruction et la désolation.

Après avoir donné une heure à l'échange des meilleurs sentiments de notre nature, Chingachgook annonça tout à coup son envie de dormir, en s'enveloppant la tête dans sa couverture et en s'étendant par terre. La gaieté d'Uncas cessa tout à coup, et après avoir arrangé soigneusement les tisons de manière à communiquer leur chaleur aux pieds de son père, le jeune homme chercha à son tour un oreiller au milieu des ruines de ce lieu.

Puisant une confiance nouvelle dans la sécurité de ces hommes qui avaient l'expérience des périls de la forêt, Heyward ne tarda pas à suivre leur exemple, et avant que la nuit eût accompli le milieu de son cours, ceux qui reposaient dans l'enceinte de la forteresse ruinée parurent dormir d'un sommeil aussi profond que la multitude inanimée dont les ossements commençaient à blanchir sur la plaine environnante.

CHAPITRE XX.

Terre de l'Albanie! ô laisse, laisse-moi
Te voir avec tes fils, sauvages comme toi!
BYRON. *Childe-Harold.*

Le ciel était encore semé d'étoiles, quand Œil-de-Faucon réveilla ses compagnons. Munro et Duncan, écartant leurs manteaux, étaient déjà sur pied, lorsque l'éclaireur vint les avertir sous le grossier hangard qui les avait abrités pendant la nuit. Lorsqu'ils en sortirent, ils trouvèrent leur guide intelligent qui les attendait, et qui pour toute salutation leur fit signe de garder le silence.

« Faites vos prières mentalement, » leur dit-il à voix basse, lorsqu'ils furent près de lui, « car celui à qui vous les adressez comprend tous les langages, celui du cœur comme celui des lèvres. Mais n'articulez pas une syllabe : il est rare que la voix d'un blanc sache prendre le ton qui convient dans les bois, comme nous l'avons vu par l'exemple de ce pauvre diable de chanteur. Venez, » continua-t-il en s'avançant vers l'une des courtines du fort; « descendons par ici dans le fossé, et prenez garde en marchant de ne point vous heurter contre les pierres et les morceaux de bois. »

Ses compagnons firent ce qu'il disait, quoique l'un d'eux ne comprit rien à toutes ces précautions extraordinaires. Quand ils furent au fond du fossé qui environnait le fort de trois côtés, ils trouvèrent le passage presque entièrement intercepté par les débris. Toutefois, après beaucoup d'efforts et de patience, ils réussirent à en gravir le revers à la suite de l'éclaireur, et ils atteignirent enfin la rive sablonneuse de l'Horican.

« Il n'y a que l'odorat qui puisse suivre une trace pareille, » dit l'éclaireur satisfait en regardant le passage difficile qu'ils venaient de franchir; le gazon est un tapis dangereux pour celui qui y pose le pied dans sa fuite ; mais sur le bois et la pierre le mocassin ne laisse point d'empreinte. Si vous aviez porté vos bottes à éperons, il y aurait eu quelque chose à craindre; mais avec une chaussure faite de peau de daim convenablement préparée, on peut marcher sans crainte sur les rochers. Approchez le canot plus près de terre, Uncas. Les pieds laisseraient leur empreinte dans ce sable comme dans le beurre des Hollandais du Mohawk. Doucement, mon garçon, doucement : il ne faut pas que le canot touche le rivage, autrement les coquins sauront à quel endroit nous nous sommes embarqués. »

Le jeune homme observa cette précaution, et l'éclaireur, étendant une planche des ruines au canot, fit signe aux deux officiers d'entrer. Cela fait, on remit soigneusement toute chose dans son premier désordre. Puis Œil-de-Faucon réussit à gagner la barque de bouleau sans laisser après lui aucun de ces vestiges qu'il paraissait tant redouter. Heyward garda le silence jusqu'à ce que le canot, grâce aux efforts des Indiens qui ramaient sans bruit, se trouvât à quelque distance du fort, sous l'ombre vaste et épaisse que projetaient sur la surface brillante du lac les montagnes qui le bordaient à l'orient.

« Pourquoi ce départ furtif et précipité? demanda-t-il enfin.

— Si le sang d'un Onéïda pouvait teindre cette nappe d'eau sur laquelle nous flottons, répondit l'éclaireur, vos yeux répondraient à votre question. Avez-vous oublié le reptile rampant qu'a tué Uncas?

— Nullement; mais il était seul, dit-on, et les morts ne donnent pas de sujets de crainte.

— Oui, il était seul dans sa diabolique expédition; mais un Indien dont la tribu compte un nombre déterminé de guerriers, sait que son sang n'aura pas coulé en vain, et que quelqu'un de ses ennemis ne tardera pas à pousser le cri de mort.

— Mais notre présence et l'autorité du colonel Munro nous mettraient à l'abri du ressentiment de nos alliés, si l'on considère surtout que ce misérable n'a que trop mérité son sort. Au nom du ciel! j'espère que ce n'est pas par un motif aussi léger que vous nous avez fait dévier de notre route directe.

— La balle du manant se serait-elle détournée, lors même qu'elle aurait rencontré Sa Sacrée Majesté le roi? répondit l'opiniâtre éclaireur. S'il est vrai que la parole d'un blanc soit si puissante sur un Indien, pourquoi donc le

Français fameux, le capitaine général du Canada, n'a-t-il pas enterré le tomahawk des Hurons? »

Un long et sourd gémissement de Munro interrompit Heyward qui se préparait à répondre ; mais après une pause de quelques instants, par égard pour la douleur de son vieil ami, il reprit la conversation.

« C'est une faute dont le marquis de Montcalm aura à répondre devant Dieu, dit le jeune homme d'un ton solennel.

— Oui, oui, il y a de la raison dans vos paroles ; elles sont fondées sur la religion et la loyauté. C'est une chose bien différente de jeter un régiment d'habits rouges entre les Indiens et les prisonniers, ou d'exhorter par de belles paroles le sauvage irrité qui porte un couteau et un fusil, en commençant toujours par l'appeler *mon fils*. Non, non, » continua l'éclaireur en jetant les yeux vers le rivage de William-Henry, qui était déjà loin, et en riant d'un rire concentré mais franc, « il n'y a entre eux et nous d'autre trace que l'eau ; et à moins que les marauds ne se lient d'amitié avec les poissons, et que ces derniers ne leur disent qui sont ceux qui ont sillonné le lac ce matin, nous aurons misentre nous la longueur de l'Horican avant qu'ils aient pu décider de quel côté ils doivent diriger leur poursuite.

— Avec l'ennemi en tête et l'ennemi en queue, nous devons nous attendre à bien des dangers dans ce voyage !

— Des dangers ! » répéta Œil-de-Faucon avec calme ; « non pas absolument ; car avec de bons yeux et des oreilles vigilantes, nous pouvons réussir à maintenir une avance de quelques heures sur ces coquins-là ; ou, si nous venons à la carabine, nous sommes ici trois tireurs qui sur cet article ne craignons âme qui vive sur la frontière. Pour du danger, non. Il peut se faire, il est vrai, que nous soyons serrés de près ; nous devons nous attendre à un engagement, à une escarmouche, ou à quelque passe-temps de ce genre, mais toujours derrière de bons abris, et avec une quantité suffisante de munitions. »

Il est possible qu'Heyward, tout brave qu'il était, ne fût pas tout à fait d'accord avec l'éclaireur dans sa manière d'apprécier le danger ; car, au lieu de répondre, il demeura assis en silence pendant que le bateau continuait à franchir une distance de plusieurs milles. A la pointe du jour, ils entrèrent dans la partie resserrée du lac, et voguèrent avec rapidité et circonspection au milieu d'innombrables îlots. C'était par là que Montcalm s'était retiré avec son armée, et il était possible qu'il eût ●issé quelques-uns de ses Indiens en embuscade pour protéger son arrière-garde et ramasser les traînards. Ils s'approchèrent donc de cette partie du lac dans le silence et avec les précautions qui leur étaient habituelles.

Chingachgook quitta la rame, pendant qu'Uncas et l'éclaireur continuaient à faire avancer le bateau à travers des canaux tortueux et compliqués, où à chaque pas ils couraient risque de voir un ennemi apparaître subitement sur leur passage. A mesure qu'on avançait, les regards du Sagamore erraient attentivement d'îlot en îlot, de buisson en buisson ; et dans les endroits où la surface du lac était plus dégagée, ses yeux perçants étaient fixés sur les rochers nus et les forêts sombres qui bordaient l'étroit canal.

Heyward, pour qui ce spectacle était doublement intéressant, et par les beautés pittoresques du paysage, et par les dangers de sa situation, commençait à croire que ses craintes à cet égard n'avaient pas été suffisamment motivées, lorsqu'au signal de Chingachgook les rames cessèrent d'agir.

« Ouf ! » s'écria Uncas, au moment où son père donnait un coup léger sur le bord du canot pour avertir du voisinage de quelque danger.

« Qu'y a-t-il ? demanda l'éclaireur ; le lac est aussi uni que si les vents n'avaient jamais soufflé, et je puis voir sur sa surface à une distance de plusieurs milles ; mais je n'y découvre pas un chat. »

L'Indien étendit gravement sa rame dans la direction où son regard était fixé. L'œil d'Heyward suivit ce mouvement. A quelques verges devant eux était un îlot bas et boisé ; mais tout y paraissait aussi tranquille et aussi calme que si jamais le pied de l'homme n'en eût troublé la solitude.

« Je ne vois rien, dit-il, si ce n'est la terre et l'eau, et cela fait un délicieux spectacle.

— Chut ! interrompit l'éclaireur. Oui, Sagamore, vous ne faites jamais rien sans raison. Ce n'est encore qu'une ombre, mais qui ne me paraît pas naturelle. Major, vous voyez cette vapeur qui s'élève au-dessus de l'île ; on ne peut appeler cela un brouillard, car cela ressemble à une bande de nuages déliés.

— C'est la vapeur de l'eau.

— C'est ce qu'un enfant saurait dire. Mais quels sont ces flocons de fumée noire qui s'élèvent à gauche et qui paraissent sortir de ce bois de noisetiers ?

— Allons-y, et éclaircissons nos doutes, dit l'impatient Duncan ; un terrain aussi étroit ne peut contenir beaucoup de monde.

— Si vous jugez de l'astuce des Indiens par ce que contiennent vos livres, ou par la sagacité des blancs, vous courez risque de vous tromper, et peut-être de tomber sous leur tomahawk, » répondit Œil-de-Faucon en examinant, avec toute la perspicacité qui le distinguait, ce que pouvait recéler ce lieu. Si je puis donner mon avis dans cette matière, je dirai que nous n'avons que deux partis à prendre : l'un, de nous en retourner et d'abandonner tout projet ultérieur de poursuivre les Hurons...

— Jamais ! » s'écria Heyward d'un ton de voix beaucoup trop élevé pour la circonstance.

« Bien, bien ! » continua Œil-de-Faucon, en se hâtant de lui faire signe de réprimer son ardeur. « Je suis tout à fait de votre avis ; seulement j'ai cru devoir à mon expérience de tout dire. Il ne nous reste qu'à pousser en avant ; et si nous trouvons les Français ou les Indiens dans le détroit, eh bien ! nous ferons force de rames, et nous passerons par les baguettes, entre cette double rangée de montagnes. Ai-je raison, Sagamore ? »

L'Indien ne répondit qu'en frappant l'eau de sa rame, et en faisant avancer rapidement le canot. Comme sa direction lui était confiée, ce mouvement suffit pour indiquer le parti qu'il adoptait. Toutes les rames se mirent aussitôt à l'œuvre avec vigueur, et bientôt ils atteignirent un point d'où leurs regards découvraient complètement la rive septentrionale de l'île, c'est-à-dire la partie qui jusque-là leur avait été cachée.

« Ils doivent être là, si les signes ne sont pas trompeurs, dit tout bas l'éclaireur ; deux canots et de la fumée ! Les coquins ne distinguent pas encore les objets à travers le brouillard, ou ils auraient déjà jeté leur maudit cri de guerre. Ferme, mes amis, ramons d'ensemble... Nous nous éloignons d'eux, et déjà nous sommes presque hors de la portée de la carabine. »

La détonation d'un fusil, dont la balle effleura la surface paisible du lac, et un grand cri parti de l'île, lui coupèrent la parole, et annoncèrent qu'ils étaient découverts. Aussitôt on vit plusieurs sauvages se jeter dans les canots, qui bientôt s'avancèrent rapidement à leur poursuite. Ces terribles avant-coureurs d'une lutte imminente, autant que put le voir Duncan, ne produisirent aucun changement dans les traits et les mouvements de ses trois guides, si ce n'est que leurs rames fendant l'onde avec plus de force et plus à l'unisson, la barque s'élança sur la surface liquide avec l'agilité d'un être doué de vie et de volonté.

« Tenez-les à cette distance, Sagamore, » dit Œil-de-Faucon en regardant froidement par dessus son épaule gauche ; là, justement. Ces Hurons n'ont pas dans toute leur nation un fusil qui porte à cette distance ; mais perce-daim à un canon sur lequel on peut à coup sûr établir son calcul. »

L'éclaireur s'étant assuré que les Mohicans suffisaient pour maintenir le canot à la distance

requise, quitta sur-le-champ la rame et prit sa redoutable carabine. Trois fois il mit en joue, et lorsque ses compagnons n'attendaient plus que la détonation, trois fois il ramena à lui son arme pour demander aux Indiens de laisser l'ennemi s'approcher un peu plus. Enfin, après avoir patiemment mesuré la distance, il parut satisfait. Déjà il passait sa main gauche sous le canon de son fusil, qu'il élevait lentement, lorsqu'une exclamation d'Uncas, qui était assis à la proue, lui fit une fois encore suspendre le coup fatal.

« Qu'y a-t-il, mon enfant ? demanda Œil-de-Faucon ; votre voix vient d'épargner le cri de mort à un Huron : quel a été votre motif ? »

Uncas montra du doigt le rivage opposé, d'où un autre canot de guerre se dirigeait en droite ligne sur eux. Il était évident maintenant que leur situation était trop périlleuse pour qu'elle eût besoin d'être confirmée par la parole. L'éclaireur déposa sa carabine et reprit la rame, et Chingachgook dirigea la pointe du canot du côté du rivage occidental afin d'accroître la distance entre eux et ce nouvel ennemi. En même temps de grands cris de joie leur rappelèrent la présence de ceux qui s'avançaient sur leurs derrières. Cette scène inquiétante tira Munro lui-même de la douloureuse apathie où ses infortunes l'avaient plongé.

« Gagnons les rochers de la rive, » dit-il avec la fermeté d'un vieux soldat, « et donnons la bataille aux sauvages. A Dieu ne plaise que moi ou ceux qui sont attachés à moi ou aux miens, nous nous confions jamais à la foi des sujets ou des alliés de tous ces Louis !

— Quand on fait la guerre aux Indiens, celui qui veut réussir, reprit l'éclaireur, doit résoudre sa fierté à prendre conseil des indigènes. Appuyez davantage du côté de la terre, Sagamore ; nous sommes obligés de doubler ces coquins, et il est probable qu'ils essaieront de nous atteindre à la longue.

Œil-de-Faucon ne se trompait pas ; car lorsque les Hurons s'aperçurent qu'on suivant la ligne directe, ils resteraient beaucoup en arrière, ils en prirent une plus oblique, jusqu'à ce que les canots marchèrent sur des lignes presque parallèles à deux cents pas l'un de l'autre. Ce fut alors uniquement une question de vitesse. Les barques légères glissaient avec tant de rapidité sur leur passage l'eau se soulevait en petites vagues, et la vélocité de leur marche donnait aux canots un mouvement ondulatoire. Ce fut peut-être à cause de cette circonstance, outre la nécessité d'occuper tous les bras à ramer, que les Hurons n'eurent pas immédiatement recours aux armes à feu. Les efforts des fugitifs étaient trop pénibles pour continuer longtemps, et ceux qui les poursuivaient avaient l'avantage du nombre. Duncan vit avec inquiétude que l'éclaireur jetait autour de lui un regard embarrassé, comme s'il eût cherché quelque nouveau moyen d'accélérer leur fuite.

« Éloignez-vous un peu du soleil, Sagamore, dit l'intrépide éclaireur, je vois un de ces coquins quitter la rame pour prendre un fusil. Un seul os brisé peut nous coûter nos chevelures; écartez-vous un peu plus du soleil, et nous mettrons l'île entre eux et nous. »

Cet expédient ne fut pas inutile. Une île longue et basse était à quelque distance devant eux, et lorsqu'ils s'en furent approchés, le canot qui leur donnait la chasse fut obligé de prendre le côté opposé à celui par où passaient les fugitifs. L'éclaireur et ses compagnons ne négligèrent pas cet avantage, mais aussitôt que les taillis les eurent dérobés à la vue des ennemis, ils redoublèrent des efforts qui auparavant avaient déjà semblé prodigieux. Les deux canots tournèrent la pointe de l'île comme deux chevaux de course près d'arriver au but, mais les fugitifs en tête. Ce changement, tout en modifiant leur position relative, rapprocha les deux canots l'un de l'autre.

« Vous avez montré que vous vous connaissiez en canots, Uncas, en choisissant celui-ci parmi ceux des Hurons, » dit l'éclaireur en souriant plutôt par le plaisir que lui donnait la supériorité de leur course que par l'espoir, qui maintenant commençait à leur luire, d'échapper définitivement à la poursuite. « Les scélérats se sont tous remis à la rame, et il nous faut sauver nos chevelures avec nos morceaux de bois aplatis, au lieu de bonnes carabines et de bons yeux! Un coup de collier, mes amis, et d'ensemble!

— Ils se préparent à tirer, dit Heyward; et comme nous sommes sur la même ligne, ils ne peuvent manquer leur coup.

— Mettez-vous dans le fond du canot, vous et le colonel, reprit l'éclaireur, ce sera autant de pris sur la grandeur de la cible. »

Heyward répondit en souriant :

« Ce serait donner un mauvais exemple que de voir les supérieurs se cacher pendant que les guerriers sont à découvert!

— Bon Dieu, bon Dieu! s'écria l'éclaireur, je reconnais bien là le courage des blancs, aussi peu raisonnable qu'un grand nombre de leurs idées. Pensez-vous que le Sagamore ou Uncas, ou moi-même qui suis un homme de pur sang, nous hésiterions à nous abriter dans un combat où il ne servirait de rien d'être à découvert? Et pourquoi donc les Français ont-ils bâti leur Québec, s'il faut toujours combattre en rase campagne?

— Tout ce que vous dites est très-vrai, mon ami, reprit Heyward; mais nos usages ne nous permettent pas de faire ce que vous nous demandez. »

Une décharge des Hurons interrompit la conversation, et au moment où les balles sifflaient près d'eux, Duncan vit Uncas tourner la tête et jeter les yeux sur lui et sur Munro. Malgré la proximité de l'ennemi, et le danger qu'il courait personnellement, les traits du jeune guerrier n'exprimaient d'autre émotion, de l'aveu même de Duncan, que l'étonnement de voir des hommes qui s'exposaient volontairement à un péril sans utilité. Chingachgook était sans doute plus au fait des préjugés des blancs, car il ne détourna pas même les yeux qu'il tenait fixés sur le point qui lui servait à diriger la marche du canot. Une balle vint frapper la rame légère et polie dans la main du chef et la lança à quelque distance en avant du canot. Un cri s'éleva du milieu des Hurons, qui saisirent cette occasion pour faire une autre décharge. Uncas décrivit un arc dans l'eau avec sa rame, et rattrapa au passage la rame de Chingachgook, qui l'agita en l'air en poussant le cri de guerre des Mohicans, puis se remit de plus belle à sa tâche importante.

Les cris : « le Gros-Serpent! la Longue-Carabine! le Cerf-Agile! » s'élevèrent tout à coup des canots qui les poursuivaient et parurent redoubler l'ardeur de leurs ennemis. L'éclaireur prit perce-daim de la main gauche et l'éleva au-dessus de sa tête en le brandissant comme pour narguer les Hurons. Les sauvages répondirent à cette insulte par un hurlement suivi bientôt d'une autre décharge. Les balles sifflèrent sur le lac, et l'une d'elles perça leur petite barque. Dans ce moment critique les Mohicans ne manifestèrent aucune émotion; leurs traits sévères n'exprimèrent ni espoir, ni alarme; mais l'éclaireur tourna de nouveau la tête, et riant à sa manière silencieuse, dit à Heyward :

« Les coquins aiment à entendre le bruit de leur carabine, mais il n'y a pas parmi les Mingos un tireur capable d'ajuster au milieu du balancement d'un canot. Vous voyez que les imbéciles ont encore retranché un rameur exprès pour charger, et en calculant au plus bas, nous avançons de trois pas quand ils n'en font que deux. »

Heyward qui, dans son calcul des distances, n'était pas tout à fait aussi rassuré que ses compagnons, ne fut pas fâché néanmoins de voir que, grâce à leur dextérité supérieure et à la diversion opérée parmi leurs ennemis, ils commençaient à obtenir sur eux un avantage évident. Les Hurons bientôt tirèrent de nouveau, et une balle frappa sans effet la rame d'Œil-de-Faucon.

« C'est très-bien, » dit l'éclaireur en examinant avec attention la marque légère qu'avait faite la balle ; « elle n'aurait pas écorché la peau d'un enfant, bien moins encore d'hommes tels que nous sur qui le ciel a soufflé dans sa colère. Maintenant, major, si vous voulez essayer de vous servir de ce morceau de bois aplati, je vais permettre à perce-daim de prendre part à la conversation. »

Heyward saisit la rame et se mit à l'œuvre avec une énergie qui tint lieu d'habileté, pendant qu'Œil-de-Faucon s'occupait à examiner la batterie de sa carabine. Il mit rapidement en joue et fit feu. Le Huron qui était à la proue du premier canot s'était levé pour tirer également ; il tomba en arrière en laissant échapper son fusil dans l'eau. Néanmoins il se releva aussitôt ; mais ses gestes et ses mouvements annonçaient un homme grièvement blessé. Au même instant ses compagnons suspendirent leurs efforts ; les deux canots ennemis se joignirent et s'arrêtèrent. Chingachgook et Uncas profitèrent de l'intervalle pour reprendre haleine. Heyward seul continua à ramer avec un redoublement d'énergie. Le père et le fils échangèrent alors avec calme un regard investigateur pour s'assurer si l'un d'eux avait été atteint par le feu de l'ennemi ; car tous deux savaient que dans un moment aussi critique, le blessé n'aurait laissé échapper aucun cri. Quelques grosses gouttes de sang coulaient sur l'épaule du Sagamore qui, s'apercevant que cet objet semblait occuper l'attention de son fils, prit de l'eau dans le creux de sa main et lava la trace du sang, indiquant de cette manière simple combien sa blessure était légère.

« Doucement, doucement, major, » dit l'éclaireur qui pendant ce temps avait rechargé sa carabine ; « nous sommes déjà un peu trop loin pour qu'un fusil déploie tous ses avantages, et vous voyez que ces manants tiennent conseil. Laissons-les venir à une distance convenable, et en cette matière on peut s'en rapporter à mon coup d'œil ; je veux leur faire parcourir toute la longueur de l'Horican, et je garantis que leurs balles réussiront tout au plus à nous effleurer la peau, tandis que perce-daim tuera deux fois sur trois.

— Nous oublions l'objet que nous avons en vue, reprit le diligent Duncan. Au nom du ciel, profitons de cet avantage et augmentons la distance qui nous sépare de l'ennemi.

— Donnez-moi mes enfants ! » dit Munro d'une voix étouffée ; « n'abusez pas plus longtemps de la douleur d'un père ; rendez-moi mes enfants ! » Une longue habitude de déférence pour ses supérieurs avait donné à l'éclaireur la vertu de l'obéissance. Jetant vers les canots un long et dernier regard, il déposa sa carabine, et prenant la place d'Heyward fatigué, il reprit la

rame qu'il mania avec une vigueur qui ne se lassait jamais. Ses efforts furent secondés par ceux des Mohicans, et quelques minutes suffirent pour mettre entre eux et leurs ennemis une telle distance qu'Heyward recommença à respirer librement.

Le lac s'élargissait en cet endroit, et la rive qu'ils longeaient était hérissée, comme auparavant, de montagnes hautes et escarpées ; mais les îlots étaient en petit nombre, et on les évitait facilement. Le mouvement des rames devint plus mesuré et plus régulier, du moment que la chasse inquiétante à laquelle ils venaient d'échapper eut cessé, et les rameurs continuèrent leur tâche avec autant de sang-froid que si les efforts qu'ils venaient de faire avaient eu pour objet une joûte et non un danger pressant.

Au lieu de suivre la rive occidentale, ainsi que l'exigeait leur itinéraire, l'habile Mohican dirigea sa course vers les collines derrière lesquelles on savait que Montcalm avait conduit son armée dans la forteresse redoutable de Ticonderoga. Comme les Hurons, selon toute apparence, avaient abandonné leur poursuite, il semblait que cet excès de précaution fût sans motif. Cependant on continua à suivre cette direction pendant plusieurs heures jusqu'à ce qu'on arriva dans une baie située presque à l'extrémité nord du lac. Là on tira le canot à terre, et toute la troupe débarqua. Œil-de-Faucon et Duncan montèrent sur une éminence voisine, d'où le premier, après avoir considéré attentivement la surface liquide qui s'étendait à leurs pieds, fit remarquer à Heyward un point noir à la hauteur d'un promontoire éloigné de plusieurs milles.

« Le voyez-vous ? demanda l'éclaireur. Que penseriez-vous que ce pût être, si vous aviez à vous frayer une route dans ce désert avec le seul secours de votre expérience de blanc ?

— N'étaient son éloignement et ses dimensions, on le prendrait pour un oiseau. Serait-ce quelque chose de vivant ?

— C'est un canot fait d'excellente écorce de bouleau, et ramé par de farouches et rusés Mingos. Bien que la Providence ait donné à ceux qui habitent ces bois des yeux qui seraient inutiles aux hommes des colonies, où l'on possède des instruments qui aident la vue, néanmoins il n'est pas d'organe humain qui puisse voir tous les dangers qui nous entourent en ce moment. Ces manants font semblant de ne s'occuper que de leur repas du soir ; mais vienne la nuit, et ils se mettront à notre piste comme de vrais chiens de chasse. Il faut que nous les dépistions, sans quoi nous serions forcés d'abandonner la poursuite du Renard-Subtil. Ces lacs sont quelquefois utiles, surtout quand le gibier

BIBLIOTHÈQUE NATIONALE

Œil-de-Faucon au lieu de prendre sa victime à la gorge, lui frappa sur
l'épaule.. (Page 119)

d'eau abonde, » continua l'éclaireur en jetant
autour de lui des regards inquiets ; « mais ils
n'offrent aucun abri, si ce n'est aux poissons.
Dieu sait ce que deviendra le pays si les colonies continuent à s'étendre des deux rivières
dans l'intérieur des terres ! la guerre et la chasse
perdront toutes leurs beautés.

— Ne nous arrêtons pas un seul moment sans
cause bonne et valable.

— Je n'aime pas cette fumée que vous voyez
serpenter le long du rocher au-dessus du canot,
interrompit l'éclaireur absorbé. Sur ma vie,
d'autres yeux que les nôtres la voient et savent
ce qu'elle veut dire ! mais ici les paroles ne peuvent remédier à rien ; il est temps d'agir. »

Après cette reconnaissance, Œil-de-Faucon

descendit sur la rive, plongé dans de profondes
réflexions ; il communiqua ses observations à
ses compagnons en delaware, et une consultation vive et rapide eut lieu : après quoi tous
trois se mirent en devoir d'exécuter leurs réso-
lutions.

Ils tirèrent le canot de l'eau, et le transportè-
rent sur leurs épaules. Ils s'avancèrent dans le
bois, en faisant en sorte que leurs traces fussent
aussi apparentes que possible : bientôt ils arrivèrent à un cours d'eau qu'ils traversèrent, et
continuèrent d'aller en avant jusqu'à ce qu'ils
vinrent à un grand rocher nu. Là, où leurs
traces ne pouvaient plus s'apercevoir, ils retournèrent au ruisseau à reculons avec la plus grande
circonspection. Ils suivirent alors le lit du petit

ruisseau jusqu'au lac, où ils lancèrent de nouveau leur petit canot. Une pointe de terre les empêchait d'être vus du promontoire, et la rive du lac était bordée dans une certaine étendue de broussailles épaisses. A la faveur de ces dispositions naturelles du terrain, ils côtoyèrent la rive en silence jusqu'à ce qu'enfin l'éclaireur déclara qu'on pouvait débarquer en toute sûreté.

La halte continua jusqu'à ce que le soir fût venu répandre sur les objets sa lueur incertaine. Ils continuèrent alors leur voyage, et, favorisés par les ténèbres, ramèrent en silence et avec vigueur jusqu'au rivage occidental. Quoique la côte escarpée vers laquelle ils se dirigeaient n'offrît aux yeux de Duncan aucune marque distincte, le Mohican entra dans la petite baie qu'il avait choisie, avec l'assurance et l'adresse d'un pilote expérimenté.

Le bateau fut de nouveau enlevé et porté dans les bois, où on le cacha soigneusement sous des broussailles. Les voyageurs prirent leurs armes et leurs bagages, et l'éclaireur annonça à Munro et à Heyward que lui et les Indiens étaient maintenant prêts à reprendre leur poursuite interrompue.

CHAPITRE XXI

Si vous y trouvez quelqu'un, tuez-le comme une puce.
SHAKSPEARE. <i>Les Commères de Windsor.</i></center>

La troupe avait débarqué sur la côte d'un pays qui aujourd'hui encore est moins connu des habitants des États-Unis que ne le sont les déserts de l'Arabie ou les steppes de la Tartarie. C'était le canton stérile et rocailleux qui sépare les fleuves tributaires du Champlain de ceux qui vont mêler leur onde à celle de l'Hudson.

Depuis l'époque où se sont passés les événements dont nous écrivons l'histoire, le génie entreprenant de nos compatriotes a entouré cette contrée d'une ceinture d'établissements riches et prospères; mais le chasseur et l'Indien sont encore les seuls qui pénètrent dans ces solitudes stériles et sauvages.

Comme Œil-de-Faucon et les Mohicans avaient souvent traversé les montagnes et les vallées de ce vaste désert, ils n'hésitèrent pas à se plonger dans ses profondeurs avec toute l'assurance d'hommes accoutumés aux privations et aux fatigues d'expéditions semblables. Pendant plusieurs heures les voyageurs continuèrent leur marche pénible, guidés par une étoile ou suivant la direction de quelque ruisseau. Enfin

l'éclaireur donna le signal de la halte; après s'être rapidement consulté avec les Indiens, on alluma du feu et on se prépara à passer la nuit où l'on était.

Imitant l'exemple et partageant l'assurance de leurs guides expérimentés, Munro et Duncan dormirent sans crainte, mais non sans être assiégés de pensées pénibles. Le soleil avait fait évaporer la rosée et dispersé les vapeurs du matin, et déjà ses rayons répandaient dans la forêt une lumière vive et brillante, quand les voyageurs se mirent en route.

Après avoir fait quelques milles, la marche d'Œil-de-Faucon devint plus circonspecte et plus attentive; souvent il s'arrêtait pour examiner les arbres, et il ne traversait pas un ruisseau sans considérer avec soin la quantité, la vélocité et la couleur de ses eaux. Ne se fiant pas à son propre jugement, il en appelait fréquemment et gravement à l'opinion de Chingachgook. Pendant l'une de ces conférences, Heyward remarqua qu'Uncas écoutait avec calme et en silence, quoiqu'il parût prendre beaucoup d'intérêt à l'entretien. Il était fortement tenté de s'adresser au jeune chef, et de lui demander son opinion sur les progrès de leur voyage; mais l'attitude tranquille et grave de l'Indien lui fit juger que, de même que lui, le jeune homme s'en rapportait entièrement à la sagacité et à l'intelligence de ceux qui étaient plus âgés que lui. Enfin l'éclaireur, s'exprimant en anglais, expliqua l'embarras de leur situation.

« Quand j'ai vu que les Hurons, pour se rendre dans leur patrie, s'étaient dirigés vers le nord, dit-il, il m'a été facile de prévoir qu'ils suivraient les vallées et s'avanceraient entre l'Hudson et l'Horican, jusqu'à ce qu'ils eussent atteint les sources des fleuves du Canada qui les conduiraient dans le cœur même du pays soumis aux Français. Cependant nous voilà dans le voisinage du Scaroun, et nous n'avons encore trouvé aucune trace. La nature humaine est sujette à erreur, et il est possible que nous nous soyons trompés de piste.

— Le ciel nous garde d'une semblable erreur! s'écria Duncan. Revenons sur nos pas, et examinons le terrain avec plus d'attention. Uncas n'a-t-il aucun conseil à nous donner dans un tel embarras? »

Le jeune Mohican jeta sur son père un coup d'œil rapide, puis reprenant son air calme et réservé, continua de garder le silence. Chingachgook le comprit et lui fit signe de la main qu'il pouvait parler. Du moment que cette permission lui fut accordée, la gravité calme d'Uncas fit place à une expression d'intelligence et de joie. Bondissant avec la légèreté d'un daim, il s'élança sur la pente d'une petite éminence à quelques verges de là, et s'arrêta avec un air de triomphe sur une portion de terre fraîchement remuée par le passage de quelque pesant animal. Les yeux de toute la troupe suivirent ce mouvement inattendu, et chacun crut voir un gage de succès dans l'air de triomphe qui se peignait dans les traits du jeune homme.

« Ce sont leurs traces! » s'écria l'éclaireur en s'avançant vers cet endroit; « le jeune homme a bon œil et l'esprit avisé pour son âge.

— Il est extraordinaire qu'il ait différé si longtemps de nous faire part de ce qu'il savait, lui dit tout bas Duncan.

— Il eût été bien plus extraordinaire qu'il parlât sans y être autorisé! Non, non; vos jeunes blancs, qui puisent leur science dans les livres, et qui peuvent évaluer leurs connaissances à tant la page, peuvent croire que leur instruction, comme leurs jambes, dépasse celle de leurs pères; mais là où le maître d'école est l'expérience, l'écolier apprend à faire cas des années, et respecte ceux qui sont plus âgés que lui.

— Voyez! » dit Uncas en montrant le nord et le sud et en faisant remarquer à droite et à gauche des traces fortement empreintes; « la fille aux cheveux noirs s'est dirigée du côté de la gelée.

— Jamais limier ne trouva une piste plus belle, » répondit l'éclaireur en s'avançant d'un air délibéré sur la route indiquée; « nous avons du bonheur, beaucoup de bonheur, et nous pouvons marcher le nez levé. Ah! ah! voilà les traces des deux chevaux qui ont une si drôle d'allure : ce Huron voyage comme un général blanc; il faut que cet homme soit frappé d'aveuglement et de vertige! Voyez si vous ne trouverez pas l'empreinte des roues, Sagamore? » continuait-il en se retournant et en riant; « nous verrons ce fou voyager en carrosse, et cela quand il a sur les talons les trois meilleures paires d'yeux de toute la frontière. »

La gaieté de l'éclaireur et l'étonnant succès d'une poursuite dans laquelle on avait fait un circuit de plus de quarante milles, ne manquèrent pas de ranimer l'espérance dans le cœur de toute la troupe. La marche fut rapide et aussi assurée que celle d'un voyageur qui suit la grande route.

Si la piste était interrompue par un rocher, un ruisseau, ou une portion de terrain plus dur que le reste, le coup d'œil sûr de l'éclaireur la retrouvait à quelques pas de là, et le pas des voyageurs en était à peine ralenti. Ce qui contribua beaucoup à faciliter leur marche, fut la certitude que Magua avait jugé nécessaire de suivre les vallées, circonstance qui levait toute incertitude sur la direction générale de la route qu'ils devaient suivre. Le Huron n'avait pas négligé les subterfuges mis en usage par les Indiens lorsqu'ils se retirent devant un ennemi. Les fausses traces, les détours subits étaient fréquents toutes les fois qu'un ruisseau ou la nature du terrain en offrait la possibilité; mais ceux qui le poursuivaient s'y laissaient rarement prendre et avaient bientôt reconnu leur erreur, avant de s'être avancés longtemps sur les traces trompeuses.

Au milieu de l'après-midi, ils avaient franchi le Scaroun et ils marchaient dans la direction du soleil couchant. Après être descendus au bas d'une éminence où coulait un ruisseau rapide, ils arrivèrent tout à coup dans un endroit où la troupe du Renard avait fait halte. Des tisons éteints étaient épars autour de la source, les restes d'un daim étaient dispersés çà et là, et l'état des arbres prouvait évidemment que les chevaux les avaient broutés de près et longtemps. A quelque distance de là Heyward découvrit et contempla avec une tendre émotion l'abri sous lequel il pensa que Cora et Alice avaient reposé. Mais bien que la terre eût été foulée, que les pas d'hommes et d'animaux eussent laissé une empreinte visible, les traces étaient tout à coup interrompues.

Il était facile de suivre celles qu'avaient laissées les narragansets, mais il semblait qu'ils eussent erré sans guide, ou sans autre objet que la pâture. Enfin Uncas qui, ainsi que son père, s'était efforcé de suivre la piste des chevaux, vint à un endroit où l'on apercevait des traces de leur passage récent. Avant d'aller plus loin, il fit part de son succès à ses compagnons, et tandis que ces derniers se consultaient à ce sujet, le jeune homme parut de nouveau avec les deux alezans, dont les selles étaient brisées, les harnais salis comme s'ils eussent été en liberté depuis plusieurs jours.

« Que veut dire cela? » dit Duncan devenu pâle et jetant les yeux autour de lui comme s'il eût craint de trouver dans les broussailles et les feuilles la révélation d'un terrible mystère.

« Cela veut dire que notre marche touche à sa fin et que nous sommes en pays ennemi, répondit l'éclaireur. Si le coquin avait été pressé et qu'il n'y eût pas eu de chevaux pour mettre les dames à même de le suivre, il est possible qu'il eût pris leurs chevelures; mais n'ayant pas l'ennemi à ses talons, et ayant ces chevaux à sa disposition, il ne leur a pas ôté un cheveu de la tête. Je connais votre pensée, et s'il s'agissait d'hommes de notre couleur vous auriez raison; jamais un Mingo ne portera la main sur une femme si ce n'est pour la tuer; croire le contraire, c'est ignorer la nature indienne et les lois de la forêt. Non, non; je sais que les Indiens-Français sont venus sur ces collines chasser l'élan, et nous sommes dans le voisinage de leur camp. Et pourquoi pas? Matin et soir le canon de Ty se fait entendre dans ces montagnes, car les Français font de nouveaux établissements entre

les provinces du roi et le Canada. Il est vrai que
les chevaux sont ici, mais les Hurons n'y sont
plus; cherchons donc le chemin par lequel ils
sont partis. »

Œil-de-Faucon et les Mohicans s'appliquèrent
sérieusement alors à cette tâche. On traça un
cercle fictif de quelques centaines de pas de circonférence, et chacun d'eux se chargea d'en examiner une section. Cet examen toutefois n'amena
aucune découverte. Les empreintes de pas étaient
nombreuses, mais c'étaient les pas d'hommes
qui paraissaient avoir parcouru le terrain dans
tous les sens, sans intention de s'éloigner. L'éclaireur et ses compagnons recommencèrent à faire
le tour de cette circonférence, à la suite l'un de
l'autre et à pas lents; puis ils se réunirent de
nouveau au centre sans être plus avancés.

« Il faut qu'il y ait de la diablerie dans la ruse
de ces coquins, » s'écria Œil-de-Faucon quand
son regard rencontra celui de ses compagnons
désappointés. « Il faut nous remettre à l'œuvre,
Sagamore, en commençant à la source, et en
parcourant le terrain pouce à pouce. Il ne faut
pas que le Huron se vante dans sa tribu d'avoir
un pied qui ne laisse pas d'empreinte. » Donnant lui-même l'exemple, l'éclaireur recommença les recherches avec un redoublement
d'ardeur. Pas une feuille ne fut laissée sans être
retournée, pas une branche sèche qui ne fût enlevée, pas une pierre qu'ils ne soulevassent, car
ils savaient que ces objets servaient fréquemment aux Indiens à cacher l'empreinte de leurs
pas à mesure qu'ils marchaient. Cependant ils ne
découvrirent rien. Enfin Uncas, plus agile que
les autres, ayant terminé sa tâche le premier, se
mit à creuser la terre en travers du ruisseau
qui coulait de la source et qui paraissait avoir
été troublé; il lui traça un nouveau lit. Aussitôt que l'ancien lit fut à sec, au-dessous de l'espèce d'écluse qu'il avait pratiquée, il se pencha
pour l'examiner d'un regard curieux et attentif.
Un cri de joie annonça aussitôt le succès du
jeune guerrier. Toute la troupe accourut, et
Uncas montra dans l'alluvion grasse et humide
l'empreinte d'un mocassin.

« Ce garçon fera honneur à sa nation, et ce
sera une épine au pied des Hurons, » dit Œil-
de-Faucon en regardant l'empreinte avec toute
l'admiration d'un naturaliste à la vue de la
dent ou de la côte d'un animal antédiluvien.
« Cependant ce n'est pas là le pied d'un Indien;
on a trop appuyé sur le talon, les doigts du pied
sont placés trop carrément : on dirait qu'un
danseur français est venu enseigner à la tribu
des pas à la moderne. Uncas, allez me chercher
la mesure du pied du chanteur; vous en trouverez une magnifique empreinte là-bas sur la
pente de la colline, en face de ce rocher. »

Pendant que le jeune homme s'acquittait de

sa commission, l'éclaireur et Chingachgook s'occupaient à examiner attentivement les empreintes. C'était juste la mesure, et le premier
déclara que c'était le pied de David, à qui on
avait fait de nouveau quitter ses souliers pour
des mocassins.

« J'y vois maintenant aussi clair que si j'avais
assisté aux subterfuges du Subtil, ajouta-t-il;
les propriétés du chanteur résidant principalement dans son gosier et dans ses pieds, on l'a
fait aller le premier, et les autres ont marché
dans l'empreinte de ses pas.

— Mais, s'écria Duncan, je ne vois pas de
traces de...

— De ces dames, interrompit l'éclaireur; le
manant a trouvé moyen de les porter jusqu'à ce
qu'il ait cru nous avoir dépistés. Je gage que
nous allons retrouver leurs petits pieds à peu
de distance d'ici. »

Tout le monde se mit à marcher en suivant
le cours du ruisseau et en fixant des yeux attentifs sur les empreintes. L'eau bientôt rentra
dans son lit; mais l'éclaireur et les Mohicans
poursuivirent leur route en examinant le terrain sur l'une et l'autre rive, sachant que les
traces étaient sous l'eau. C'est ainsi qu'ils firent
plus d'un demi-mille, après quoi ils arrivèrent
à un endroit où le ruisseau coulait autour de la
base d'un grand rocher nu. Là ils s'arrêtèrent
pour s'assurer que les Hurons n'avaient pas
quitté le cours du ruisseau.

Cette précaution ne fut pas inutile; car l'actif
et intelligent Uncas trouva bientôt l'empreinte
d'un pied sur une touffe de mousse, où il semblait qu'un Indien avait imprudemment marché. S'étant avancé dans la direction indiquée
par cette découverte, il pénétra dans un taillis
voisin, et retrouva la trace aussi récente et aussi
visible qu'avant qu'elle eût atteint le ruisseau.
Un autre cri annonça sa bonne fortune à ses
compagnons, et mit fin aux recherches.

« Oui, voilà qui a été concerté avec une sagacité vraiment indienne, » dit l'éclaireur quand
tout le monde fut réuni en cet endroit; et les
yeux d'un blanc s'y seraient laissé prendre.

— Continuerons-nous notre marche? demanda Heyward.

— Doucement! doucement! Nous connais-
sons notre chemin; mais il est bon d'examiner
la formation des choses. C'est ici mon école, à
moi, major; et si je n'étudie pas dans mon livre
de classe, l'enseignement que je reçois de la
Providence ne me profitera pas plus que celui
d'une vieille femme à un enfant paresseux.
Tout s'explique, hors la manière dont le coquin
s'y est pris pour transporter les dames le long
du ruisseau. Un Huron lui-même n'aura pas pu
permettre que leurs pieds délicats touchassent
l'eau.

— Voilà qui expliquera peut-être la chose, » dit Heyward en montrant les débris d'une sorte de civière grossièrement construite avec des branches et de l'osier, et qui paraissait avoir été rejetée comme inutile.

« Tout est éclairci! s'écria Œil-de-Faucon plein de joie. Les drôles doivent avoir employé deux heures entières à concerter les moyens de cacher les dernières traces de leur passage! Je les ai vus y employer quelquefois une journée entière de la même manière, et sans réussir davantage. Voilà ici trois paires de mocassins et deux de petits pieds. C'est merveille que des créatures humaines puissent marcher avec des pieds aussi mignons! Sur ma vie! ils ne ont pas plus longs que ceux d'un enfant, et cependant les demoiselles sont grandes et bien découpées. Les mieux partagés d'entre nous doivent avouer que la providence, qui a sans doute de bonnes raisons pour cela, est partiale dans ses dons.

— Les membres délicats de mes filles n'ont pu soutenir une marche aussi pénible, » dit Munro en regardant l'empreinte des pas de ses enfants avec tout l'amour d'un père; nous les trouverons mourantes de fatigue dans ce désert.

— Cela n'est pas à craindre, » reprit l'attentif éclaireur en secouant lentement la tête; voici un pas ferme et droit, quoique léger et court. Voyez, c'est à peine si le talon a touché la terre; voici un endroit où la fille aux cheveux noirs a sauté d'une racine à une autre. Non, non, j'en donne l'assurance, aucune d'elles n'est épuisée de fatigue. Quant au chanteur, on voit clairement à ses traces que les pieds lui faisaient mal, et qu'il avait les jambes fatiguées. En cet endroit il a glissé; là, on voit qu'il chancelait en marchant; par ici, on dirait qu'il a marché avec des souliers pour la neige. Oui, certes, un homme qui fait son métier de chanter ne peut guère s'occuper de l'éducation de ses jambes. »

C'est par ces indices indéniables que l'éclaireur expérimenté arrivait à la découverte de la vérité avec autant de certitude et de précision que s'il eût été témoin oculaire des faits que sa perspicacité lui révélait si facilement. Encouragée par ses assurances, et convaincue par un raisonnement si empreint d'évidence malgré sa simplicité, la troupe se remit en marche après une courte halte, dans laquelle on prit à la hâte quelque nourriture.

Quand le repas fut terminé, l'éclaireur jeta un regard sur le soleil couchant, et s'avança d'un pas rapide; Heyward et Munro encore robuste furent obligés, pour le suivre, d'employer toute leur vigueur. Ils continuaient à marcher le long du ruisseau dont nous avons parlé. Comme les Hurons n'avaient plus cherché, à dater de ce point, à cacher les traces de leur passage, aucune incertitude ne vint plus ralentir la marche des voyageurs. Cependant, avant qu'une heure se fût écoulée, Œil-de-Faucon suspendit sensiblement la rapidité de son pas, et au lieu de porter le regard en avant, il commença à tourner avec précaution la tête à droite et à gauche, comme s'il eût senti l'approche de quelque danger. Bientôt il s'arrêta, et attendit que le reste de la troupe l'eût rejoint.

« Je sens les Hurons, » dit-il aux Mohicans; « je vois le soleil là-bas à travers le sommet des arbres; nous sommes trop rapprochés de leur cantonnement. Sagamore, prenez à droite, du côté de la colline; Uncas longera le ruisseau à gauche, tandis que moi je continuerai à suivre la piste. Celui qui verra quelque chose donnera pour signal trois cris de corbeau. J'ai vu tout à l'heure s'envoler un de ces oiseaux un peu plus loin que le chêne mort, autre signe que nous approchons d'un camp. »

Les Indiens, sans croire utile de faire aucune réponse, prirent chacun la direction qui leur était indiquée, pendant que l'éclaireur poursuivait sa route avec Heyward et Munro. Heyward se pressa sur les pas de son guide, dans l'impatience qu'il avait de voir enfin les ennemis qu'il avait poursuivis avec tant de fatigue et d'inquiétude. Son compagnon lui dit de se glisser vers la lisière du bois qui, comme d'ordinaire, était bordé de taillis, et d'y attendre son arrivée, pendant qu'il allait à quelques pas de là examiner certains signes suspects. Duncan obéit, et bientôt un spectacle qui lui parut aussi singulier que nouveau s'offrit à ses regards.

Sur une étendue de plusieurs acres, les arbres avaient été abattus, et la lumière d'un beau soir d'été, tombant sur cet espace découvert, formait un brillant contraste avec la clarté grise de la forêt. A quelque distance du lieu où se tenait Duncan, le ruisseau avait formé un rapide lac qui couvrait presque tout le terrain inférieur situé entre les deux collines. De ce vaste bassin, l'eau retombait en cataracte si douce et si régulière, qu'elle semblait être l'ouvrage des hommes plutôt que l'œuvre de la nature.

Une centaine de huttes de terre étaient sur les bords du lac, et touchaient même l'eau, comme si elle eût débordé au-dessus de ses limites ordinaires. Leurs toits arrondis, artistement façonnés de manière à protéger contre l'inclémence des saisons, indiquaient plus d'art et de prévoyance que les Indiens n'en mettent d'ordinaire à la construction de leurs habitations régulières, et, à plus forte raison, de celles qu'ils n'occupent que provisoirement dans un but de chasse ou de guerre. En un mot, le village ou cette ville, comme on voudra l'appeler, annonçait dans sa construction une méthode et une intelligence supérieures à ce que les blancs avaient coutume d'attendre des Indiens. Cependant cette ville était sans habitants. Duncan le pensa du moins pendant quelques minutes ; mais enfin, il crut voir s'avancer vers lui plusieurs créatures humaines, marchant à quatre pattes, et paraissant traîner quelque chose de lourd, que ses appréhensions lui firent prendre pour une machine de guerre. En ce moment quelques têtes noires se montrèrent à l'entrée des habitations, et tout le village parut bientôt peuplé d'êtres qui couraient d'une hutte à l'autre, avec tant de rapidité qu'on n'avait pas le temps de reconnaître leurs mœurs ou leurs occupations.

Alarmé de ces mouvements suspects et inexplicables, il était sur le point de faire le signal du corbeau, quand tout à coup le froissement des feuilles attira son attention d'un autre côté.

Le jeune homme tressaillit et recula involontairement de quelques pas, en voyant à cent pas de lui un Indien inconnu. Toutefois, il ne tarda pas à se remettre, et au lieu de donner l'alarme, ce qui aurait pu lui être fatal, il resta immobile, et se mit à observer attentivement les mouvements de cet individu.

Il lui fut facile de se convaincre qu'il n'était pas vu. L'Indien paraissait occupé, comme lui, à considérer les huttes basses du village et les mouvements furtifs de ses habitants. Il était impossible de découvrir l'expression de ses traits, à travers le grotesque masque de tatouage sous lequel ils étaient cachés ; toutefois Duncan crut y trouver un caractère de tristesse plutôt que de férocité. Sa tête était rasée comme d'ordinaire, à l'exception du sommet où l'on avait conservé une touffe de cheveux, d'où l'on voyait pendre trois ou quatre plumes de faucon. Son corps était à demi couvert d'un manteau de calicot déjà usé ; son vêtement inférieur se composait d'une chemise ordinaire, dont les manches remplissaient une destination tout autre et beaucoup moins commode que celle qu'on a coutume de leur donner. Ses jambes étaient nues et cruellement déchirées par les ronces. Néanmoins il avait aux pieds une bonne paire de mocassins faite de peau de daim. Au total, l'extérieur de cet individu était triste et misérable.

Duncan était encore occupé à observer avec curiosité la personne de son voisin, quand l'éclaireur arriva silencieusement et avec précaution auprès de lui.

« Vous voyez que nous avons atteint leur établissement ou leur camp, » dit tout bas le jeune homme ; « et voici un sauvage dont la position est très-embarrassante pour la continuation de notre marche. »

Œil-de-Faucon tressaillit et posa la crosse de son fusil à terre ; suivant alors la direction que lui indiquait le doigt de Duncan, il aperçut l'étranger. Abaissant alors son arme meurtrière, il étendit son long cou pour examiner plus attentivement.

« Ce n'est point un Huron, dit-il. Il n'appartient pas non plus aux tribus du Canada ; et cependant vous voyez à ses vêtements que le coquin a pillé un blanc. Oui, Montcalm a battu les forêts pour composer son armée, et il a réuni la plus abominable bande de hurleurs et d'assassins ! Pourriez-vous me dire où il a mis son fusil ou son arc ?

— Il paraît n'avoir point d'armes, et il ne semble pas avoir de mauvaises intentions. A moins qu'il ne donne l'alarme à ses camarades qui, comme vous le voyez, se promènent au bord de l'eau, nous n'avons pas grand'chose à craindre de lui. »

L'éclaireur se tournant vers Heyward, le regarda quelque temps avec un étonnement qu'il ne prit pas la peine de dissimuler. Alors ouvrant la bouche, il partit d'un éclat de rire, mais de ce rire particulier et silencieux que le danger lui avait appris depuis si longtemps.

Après avoir répété ces mots d'Heyward : « ses camarades qui se promènent sur le bord de l'eau ! » il ajouta : « Voilà ce que c'est que d'avoir étudié et d'avoir passé sa jeunesse dans les colonies ! Cependant ce coquin a les jambes longues, il ne faut pas nous y fier. Tenez-le sous la gueule de votre fusil, pendant que je vais, en traversant les broussailles, le prendre par derrière et le faire prisonnier. Surtout ne tirez pas ! »

Déjà Œil-de-Faucon était à moitié entré dans le taillis, lorsque Heyward, étendant la main, l'arrêta pour lui dire :

« Si je vous vois en danger, ne puis-je faire feu ? »

Œil-de-Faucon le regarda un moment sans trop savoir comment il devait prendre cette question ; puis faisant de la tête un signe affirmatif, il répondit en continuant à rire à sa manière silencieuse :

« Feu de peloton, major. »

Le moment d'après, il avait disparu dans le feuillage. Duncan attendit plusieurs minutes impatiemment avant de l'apercevoir de nouveau. Puis il le revit se traînant à plat ventre contre la terre, dont la couleur de son vêtement le faisait à peine distinguer, et s'avançant en ligne directe derrière celui qu'il voulait faire prisonnier. Parvenu à quelques pas de ce dernier, il se releva lentement et sans bruit. Dans ce moment un bruit soudain se fit entendre sur les eaux, et Duncan, tournant les yeux de ce côté, vit une centaine d'êtres tout noirs se plonger à la fois dans le lac troublé. Saisissant son fusil, il continua à regarder l'Indien près de lui. Au lieu de s'effrayer, le sauvage, qui se croyait seul, tendit le cou et examina ce qui se passait dans le lac avec une sorte de curiosité stupide. Pendant ce temps, Œil-de-Faucon avait levé la main au-dessus de lui, mais sans raison apparente il la retira et partit d'un autre éclat de rire silencieux. Quand il eut terminé cette franche explosion de gaieté, Œil-de-Faucon, au lieu de prendre sa victime à la gorge, lui frappa légèrement sur l'épaule, et lui dit à haute voix :

« Hé bien! mon ami, vous voulez donc enseigner le chant aux castors?

— Bien volontiers, répondit l'autre. Le Tout-Puissant, qui leur a donné la faculté de perfectionner ses dons à ce point merveilleux, ne leur a pas sans doute refusé la voix pour proclamer ses louanges. »

CHAPITRE XXII

Sommes-nous tous ici? —Tous. Bon! voilà, parbleu!
Pour répéter la pièce, un admirable lieu.

SHAKSPEARE.

Le lecteur peut s'imaginer la surprise d'Heyward beaucoup mieux que nous ne pourrions la décrire. Il vit tout à coup ses Indiens embusqués changés en bêtes à quatre pattes; son lac, en un étang à castors; sa cataracte, en une écluse construite par ces industrieux et ingénieux quadrupèdes ; et là où il avait cru voir un ennemi, il retrouvait son ami éprouvé, David La Gamme, professeur de psalmodie. La présence de ce dernier fit naître dans le cœur du jeune homme un espoir inattendu relativement aux deux sœurs, et sans hésiter, quittant sa cachette, il se hâta de venir se joindre aux deux acteurs principaux de cette scène.

Le rire d'Œil-de-Faucon ne se calma pas facilement. Sans cérémonie, de sa main rude, il fit pirouetter sur ses talons le souple La Gamme, et déclara sur sa parole que son costume faisait le plus grand honneur aux Hurons qui l'avaient accoutré; puis, lui prenant la main, il lui donna une si énergique étreinte, que les larmes en vinrent aux yeux du pacifique David, et lui souhaita bien de la joie dans sa nouvelle condition.

« Vous alliez donc donner une leçon de chant aux castors? dit-il. Les rusés démons sont déjà presque du métier, car ils battent la mesure avec leurs queues, comme vous devez les avoir entendus tout à l'heure; et bien leur en a pris, sans quoi perce-daim leur aurait fait entendre la première note. J'ai connu des gens qui savaient lire et écrire, et qui étaient plus bêtes qu'un vieux castor expérimenté; mais pour ce qui est du chant, le malheur est qu'ils sont muets!... A propos du chant, que pensez-vous de celui-là? »

David boucha ses oreilles délicates, et Duncan lui-même, bien que la nature de ce cri lui fût connue, leva les yeux en l'air pour voir le corbeau dont il venait d'entendre le croassement.

« Voyez, » continua l'éclaireur riant toujours et montrant le reste de la troupe qui, obéissant au signal, s'approchait déjà; « voilà une musique qui a ses vertus naturelles ; elle nous amène deux bonnes carabines, sans compter les couteaux et les tomahawks. Mais il paraît que vous êtes sain et sauf : maintenant dites-nous ce que sont devenues les demoiselles?

— Elles sont en captivité chez les idolâtres, dit David; et quoique leur esprit soit dans un grand trouble, elles sont confortablement et en sûreté du côté du corps.

— Toutes deux? demanda Heyward respirant à peine.

— Toutes deux. Quoique notre marche ait été pénible et les vivres peu abondants, nous n'avons pas eu à nous plaindre, si ce n'est de la violence faite à nos sentiments en nous voyant ainsi conduits en captivité dans un pays lointain.

— Dieu vous récompense de ce que vous venez de dire ! s'écria le tremblant Munro; « je reverrai donc mes enfants pures et sans tache comme lorsqu'elles m'ont été ravies!

— Je ne sais si leur délivrance est proche, » répondit David en secouant la tête ; le chef de ces sauvages est possédé d'un esprit malin que la Toute-Puissance pourrait seule apprivoiser. Je l'ai entrepris son dormant et éveillé, mais il n'est point de sons ni de langage qui puissent toucher son âme.

— Où est ce coquin? » interrompit brusquement l'éclaireur.

« Aujourd'hui il chasse l'élan avec ses jeunes hommes, et j'ai entendu dire que demain ils vont s'enfoncer plus avant dans les forêts et s'approcher des frontières du Canada. L'aînée des jeunes filles habite dans une peuplade voisine, dont les cabanes sont situées au delà de ce grand rocher noir que vous voyez là-bas; la plus jeune est retenue au milieu de femmes de Hurons dont les habitations se trouvent à deux petits milles d'ici, sur un plateau où le feu a rempli les fonctions de la hache et fait disparaître les arbres.

— Alice! ma douce Alice! murmura Heyward; elle n'a point sa sœur pour la consoler !

— Cela est vrai, mais tout ce que la psalmodie et les chants pieux peuvent faire pour calmer l'affliction de l'esprit, lui a été en aide.

— A-t-elle donc le cœur à la musique?

— Oui, pour ce qui est de la musique grave et solennelle; pourtant j'avouerai qu'en dépit de tous mes efforts, la demoiselle pleure plus souvent qu'elle ne sourit. Dans ces moments-là je ne la presse pas de chanter ; mais il y a d'autres instants plus doux et plus confortables, où nos voix s'unissent dans un accord satisfaisant et ravissent l'oreille des sauvages?

— Et comment se fait-il qu'on vous permette d'aller où vous voulez sans surveillance? »

David, après avoir donné à ses traits un air d'humilité modeste, répondit avec douceur :

« Le mérite n'en est pas à un vermisseau tel que moi ; mais l'influence toute-puissante de la psalmodie, suspendue par les scènes de terreur et de sang par lesquelles nous avons passé, a repris son empire jusque sur les âmes des idolâtres, et j'ai la permission d'aller et venir comme il me plaît. »

L'éclaireur se mit à rire, et, se frappant le front de la main d'un air significatif, il expliqua d'une manière peut-être plus satisfaisante cette indulgence inusitée en disant : « Les Indiens ne font jamais de mal aux cerveaux fêlés. Mais lorsque vous avez vu le chemin ouvert devant vous, pourquoi n'êtes-vous pas revenu sur vos traces, qui sont un peu plus visibles que celles d'un écureuil, afin de porter ces nouvelles au fort Édouard? »

L'éclaireur, ne songeant qu'à sa nature de fer, oubliait qu'une pareille tâche était de celles que David n'eût pu accomplir dans aucune circonstance. Mais ce dernier, sans rien perdre de son air de douceur, se contenta de répondre :

« Mon âme eût sans doute éprouvé une grande joie à revoir les habitations des chrétiens; mais mes pieds auraient préféré suivre les pauvres âmes confiées à ma garde jusque dans la province idolâtre des jésuites, plutôt que de faire un pas en arrière pendant qu'elles gémissaient dans la captivité et l'affliction. »

Bien que le langage figuré de David ne fût pas intelligible pour tous ceux qui l'entendaient, néanmoins il n'était pas facile de se méprendre sur l'expression grave de son regard et l'air de franchise et d'honnêteté qui respirait dans ses traits. Uncas se rapprocha de David et jeta sur lui un regard d'approbation silencieuse, tandis que son père exprimait la sienne par son exclamation habituelle. L'éclaireur reprit en secouant la tête :

« L'intention du Seigneur n'a jamais été que cet homme mît toute sa capacité dans son gosier, à l'exclusion d'autres qualités meilleures et préférables ; mais le malheur a voulu qu'il tombât dans les mains de quelque femme imbécile, au lieu de faire son éducation sous un ciel bleu et au milieu des beautés de la forêt. Tenez, mon ami, je me proposais d'allumer du feu avec le sifflet qui vous appartient, mais, comme vous en faites cas, prenez-le, et faites-en le meilleur usage que vous pourrez. »

La Gamme reçut son instrument avec toute l'expression de plaisir qu'il jugea compatible avec les graves fonctions qu'il exerçait. Après l'avoir essayé plusieurs fois et en avoir comparé le son avec celui de sa voix, après s'être ainsi assuré qu'il n'avait rien perdu de sa mélodie, il se disposait très-sérieusement à entonner quelques versets de l'un des plus longs cantiques de ce petit volume dont nous avons si souvent parlé.

Mais Heyward se hâta d'interrompre son pieux projet en continuant ses questions sur la condition passée et présente de ses compagnes de captivité, mettant à son interrogatoire plus d'ordre et de méthode que son émotion ne lui avait permis d'en mettre au commencement de l'entrevue. David, tout en contemplant son trésor avec des regards d'amour, fut contraint de répondre, surtout lorsqu'il vit le père vénérable prendre part à cette enquête avec un intérêt trop puissant pour qu'il refusât de satisfaire sa curiosité inquiète. L'éclaireur, de son côté, ne manquait pas de placer une question opportune, quand l'occasion s'en présentait naturellement. De cette manière, bien qu'avec de fréquentes interruptions que remplissaient les sons menaçants de l'instrument récemment retrouvé, les voyageurs apprirent plusieurs circonstances importantes qui devaient leur être d'une grande utilité dans l'accomplissement de la tâche qu'ils s'étaient imposée : la délivrance des deux sœurs. Le récit de David fut simple, et les faits en petit nombre.

Magua avait attendu sur la montagne le moment favorable ; il était alors descendu et s'était dirigé le long de la rive occidentale de l'Horican, dans la direction du Canada. Comme le subtil Huron était familiarisé avec les localités et qu'il savait qu'il n'avait point à craindre une poursuite immédiate, la marche avait été modérée et loin d'être fatigante. Il paraît, d'après le récit dépourvu d'ornement de David, que sa présence avait été plutôt soufferte que désirée, bien que Magua lui-même ne fût pas entièrement exempt de cette vénération avec laquelle les Indiens regardent ceux dont le Grand-Esprit a troublé l'intelligence. Pendant la nuit, on avait pris des captives le plus grand soin, tant pour les mettre à l'abri de l'humidité des bois que pour empêcher leur évasion. Arrivés à la source, les chevaux avaient été mis en liberté, comme on a vu ; et malgré l'éloignement et la longueur des traces de leur passage, on avait eu recours au subterfuge dont nous avons parlé, afin d'interrompre tous les signes qui auraient pu indiquer leur retraite. À son arrivée dans le can-

BIBLIOTHÈQUE NATIONALE

Il se leva, et, découvrant sa poitrine, regarda sans trembler le couteau... (Page 131

tonnement de sa nation, Magua, conformément à la politique en usage parmi les Indiens, avait séparé ses prisonnières. On avait envoyé Cora dans une tribu qui occupait temporairement une vallée adjacente dont il fut impossible à David, grâce à son ignorance des coutumes et de l'histoire des indigènes, de faire connaître le nom ou le caractère. Tout ce qu'il savait, c'est que les Indiens de cette tribu n'avaient point pris part à l'expédition contre William-Henry ; que, de même que les Hurons, ils étaient les alliés de Montcalm, et qu'ils conservaient des relations amicales mais prudentes avec la peuplade guerrière et sauvage que le hasard avait placée dans un contact étroit et désagréable avec eux.

Les Mohicans et l'éclaireur écoutaient ce récit imparfait et vingt fois interrompu avec une attention qui croissait de moment en moment ; et ce fut à l'instant où David s'efforçait d'expliquer les mœurs de la peuplade où Cora était restée prisonnière, que l'éclaireur l'interrompit par cette question brusque :

« Avez-vous vu la forme de leurs couteaux ? étaient-ils de manufacture anglaise ou française ?

— Mes pensées ne s'attachaient point à de telles vanités, mais s'occupaient plutôt à offrir des consolations aux pauvres affligées.

— Un temps viendra peut-être où le couteau d'un sauvage ne vous paraîtra pas une vanité si méprisable, » répondit l'éclaireur avec l'expression d'un profond mépris pour l'intelligence bornée de son interlocuteur. « Avaient-ils terminé la fête des grains, ou pouvez-vous nous dire quelque chose des *totems* de leur tribu ?

— En fait de grains, nous en avons eu abondamment à manger ; car le grain mêlé avec du lait est tout à la fois agréable au goût et confortable à l'estomac. Quant à ce que vous appelez totem, je ne sais ce que vous voulez dire ; mais si c'est quelque chose qui ait rapport à la musique indienne, il ne faut rien leur demander en ce genre ; ils ne prient jamais, et m'ont tout l'air d'être les plus profanes d'entre les idolâtres.

— Vous calomniez la nature de l'Indien. Le Mingo lui-même n'adore que le Dieu véritable et vivant. On a prétendu que le guerrier indien adorait des images, ouvrage de ses mains ; mais, je le dis à la honte des hommes de ma couleur, c'est une infâme calomnie des blancs. Il est vrai qu'ils s'efforcent de parlementer avec le diable, comme avec un ennemi qu'ils ne peuvent vaincre, mais ils ne demandent des faveurs et des secours qu'à l'Esprit grand et bon.

— Cela peut être, dit David ; mais j'ai vu dans leur tatouage d'étranges et fantastiques images, pour lesquelles ils témoignent une vénération qui tient beaucoup du culte ; une surtout qui représente un objet sale et dégoûtant.

— Est-ce un serpent ? » demanda aussitôt l'éclaireur.

— C'est quelque chose comme cela. C'est la figure abjecte et rampante d'une tortue.

— Ouf ! s'écrièrent en même temps les deux Mohicans attentifs, pendant que l'éclaireur secouait la tête, comme un homme qui venait de faire une découverte importante, mais très-peu agréable. Alors le père prit la parole en delaware avec un calme et une dignité qui attirèrent aussitôt l'attention de ceux-là même pour qui son langage était inintelligible. Son geste était imposant et parfois énergique. Entre autres, il leva le bras en l'air, puis il l'abaissa ; et son action ayant écarté les plis de son manteau léger, il mit un doigt sur sa poitrine, comme pour donner par son attitude une nouvelle force à ses paroles. Les yeux de Duncan suivirent ce mouvement, et c'est alors qu'il vit que l'animal dont on venait de parler était artistement représenté en beau bleu sur la poitrine basanée du Mohican. Tout ce qu'il avait entendu dire de la séparation violente des vastes tribus des Delawares lui revint alors en mémoire ; il attendit le moment de parler avec une anxiété rendue presque intolérable par le vif intérêt dont il était animé. Toutefois l'éclaireur le prévint dans ce qu'il avait à dire ; et, lorsque son ami rouge eut cessé de parler :

«Nous venons, dit-il, de faire une découverte qui peut nous être favorable ou funeste, selon que le ciel en disposera. Le Sagamore est du sang le plus illustre des Delawares ; il est en outre le grand chef de leur tortue. Il est évident, d'après ce que dit le chanteur, qu'il y a de ses compatriotes dans la peuplade dont on vient de nous parler ; et, s'il avait mis à faire des questions prudentes la moitié du souffle qu'il a employé à faire une trompette de son gosier, nous aurions pu savoir le nombre des guerriers de cette tribu. Au total, nous sommes sur un terrain dangereux ; car un ami dont le visage s'est détourné de vous, est souvent plus à craindre que l'ennemi qui en veut à votre chevelure !

— Expliquez-vous, dit Duncan.

— C'est une tradition longue et douloureuse à laquelle je n'aime point à penser, car on ne peut nier que le mal n'ait été fait en grande partie par des hommes à peau blanche. Il est résulté de tout cela que le tomahawk du frère s'est levé contre son frère, et que le Mingo et le Delaware ont marché dans le même sentier.

— Vous pensez donc que ceux au milieu desquels habite Cora font partie de cette nation ? »

L'éclaireur fit un signe affirmatif, bien qu'il parût désireux d'écarter toute discussion ultérieure sur un sujet qui semblait lui être pénible. L'impatient Duncan fit alors plusieurs propositions irréfléchies et désespérées pour parvenir à la délivrance des deux sœurs. Munro parut secouer son apathie, et écouta les plans insensés du jeune homme avec une déférence qui ne s'accordait guère avec ses cheveux gris et son âge vénérable. Mais l'éclaireur, après avoir laissé s'évaporer un peu toute cette ardeur d'amant, parvint à le convaincre de la folie qu'il y avait à prendre une résolution précipitée, dans une matière qui exigeait autant de calme et de jugement que de courage énergique.

« Il serait bien, ajouta-t-il, que le chanteur s'en retournât comme à l'ordinaire, et qu'il avertît les dames de notre approche, jusqu'à ce que nous le rappelions par un signal convenu pour se concerter avec nous. L'ami, vous savez distinguer le cri du corbeau de celui du coucou ?

— C'est un oiseau agréable, reprit David, et dont la voix a quelquefois des notes douces et mélancoliques, quoique l'intonation en soit un peu précipitée et discordante.

— Il veut parler du *wish-ton-wish*, dit l'éclaireur : eh bien, puisque vous aimez son chant, il vous servira de signal. Rappelez-vous donc que lorsque vous entendrez répéter trois fois le chant du coucou, vous devez venir dans le taillis où l'on peut supposer l'oiseau.

— Arrêtez, interrompit Heyward, je veux l'accompagner.

— Vous ! » s'écria Œil-de-Faucon étonné ;

« êtes-vous las de voir le soleil se lever et se
coucher?

— David est une preuve vivante qu'il peut y
avoir de l'humanité parmi les Hurons.

— Oui, mais David peut se servir de son gosier comme personne dans son bon sens ne con-
sentirait à en pervertir l'usage.

— Et moi aussi je puis jouer le rôle de fou,
d'imbécile, de héros ; en un mot, il n'est rien
que je ne fasse pour délivrer de captivité celle
que j'aime. Laissez là vos objections ; ma résolution est prise. »

Œil-de-Faucon regarda un moment le jeune
homme avec un étonnement silencieux. Mais
Duncan qui, par égard pour l'habileté et les
services de l'éclaireur, s'était jusque-là implici-
tement soumis à ses conseils, reprit alors son
air de supériorité avec une fierté de manières
qui n'admettait aucune opposition. Il fit un
geste de la main pour indiquer qu'il n'écoute-
rait aucune remontrance, puis il continua d'un
ton plus modéré :

« Vous connaissez les moyens de me déguiser ; vous pouvez me changer, me peindre
même si vous voulez ; enfin, faites de moi ce
qu'il vous plaira, un fou par exemple.

— Je ne vous cacherai pas que la Providence
me semble avoir déjà beaucoup fait pour cela,
et qu'un changement n'est pas très-nécessaire, »
murmura l'éclaireur mécontent. « Quand vous
envoyez des troupes en campagne, vous jugez
prudent d'établir des signes de reconnaissance
et des lieux de cantonnement, de manière à ce
que ceux qui viennent après vous puissent se
reconnaître et savoir où trouver leurs amis...

— Écoutez, interrompit Duncan, vous avez
appris de ce compagnon fidèle des captives,
que les Indiens appartiennent à deux tribus,
s'ils ne sont même de deux nations différentes.
Celle que vous appelez la fille aux cheveux
noirs est avec ceux que vous croyez être de la
race des Delawares ; il est incontestable que la
plus jeune est avec nos ennemis déclarés les Hurons. Il appartient à ma jeunesse et à mon rang
de tenter la dernière aventure. Tandis donc que
vous négocierez avec vos amis pour la liberté
de l'une des deux sœurs, moi je vais délivrer
l'autre, ou mourir. »

En parlant ainsi, l'ardeur du jeune homme
brillait dans ses regards, ses traits se dilataient
et lui donnaient un air imposant. Œil-de-Faucon, bien qu'il fût trop accoutumé aux artifices
des Indiens pour ne pas voir tous les dangers
de l'entreprise, ne savait trop comment combattre cette résolution soudaine ; peut-être y avait-
il dans cette proposition quelque chose qui
sympathisait avec sa mâle nature, et avec ce
goût secret des aventures périlleuses, qu'une
expérience de chaque jour avait accru jusqu'à

ce qu'enfin les dangers et les hasards étaient de-
venus en quelque sorte une jouissance nécessaire
à son existence. Au lieu donc de continuer à
s'opposer aux projets de Duncan, il changea
tout à coup de langage et se prêta à son exécution.

« Allons, » dit-il en souriant d'un air gai,
« quand on veut faire boire un daim, il faut le
précéder et non le suivre ; Chingachgook a autant de couleurs différentes que la femme de
l'ingénieur qui copie la nature sur des morceaux de papier, trace des montagnes grosses
comme un fétu de paille, et vous fait toucher
le firmament du bout du doigt ; le Sagamore sait
aussi parfaitement s'en servir. Asseyez-vous sur
ce tronc d'arbre, et sur ma parole, il va faire
de vous un fou accompli, et vous déguiser à
votre satisfaction. »

Duncan y consentit, et le Mohican, qui avait
écouté attentivement ce qu'on venait de dire, se
disposa volontiers à remplir ses nouvelles fonctions. Versé de longue main dans tous les subterfuges de sa race, il traça avec beaucoup de facilité et d'adresse les signes fantastiques que les
indigènes avaient coutume de considérer comme
preuve d'une disposition joyeuse et amicale. Il
évita le moindre trait qui pût révéler une secrète inclination pour la guerre, tandis que
d'autre part il s'appliqua à reproduire tout ce
qui était susceptible d'être interprété comme
preuve d'une disposition affectueuse. En un
mot, sa main habile fit disparaître entièrement
le guerrier sous le masque du bouffon : ce
n'était pas chose rare chez un Indien : et
comme Duncan était déjà suffisamment déguisé
par ses vêtements, on avait tout lieu de croire
qu'avec sa connaissance de la langue française,
il passerait pour un jongleur de Ticonderoga,
faisant sa tournée parmi les tribus alliées et
amies.

Quand il jugea que rien ne manquait à son
tatouage, l'éclaireur lui donna force conseils affectueux, convint avec lui des signaux, et désigna le lieu de leur rendez-vous en cas de succès
de part et d'autre. La séparation de Munro et de
son jeune ami fut plus douloureuse et atten-
drissante ; néanmoins le premier s'y soumit avec
une indifférence que son âme honnête et cha-
leureuse n'eût pas eue dans un état d'esprit plus
sain. L'éclaireur prit Duncan à part, et lui fit
part de son intention de laisser le vétéran dans
quelque lieu sûr, sous la garde de Chingachgook,
tandis que lui et Uncas poursuivraient leur recherche parmi la peuplade qu'ils avaient tout
lieu de croire composée de Delawares. Alors renouvelant ses avis et lui recommandant la prudence il termina en lui disant avec une chaleur
d'expression et de sentiment dont Heyward fut
profondément touché :

« Et maintenant, que Dieu vous bénisse! vous avez montré un courage qui me plaît; car c'est l'attribut de la jeunesse, et surtout dans un sang vif et un cœur chaleureux. Mais croyez aux conseils d'un homme qui sait par expérience que tout ce qu'il vous dit est vrai: vous aurez besoin d'appeler à votre aide toute votre fermeté d'homme et une perspicacité plus grande que n'en donnent les livres, avant de déjouer la ruse ou de vaincre le courage d'un Mingo. Que Dieu vous bénisse! Si les Hurons vous enlèvent votre chevelure, croyez-en un homme qui a derrière lui de braves guerriers pour le soutenir, ils paieront cher leur victoire; chacun de vos cheveux leur coûtera une vie! Je vous le répète, mon jeune gentilhomme, que la Providence bénisse votre entreprise, car elle est honorable; et rappelez-vous que pour déjouer la ruse de ces coquins, il est permis de faire des choses que ne se permettrait pas naturellement une peau blanche. »

Duncan serra affectueusement la main de son digne compagnon, qui hésitait à la présenter, recommanda de nouveau son vieil ami à ses soins, lui rendit les vœux qu'il faisait pour son succès, et fit signe à David de marcher. L'éclaireur suivit quelque temps des yeux avec admiration l'intrépide et aventureux jeune homme; puis, secouant la tête d'un air de doute, il conduisit les trois compagnons qui lui restaient dans l'intérieur de la forêt.

La route suivie par Duncan et David traversait directement la clairière des castors et longeait les bords de leur étang. Quand le premier se vit ainsi seul avec un homme, si peu intelligent, si peu capable de l'aider dans des périls éminents, il commença alors à comprendre les difficultés de la tâche qu'il avait entreprise. La lumière affaiblie du soir augmentait encore la sombre tristesse du désert lugubre et sauvage qui s'étendait de tous côtés autour de lui; il y avait même quelque chose d'effrayant dans le silence de ces petites huttes qu'il savait remplies d'une population si nombreuse. En contemplant ces constructions admirables et les merveilleuses précautions de leurs ingénieux habitants, il se dit que dans ces vastes déserts il n'y avait pas jusqu'aux animaux qui ne possédassent un instinct presque à la hauteur du sien, et il ne put réfléchir sans inquiétude à la lutte inégale dans laquelle il s'était si témérairement engagé; puis vinrent s'offrir à lui l'image charmante d'Alice, son malheur, ses dangers actuels, et cette pensée lui fit oublier tous les périls de sa situation. Encourageant David de la voix, il marcha en avant d'un pas léger et vigoureux de la jeunesse et de l'audace.

Après avoir décrit à peu près un demi-cercle autour de l'étang, ils s'éloignèrent du ruisseau et commencèrent à atteindre le niveau du terrain. Au bout d'une demi-heure, ils arrivèrent à la lisière d'une autre clairière qui paraissait également l'ouvrage des castors, et que quelque accident avait sans doute fait abandonner à ces animaux intelligents, pour la position plus commode qu'ils occupaient maintenant. Un sentiment bien naturel fit hésiter un moment Heyward avant de quitter le taillis qui l'abritait, comme un homme qui rassemble toutes ses forces avant de faire une expérience hasardeuse dans laquelle il sait qu'elles lui seront toutes nécessaires. Il mit à profit cette halte pour recueillir les renseignements que pouvait lui procurer un coup d'œil rapide et jeté à la hâte.

De l'autre côté de la clairière et près d'un endroit où le ruisseau tombait en cascade sur quelques rochers, d'un plateau plus élevé, on apercevait cinquante ou soixante huttes grossièrement construites d'un mélange de troncs d'arbres, de feuillage et de terre. Elles étaient rangées sans ordre, et dans leur construction on semblait n'avoir consulté ni la beauté ni la symétrie; et en effet, sous ces deux rapports elles étaient tellement inférieures au village que Duncan venait de voir, qu'il s'attendit à une surprise non moins étonnante que la première. Cette attente ne fut pas diminuée lorsqu'à la lueur douteuse du crépuscule, il vit vingt à trente figures s'élevant alternativement du milieu des hautes herbes qui croissaient en face des cabanes, et disparaissant ensuite pour s'enfoncer dans la terre. Autant qu'il put en juger par un coup d'œil rapide, ces êtres ressemblaient plutôt à des spectres et à des apparitions de l'autre monde qu'à des créatures composées des matériaux communs et vulgaires de chair et de sang. Un corps nu se montrait un moment, agitant ses bras en l'air comme un insensé; puis tout à coup on ne voyait plus rien à la place qu'il avait occupée; plus loin la même figure paraissait ou était remplacée par une autre ayant le même caractère mystérieux. David, voyant hésiter son compagnon, suivit de l'œil la direction de son regard, et rappela Heyward à lui-même en lui disant:

« Il y a ici beaucoup de terrain fertile sans culture, et je puis ajouter, sans un levain blâmable de vanité, que le peu de temps que j'ai passé sous les toits de ces idolâtres, j'ai semé inutilement beaucoup de bon grain.

— Les Indiens préfèrent la chasse aux arts du travail, » reprit Duncan sans le comprendre, et en continuant à regarder les objets de son étonnement.

« C'est plutôt une joie qu'un travail pour l'esprit que de chanter les louanges de Dieu; mais ces enfants abusent cruellement des dons de la nature! je n'ai jamais rencontré de garçons de leur âge qui aient reçu pour la psalmodie des dispositions naturelles plus remarquables, et cependant ils n'en font aucun usage. Trois soirées consécutives, j'ai séjourné en ce lieu, et trois fois je les ai rassemblés pour chanter avec moi un cantique : ils n'ont répondu à mes efforts que par des cris et des hurlements qui m'ont déchiré jusqu'au fond de l'âme !

— De qui parlez-vous?

— De ces enfants du diable que vous voyez là-bas perdre un temps précieux à faire des grimaces. Ah! la salutaire contrainte de la discipline est bien peu connue parmi ce peuple abandonné à lui-même! Dans un pays de bouleaux, vous ne trouveriez pas une verge, et je ne m'étonne pas que les dons les plus précieux de la Providence soient employés à produire ces sons discordants. »

David se boucha les oreilles pour ne pas entendre cette marmaille dont les hurlements aigus firent alors retentir la forêt. Un sourire de dédain effleura les lèvres de Duncan qui, se moquant en lui-même du mouvement de superstition qu'il venait d'avoir, dit avec fermeté : « Avançons. »

Sans se déboucher les oreilles, le maître de chant obéit, et tous les deux poursuivirent hardiment leur route vers ce que David appelait quelquefois « les tentes des Philistins. »

CHAPITRE XXIII

Toute chasse a ses lois, son code forestier.
Avant de tendre l'arc, de lancer le limier;
Nous accordons au cerf du temps et de l'espace.
Mais, pour le vil renard, qu'on l'assomme sur place;
Que le piège ou la balle aient causé son trépas,
Qu'importe! de si près on n'y regarde pas.
WALTER SCOTT. *La Dame du Lac.*

Il est rare que les camps des Indiens soient gardés, comme ceux des blancs, par des sentinelles armées. Averti par son instinct de l'approche du danger lorsqu'il est encore éloigné, l'Indien en général se fie à la connaissance qu'il a des signes de la forêt, et à l'étendue ainsi qu'à la difficulté des lieux qui le séparent de ceux qu'il a le plus à redouter. Mais l'ennemi qui, par un heureux concours de circonstances, a trouvé moyen d'éluder la vigilance des éclaireurs, est assuré de ne pas trouver aux approches du camp des sentinelles pour donner l'alarme. Ajoutez à cet usage général que les tribus amies du roi de France connaissaient trop bien l'importance du coup qui venait d'être frappé, pour appréhender aucun danger immédiat de la part des nations hostiles tributaires de la couronne britannique.

Lors donc que Duncan et David se trouvèrent au milieu des enfants bruyants qui jouaient, comme nous l'avons dit, ce fut sans que rien eût annoncé leur approche; mais, aussitôt qu'elle les aperçut, toute cette marmaille éleva un grand cri et disparut comme par enchantement. Les corps nus et basanés de tous ces enfants couchés par terre à cette heure du jour, se confondaient tellement par la couleur avec l'herbe desséchée, qu'on eût dit de prime abord que la terre les avait engloutis; mais, lorsque la première surprise fut passée, et que Duncan put jeter ses regards étonnés autour de lui, il rencontra partout des yeux noirs et vifs qui le fixaient.

Ce présage peu rassurant n'était guère propre à encourager Duncan sur la nature de l'examen qu'allait probablement lui faire subir la prudence circonspecte des hommes, et il y eut un moment où il n'eût pas été fâché de battre en retraite. Mais il était trop tard pour manifester la moindre apparence d'hésitation. Le cri des enfants avait attiré une douzaine de guerriers sur le sol de la hutte la plus rapprochée; là se formait un groupe sombre et sauvage, attendant gravement la venue de ceux qui venaient de faire parmi eux une apparition si inattendue.

David, déjà familiarisé en quelque sorte avec ses nouveaux hôtes, marcha le premier, et se dirigea vers cette même hutte avec une assurance qu'il ne paraissait pas facile de déconcerter. C'était le principal édifice du village, bien qu'il ne fût construit que d'écorce et de branches d'arbres. C'était le lieu où la tribu tenait ses conseils et ses assemblées publiques pendant sa résidence temporaire sur les frontières de la province anglaise. Il fut difficile à Duncan de conserver son air calme et indifférent lorsqu'il toucha en passant les robustes sauvages qui étaient réunis sur le seuil; mais, convaincu que sa vie dépendait de sa présence d'esprit, il se fia à la prudence de son compagnon, qu'il suivit de près, s'efforçant, pendant qu'il marchait, de réunir toute sa fermeté. Son sang s'était glacé de crainte au moment où il s'était vu en contact immédiat avec des ennemis si farouches et si implacables; mais il fut assez maître de lui pour continuer à s'avancer jusqu'au centre de la hutte, avec un extérieur qui ne trahissait pas ses appréhensions. Imitant l'exemple du calme et résolu La Gamme, il s'approcha d'une pile de branches odoriférantes placées dans un coin de la hutte, et y prit un fagot sur lequel il s'assit en silence.

Aussitôt que le nouveau venu fut passé, les

guerriers qui l'avaient suivi des yeux quittèrent le seuil, et entrèrent dans la hutte ; puis
se rangeant autour de lui, ils semblaient attendre en silence le moment où il conviendrait à
la dignité de l'étranger de parler. Le plus grand
nombre d'entre eux étaient nonchalamment
appuyés contre les poteaux qui supportaient le
fragile édifice, tandis que trois ou quatre des
chefs les plus âgés et les plus distingués s'é-
taient assis à terre un peu en avant, selon leur
coutume.

Une torche éblouissante brûlait dans ce lieu,
et sa flamme rouge, que l'air faisait vaciller,
jetait ses reflets tantôt sur une figure, tantôt
sur une autre. Duncan profita de sa lumière
pour lire d'un regard inquiet dans les traits de
ses hôtes la réception qui l'attendait. Les chefs
placés sur le devant jetaient à peine un coup
d'œil sur sa personne, mais tenaient leurs yeux
fixés à terre, d'un air qui tenait plus de la défiance que du respect. Les guerriers placés dans
l'ombre et sur un plan plus reculé manifestaient
moins de réserve. Duncan s'aperçut bientôt que
leurs regards pénétrants et furtifs parcouraient
dans tous leurs détails sa personne et son costume, en sorte que rien n'échappait à leur observation et à leurs commentaires, ni la plus
légère émotion du visage, ni le plus petit geste,
ni le moindre détail du tatouage ou du vêtement.

Enfin un guerrier dont la chevelure commençait à grisonner, mais dont les membres
musculeux et la démarche ferme annonçaient
toute la vigueur de l'âge mûr, s'avança de l'en-
foncement où il s'était sans doute placé pour
faire ses observations sans être vu, et prit la
parole. Il parlait la langue des Wyandots ou
Hurons : ses paroles étaient donc inintelligibles
pour Heyward ; on voyait néanmoins, aux gestes qui les accompagnaient, qu'elles contenaient
plus de politesse que de colère. Duncan secoua
la tête, et indiqua par un geste qu'il ne pouvait
répondre.

« Aucun de mes frères ne parle-t-il français
ou anglais ? » dit-il dans la première de ces
langues, en promenant ses regards d'une figure
à l'autre, dans l'espoir de voir quelqu'un faire
un signe affirmatif.

Plusieurs des assistants tournèrent vers lui la
tête comme pour saisir le sens de ses paroles,
mais personne ne fit de réponse.

« J'aurais regret de penser, » continua Duncan avec une prononciation lente, et en employant les termes français les plus simples
qu'il pût trouver, « de croire qu'aucun guerrier
de cette nation sage et brave ne comprend la
langue dont le *grand Monarque* fait usage quand
il parle à ses enfants. Son cœur serait affligé
s'il savait que ses guerriers ont si peu de respect pour lui. »

Il y eut alors un long silence, pendant lequel
aucun mouvement du corps, aucune expression
du regard ne trahit l'impression produite par
cette observation ; Duncan, qui savait que le
silence était une vertu de ses hôtes, mit volontiers à profit cet usage afin de coordonner ses
idées. Enfin le même guerrier qui lui avait d'a-
bord adressé la parole, répondit en lui demandant sèchement dans le français du Canada :

« Quand notre grand père parle à son peuple, c'est avec la langue d'un Huron.

— Il ne fait aucune différence entre ses enfants, que la couleur de leur peau soit rouge,
noire ou blanche, » répondit Duncan d'une manière évasive ; « mais il fait un cas tout particulier des braves Hurons.

— De quelle manière parlera-t-il, » demanda
le chef prudent, « quand les coureurs lui comp-
teront les chevelures qui, il y a cinq nuits,
poussaient sur la tête des Yengees ?

— Ils étaient ses ennemis, » dit Duncan avec
un tressaillement involontaire ; « et sans doute
il dira : C'est bon ! mes Hurons sont vaillants.

— Ce n'est pas ainsi que pense notre père du
Canada. Au lieu de regarder devant lui pour
récompenser ses Indiens, c'est derrière lui qu'il
regarde ; il voit les Yengees morts, mais non
les Hurons. Que veut dire cela ?

— Un grand chef comme lui pense plus qu'il
ne parle. Il veille à ce que nul ennemi ne suive
ses traces.

— Le canot d'un guerrier mort ne flottera
pas sur l'Horican, » répondit le sauvage d'un
air sombre. « Ses oreilles sont ouvertes aux
Delawares qui ne sont pas nos amis, et ils les
remplissent de mensonges.

— Cela ne peut être. Voyez, moi qui connais
l'art de guérir, il m'a ordonné d'aller trouver
ses enfants les Hurons rouges des grands lacs,
et de leur demander s'ils ont des malades parmi
eux. »

Un long silence suivit encore cette annonce
de la qualité de Duncan. Tous les yeux se portèrent à la fois sur sa personne, comme pour
approfondir la vérité ou la fausseté de sa déclaration, avec un air d'intelligence ou de pénétration qui fit trembler pour le résultat l'objet
de cet examen scrutateur. Heureusement le premier interlocuteur reprit la parole.

« Les hommes habiles du Canada ont-ils l'habitude de peindre leur peau ? » continua le Huron froidement ; « nous les avons entendus se
vanter d'avoir le visage pâle.

— Quand un chef indien vient parmi ses
pères blancs, » reprit Duncan avec beaucoup
d'assurance, « il quitte sa peau de buffle pour
prendre la chemise qu'on lui offre. Mes frères
m'ont donné cette peinture et je la porte. »

Un murmure d'approbation annonça que ce

compliment adressé à la tribu était favorablement accueilli.

Le chef âgé fit un geste de satisfaction ; son exemple fut imité par la plupart de ses compagnons, qui étendirent une main et articulèrent leur exclamation approbative habituelle. Duncan commença à respirer plus librement, dans la persuasion que le plus fort de son examen était passé ; et comme il avait déjà arrangé une histoire simple et vraisemblable à l'appui de sa profession prétendue, ses espérances de succès augmentèrent.

Après un instant de silence, comme pour préparer ses pensées afin de faire une réponse convenable à la déclaration de leur hôte, un autre guerrier se leva et prit l'attitude d'un homme qui va parler. A peine il ouvrait les lèvres qu'il s'éleva de la forêt un bruit sourd mais effrayant, suivi bientôt de cris perçants longtemps prolongés de manière à ressembler aux hurlements plaintifs d'un loup. A cette interruption soudaine, Duncan se leva de son siége, et l'impression terrible qu'il éprouva lui fit oublier tout le reste. Au même instant, tous les guerriers sortirent de la hutte, et bientôt il s'éleva dans l'air des cris si bruyants que c'est à peine si Duncan pouvait distinguer encore les sons effrayants dont résonnaient les voûtes de la forêt. Ne pouvant se contenir plus longtemps, le jeune homme sortit et se vit bientôt au milieu d'une foule confuse qui réunissait presque tout ce qui avait vie dans le village. Hommes, femmes, enfants, vieillards, invalides, jeunes gens, tout était sur pied, les uns poussant de grands cris, d'autres battant des mains avec une joie frénétique, tous exprimant leur satisfaction féroce de quelque événement inattendu. Étourdi d'abord par ce vacarme, Heyward en trouva bientôt l'explication dans la scène qui suivit.

Il restait encore assez de clarté dans les cieux pour qu'on pût distinguer entre les arbres les avenues par lesquelles les différents sentiers débouchaient de la forêt dans le désert. On en vit sortir une longue file de guerriers qui s'avançaient lentement vers le village. Celui qui marchait en tête portait une perche à laquelle étaient suspendues plusieurs chevelures humaines. Les sons effrayants que Duncan avait entendus étaient ce que les blancs ont appelé avec raison le cri de mort, et chaque répétition de ce cri avait pour but d'annoncer à la tribu la mort d'un ennemi. Ce qu'Heyward connaissait des usages des Indiens suffit pour lui donner cette explication. Sachant maintenant que ce tumulte avait été produit par le retour inattendu d'une troupe de guerriers vainqueurs, toute sensation désagréable disparut, et il se félicita intérieurement d'une circonstance grâce à laquelle il pouvait espérer qu'on ferait moins d'attention à lui.

A la distance de quelques centaines de pas du village, les guerriers nouveaux venus firent halte. Ils avaient entièrement cessé de faire entendre le cri plaintif et effrayant qui avait pour but tout à la fois de gémir sur les morts et de célébrer les vainqueurs. L'un d'eux s'avança et parla à haute voix ; ses paroles étaient loin d'être effrayantes, et n'étaient pas plus intelligibles pour la multitude qui les entendait que ne l'avaient été les hurlements expressifs des guerriers ; il serait difficile de donner une idée de la sauvage allégresse avec laquelle cette nouvelle ainsi communiquée fut accueillie. Tout le camp devint bientôt un théâtre de confusion et de commotions violentes. Les guerriers tirèrent leurs couteaux, les brandirent en l'air et se rangèrent sur deux lignes qui s'étendaient parallèlement de l'endroit où les vainqueurs s'étaient arrêtés jusqu'au village. Les femmes prirent des bâtons, des haches et tous les instruments qui leur tombèrent sous la main, et s'avancèrent avec empressement pour prendre part au cruel divertissement qui se préparait. L'enfance elle-même n'en fut pas exclue ; de petits garçons enlevaient de la ceinture de leur père le tomahawk, qu'ils avaient à peine la force de soulever, et se glissaient dans les rangs, dociles imitateurs de leurs sauvages parents.

De grands tas de broussailles étaient épars dans la clairière, et une vieille s'occupait à y mettre le feu pour éclairer le spectacle qui allait avoir lieu. Quand la flamme s'éleva, elle éclipsa la lumière affaiblie du soir, et contribua à rendre les objets tout à la fois plus visibles et plus hideux. Tout cela formait un tableau imposant auquel la ceinture sombre de grands pins servait de cadre. Sur le plan le plus reculé étaient les guerriers qui venaient d'arriver. A quelques pas en avant, on voyait deux hommes qu'on paraissait avoir mis à part, et qui devaient remplir le principal rôle dans la scène qu'on allait jouer. La lumière n'était pas assez forte pour qu'on pût distinguer leurs traits, et cependant, on voyait qu'ils étaient animés d'émotions différentes. Pendant que l'un se tenait droit et ferme, préparé à subir son destin en héros, l'autre baissait la tête, comme frappé de terreur ou en proie à la honte. Le courageux Duncan se sentit épris d'admiration et de pitié pour le premier, bien qu'aucune occasion ne s'offrît de manifester cette généreuse émotion. Toutefois il suivait d'un œil attentif ses moindres mouvements ; et en contemplant ses membres robustes et ses belles proportions, il cherchait à se persuader que, s'il était au pouvoir de l'homme secondé par un courage aussi intrépide, de sortir sain et sauf d'une épreuve aussi terrible, le jeune captif qu'il avait sous les yeux pouvait espérer triompher dans la course hasardeuse qu'il allait entreprendre. Peu à peu Heyward s'approcha des rangs basanés des Hurons ; il pouvait à peine respirer, tant était vif l'intérêt qu'excitait en lui ce spectacle. En ce moment le cri qui devait servir de signal fut poussé, et l'intervalle de silence qui l'avait précédé fut interrompu par une explosion de hurlements qui surpassa tout ce qu'on avait encore entendu. La plus faible des deux victimes conserva son immobilité, mais l'autre captif se mit à bondir avec la légèreté et la vitesse d'un daim. Au lieu de se précipiter à travers les rangs ennemis, comme on s'y attendait, il entra dans le défilé périlleux, et avant qu'un seul coup pût l'atteindre, il se détourna brusquement, sauta par-dessus une troupe d'enfants et gagna aussitôt le front extérieur de l'armée formidable, et par conséquent celui qui offrait le moins de danger Ce subterfuge fut accueilli par les imprécations de voix innombrables, et toute la foule irritée quitta les rang dans le plus grand désordre.

Une douzaine de bûchers enflammés répandirent en ce moment leurs sombres lueurs sur le lieu de la scène, qui ressembla à une arène maudite et surnaturelle, où une troupe de démons se serraient rassemblés pour accomplir leur effroyable et sanglant sabbat. Les figures qu'on apercevait dans l'ombre étaient comme des êtres infernaux qu'on voyait circuler rapidement et frapper l'air avec des gestes frénétiques et insensés ; quant à ceux qui passaient devant les flammes, la lumière faisait ressortir leurs passions farouches sur leur visage sombre et irrité.

Il est facile de concevoir qu'au milieu d'un tel concours d'ennemis acharnés ne laissa pas au fugitif le temps de respirer. Il y eut un moment où l'on put croire qu'il réussirait à gagner la forêt, mais tous les guerriers qui l'avaient fait prisonnier se jetèrent à la fois au-devant de lui, et le refoulèrent au centre de ses infatigables persécuteurs. Se retournant comme un daim que voit le chasseur devant lui, il s'élança avec la rapidité d'une flèche à travers les flammes d'un bûcher, et après avoir franchi sain et sauf la multitude, il parut à l'extrémité opposée de la clairière ; là également il fut repoussé par quelques-uns des Hurons les plus âgés et les plus avisés. Il voulut une fois encore traverser la foule, comme si dans sa fureur aveugle il eût cherché un moyen de salut, et alors quelques instants s'écoulèrent pendant lesquels Heyward crut que l'agile et courageux jeune homme avait enfin succombé.

On ne pouvait distinguer qu'une masse obscure et confuse de figures humaines ballottées çà et là dans le plus grand désordre : au-dessus de la foule on voyait s'élever des haches, des couteaux brillants, des bâtons formidables ;

mais tous les coups paraissaient frappés au hasard. Ce spectacle était rendu plus effrayant encore par les cris perçants des femmes et les farouches hurlements des guerriers. De temps en temps Duncan entrevoyait un corps léger qu'un bond désespéré soulevait en l'air, et il espérait plutôt qu'il ne croyait que c'était le jeune captif qui avait conservé jusque là ses forces et son agilité merveilleuse. Tout à coup la multitude se jeta en arrière et s'approcha du lieu où il se tenait ; la troupe pesante qui était sur les derrières fit un mouvement rapide vers les femmes et les enfants qui étaient en avant et les foula aux pieds. Au milieu de cette confusion, Duncan revit l'étranger ; toutefois les forces humaines ne pouvaient bien longtemps encore soutenir une pareille épreuve ; le prisonnier en parut convaincu. Profitant d'une ouverture dans les rangs des guerriers, il s'y précipita et fit un effort désespéré, et que Duncan jugea devoir être le dernier, pour gagner la forêt. Comme s'il eût connu qu'il n'avait rien à craindre du jeune Anglais, le fugitif le toucha presque en passant. Un grand et robuste Huron, ayant réuni toutes ses forces, le serrait de près, et levait déjà le bras pour porter un coup fatal. Duncan étendit le pied, et du choc précipita le sauvage, la tête la première, à plusieurs pas en avant de la victime qu'il voulait immoler. Ce dernier profita de cet avantage avec la rapidité de la pensée ; il se retourna, brilla de nouveau comme un météore au regard de Duncan, qui le moment d'après, lorsqu'il fut revenu à lui, et qu'il chercha des yeux le captif, le vit tranquillement appuyé contre un poteau peint de diverses couleurs placé à l'entrée de la principale cabane.

Craignant que la part qu'il avait prise au salut du prisonnier ne lui fût fatale à lui-même, Duncan se hâta de s'éloigner. Il suivit la foule qui revenait d'un air triste et sombre, comme l'est toute multitude qui s'est vue privée d'une exécution dont on lui avait promis le spectacle. La curiosité, ou peut-être un sentiment meilleur, l'engagea à s'approcher de l'étranger. Il le trouva debout, le bras étendu sur le poteau protecteur ; sa respiration était rude et précipitée après ses incroyables fatigues, mais il dédaignait de laisser voir le plus petit signe de souffrance. Toutefois le résultat n'était pas douteux, à en juger par les sentiments de la foule dont la place était encombrée.

Le vocabulaire des Hurons ne contient pas de termes injurieux que les femmes désappointées n'épuisassent sur l'étranger triomphant ; elles lui reprochaient ses efforts et lui disaient avec des railleries amères que ses pieds valaient mieux que ses mains, et qu'il avait mérité des ailes, pendant qu'il ignorait l'usage de la flèche

17
BIBLIOTHÈQUE NATIONALE R.F.

La tête de l'ours tomba de côté... (Page 133)

et du couteau. À tout cela le captif ne répondait rien, mais se contentait de conserver une attitude qui offrait un singulier mélange de dignité et de mépris ; exaspérés de son sang-froid autant que de sa bonne fortune, leurs paroles devinrent inintelligibles et furent suivies de cris perçants. En ce moment la malicieuse vieille qui avait pris soin d'allumer les feux, se fraya un passage à travers la foule et prit place en face du prisonnier. À voir le sale et décharné squelette de cette sorcière, on lui eût facilement supposé une méchanceté surhumaine. Rejetant sur son épaule son léger vêtement, elle étendit d'une manière insultante son bras long et osseux, et se servant de la langue des Lénapes, comme plus intelligible à l'objet de ses outrages, elle commença ainsi en élevant sa voix :

« Écoutez-moi, Delaware ! » dit-elle en frappant de ses doigts la figure du prisonnier ; « votre nation est une race de femme ; la bêche convient mieux à vos mains que le fusil ! Vos femmes donnent le jour à des daims ; mais si un ours, un chat sauvage ou un serpent venaient à naître parmi vous, vous prendriez tous la fuite. Les filles des Hurons vous feront des juppes, et nous vous trouverons un mari. »

L'explosion violente d'une rire insultant et sauvage suivit cette attaque, pendant laquelle la gaieté des jeunes femmes mêlait des sons doux et harmonieux à la voix cassée de leur

vieille et méchante compagne. Mais tous leurs
efforts ne pouvaient rien sur l'étranger. Sa tête
restait immobile ; on eût dit qu'il se croyait
seul, excepté lorsque son regard fier et hautain
errait sur les guerriers qui se promenaient à
quelque distance, observateurs sombres et silencieux de tout ce qui se passait.

Furieuse du sang-froid du prisonnier, la
vieille femme mit ses mains sur ses hanches,
et prenant une attitude de défi et d'insulte, elle
se répandit en torrents d'injures que nous es-
saierions inutilement de reproduire. Mais toute
cette dépense de paroles fut inutile, et quelle
que fût sa réputation parmi ses compatriotes
dans la science de l'injure, le prisonnier lui
laissa répandre sa fureur jusqu'à ce que l'écume
lui vînt à la bouche, sans laisser vibrer un seul
muscle sur sa figure immobile. Son indifférence
parut faire impression sur les autres spectateurs, et un adolescent qui sortait à peine de
l'enfance et n'était point encore à l'état d'homme,
voulut venir en aide à cette furie en brandissant son tomahawk devant la victime et en
ajoutant ses vaines bravades aux railleries de
la vieille. Alors seulement le prisonnier tourna
son visage vers la lumière et laissa tomber un
regard sur le jeune homme avec une hauteur
d'expression où il y avait quelque chose de plus
que du mépris ; puis il reprit contre le poteau
son attitude calme et penchée. Mais son action
et son changement de posture avaient permis
au regard de Duncan de rencontrer le regard
ferme et perçant d'Uncas.

Pouvant à peine respirer d'étonnement et de
surprise, et accablé de la situation critique de
son ami, Heyward détourna ses yeux, craignant que leur expression trop significative ne
contribuât à hâter la destinée fatale du prisonnier. Néanmoins ses craintes n'avaient rien encore qui les justifiât pour le moment. En cet
instant un guerrier se fit jour à travers la foule
exaspérée ; ordonnant par un geste impérieux
aux femmes et aux enfants de s'éloigner, il prit
Uncas par le bras et le fit entrer dans la cabane
du conseil. Là se rendirent tous les chefs et les
principaux guerriers, parmi lesquels l'inquiet
Heyward trouva moyen de se glisser, sans attirer sur lui une attention périlleuse.

Quelques minutes s'écoulèrent pendant que
chacun prit place selon son rang et son influence dans la tribu. On observa un ordre à
peu près semblable à celui qui avait été adopté
dans la réunion précédente ; au milieu de la
salle spacieuse et sous la lumière éclatante d'une
torche enflammée se placèrent les vieillards et
les chefs principaux ; les plus jeunes et les guerriers d'une classe inférieure étaient rangés sur
le dernier plan et entouraient le tableau d'une
bordure sombre de visages basanés et farouches.

Au centre de la cabane, sous une ouverture
d'où l'on voyait briller la clarté d'une ou deux
étoiles, était Uncas debout dans une attitude de
repos et de dignité calme. Son port fier et majestueux paraissait faire impression sur ses vainqueurs, qui portaient sur lui de fréquents regards où l'on lisait, à travers leur inflexibilité
sombre, une admiration manifeste pour le courage de l'étranger.

Il n'en était pas de même de l'individu que
Duncan avait aperçu auprès de son ami, avant
qu'il eût commencé la redoutable épreuve où
avait triomphé son agilité, et qui, au lieu de se
réunir à ceux qui le poursuivaient, était demeuré, au milieu de la confusion générale, immobile comme une statue et dans l'attitude de
l'humiliation et de la honte. Quoique aucune
main ne se fût étendue vers lui pour lui faire
accueil, et que nul n'eût daigné prendre la peine
de surveiller ses mouvements, lui aussi il était
entré dans la cabane, comme poussé par une
impulsion fatale à laquelle il se soumettait sans
résistance. Heyward profita de la première occasion qui s'offrit à lui pour le regarder en face ;
je ne sais quoi lui faisait craindre de trouver
encore en lui quelqu'un de sa connaissance ;
mais ses traits lui étaient inconnus, et ce qui
lui parut plus inexplicable encore, il lui parut
porter toutes les marques distinctives d'un
guerrier huron. Mais au lieu de se mêler aux
guerriers de sa tribu, il s'assit à part, solitaire
au milieu de la foule, dans une attitude abjecte
et craintive, comme s'il eût voulu occuper le
moins d'espace possible. Quand chacun eut pris
la place qui lui était assignée, il se fit un profond silence ; alors le chef aux cheveux blancs
que le lecteur connaît déjà, dit d'une voix haute
et dans la langue des Lenni-Lénapes :

« Delaware, quoique vous apparteniez à une
nation de femmes, vous vous êtes montré homme.
Je voudrais vous donner de la nourriture ; mais
celui qui mange avec un Huron doit devenir
son ami. Reposez-en paix jusqu'au soleil du
matin ; alors vous entendrez nos paroles.

— J'ai jeûné sept jours et sept nuits d'été à
la piste des Hurons, » répondit froidement Uncas ; « les enfants des Lénapes savent marcher
dans le sentier du juste sans s'arrêter pour
manger.

— Deux de mes jeunes hommes sont à la
poursuite de votre compagnon, » reprit l'autre
sans paraître faire attention à la bravade de son
prisonnier ; « quand ils reviendront, alors nos
sages vous diront si vous devez vivre ou mourir.

— Un Huron n'a-t-il point d'oreilles ? » reprit
Uncas d'un air de mépris ; « depuis qu'il est
votre captif, le Delaware a deux fois entendu la
détonation d'un fusil qui lui est connu ! Vos
jeunes hommes ne reviendront jamais. »

Pendant quelque temps un sombre silence suivit cette assertion pleine d'assurance. Duncan, qui comprit que le Mohican faisait allusion à la carabine fatale de l'éclaireur, se pencha en avant pour observer quel effet ses paroles avaient produit sur ses vainqueurs ; mais le chef se contenta de répondre :

« Si les Lénapes sont si adroits, comment se fait-il qu'un de leurs guerriers les plus braves soit ici ?

— Il s'est mis à la poursuite d'un lâche fuyard, et il est tombé dans un piége. Quelque adroit que soit le castor, on le prend cependant. »

Uncas, en parlant ainsi, montra du doigt le Huron solitaire, mais sans daigner s'occuper davantage d'un être aussi abject. Néanmoins sa réponse et l'air dont il l'avait prononcée produisirent sur ses auditeurs une sensation profonde. Tous les yeux se dirigèrent lentement vers l'individu que ce geste si simple venait d'indiquer, et un murmure sourd et menaçant s'éleva dans la foule. Ce bruit de sinistre présage se répandit jusque dans la foule qui assiégeait la cabane, et dans cette multitude de femmes et d'enfants entassés pêle-mêle, tous les traits et tous les regards annonçaient une inquiète et avide curiosité.

Cependant les chefs les plus âgés qui étaient au centre se consultèrent dans une courte conférence. Aucun mot ne fut prononcé qui n'exprimât la pensée de l'interlocuteur sous la forme la plus énergique ; puis il y eut encore un moment de silence profond. Ceux qui formaient la bordure extérieure du cercle s'élevaient sur la pointe des pieds pour mieux voir, et le coupable lui-même, faisant pour un moment taire sa honte pour céder à une émotion plus vive, découvrit ses traits honteux pour jeter sur le groupe des chefs un regard inquiet et troublé. Enfin ce silence profond et imposant fut interrompu par le guerrier aux cheveux blancs. Il se leva, et passant devant Uncas immobile, il se plaça dans une attitude pleine de dignité en face du coupable. En ce moment, la vieille décharnée, dont nous avons déjà parlé, s'avança dans le cercle en exécutant une sorte de danse ; elle tenait à la main la torche qui éclairait la cabane, et murmurait des paroles inintelligibles qu'on pouvait prendre pour une espèce d'incantation. Quoique personne ne l'eût appelée, sa démarche ne parut surprendre aucune des personnes présentes.

S'approchant d'Uncas, elle tint la torche enflammée de manière à ce que sa rouge clarté se reflétât sur sa personne, et laissât voir la moindre émotion qui pourrait se peindre sur son visage. Le chef mohican garda son attitude ferme et hautaine, et son œil, sans daigner rencontrer le regard scrutateur de la vieille, resta fixé devant lui, comme s'il eût pénétré à travers les obstacles qui interceptaient la vue, et plongé dans le champ infini de l'avenir. Satisfaite de son examen, elle le quitta avec une légère expression de plaisir, et alla faire subir la même épreuve à son coupable compatriote.

Le jeune Huron était dans son tatouage de guerre, et son beau corps était à peine caché par ses vêtements. La lumière faisait distinguer toutes ses formes, et Duncan détourna les yeux avec horreur en le voyant agité des convulsions d'une irrésistible terreur. A ce spectacle douloureux et humiliant, la vieille commençait déjà à pousser un hurlement sourd et plaintif, quand le chef étendit la main vers elle, et l'écarta doucement.

« Roseau-qui-plie, » dit-il en adressant la parole au jeune coupable par son nom et dans sa langue, « quoique le Grand-Esprit vous ait fait agréable à la vue, il eût mieux valu pour vous ne pas naître. Votre langue est bruyante au village, mais à la bataille elle est muette. Nul de mes jeunes hommes n'enfonce plus profondément le tomahawk dans le poteau de guerre ; nul n'en frappe plus faiblement les Yengees. L'ennemi sait comment est fait votre dos, mais il n'a jamais vu la couleur de vos yeux ; trois fois il vous a appelé au combat, trois fois vous avez oublié de répondre. Votre nom ne sera plus prononcé dans votre tribu ; il est déjà oublié. »

Pendant que le chef prononçait lentement ces paroles, en les séparant par un intervalle de silence solennel, le coupable releva la tête par déférence pour l'autorité et l'âge de celui qui parlait. La honte, l'horreur et l'orgueil luttaient d'une manière effrayante dans ses traits expressifs. Son œil, contracté par des angoisses intérieures, se ranima un moment, et se fixa sur les guerriers dont l'opinion allait faire son déshonneur ou sa gloire. Cette dernière pensée sembla un instant prédominer ; il se leva, et, découvrant sa poitrine, regarda sans trembler le couteau affilé et brillant que levait déjà sur lui la main de son juge inexorable. Au moment où l'arme fatale pénétra lentement jusqu'à son cœur, on le vit même sourire comme s'il eût éprouvé de la joie à trouver la mort moins terrible qu'il ne s'y était attendu, et il tomba sans vie aux pieds de l'inflexible et indomptable Uncas.

La vieille poussa un cri déchirant et plaintif, jeta la torche par terre, et tout fut plongé dans les ténèbres. L'assemblée, tressaillant d'épouvante, se glissa hors de la cabane comme une troupe d'esprits troublés, et Duncan crut être resté seul avec le corps palpitant de la victime d'un jugement indien.

CHAPITRE XXIV

Ainsi parle le sage ; et les rois applaudissent,
Et, formant leur conseil, à leur chef obéissent.

HOMÈRE. *Iliade.*

Un moment suffit pour convaincre Heyward qu'il se trompait. Une main s'appuya sur son bras en le serrant fortement, et la voix d'Uncas lui dit tout bas :

« Les Hurons sont des chiens ! la vue du sang d'un lâche ne peut jamais faire trembler un guerrier. La Tête-Grise et le Sagamore sont en sûreté, et la carabine d'Œil-de-Faucon n'est pas endormie. Allez..... Uncas et la Main-Ouverte sont maintenant étrangers l'un à l'autre. C'est assez. »

Heyward aurait voulu en entendre davantage ; mais un mouvement de son ami, qui le poussa doucement vers la porte, l'avertit du danger qu'il y aurait si l'on venait à découvrir qu'ils se connaissaient. Cédant à la nécessité, il s'éloigna lentement et se mêla à la foule. Les feux mourants de la clairière jetaient une lueur sombre et incertaine sur les figures silencieuses qu'on voyait aller et venir, et de temps en temps la flamme, venant à se ranimer, éclairait l'intérieur de la cabane où l'on découvrait Uncas conservant son attitude droite et fière auprès du cadavre du Huron étendu à ses pieds.

Quelques guerriers y entrèrent, puis en sortirent, emportant le cadavre dans les bois voisins.

Après que cette scène lugubre fut terminée, Duncan se mit à errer de cabane en cabane, sans qu'on lui fît des questions ou qu'on le remarquât, s'efforçant de découvrir quelque trace de celle pour laquelle il affrontait tant de périls. Dans la situation d'esprit où se trouvait en ce moment la tribu, il lui eût été facile de fuir et de rejoindre ses compagnons ; mais, outre l'inquiétude que lui donnait le sort d'Alice, un intérêt nouveau, quoique moins puissant, la position périlleuse d'Uncas, contribuait à le retenir en ce lieu. Il continua donc à visiter toutes les cabanes les unes après les autres : c'est ainsi qu'il fit le tour du village sans avoir trouvé ce qu'il cherchait. Renonçant enfin à une investigation inutile, il retourna à la cabane du conseil, dans l'intention de voir et de questionner David, afin de mettre un terme à une incertitude aussi pénible.

En arrivant près de ce lieu redoutable qui venait de servir de tribunal et de lieu d'exécution, le jeune homme vit que l'excitation était déjà calmée. Les guerriers étaient rassemblés et fumaient tranquillement en s'entretenant avec gravité des principaux événements de leur récente expédition sur l'Horican. Quoique le retour de Duncan dût leur rappeler sa qualité et les circonstances suspectes qui avaient accompagné sa visite, sa présence ne produisit aucune sensation visible ; loin de là, la scène qui venait d'avoir lieu lui parut favorable à ses vues, et il crut devoir profiter de cet avantage inespéré.

Sans aucune hésitation apparente il entra dans la cabane, et s'assit avec une gravité qui s'accordait merveilleusement avec la conduite de ses hôtes. Un coup d'œil jeté à la hâte suffit pour le convaincre que, bien qu'Uncas fût encore au même endroit où il l'avait laissé, David n'avait pas reparu. On n'avait soumis le jeune Mohican à d'autre contrainte qu'à la surveillance d'un jeune Huron placé à peu de distance ; néanmoins un guerrier armé était appuyé contre la porte étroite restée ouverte. Sous tous les autres rapports, liberté entière était laissée au prisonnier ; cependant il lui était interdit de prendre aucune part à la conversation, et, dans son immobilité, il ressemblait plutôt à une belle statue qu'à un homme doué de sentiment et de vie.

Heyward venait d'être trop récemment témoin de la promptitude des châtiments infligés dans la peuplade au pouvoir de laquelle il était tombé, pour rien hasarder qui pût le faire découvrir. Il crut donc devoir s'imposer une grande réserve ; mais malheureusement pour sa prudente résolution, ses hôtes parurent disposés autrement que lui. Il n'était assis que depuis quelques minutes à la place qu'il avait prudemment choisie un peu dans l'ombre, quand un vieux chef qui parlait français lui dit :

« Mon père du Canada n'oublie pas ses enfants : je l'en remercie. La femme d'un de mes jeunes hommes est possédée du malin esprit : l'habile étranger peut-il le chasser ? »

Heyward avait quelque connaissance des jongleries usitées chez les Indiens dans ces sortes de cas. Il vit d'un coup d'œil qu'il pouvait faire servir cette circonstance au succès de ses projets ; mais, convaincu de la nécessité de conserver la dignité de sa profession imaginaire, il réprima ce mouvement de satisfaction, et répondit avec toute la discrétion convenable :

« Tous les esprits ne se ressemblent pas ; quelques-uns cèdent au pouvoir de la science, d'autres lui résistent.

— Mon frère est un grand médecin ! dit le rusé sauvage ; veut-il essayer ? »

Heyward répondit par un geste affirmatif. Le Huron fut satisfait de cette assurance, et reprenant sa pipe, il attendit le moment convenable pour sortir. L'impatient Heyward, maudissant du fond de son cœur la froide gravité des sauvages, qui exigeait un tel sacrifice aux convenances, fut obligé de prendre l'air indifférent du chef qui était proche parent de la femme affligée. Plusieurs minutes s'écoulèrent ainsi, qui semblèrent une heure au médecin novice, lorsque le Huron déposa sa pipe et ramena son vêtement sur sa poitrine pour conduire Heyward au domicile de la malade. En ce moment, un guerrier de robuste stature parut à la porte, et, s'avançant en silence au milieu du groupe attentif, alla s'asseoir à l'autre bout du fagot qui servait de siége à Duncan. Ce dernier jeta sur son voisin un coup d'œil impatient, et sentit tout son corps se crisper d'horreur en voyant près de lui la personne détestée de Magua.

Le retour soudain de ce chef artificieux et redoutable suspendit le départ du Huron. Plusieurs pipes déjà éteintes se rallumèrent; le nouveau venu, sans articuler une seule parole, tira de sa ceinture son tomahawk, qui lui servait de pipe, et ayant rempli de tabac le godet placé du côté opposé à la lame, il se mit tranquillement à en aspirer la vapeur par le tuyau pratiqué dans le manche de son arme, avec autant d'indifférence que s'il n'eût pas fait une absence de deux jours employés à une chasse longue et pénible. C'est ainsi que s'écoulèrent près de dix minutes, qui parurent dix siècles à Duncan, et les guerriers étaient déjà enveloppés d'un nuage de fumée blanchâtre, lorsqu'enfin l'un d'eux, s'adressant à Magua, lui dit :

« Soyez le bienvenu ! Mon ami a-t-il trouvé les élans ?

— Les jeunes hommes fléchissent sous leur poids. Que Roseau-qui-plie aille à leur rencontre au sentier de la chasse; il les aidera. »

Quand ce nom proscrit eut été prononcé, il se fit un long et lugubre silence; toutes les bouches quittèrent leur pipe, comme si le tuyau n'eût plus transmis que des exhalaisons impures. La fumée forma en l'air de légers tourbillons, puis, se roulant en spirale, s'échappa rapidement à travers l'ouverture pratiquée au toit, laissant dans la cabane tous les objets visibles, et permettant de distinguer les traits de toutes les personnes présentes. Les yeux de la plupart des guerriers étaient fixés à terre; ceux des plus jeunes et des moins réservés de la troupe se dirigèrent sur un sauvage en cheveux blancs, qui était assis entre deux des chefs les plus vénérés. Il n'y avait rien dans l'air et le costume de cet Indien qui parût lui donner des droits à cette distinction. Son air était plutôt abattu que remarquable par la fierté native de sa nation, et ses vêtements ne différaient en aucune manière de ceux des Indiens de la classe ordinaire. Comme tous ceux qui étaient autour de lui, ses yeux étaient restés baissés pendant quelque temps; mais un regard furtif lui ayant appris que l'attention générale était fixée sur lui, il se leva et fit entendre sa voix au milieu du silence universel.

« C'était un mensonge, dit-il; je n'avais point de fils ! Celui qui portait ce nom est oublié; son sang était pâle et ne provenait pas des veines d'un Huron; les perfides Chippewas ont trompé ma femme ! Le Grand Esprit a voulu que la famille de Wiss-en-tusch s'éteignît... Il est heureux celui qui sait que la honte de sa race meurt avec lui ! J'ai dit. »

Le père promena alors ses regards autour de lui et sur les personnes près desquelles il était, comme pour chercher dans les yeux de ses auditeurs l'approbation de son stoïcisme. Mais les usages sévères de sa nation avaient exigé du faible vieillard un effort trop grand. L'expression de son regard démentait son langage fier et superbe, et on voyait qu'une angoisse intérieure contractait tous les muscles de son visage basané et ridé. Après être resté debout une minute pour savourer son triomphe amer, il se retourna, comme ne pouvant plus supporter le regard des hommes; puis, cachant son visage sous sa couverture, il sortit de la cabane du pas silencieux d'un Indien, pour aller chercher dans la solitude du foyer domestique la sympathie d'une compagne âgée et désolée comme lui, et comme lui privée de l'appui de sa vieillesse.

Les Indiens, qui croient à la transmission héréditaire des vertus et des vices, le laissèrent partir en silence. Alors, avec une noblesse de tact qui eût pu servir d'exemple dans une société plus civilisée, l'un des chefs détourna l'attention des jeunes hommes de la faiblesse dont il venait d'être témoin, en s'adressant à Magua par politesse comme au dernier venu, et en lui disant d'une voix enjouée :

« Les Delawares ont rôdé autour de mon village comme des ours autour des ruches d'abeilles. Mais qui jamais a vu un Huron endormi ?»

Le nuage menaçant qui a vu l'explosion du tonnerre n'est pas plus sombre que le devint le front de Magua pendant qu'il s'écriait :

« Les Delawares des Lacs !

— Non; ceux qui portent des jupons de femme sur la rivière de ce nom. Nous en avons trouvé un.

— Mes jeunes hommes ont-ils pris sa chevelure ?

— Ses jambes étaient bonnes, quoique son bras soit plus propre à manier la bêche que le tomahawk, » reprit l'autre en montrant du doigt la personne immobile d'Uncas.

Au lieu de manifester une curiosité frivole à repaître ses yeux de la vue d'un captif appartenant à une nation contre laquelle on lui connaissait tant de motifs de haine, Magua continua à fumer, avec l'air de réflexion qui lui était

habituel lorsque rien ne nécessitait l'emploi immédiat de sa ruse ou de son éloquence. Bien
qu'intérieurement surpris des faits que lui laissait entrevoir le discours du vieux père, il ne
se permit aucune question, les réservant pour
un moment plus opportun. Ce fut seulement
après un intervalle suffisant qu'il secoua les
cendres de sa pipe, replaça son tomahawk, serra
sa ceinture et se leva en jetant pour la première
fois un regard sur le prisonnier qui était à quelque distance derrière lui. Uncas, qui semblait
absorbé, mais qui suivait avec attention tous
ses mouvements, tourna tout à coup son visage
du côté de la lumière, et leurs yeux se rencontrèrent. Pendant près d'une minute, ces deux
hommes fiers et indomptables se regardèrent en
face sans que ni l'un ni l'autre pût faire baisser
les yeux à son ennemi. Uncas sentait tout son
corps se dilater et ses narines s'ouvraient comme
celles d'un tigre qui se retourne contre les chasseurs; mais son attitude était si sévère et si fière,
que l'imagination eût pu le prendre pour une
statue admirable et parfaite de la divinité guerrière de sa tribu; les traits agités de Magua
avaient quelque chose de plus mobile; dans son
air, le caractère de l'insulte fit graduellement
place à l'expression d'une joie féroce, et tirant
son souffle avec effort du fond de sa poitrine, il
prononça tout haut le nom formidable :

« Le Cerf-Agile! »

En entendant ce nom si connu, tous les guerriers se levèrent précipitamment, et il y eut un
instant où la gravité stoïque des Indiens céda
complétement le pas à la surprise. Une voix
unanime répéta ce nom odieux et pourtant respecté. Bientôt ce cri franchit les limites de la
cabane. Les femmes et les enfants réunis à l'extérieur le répétèrent comme un écho qui fut
bientôt suivi d'un autre cri aigu et plaintif.
Avant qu'il eût cessé, les hommes s'étaient déjà
remis de l'émotion qu'ils avaient éprouvée. Chacun s'assit comme honteux de sa précipitation,
mais plusieurs minutes s'écoulèrent avant que
leurs yeux cessassent de se porter sur le captif,
et d'examiner avec une curieuse attention le
guerrier dont la bravoure avait été si souvent
fatale aux meilleurs guerriers de leur nation.

Uncas jouit de son triomphe, mais sa joie ne
se manifesta que par ce léger mouvement des
lèvres qui, dans tous les temps et chez tous les
peuples, a toujours été le signe du mépris. Magua s'en aperçut, et levant le bras, il l'étendit
vers le prisonnier avec un mouvement convul-
sif qui fit résonner les ornements d'argent qu'il
portait en guise de bracelet, et d'une voix où
respirait la vengeance, il dit en anglais :

« Mohican, tu mourras!

— Les eaux qui guérissent ne rappelleront
pas à la vie les Hurons qui sont morts! » répondit Uncas dans la langue harmonieuse des Delawares; « la cataracte lave leurs os! Leurs
hommes sont des femmes; leurs femmes, des
chouettes. Allez... rassemblez les chiens de Hurons, qu'ils viennent voir un guerrier. Mes narines sont offensées; elles flairent le sang d'un
lâche. »

Cette dernière allusion fit une impression profonde, et l'injure fut vivement ressentie. Plusieurs des Hurons, et entre autres Magua, comprenaient la langue étrangère dans laquelle le
prisonnier venait de s'expliquer. Le rusé sauvage vit l'avantage que venait de lui donner
son ennemi, et se hâta d'en profiter. Laissant
tomber la peau qui lui couvrait l'épaule, il étendit le bras, et commença à faire usage de sa
dangereuse et artificieuse éloquence. Bien que
l'intempérance à laquelle il se livrait encore de
temps à autre, et surtout sa désertion, eussent
beaucoup diminué son influence sur sa tribu,
on ne pouvait mettre en doute son courage et
sa réputation comme orateur. Il ne parlait jamais
sans auditeurs et sans convertir ceux qui l'écoutaient à son opinion. Dans l'occasion actuelle,
la vengeance ajoutait encore à la puissance de
ses facultés.

Il fit de nouveau le récit des événements qui
avaient signalé l'attaque de l'île de Glenn; il
raconta la mort de ses compagnons et la manière dont s'étaient échappés leurs plus formidables ennemis. Alors il décrivit la nature et la
position de la colline où il avait conduit les captifs tombés en son pouvoir. Il ne parla pas de
ses projets sanguinaires contre les jeunes filles
et du désappointement que sa perversité avait
rencontré; mais il passa rapidement à l'attaque
inattendue de la Longue-Carabine et des deux
Mohicans, et au résultat qui l'avait suivie. Là,
il fit une pause et regarda autour de lui dans
un sentiment affecté de vénération pour les
morts, mais en réalité pour examiner l'effet du
commencement de son discours. Comme à l'ordinaire, tous les yeux étaient fixés sur lui; ses
auditeurs semblaient de vivantes statues, tant
l'immobilité était grande, tant l'attention était
vive. Alors Magua, baissant sa voix, qui jusque-
là avait été claire, forte et élevée, commença à
énumérer les grandes qualités des morts; aucune de celles qui pouvaient exciter la sympathie d'un Indien ne fut passée sous silence. L'un
n'avait jamais été en vain à la chasse, l'autre
s'était montré infatigable à la piste de leurs ennemis; celui-ci était brave, celui-là généreux.
Enfin il ménagea ses allusions de manière que,
dans une nation composée d'un nombre si res-
treint de familles, chaque corde qu'il touchait
vibrât dans le cœur de quelqu'un de ses auditeurs.

« Les ossements de mes jeunes hommes, continua-t-il, sont-ils dans la sépulture des Hurons? Vous savez qu'il n'en est rien. Leurs âmes sont parties du côté du soleil couchant, et déjà elles traversent les grandes eaux pour se rendre aux fortunés territoires de chasse. Mais ils sont partis sans vivres, sans fusils ni couteaux, sans mocassins, nus et pauvres comme au moment où ils sont nés. Le souffrirons-nous? Leurs âmes entreront-elles dans le pays des justes, comme des Iroquois affamés, ou d'efféminés Delawares; ou bien iront-ils rejoindre leurs amis les mains armées, et le corps couverts de vêtements? Que penseront nos pères? Ils croiront que les tribus de Wyandots ne sont plus; ils regarderont leurs enfants d'un œil triste, et diront : Allez; un Chippewa est venu ici sous le nom d'un Huron. Frères, nous ne devons pas oublier les morts; un peau-rouge ne cesse jamais de se ressouvenir. Nous chargerons le dos de ce Mohican jusqu'à ce qu'il plie sous le faix, et nous l'enverrons rejoindre mes jeunes guerriers; ils nous crient de venir à leur secours, et quoique nos oreilles leur soient fermées, ils nous disent : Ne nous oubliez pas. Quand ils verront l'âme de ce Mohican courbée sous son fardeau, ils sauront que nous ne les avons pas oubliés. Alors ils continueront leur voyage pleins de joie, et nos enfants diront : Ce que nos pères ont fait pour leurs enfants, nous devons le faire pour eux. Qu'est-ce qu'un Yengee? Nous en avons tué un grand nombre, mais la terre est encore pâle; une tache sur le nom d'un Huron ne peut s'effacer qu'avec le sang d'un Indien. Faisons donc mourir ce Delaware. »

Cette harangue, prononcée dans le langage nerveux et avec le ton animé d'un orateur huron, ne pouvait manquer de produire son effet. Magua avait mêlé avec tant d'art les sympathies naturelles de ses auditeurs à leurs superstitions religieuses, que, déjà préparés par l'usage à sacrifier une victimes aux mânes de leurs compatriotes, la soif d'une vengeance immédiate fit disparaître en eux tout vestige d'humanité. Un guerrier surtout, d'une mine sauvage et féroce, avait prêté une attention toute particulière aux paroles de l'orateur. Son visage avait exprimé successivement toutes les émotions qu'il éprouvait, et elles avaient fait place à une expression fixe de haine et de fureur. Lorsque Magua eut terminé, il se leva et poussa le hurlement d'un démon; on vit sa hache polie flamboyer à la lueur de la lampe, pendant qu'il la brandissait au-dessus de sa tête. Le mouvement qui accompagna son cri fut trop rapide pour qu'on pût s'opposer à son projet sanguinaire. Une ligne brillante sembla partir de sa main, et fut rencontrée dans son passage par une ligne noire qui se mit en travers : la première était le tomahawk, la seconde le bras de Magua qui s'avança

pour détourner le coup. Le mouvement rapide de ce dernier arriva encore à temps; la hache redoutable coupa la plume belliqueuse qui ornait la touffe de cheveux d'Uncas, et traversa le mur fragile de la cabane, comme si elle eût été lancée par quelque machine formidable.

Duncan avait vu l'action menaçante, et, ne pouvant plus se contenir, il s'était levé précipitamment dans la résolution généreuse de voler au secours de son ami. Un coup d'œil lui apprit que le fer n'avait pas atteint son but, et sa terreur se changea en admiration. Uncas resta tranquille, regardant son ennemi en face, et aucune émotion ne se peignit dans ses traits. Le marbre n'est pas plus froid, plus calme ou plus immobile que le fut sa contenance à cette attaque soudaine et furieuse. Alors, souriant de pitié à un manque d'adresse qui venait d'être si heureux pour lui, il articula quelques paroles de mépris dans la langue douce et harmonieuse de sa nation.

« Non! » dit Magua après s'être assuré que le captif n'était pas blessé; « il faut que le soleil se lève sur sa honte; il faut que les femmes voient trembler sa chair, sinon notre vengeance ne sera qu'un jeu d'enfants. Allez, qu'on l'emmène là où il y a du silence; voyons si un Delaware peut reposer la nuit et mourir le matin. »

Les jeunes guerriers auxquels était confiée la garde du prisonnier, attachèrent ses bras avec des liens d'écorce, et l'emmenèrent hors de la cabane au milieu d'un silence profond, sombre et sinistre. Ce ne fut qu'au moment où Uncas arriva au seuil de la porte que son pas ferme s'arrêta; là, il se tourna, et dans le regard hautain et rapide qu'il lança sur le cercle de ses ennemis, Duncan crut lire un reste d'espoir.

Magua, satisfait de son succès, ou trop occupé de ses secrets desseins, n'en demanda pas davantage. Secouant son manteau et en croisant les plis sur sa poitrine, il sortit également, sans poursuivre des investigations qui auraient pu être fatales à l'individu placé près de lui. Malgré son ressentiment toujours croissant, sa fermeté naturelle et sa vive inquiétude pour Uncas, Duncan éprouva un soulagement sensible quand il vit s'éloigner un ennemi si dangereux et si rusé.

L'émotion produite par le discours de Magua se calma peu à peu : les guerriers reprirent leurs siéges, et des nuages de fumée remplirent de nouveau la cabane. Pendant près d'une demi-heure on n'échangea ni une syllabe ni un regard; car c'est l'attribut de ces peuples si impétueux et pourtant si maîtres d'eux-mêmes de faire suivre toute scène violente d'un silence grave et méditatif.

Quand le guerrier qui avait réclamé l'aide

de Duncan eut terminé sa pipe, il se leva définitivement pour sortir; il fit signe du doigt au prétendu médecin de le suivre, et après avoir traversé des nuages de fumée, Duncan se trouva heureux sous plus d'un rapport de respirer enfin librement l'air pur et frais d'un soir d'été.

Au lieu de se diriger vers les cabanes où Heyward avait déjà fait ses inutiles perquisitions, son compagnon prit une direction opposée et s'avança vers la base d'une montagne voisine qui dominait le village temporaire. D'épaisses broussailles en défendaient les approches, et ils furent obligés de marcher dans un sentier tortueux et étroit. Les enfants avaient repris leurs divertissements dans la clairière, et jouaient en ce moment à la chasse au poteau. Afin d'approcher dans leur jeu aussi près que possible de la réalité, l'un des plus hardis d'entre eux avait porté des tisons dans quelques tas de broussailles qui avaient échappé à la conflagration. Le guerrier indien et Duncan se dirigèrent dans leur marche à la lueur de ces feux qui donnaient au paysage un caractère sauvage plus frappant encore. A quelque distance et en face d'un roc escarpé, ils entrèrent dans une espèce d'avenue qu'ils se préparèrent à franchir : en ce moment de nouveaux aliments ayant été ajoutés au brasier, il en jaillit une flamme vive qui pénétra jusqu'à cet endroit éloigné, et se réfléchit sur la surface blanchâtre de la montagne; à la lueur de ce flambeau ils aperçurent je ne sais quel être sombre et mystérieux qui se présenta tout à coup devant eux.

L'Indien s'arrêta comme s'il eût hésité à continuer sa marche, ce qui permit à son compagnon de le rejoindre. Une grosse boule noire, qui d'abord paraissait immobile, commença alors à se mouvoir d'une manière tout à fait inexplicable pour Duncan; la flamme brilla de nouveau, et sa lueur fit apercevoir plus distinctement cet objet. C'est alors qu'à son attitude mobile et au balancement de la partie supérieure de l'animal, qui paraissait assis, Duncan reconnut que c'était un ours. Quoiqu'il grondât d'une manière effrayante et qu'il y eût des moments où l'on voyait ses yeux étinceler, il ne donnait aucun signe d'hostilité. Le Huron du moins parut convaincu des intentions pacifiques de ce singulier intrus, car, après l'avoir attentivement examiné, il poursuivit tranquillement sa marche.

Duncan, qui savait que cet animal se rencontrait fréquemment parmi les Indiens dans un état apprivoisé, suivit l'exemple de son compagnon, et pensa que c'était quelque ours favori de la tribu qui était venu dans le taillis pour y chercher sa pâture; ils passèrent donc devant lui sans opposition. Bien qu'obligé de toucher presque le monstre en passant, le Huron, qui avait d'abord mis tant d'attention à déterminer le caractère de son étrange visiteur, s'avança alors sans plus d'examen; mais Heyward ne put s'empêcher de regarder derrière lui pour s'assurer, par une salutaire vigilance, que l'ennemi ne venait point les prendre en queue. Son inquiétude fut loin d'être diminuée lorsqu'il aperçut l'animal entrer dans le même sentier qu'eux et suivre leurs pas. Il allait parler à l'Indien, lorsqu'il vit celui-ci ouvrir une porte d'écorce et entrer dans une caverne creusée sous la montagne.

Profitant d'un moyen de retraite aussi facile, Duncan entra après lui, et déjà il en fermait joyeusement l'entrée, lorsqu'il vit la patte de l'ours qui tirait la porte à lui, et bientôt il aperçut le corps du monstre sur le seuil. Ils se trouvaient alors dans un passage long et étroit creusé dans le rocher, et il était impossible de retourner en arrière sans rencontrer l'animal. Néanmoins le jeune homme prit son parti du mieux qu'il put et continua d'avancer en se tenant aussi près que possible de son conducteur; l'ours, qui était toujours sur ses talons, fit entendre de fréquents grognements, et une ou deux fois ses énormes pattes se posèrent sur Duncan, comme s'il eût voulu l'empêcher de pénétrer plus avant dans la caverne.

Combien de temps la fermeté d'Heyward aurait continué à le soutenir dans cette épreuve critique, c'est ce qu'il est difficile de décider, car fort heureusement sa situation ne tarda pas à changer. Un point lumineux s'était dès en entrant présenté à leurs regards, et bientôt ils arrivèrent à l'endroit d'où provenait cette clarté.

Une large cavité creusée dans le roc avait été distribuée en plusieurs pièces distinctes. Les compartiments étaient simples mais ingénieux: ils se composaient d'un mélange de pierres, de bois et d'écorces. Des ouvertures pratiquées à la voûte y laissaient entrer la lumière pendant le jour, et la nuit des feux et des torches prenaient la place du soleil. C'est là que les Hurons avaient déposé leurs objets les plus précieux, et spécialement ceux qui étaient la propriété particulière de la nation. C'est là aussi qu'on avait transporté la femme affligée qu'on croyait victime d'un pouvoir surnaturel, dans la pensée que son persécuteur éprouverait plus de difficulté à diriger ses attaques à travers des murs de pierres qu'à travers les toits de feuillages des cabanes. La pièce dans laquelle Duncan et son guide entrèrent d'abord lui avait été exclusivement destinée. Ce dernier approcha de son lit entouré de femmes au milieu desquelles Heyward ne fut pas peu surpris de retrouver son ami David.

Un regard suffit pour faire connaître au mé-

L'objet étrange se leva sur son séant.. (Page 130)

decin supposé que l'art de guérir ne pouvait plus rien pour la malade. Elle était couchée dans un état de paralysie, indifférente à tout ce qui l'entourait, et heureusement pour elle qu'elle ne paraissait éprouver aucune souffrance. Heyward ne fut pas fâché d'avoir à pratiquer ses jongleries sur une personne beaucoup trop malade pour s'intéresser à leur succès bon ou mauvais. Le léger remords de conscience que soulevait déjà en lui la supercherie à laquelle il avait recours, se calma sur-le-champ à cet aspect ; et déjà il coordonnait ses idées afin de jouer son rôle d'une manière convenable, quand il vit que la science allait être devancée par la musique, et qu'on allait essayer sur la malade le pouvoir de l'harmonie.

La Gamme, qui, au moment où Duncan et l'Indien étaient entrés, se préparait à entonner un cantique, après quelques moments de pause, tira des sons de son instrument et se mit à chanter un hymne qui aurait opéré des miracles s'il n'eût fallu pour cela que la foi dans l'efficacité du remède musical. On lui permit d'aller jusqu'à la fin, les Indiens respectant sa prétendue folie, et Duncan s'estimant trop heureux de ce délai pour hasarder la plus légère interruption. Les derniers sons de sa voix résonnaient encore dans l'oreille de ce dernier, lorsque tout à coup il tressaillit en les entendant répéter derrière lui par une voix moitié humaine, moitié sépulcrale. Jetant les yeux autour de lui, il vit le monstre des bois qui était assis sur ses pattes de derrière dans un coin obscur de la caverne, et qui, en s'accompagnant du balancement de corps particulier à cet animal, répétait, dans une espèce de grognement, des sons, sinon des paroles, qui avaient quelque légère ressemblance avec la mélodie du chanteur.

Il est plus facile d'imaginer que de décrire l'effet que produisit sur David un écho aussi étrange ; il ouvrit les yeux à plusieurs reprises comme s'il n'eût pu en croire le témoignage de ses sens, et l'excès de son étonnement lui coupa la voix. Un avis important qu'il se proposait de transmettre à Heyward fut effacé de sa mémoire par son émotion, qui ressemblait beaucoup à de la crainte, mais qu'il attribuait à de l'admiration. Dans cette situation d'esprit, il n'eut que le temps de dire à haute voix : « Elle vous attend ! elle est ici ! » et il s'enfuit précipitamment de la caverne.

CHAPITRE XXV

Snug. Le rôle du lion est-il écrit! Dans ce cas, donnez-le-moi; car j'ai la mémoire courte.

Quince. Vous pouvez l'improviser : il ne s'agit que de hurler.

SHAKSPEARE. *Le Rêve d'une nuit d'été.*

Cette scène offrait un singulier mélange de solennel et de ridicule. La bête continuait sans se lasser son mouvement oscillatoire, mais ses efforts plaisants pour imiter la mélodie de La Gamme cessèrent dès l'instant que ce dernier eut abandonné la partie. Les paroles que La Gamme avait adressées à Duncan étaient en anglais, et lui parurent avoir un sens caché, quoiqu'il ne vit rien qui pût l'aider à découvrir l'objet auquel elles faisaient allusion. Mais le chef mit fin à toutes les conjectures d'Heyward sur cette matière en s'avançant vers le lit de la malade. Plusieurs femmes s'étaient réunies là, curieuses de voir l'étranger déployer sa science. Le chef leur fit signe de s'éloigner ; elles obéirent, bien qu'avec répugnance, et lorsque l'écho lugubre de la galerie souterraine eût cessé de faire entendre le bruit lointain de la porte qui se refermait, montrant à Heyward sa fille sans mouvement, il lui dit :

« Maintenant, que mon frère fasse voir sa puissance. »

Interpellé d'une manière aussi formelle d'exercer les fonctions de la profession qu'il avait prise, Heyward craignit que le moindre délai ne fût dangereux. S'efforçant donc de recueillir

sa pensée, il se mit en devoir de commencer l'espèce d'incantation et les cérémonies bizarres par lesquelles les exorciseurs indiens ont coutume de cacher leur ignorance et leur impuissance. Il est plus que probable que, dans le désordre de ses idées, il fût tombé bientôt dans quelque erreur suspecte ou même fatale, lorsqu'il fut interrompu par un effroyable grognement de l'ours. Trois fois il essaya de continuer, trois fois il rencontra la même opposition inexplicable, et chaque fois l'interruption prit un caractère plus farouche et plus menaçant.

« Les savants sont jaloux, dit le Huron ; je m'en vais. Frère, cette femme est l'épouse de l'un de nos plus braves guerriers ; faites votre devoir avec elle. Paix, » ajouta-t-il en faisant signe à l'animal mécontent de se taire, « je pars. »

Le chef s'éloigna en effet, et Duncan se trouva seul dans cette demeure lugubre et désolée avec cette femme mourante et cette bête farouche et dangereuse. L'ours prêta l'oreille aux pas de l'Indien avec l'air de sagacité que cet animal possède, jusqu'à ce qu'un dernier écho eût annoncé qu'il avait quitté la caverne ; alors il se retourna et s'avança vers Duncan avec sa démarche balancée, puis il s'assit devant lui dans l'attitude que prendrait un homme. Heyward chercha d'un œil inquiet s'il ne trouverait pas quelque arme avec laquelle il pût faire une résistance digne de sa réputation à l'attaque qu'il commença alors à redouter sérieusement.

Mais on eût dit que l'humeur de l'animal avait soudainement changé. Au lieu de continuer ses grognements et de donner de nouveaux signes de colère, tout son corps velu s'agita violemment, comme s'il eût été en proie à quelque convulsion intérieure d'une nature extraordinaire. Ses lourdes pattes de devant se portèrent à son museau hideux, et pendant qu'Heyward fixait sur tous ses mouvements un regard vigilant et inquiet, la tête de l'ours tomba de côté, et à sa place on vit paraître la physionomie rude et honnête de l'éclaireur qui riait de toute son âme et à la manière qui lui était habituelle.

« Chut ! » dit tout bas Œil-de-Faucon en interrompant l'exclamation de surprise d'Heyward ; « les manants ne sont pas loin, et tout bruit qui n'aurait pas l'air d'appartenir à la sorcellerie nous les amènerait ici en masse.

— Dites-moi ce que signifie cette mascarade, et pourquoi vous avez risqué une démarche aussi périlleuse?

— Ah ! le hasard fait souvent plus que la raison et le calcul, répondit l'éclaireur. Mais comme une histoire doit toujours commencer par le commencement, je vais vous raconter tout par ordre. Après que nous nous fûmes

séparés, je plaçai le commandant et le Sagamore dans une vieille hutte de castor, où ils
sont plus à l'abri des Hurons qu'ils ne le seraient dans la garnison du fort Édouard; car
les Indiens du nord-ouest n'ayant pas encore
de relations avec les négociants, continuent à
vénérer le castor. Après quoi, Uncas et moi,
nous partîmes pour l'autre cantonnement,
comme nous en étions convenus... Avez-vous
vu ce garçon?

— A mon grand chagrin! il est prisonnier et
doit être mis à mort au lever du soleil.

— Quelque chose me disait que ce serait là
son sort, » reprit l'éclaireur d'un ton moins
confiant et moins gai; mais reprenant bientôt
son accent naturellement ferme, il continua :
« Sa mauvaise fortune est le véritable motif
qui m'amène en ce lieu; car comment me résoudre à abandonner aux Hurons un garçon
comme celui-là! Les coquins riraient bien s'ils
pouvaient attacher au même poteau le Cerf-
Agile et la Longue-Carabine, comme ils m'appellent; et je ne sais pas trop pourquoi ils m'ont
donné ce nom, car il n'y a pas plus de ressemblance entre les qualités de mon perce-daim et
celles de vos carabines du Canada, qu'entre la
terre de pipe et la pierre à fusil.

— Continuez votre récit, dit l'impatient Heyward; les Hurons peuvent venir d'un instant
à l'autre.

— Ne craignez rien; un exorciseur doit prendre
son temps comme un prêtre des colonies.
Nous sommes aussi à l'abri de toute interruption, qu'un missionnaire qui commence un
sermon de deux heures. Hé bien! donc, Uncas
et moi nous avons rencontré une bande de ces
drôles; ce jeune homme y a mis beaucoup trop
de témérité pour un éclaireur; il est vrai
qu'à son âge le sang chaud, on ne saurait beaucoup
le blâmer; et après tout un des Hurons s'est
conduit en vrai lâche, et c'est en le poursuivant
qu'Uncas est tombé dans une embuscade.

— Le malheureux a payé cher sa faiblesse!
s'écria Duncan.

L'éclaireur passa la main sur son gosier d'une
manière significative, et fit un signe de tête qui
voulait dire : « Je comprends. » Après quoi il
continua dans un langage qui ne pouvait être
plus intelligible que ses gestes :

« Quand je vis Uncas prisonnier, les Hurons
eurent affaire à moi, comme vous pouvez bien
le penser. Il y a eu quelques escarmouches
entre moi et deux de leurs éclaireurs, mais ce
n'est pas de cela qu'il s'agit ici. De sorte donc
qu'après avoir envoyé une balle dans la tête
à chacun de ces coquins, je me suis approché
du camp sans autre encombre. Alors le hasard
m'a conduit justement dans un endroit où l'un
des plus fameux jongleurs de la tribu se mettait

en grand uniforme pour aller sans doute livrer
à Satan quelque bataille signalée. J'ai tort cependant d'appeler hasard ce qui était un ordre
spécial de la Providence. Un coup donné à
propos sur la tête de l'imposteur l'a abasourdi
pour quelques heures. Après lui avoir mis pour
son souper un bâillon dans la bouche afin d'é-
viter le bruit, et l'avoir attaché entre deux pins,
je me suis affublé de son costume et me suis
chargé du rôle de l'ours pour que les opérations
du sorcier ne fussent point interrompues.

— Et vous vous en êtes acquitté admirable-
ment; l'animal lui-même n'aurait pu mieux faire.

— Mon Dieu, major, » reprit l'éclaireur flatté
du compliment, « je serais un triste écolier,
après avoir étudié si longtemps à l'école du désert, si je ne savais pas imiter les mouvements
et la nature de l'ours. Si c'eût été un chat sauvage ou une panthère, je vous aurais offert un
spectacle digne de vous. Mais il n'y a rien de
bien merveilleux à jouer le rôle d'une bête aussi
stupide; et néanmoins, il faut se garder d'y
mettre de l'exagération. Oui, oui, il est plus
facile d'outrer la nature que de l'égaler, et c'est
ce que bien des gens ignorent. Mais nous avons
encore bien de la besogne sur les bras! Où est
la jeune fille?

— Dieu sait! j'ai examiné toutes les huttes
du village sans découvrir dans la tribu la
moindre trace de sa présence.

— Vous avez entendu ce que vous a dit le
chanteur en vous quittant : « Elle vous attend,
elle est ici! »

— J'ai pensé qu'il voulait parler de cette malheureuse.

— L'imbécile était effrayé, et il a mal expliqué son message; mais ses paroles avaient un
autre sens que celui que vous lui donnez. Voilà
des murs de séparation qui suffiraient à une
colonie tout entière. Un ours doit savoir grim-
per; je vais donc jeter un coup d'œil par-dessus.
Il y a peut-être des ruches à miel dans ces rochers, et comme vous savez, je suis un animal
friand de douceurs. »

L'éclaireur rit de cette idée, et se mit à grim-
per, en imitant les mouvements gauches et
lourds de l'animal qu'il représentait; mais,
lorsqu'il eut atteint le sommet, il fit un geste
de silence et redescendit précipitamment

« Elle est ici, » dit-il à voix basse; « entrez
par cette porte et vous la trouverez. J'aurais
adressé une parole de consolation à la pauvre
petite, mais la vue d'un tel monstre eût pu lui
ôter la raison; quoique à vrai dire, major, vous
ne soyez pas de la première beauté avec votre
tatouage, »

Duncan, qui déjà s'élançait avec empressement, recula tout à coup en entendant ces paroles décourageantes.

« Suis-je donc si horrible à voir ? » demanda-t-il d'un air évidemment chagrin.

« Vous ne feriez pas peur à un loup, et votre aspect n'arrêterait pas une charge du Royal-Américain ; mais j'ai vu un temps où vous aviez meilleure mine, major, » reprit sèchement l'éclaireur ; « les figures bariolées peuvent être du goût des Indiens, mais les jeunes femmes blanches préfèrent leur propre couleur. Tenez, « ajouta-t-il en montrant un endroit où l'eau ruisselait du rocher et formait une petite source qui s'échappait par les crevasses adjacentes ; « vous pouvez facilement faire disparaître le barbouillage du Sagamore, et quand vous serez de retour, je vous embellirai de nouveaux charmes. Un sorcier change aussi souvent la couleur de son visage qu'un cerf des colonies change ses cornes. »

L'éclaireur n'avait pas besoin de grands arguments pour persuader Duncan. Il parlait encore que déjà Heyward mettait l'eau à profit. En un moment toutes les marques effrayantes ou hideuses furent effacées, et le jeune homme reparut avec les traits beaux et élégants que lui avait donnés la nature. Ainsi préparé pour son entrevue avec sa maîtresse, il prit congé à la hâte de son compagnon, et disparut par la porte que celui-ci lui avait indiquée. L'éclaireur le vit partir avec plaisir, et accompagna d'une inclinaison de tête les vœux qu'il lui adressa à voix basse pour sa réussite, après quoi il se mit tranquillement à examiner l'état du garde-manger des Hurons ; car c'était dans la caverne qu'ils déposaient les produits de leur chasse.

Duncan n'était éclairé que par une lueur faible et lointaine : c'était pour son amour l'étoile du berger. C'est par son secours qu'il put entrer dans le port de ses espérances, c'est-à-dire dans un autre appartement de la caverne, exclusivement approprié à la garde d'une prisonnière aussi importante que la fille du commandant de William-Henry. La chambre était remplie des objets provenant du butin de la forteresse malheureuse. Au milieu de ce désordre, il trouva la jeune fille pâle, inquiète, effrayée, mais toujours belle ; David l'avait préparée à cette visite.

« Duncan ! » s'écria-t-elle, comme effrayée des sons de sa propre voix.

« Alice ! » répondit le major en sautant rapidement par-dessus toutes les malles, les armes et les meubles qui s'opposaient à son passage, pour s'élancer à son côté.

« Je savais que vous ne m'abandonneriez jamais, Duncan, » lui dit-elle ; et en parlant son visage abattu brilla d'un rayon de joie passagère. « Mais je ne vois personne avec vous ; et, quelque agréable que me soit votre présence, j'aimerais à croire que vous n'êtes pas tout à fait seul. »

Heyward, voyant qu'elle tremblait de manière à lui faire craindre qu'elle ne pût se soutenir sur ses jambes, la pria de s'asseoir, et lui raconta tous les événements que nos lecteurs connaissent déjà. Alice l'écoutait avec un intérêt qui lui permettait à peine de respirer ; et, quoique le jeune homme n'eût pas longtemps appuyé sur le désespoir de Munro, ayant soin cependant de ne rien dire qui offensât l'amour-propre de celle à qui il parlait, les larmes coulèrent abondamment le long des joues d'Alice, comme si elle n'en eût point encore versé. Son émotion se calma pourtant insensiblement et céda à la tendre sollicitude de Duncan ; et elle écouta la fin de son récit, sinon avec calme, du moins avec beaucoup d'attention.

« Et maintenant, Alice, ajouta-t-il, vous voyez que votre délivrance dépend de vous en grande partie. Avec le secours de notre ami inappréciable et expérimenté, le chasseur, nous pouvons réussir à échapper à cette peuplade barbare ; mais il faut vous armer de tout votre courage. Songez que vous allez fuir dans les bras de votre vénérable père, et que son bonheur et le vôtre dépendent de vos efforts.

— Et que ne ferai-je pas pour mon père qui a tout fait pour moi ?

— Et pour moi aussi, » continua le jeune homme en pressant sa main qu'il tenait dans les siennes.

Le regard d'innocence et de surprise qu'elle jeta sur Heyward lui apprit qu'il devait s'expliquer plus clairement.

« Ce n'est ni le moment ni le lieu convenable pour vous faire part de mes désirs égoïstes, chère Alice ; mais quel cœur oppressé comme le mien ne chercherait pas à s'épancher ! On dit que le malheur est le plus fort de tous les liens ; ce que nous avons souffert tous deux à cause de vous a rendu les explications bien faciles entre votre père et moi.

— Et ma Cora, Duncan ! sûrement on n'a pas oublié Cora !

— Oublié ! non sans doute. Elle a été regrettée, pleurée, comme peu de femmes l'ont été. Votre respectable père ne fait aucune différence entre ses enfants ; mais moi... Vous ne vous offenserez pas, Alice, si je vous dis qu'à mes yeux son mérite a été en quelque sorte effacé par...

— Parce que vous ne lui rendiez pas justice, » s'écria Alice en retirant sa main ; « elle ne parle jamais de vous que comme de l'ami le plus cher.

— Je veux être son ami ; je désire même lui appartenir de plus près... Mais pour vous, Alice, votre père m'a permis d'espérer qu'un nœud encore plus cher, encore plus sacré, pourra m'unir à vous. »

Cédant à l'émotion naturelle à son âge et à son sexe, Alice trembla violemment, et détourna un instant la tête; mais redevenue presque aussitôt maîtresse d'elle-même, et jetant sur son amant un regard touchant d'innocence et de candeur :

« Heyward, lui dit-elle, donnez-moi la présence de mon père et son approbation sainte avant de m'en dire davantage.

— Bien qu'il me fût interdit d'en dire plus, comment aurais-je pu vous en dire moins ? » allait répondre le jeune homme, quand il se sentit frapper doucement sur l'épaule. Il se retourna en tressaillant pour voir qui les interrompait ainsi, et rencontra le visage pervers et farouche de Magua. Il y avait en ce moment quelque chose d'infernal dans son rire sourd et guttural. S'il eût obéi à son premier mouvement, il fût précipité sur le sauvage, et eût hasardé toutes ses espérances dans l'issue d'un combat à mort. Mais il était sans armes; il ignorait si son perfide ennemi n'avait pas quelques compagnons à sa portée ; et il ne devait pas laisser sans défenseur celle qui lui devenait en ce moment plus chère que jamais. Ce projet, qui n'était inspiré que par le désespoir, fut donc abandonné par lui aussitôt que formé.

« Que voulez-vous ? » dit Alice en croisant les bras sur sa poitrine, et cherchant à cacher l'angoisse de la crainte qui la faisait trembler pour Heyward, sous l'air de froideur hautaine avec lequel elle recevait toujours les visites de ce barbare.

L'Indien triomphant avait repris son air austère, bien qu'il reculât prudemment devant le regard fier et menaçant du jeune homme. Il jeta un moment un coup d'œil attentif sur ses captifs, puis il ramassa une grosse pièce de bois qu'il mit en travers de la porte par laquelle il était lui-même entré. Duncan comprit alors de quelle manière il avait été surpris, et se croyant perdu sans ressource, il serra Alice contre son cœur, et se prépara à subir une mort qu'il lui était facile de partager avec elle. Mais Magua ne se proposait aucun acte de violence immédiate. Ses premières mesures avaient évidemment pour but de s'assurer de la personne de son nouveau prisonnier, et il ne jeta même sur les deux jeunes gens un second regard qu'après leur avoir coupé toute retraite par l'issue particulière dont il s'était servi pour venir. Heyward, tout en pressant contre son cœur Alice qui pouvait à peine se soutenir, suivait des yeux tous les mouvements du Huron, trop fier pour invoquer, sans espoir de l'obtenir, la pitié d'un ennemi tant de fois trompé dans sa rage. Quand Magua eut terminé ce qu'il voulait faire, il s'approcha de ses prisonniers, et leur dit en anglais :

« Les visages pâles savent prendre l'adroit castor ; mais les peaux rouges savent comment prendre les Yengees.

— Huron, fais tout ce qu'il te plaira, » s'écria le major, oubliant en ce moment qu'il avait un double motif pour tenir à la vie ; « je méprise également toi et ta vengeance.

— L'homme blanc parlera-t-il de même quand il sera attaché au poteau ? » demanda Magua, avec un ton d'ironie qui prouvait qu'il doutait de sa fermeté.

« Ici, face à face avec vous, ou en présence de toute votre nation ! » s'écria Heyward sans pâlir.

« Le Renard-Subtil est un grand chef, répondit l'Indien ; il ira chercher ses jeunes hommes pour qu'ils voient avec quel courage un visage pâle se rit des tortures. »

A ces mots, il se détourna et allait prendre pour sortir la porte par laquelle Duncan était arrivé, lorsqu'un grognement sourd et menaçant frappa son oreille et lui fit suspendre sa marche. L'ours parut à la porte, en se balançant à sa manière accoutumée. Magua, comme avait fait le père de la femme malade, examina quelque temps avec attention, comme pour s'assurer si c'était un homme ou un animal. Il était bien au-dessus de la superstition ordinaire de sa tribu, et dès qu'il eut reconnu le déguisement du sorcier, il se prépara à passer sans façon ; mais un grognement plus fort et plus menaçant l'obligea à s'arrêter de nouveau. Alors il parut résolu à ne plus se prêter à ce badinage et s'avança hardiment. Le prétendu ours, qui s'était approché de quelques pas, se retira lentement devant lui jusqu'à la porte. Là il se mit à battre l'air de ses pattes de devant, à la manière de son brutal prototype.

« Imbécile ! » s'écria le chef en langue huronne, « allez jouer avec des enfants et des femmes ; laissez les hommes à leur sagesse. »

Il s'efforça de nouveau de passer devant l'ours supposé, sans croire même avoir besoin de le menacer de son couteau affilé ou de la hache brillante qui pendait à sa ceinture. Tout à coup la bête étendit les bras ou plutôt les pattes, lui en entoura le corps et le serra avec toute la force de l'accolade d'un ours véritable. Heyward avait suivi avec une attention inquiète tous les mouvements d'Œil-de-Faucon. Aussitôt il quitta Alice, prit une courroie de peau de daim qui avait servi à attacher un paquet, et lorsqu'il vit les deux bras de son ennemi serrés étroitement contre son corps par les muscles de fer de l'éclaireur, il s'élança sur lui et les y fixa avec force. Bras, jambes et pieds tout fut entouré de nœuds redoublés en moins de temps qu'il ne nous en a fallu pour raconter cette opération. Quand le formidable Huron fut complétement garrotté, l'éclaireur le lâcha, et Duncan étendit son ennemi sur le dos et sans défense.

Pendant tout le cours de cette attaque subite et extraordinaire, Magua, qui avait lutté violemment, jusqu'à ce qu'il eût eu la certitude qu'il était dans les mains d'un homme beaucoup plus nerveux que lui, n'avait pas articulé le moindre cri. Mais lorsqu'Œil-de-Faucon, par manière d'explication sommaire de sa conduite, écarta le museau velu de l'animal, et montra au Huron sa figure mâle et résolue, la philosophie de ce dernier fut vaincue, et il laissa échapper l'inévitable exclamation :

« Ouf !

— Ah ! ah ! tu as retrouvé ta langue ! » dit son imperturbable vainqueur ; « maintenant, afin que tu ne t'en serves pas contre nous, je vais prendre la liberté de t'ôter l'usage de la voix. »

Comme il n'y avait pas de temps à perdre, l'éclaireur s'occupa immédiatement de mettre à exécution une précaution aussi indispensable ; et quand il eut bâillonné l'Indien, son ennemi put être considéré avec certitude comme hors de combat.

« Par quel endroit le coquin est-il venu ? » demanda le prudent éclaireur quant il eut terminé cette besogne. « Il n'est point passé une âme de mon côté depuis que vous m'avez quitté. »

Duncan montra la porte par laquelle Magua était entré, mais qui présentait maintenant de trop grands obstacles pour qu'on pût effectuer par là une prompte retraite.

« Amenez cette jeune dame, continua son ami ; nous sortirons par l'autre issue, pour gagner le bois.

— C'est impossible, dit Duncan ; la terreur lui a ôté l'usage de ses sens ; elle ne peut se soutenir. Alice ! ma chère Alice ! ma douce Alice ! levez-vous ; voici le moment de fuir. Tout est inutile ! elle n'entend, mais elle ne peut nous suivre. Allez, noble et digne ami, sauvez vos jours, et laissez-moi à ma destinée !

— Il n'y a pas de trace qui n'ait une fin, et de calamité qui n'amène avec elle sa leçon, reprit l'éclaireur. Eh bien ! enveloppez-la dans cette pièce d'étoffe indienne. Cachez toutes ses formes délicates ; prenez garde ! couvrez ce pied, il n'a point de pareils dans le désert, il nous trahirait ; couvrez tout, qu'on n'aperçoive rien. C'est bien. Maintenant prenez-la dans vos bras, et suivez-moi : je réponds du reste. »

Duncan, comme on en peut juger par les paroles de son compagnon, obéissait avec empressement ; et lorsque l'autre eut fini de parler, il prit le corps léger d'Alice dans ses bras et suivit les pas de l'éclaireur. Ils trouvèrent la malade seule comme ils l'avaient laissée, et s'avancèrent rapidement par la galerie souterraine jusqu'à l'issue de la grotte. Lorsqu'ils approchèrent de la petite porte d'écorce, ils jugèrent, au bruit des voix, que les amis et les parents de la malade étaient là réunis, attendant patiemment le moment d'entrer.

« Si je prononce un seul mot, » dit à voix basse Œil-de-Faucon, « mon anglais, qui est la langue naturelle des peaux blanches, fera connaître à ces gens-là qu'un ennemi est parmi eux. Baragouinez-leur donc votre jargon, major ; dites-leur que nous avons enfermé l'esprit malin dans la caverne, et que nous emportons la malade dans les bois, afin d'y chercher des racines fortifiantes. Mettez-y toute la ruse dont vous êtes capable ; la nécessité nous en fait une loi. »

En ce moment, la porte s'entr'ouvrit comme si quelqu'un eût écouté du dehors ce qui se passait dans l'intérieur ; cette circonstance obligea l'éclaireur à mettre fin à ses instructions. Un effroyable grognement fit éloigner l'écouteur indiscret, puis l'éclaireur ouvrit hardiment la porte et sortit en jouant son rôle d'ours dans sa marche. Duncan suivit ses pas et se vit bientôt au milieu d'un groupe d'une vingtaine de parents et d'amis qui attendaient son arrivée avec impatience.

La foule s'écarta un peu, pour permettre au père et à un autre, qui paraissait être le mari de la malade, de s'approcher de Duncan.

« Mon frère a-t-il chassé l'esprit malin ? Que porte-il dans ses bras ?

— Ton enfant ! » répondit Duncan d'un ton grave ; « le mal l'a quittée ; il est là enfermé dans ces rochers. J'emporte la malade près d'ici, pour la fortifier contre de nouvelles attaques. Elle sera dans le wigwam de son mari quand le soleil reparaîtra. »

Quand le père eut traduit en langue huronne les paroles de l'étranger, un léger murmure annonça la satisfaction que causait cette nouvelle. Le chef lui-même fit signe de la main à Duncan de continuer sa marche, et lui dit tout haut d'une voix ferme et d'un air résolu :

« Allez, je suis un homme ; je vais entrer dans la caverne et combattre l'esprit malin. »

Heyward obéissait avec joie, et s'éloignait déjà du groupe, lorsque ces paroles effrayantes l'arrêtèrent tout court.

« Mon frère est-il fou ? s'écria-t-il ; est-il cruel ? il rencontrera la maladie, et elle entrera dans lui ; ou bien il la chassera, et alors elle poursuivra sa fille dans les bois. Non, que mes enfants attendent en dehors, et si l'esprit se présente, qu'ils l'assomment à coups de bâton. Il est rusé, et restera caché dans la montagne quand il verra combien de personnes sont préparées à le combattre. »

Cette singulière admonition eut l'effet désiré. Au lieu d'entrer dans la caverne, le père et le mari s'armèrent de leur tomahawk, et se postèrent tout prêts à faire tomber leur vengeance sur le persécuteur imaginaire de la malade. Dans le même but, les femmes et les enfants prirent des pierres ou coupèrent des branches dans le taillis. Les sorciers profitèrent de ce moment favorable pour disparaître.

Œil-de-Faucon, tout en prenant avantage des superstitions des Indiens, n'ignorait pas qu'elles étaient plutôt tolérées que partagées par les plus sages, d'entre les chefs. Il savait combien le temps était précieux en pareille occasion. Quelque grande que fût la crédulité de ses ennemis, et quelque favorable qu'elle eût été à ses projets, il savait que le plus léger soupçon agissant sur la nature intelligente d'un Indien, pourrait avoir des résultats fatals. Il prit donc la route qui pouvait le mieux lui faire éviter les regards, et au lieu d'entrer dans le village, il en fit le tour. A la lueur mourante des feux, on apercevait encore de loin les guerriers allant d'une cabane à l'autre. Mais les enfants avaient abandonné leurs jeux pour leurs lits de peau, et le calme de la nuit commençait déjà à faire taire le trouble et l'excitation d'une soirée si importante et que tant d'événements avaient signalée.

L'influence vivifiante de l'air extérieur remit complètement Alice, et comme sa faiblesse avait été plus physique que morale, elle n'eut pas besoin qu'on lui donnât d'explications sur ce qui venait de se passer.

Lorsqu'on fut entré dans la forêt : « Je vais essayer maintenant de marcher, » dit-elle en rougissant secrètement de n'avoir pas été plus tôt à même de quitter les bras de Duncan ; « je suis tout à fait rétablie.

— Non, Alice, vous êtes encore trop faible. »

La jeune fille fit un doux effort pour se dégager, et Duncan fut obligé malgré lui d'abandonner son précieux fardeau. Le représentant de l'ours était très-certainement resté complètement étranger aux émotions délicieuses de l'amant, lorsqu'il pressait dans ses bras sa maîtresse, et il est probable qu'il ne comprit pas davantage la nature de ce sentiment de honte ingénue qui accablait la tremblante Alice pendant leur fuite rapide. Mais quand il se vit à une distance convenable du village, il fit halte et prit la parole sur un sujet qui lui était familier.

« Ce sentier, dit-il, vous conduira au ruisseau ; suivez-en la rive septentrionale jusqu'à ce que vous arriviez à une cataracte ; montez alors sur la colline que vous verrez sur votre droite, et vous apercevrez les feux de l'autre peuplade. C'est là que vous vous rendrez ; vous demanderez protection : si ce sont de vrais Delawares, vous serez en sûreté. Fuir loin d'ici maintenant avec cette jeune fille, c'est chose impossible. Avant que nous eussions fait une douzaine de milles, les Hurons seraient à notre piste et prendraient nos chevelures. Allez, et que la Providence soit avec vous!

— Et vous, » demanda Heyward surpris ; « sans doute vous n'allez pas nous quitter ici?

— Les Hurons tiennent captif l'orgueil des Delawares ; le dernier rejeton du sang glorieux des Mohicans est en leur pouvoir, répondit l'éclaireur ; je vais voir ce qu'il est possible de faire pour lui. S'ils avaient pris votre chevelure, major, chacun de vos cheveux aurait coûté la vie à un de ces coquins, comme je vous l'ai promis ; mais si le jeune Sagamore doit être conduit au poteau, les Indiens verront aussi comment sait mourir un homme de pur sang!»

Duncan ne s'offensa pas le moins du monde de la préférence que l'honnête éclaireur donnait à un homme qu'il pouvait jusqu'à un certain point appeler son fils adoptif ; néanmoins il continua à combattre sa résolution téméraire par toutes les raisons qui lui vinrent à l'esprit. Il fut secondé par Alice qui joignit ses prières à celles d'Heyward, le suppliant d'abandonner une résolution qui promettait tant de dangers avec si peu d'espoir de succès. Leur éloquence et leurs raisonnements furent inutiles. L'éclaireur les écouta avec attention, mais non sans impatience, et termina la discussion en répondant d'un ton qui réduisit aussitôt Alice au silence, et démontra à Heyward l'inutilité de toute remontrance ultérieure :

« J'ai entendu dire qu'il y a dans la jeunesse un sentiment qui attache l'homme à la femme d'un lien plus fort que celui qui unit le père à son fils. Cela peut être, j'ai eu rarement occasion de me trouver avec des femmes de ma couleur ; mais il est possible que ce soit là les sentiments de la nature dans les colonies. Vous avez risqué votre vie et tout ce qui vous est cher au monde pour délivrer cette jeune fille, et je suppose qu'il y a au fond de tout cela quelque disposition de ce genre. Pour moi, j'ai enseigné à ce jeune homme le vrai caractère d'une carabine, et il m'en a bien récompensé! J'ai combattu à ses côtés dans plus d'une escarmouche sanglante, et aussi longtemps que d'une oreille j'entendais le bruit de son fusil, et de l'autre celui du Sagamore, j'étais sûr de n'avoir point d'ennemis derrière moi. Pendant bien des hivers et des étés, de nuit, de jour, nous avons erré ensemble dans le désert, mangeant au même plat, l'un dormant pendant que veillait l'autre, et avant qu'il soit dit qu'Uncas, à deux pas de moi, a été conduit au supplice, — quelle que soit la couleur de notre peau, nous n'avons tous qu'un maître suprême, — et je le prends à témoin qu'avant que le jeune Mohican meure faute d'un ami, la bonne foi aura disparu de la terre, et perce-daim sera devenu une arme aussi peu redoutable que l'instrument frivole du chanteur ! »

Duncan laissa aller le bras de l'éclaireur, qui, retournant sur ses pas, reprit le chemin du village. Après s'être arrêtés un moment pour le suivre des yeux, l'heureux et néanmoins affligé Heyward et sa bien-aimée se dirigèrent vers le village encore éloigné des Delawares.

CHAPITRE XXVI

Laissez-moi aussi jouer le rôle du Lion.

SHAKSPEARE. *Le Rêve d'une nuit d'été.*

Malgré toute la résolution d'Œil-de-Faucon, il comprit pleinement toutes les difficultés et tous les dangers de son entreprise. A son retour dans le camp, ses facultés exercées et intelligentes s'occupèrent activement à trouver le moyen de déjouer dans ses ennemis une vigilance et une circonspection qu'ils portaient, il ne l'ignorait pas, à un aussi haut degré que lui-même. S'il n'avait été retenu par la couleur de sa peau, Magua et le sorcier auraient été les premières victimes immolées à sa sécurité; mais l'éclaireur avait jugé qu'un pareil acte, quelque conforme qu'il pût être à la nature de l'Indien, était tout à fait indigne d'un homme de pur sang tel que lui. Se fiant donc aux liens dont il avait chargé ses captifs, il continua à se diriger vers le centre des habitations.

A mesure qu'il approchait, ses pas devenaient plus circonspects, et son œil vigilant ne laissait échapper aucun signe ami ou ennemi. A quelque distance des autres cabanes, il en vit une qui paraissait avoir été abandonnée avant d'être achevée, probablement faute de deux objets de la plus haute importance : le bois et l'eau. A travers les fentes et les crevasses on voyait briller une faible lumière, ce qui annonçait que, malgré sa construction imparfaite, elle était pourtant habitée en ce moment. C'est sur ce point que se dirigea l'éclaireur, comme un général prudent qui tâte les positions avancées de l'ennemi avant de faire son attaque principale.

S'étant mis dans une posture convenable à l'animal qu'il représentait, Œil-de-Faucon s'approcha à quatre pattes d'une petite ouverture d'où il pouvait voir dans l'intérieur de la cabane. Il reconnut que c'était la demeure de David La Gamme. C'est là que le maître de chant s'était retiré avec toutes ses afflictions, ses terreurs et son humble confiance dans la protection de la Providence. Au moment même où l'éclaireur aperçut sa personne peu gracieuse, lui-même, ou plutôt l'ours dont il avait pris le rôle, était le sujet des réflexions profondes du solitaire.

Bien que David ajoutât une foi implicite aux miracles de l'antiquité, il rejetait la croyance d'une intervention surnaturelle et directe dans les choses du monde moderne. En un mot, quoiqu'il crût fermement que l'âne de Balaam avait parlé, sa crédulité n'allait pas jusqu'à croire qu'un ours pût chanter; et cependant c'était un fait que lui affirmait le témoignage de ses oreilles si délicates. Il y avait dans son air et dans ses manières quelque chose qui indiquait le trouble manifeste de son esprit. Il était assis sur un tas de broussailles dont il tirait de temps en temps quelques branches pour entretenir son feu : il avait la tête appuyée sur son bras dans une attitude de réflexion douloureuse. Le costume du musicien était le même que celui que nous avons décrit depuis peu; seulement il avait couvert sa tête chauve du castor triangulaire que la cupidité des Hurons avait dédaigné.

L'intelligent Œil-de-Faucon, qui se rappelait la manière précipitée dont l'autre avait abandonné son poste au lit de la malade, se doutait de ce qui faisait en ce moment l'objet de réflexions aussi profondes. Après avoir fait le tour de la cabane et s'être assuré qu'elle était entièrement isolée, sachant d'ailleurs que l'infirmité mentale de son locataire la mettait à l'abri de toute visite, il se hasarda à franchir la porte basse et à se présenter devant La Gamme. Le feu les séparait; et lorsqu'Œil-de-Faucon se fut assis sur ses pattes de derrière, il s'écoula près d'une minute pendant laquelle tous deux se regardèrent sans proférer une parole. Cette surprise étrange et soudaine était trop forte pour que, nous ne dirons pas la philosophie, mais la foi et la résolution de David y résistassent. Il chercha son instrument, et se leva avec l'intention confuse d'essayer un exorcisme musical.

« Monstre noir et mystérieux, » s'écria-t-il, tandis que ses mains tremblantes s'occupaient à placer ses yeux auxiliaires et recouraient à sa ressource infaillible contre tous les maux, la version sacrée des psaumes, « je ne connais ni votre nature, ni vos intentions; mais si vous méditez quelque chose contre la personne et les droits de l'un des plus humbles serviteurs du temple, écoutez le langage inspiré du jeune berger d'Israël, et repentez-vous. »

Tamenund passa devant l'attentif et silencieux Magua... (Page 150)

L'ours se tint les côtes avec une émotion inexplicable, et alors une voix connue répondit: « Laissez là votre brimborion, et apprenez à votre gosier la modestie; quatre mots d'anglais clairs et intelligibles valent mieux maintenant qu'une heure employée à brailler.

— Qui es-tu? » demanda David dans l'impuissance totale de continuer l'exorcisme qu'il s'était proposé, et pouvant à peine respirer.

« Un homme comme vous, et qui a dans les veines aussi peu de sang d'ours que vous-même: avez-vous donc si tôt oublié celui qui vous a rendu cet instrument que vous tenez à la main?

— Est-il possible? » répondit David en respirant plus à l'aise, à mesure que la vérité se fai-

sait jour dans son esprit. « J'ai trouvé bien des merveilles pendant mon séjour avec les idolâtres, mais je n'ai rien vu qui égale celle-là!

— Attendez, attendez, «reprit Œil-de-Faucon en se découvrant la figure, pour raffermir la confiance chancelante de son compagnon; « vous voyez ici une peau qui, si elle n'est pas aussi blanche que celle de nos jeunes dames, n'a d'autre teinte étrangère que celle que l'air et le soleil lui ont donnée. Maintenant parlons affaires.

— Parlez-moi d'abord de la jeune fille et du jeune homme qui est allé si courageusement à sa recherche, interrompit David.

— Oh! ils sont heureusement à l'abri des

tomahawks de ces manants! mais pouvez-vou me mettre sur la piste d'Uncas?

— Le jeune homme est captif, et je crains bien que sa mort ne soit résolue. Je déplore du fond de l'âme qu'un jeune homme si bien disposé meure dans son ignorance, et j'ai fait choix d'un cantique...

— Pouvez-vous me conduire vers lui ?

— Cela n'est pas difficile, » répondit David en hésitant; « pourtant je crains beaucoup que votre présence n'ajoute encore à son infortune au lieu de l'adoucir.

— Trêve de paroles et marchons, » reprit Œil-de-Faucon qui remit sa tête d'ours, et donna l'exemple en quittant à l'instant même la cabane.

En chemin, l'éclaireur apprit de son compagnon qu'il avait la permission de visiter Uncas, grâce au privilége de son infirmité et à la connaissance qu'il avait faite de l'un des gardes qui, parlant un peu d'anglais, avait été choisi par David pour sujet de conversion religieuse. Il est fort douteux que le Huron comprît les intentions de son nouvel ami; mais comme un sauvage n'est pas moins flatté qu'un homme civilisé de se voir l'objet d'attentions particulières, celles de David avaient effectivement produit l'effet dont nous avons parlé. Il est inutile de dire l'adresse que mit l'éclaireur à tirer ces détails de la simplicité de David, ni de nous étendre sur la nature des instructions qu'il lui donna lorsqu'il fut au fait de tout ce qu'il lui importait de savoir ; la suite du récit expliquera tout cela d'une manière suffisante.

La cabane où l'on avait renfermé Uncas était située au centre même du village, et il était difficile de s'en approcher ou d'en sortir sans être aperçu. Mais il n'entrait pas dans le plan d'Œil-de-Faucon de se cacher le moins du monde. Comptant sur son déguisement, et sur son habileté à soutenir le rôle qu'il avait pris, il se rendit à la cabane par le chemin le plus apparent et le plus direct. Néanmoins l'heure avancée de la nuit lui offrait un peu de cette protection dont il paraissait faire si peu de cas. Les enfants étaient déjà endormis; toutes les femmes et la plupart des guerriers étaient rentrés dans leurs huttes. Seulement quatre ou cinq de ces derniers étaient à la porte de la prison d'Uncas, observateurs prudents et attentifs des mouvements de leur prisonnier.

A la vue de La Gamme accompagné de celui qu'ils prenaient pour leur sorcier le plus célèbre dans l'un de ses déguisements les plus habituels, ils s'écartèrent sur-le-champ pour les laisser entrer. Cependant ils ne manifestèrent aucune intention de se retirer, au contraire ils parurent évidemment disposés à rester pour être témoins des mystérieuses jongleries que

leur promettait naturellement une telle visite. Dans l'impossibilité où était l'éclaireur de parler aux Hurons dans leur langue, il fut obligé de laisser faire à David tous les frais de la conversation. Malgré la simplicité de ce dernier, il s'acquitta fort bien de sa tâche et exécuta les instructions qu'il avait reçues de manière à dépasser les espérances de son maître.

« Les Delawares sont des femmes, » s'écriait-il, en s'adressant au sauvage qui avait une légère teinture d'anglais; les Yengees, mes sots compatriotes, leur ont dit de prendre le tomahawk et d'en frapper leurs pères du Canada, et alors ils ont oublié leur sexe. Mon frère désire-t-il entendre le Cerf-Agile demander ses jupons, et le voir pleurer au poteau en présence des Hurons? »

L'exclamation « Ouf! » articulée d'un ton d'assentiment formel annonça le plaisir qu'éprouverait le sauvage à être témoin d'une telle manifestation de faiblesse dans un ennemi si longtemps haï et redouté.

« Alors que mon frère s'écarte, et l'homme savant soufflera sur le chien! Dites-le à mes frères. »

Le Huron expliqua les paroles de David à ses compagnons, qui à leur tour écoutèrent ce projet avec la satisfaction que devait naturellement donner à ces hommes grossiers et farouches un tel raffinement de cruauté. Ils s'éloignèrent un peu de la porte, et firent signe au prétendu sorcier qu'il pouvait entrer. Mais l'ours, au lieu d'obéir, resta assis sur ses pattes de derrière et se mit à grogner.

« L'homme savant a peur que son souffle n'atteigne ses frères et ne leur ôte leur courage de même qu'au prisonnier, » continua David en prenant sur lui d'aller plus loin que ses instructions; « il faut qu'ils s'éloignent davantage. »

Les Hurons, qui auraient regardé ce malheur comme le plus grand de tous, s'éloignèrent aussitôt, et prirent position hors de la portée de la voix, mais de manière cependant à surveiller l'entrée de la cabane. Alors, comme s'il les eût crus suffisamment en sûreté, l'éclaireur quitta son assiette et entra à pas lents. La cabane silencieuse et sombre, n'étant occupée que par le prisonnier, et ne recevant d'autre lumière que celle des tisons d'un feu qui s'éteignait et qui avait servi à la cuisine des sauvages.

Uncas était dans un coin, dans une attitude penchée, les pieds et les mains fortement attachés par des liens douloureux. Lorsqu'il aperçut l'effroyable monstre, il ne daigna pas même jeter un coup d'œil sur l'animal. L'éclaireur, qui avait laissé David à la porte pour s'assurer qu'on ne les observait pas, jugea prudent de garder son déguisement jusqu'à ce qu'il eût la certitude qu'on ne viendrait pas troubler leur entrevue. Au lieu donc de parler, il se mit à faire les évolutions de l'animal qu'il représentait. Le jeune Mohican, qui avait cru d'abord que ses ennemis lui avaient envoyé un ours véritable pour le tourmenter et mettre son courage à l'épreuve, découvrit, dans le jeu de l'acteur qu'Heyward avait trouvé si parfait, certaines imperfections qui lui firent reconnaître l'imposture. Si Œil-de-Faucon eût pu deviner le jugement défavorable que portait sur sa pantomime un connaisseur tel qu'Uncas, il se fût sans doute piqué d'honneur et eût continué le divertissement; mais l'expression méprisante du regard du jeune homme était susceptible de tant d'interprétations, que la mortification de cette découverte fut épargnée à l'amour-propre du digne éclaireur. Sitôt donc que David eut donné le signal convenu, un sifflement sourd remplaça dans la cabane les hideux grognements de l'ours.

Uncas s'était appuyé contre le mur, et fermait les yeux comme pour ne pas voir un objet aussi vil et aussi désagréable. Mais du moment qu'il entendit le bruit du serpent, il se leva et regarda de tous côtés en baissant la tête et en la tournant dans toutes les directions, jusqu'à ce qu'enfin ses yeux s'arrêtèrent sur le monstre velu, où ils restèrent fixés comme par un pouvoir magique. Le même son se fit entendre de nouveau, et parut évidemment sortir de la gueule de l'animal. Les regards du jeune homme errèrent de nouveau dans l'intérieur de la hutte, et, se reportant sur l'ours, il articula d'une voix basse et étouffée l'exclamation habituelle:

« Ouf! »

« Coupez ses liens, » dit Œil-de-Faucon à David qui s'approchait en ce moment.

Le chanteur fit ce qu'on lui ordonnait, et Uncas vit tomber ses liens. Au même instant la peau sèche de l'animal se détacha avec bruit, et l'éclaireur parut à découvert aux regards de son ami. Le Mohican parut comprendre comme par instinct la nature de la tentative de son compagnon; mais ni sa voix, ni ses traits ne laissèrent échapper le moindre symptôme de surprise. Lorsque Œil-de-Faucon eut dépouillé son vêtement velu, ce qu'il fit en dénouant quelques courroies, il tira un long couteau à la lame brillante et le remit aux mains d'Uncas.

« Les Hurons rouges sont dehors, dit-il; mettons-nous sur nos gardes. »

En même temps il appuya la main d'un air expressif sur un autre instrument du même genre; tous deux étaient le fruit de ses exploits contre leurs ennemis dans la soirée.

« Partons! dit Uncas.

— Où irons-nous?

— Chez les Tortues. Ils sont enfants de mes grands-pères.

— Oui, mon garçon, » dit l'éclaireur en anglais, car c'était la langue dont il faisait usage toutes les fois qu'il était préoccupé; « le même sang coule dans vos veines, je le crois; mais le temps et la distance n'en ont-ils pas un peu changé la couleur? Que ferons-nous des Mingos qui sont à la porte? ils sont six, et ce chanteur n'est bon à rien.

— Les Hurons sont des fanfarons! » dit Uncas d'un air de mépris; « leur *totem* est un élan, et ils courent comme des limaçons. Les Delawares sont les enfants de la tortue, et ils devancent le daim à la course!

— Oui, mon enfant, il y a de la vérité dans ce que vous dites, et je ne doute pas qu'à la course vous ne dépassiez la nation tout entière, et que vous ne puissiez parcourir deux milles et reprendre haleine avant qu'aucun de ces coquins eût le temps d'approcher du village à la portée de la voix; mais la puissance d'un blanc réside plus dans ses bras que dans ses jambes. Quant à moi, je puis tenir tête à un Huron aussi bien qu'un autre, mais s'il s'agissait de courir, les coquins l'emporteraient sur moi. »

Uncas, qui déjà s'était approché de la porte pour partir le premier, revint sur ses pas, et alla reprendre sa place au fond de la cabane. Mais Œil-de-Faucon, trop préoccupé pour remarquer ce mouvement, continua à parler plutôt à lui-même qu'à son compagnon. « Après tout, dit-il, il n'est pas juste d'asservir un homme aux qualités d'un autre. Ainsi, Uncas, je vous conseille de tenter l'aventure, tandis que moi je vais reprendre ma peau d'ours et recourir à la ruse à défaut d'agilité. »

Le jeune Mohican ne répondit pas, mais ayant tranquillement croisé les bras, il s'appuya contre un des poteaux qui supportaient le mur de la cabane.

« Eh bien! » dit l'éclaireur en le regardant d'un air surpris, « qu'attendez-vous? Pour moi, pendant que ces coquins vous donneront la chasse, j'aurai du temps de reste.

— Uncas ne veut point partir, » répondit avec calme le Mohican.

« Pourquoi?

— Il combattra avec le frère de son père, et mourra avec l'ami des Delawares.

— Bien, mon garçon, » reprit Œil-de-Faucon en serrant la main d'Uncas entre ses doigts de fer; « si vous m'aviez laissé, vous auriez agi en Mingo plutôt qu'en Mohican. Mais sachant combien la jeunesse est attachée à la vie, j'ai cru devoir vous faire cette offre. Ce qu'on ne peut faire à la guerre par le seul courage, il faut le faire par la ruse. Couvrez-vous de cette peau;

je ne doute pas que vous ne jouiez l'ours presque aussi bien que moi. »

Quelle que pût être l'opinion particulière d'Uncas sur leurs talents respectifs en cette matière, sa contenance grave n'annonça aucune prétention à la supériorité. Il se hâta de se revêtir en silence de la dépouille de l'animal, puis il attendit les ordres de son compagnon plus âgé.

« Maintenant, mon ami, » dit Œil-de-Faucon en s'adressant à David, « un échange de costume vous sera avantageux, car vous n'êtes pas acclimaté aux intempéries du désert. Tenez, prenez mon bonnet et ma blouse de chasse, et donnez-moi votre chapeau et votre couverture. Confiez-moi aussi votre livre, vos lunettes et votre petit instrument; si nous nous revoyons dans des circonstances plus heureuses, je vous rendrai le tout en y joignant mes remercîments. »

David lui donna les différents objets qu'il venait de nommer, avec un empressement qui eût fait honneur à sa libéralité, si, sous plus d'un rapport, il n'eût pas gagné au change. Œil-de-Faucon fut bientôt revêtu de son nouveau costume; et lorsque ses yeux vifs et perçants furent cachés derrière les lunettes, et que sa tête fut surmontée du castor triangulaire, comme leur taille était à peu près la même, il put raisonnablement, à la clarté des étoiles, passer pour le chanteur.

« Avez-vous beaucoup de disposition à la lâcheté? » lui demanda-t-il brusquement, afin de connaître l'état véritable de la maladie avant de prescrire une ordonnance.

« Mes habitudes sont paisibles, et mon caractère, j'ai lieu en toute humilité de le croire, est grandement incliné vers la paix et la charité, » répondit David, un peu piqué de cette attaque directe adressée à son courage; « mais nul ne peut dire que, dans les plus grands périls, j'aie jamais oublié ma foi dans le Seigneur.

— Votre plus grand danger sera au moment où les sauvages s'apercevront qu'ils ont été trompés. S'ils ne vous assomment pas sur-le-champ, votre infirmité intellectuelle vous protégera, et vous pourrez vous attendre alors avec raison à mourir dans votre lit. Si vous restez ici, il faut vous asseoir dans l'ombre et prendre la place d'Uncas, jusqu'à ce que la ruse des Indiens vienne à découvrir la mèche; c'est alors, comme je l'ai déjà dit, que viendra pour vous le moment critique; choisissez donc de faire une sortie avec nous ou de rester ici.

— Je resterai, » dit David d'un ton ferme; « je prendrai la place du Delaware; il a bravement et généreusement combattu pour moi, et je ferai pour lui ce que vous me demandez, et plus encore si cela est nécessaire.

— Vous venez de parler en homme, et en homme qui, avec une meilleure direction, aurait pu faire quelque chose de mieux qu'un chanteur. Baissez la tête et repliez vos jambes; leur forme pourrait faire trop tôt connaître la vérité. Gardez le silence aussi longtemps que vous pourrez; il serait bien, quand vous parlerez, de brailler tout à coup un de vos cantiques, ce qui servira à rappeler aux Indiens que vous n'êtes pas tout à fait aussi responsable de vos actes que le commun des mortels. Si néanmoins ils prennent votre chevelure, ce qui, je le crois fermement, n'arrivera pas, comptez qu'Uncas et moi nous ne vous oublierons pas, mais que nous vous vengerons comme il convient à de vrais guerriers, à des amis sincères.

— Arrêtez! » dit David, voyant qu'après lui avoir donné cette assurance ils allaient le quitter; « je suis le disciple humble et indigne d'un maître qui n'a pas enseigné le damnable principe de la vengeance. Si donc je viens à succomber, n'immolez point de victimes à mes mânes, mais plutôt pardonnez à mes meurtriers; et quand vous penserez à eux, que ce soit pour demander à Dieu dans vos prières leur conversion et leur salut éternel. »

L'éclaireur hésita et parut réfléchir profondément.

« Il y a là un principe, dit-il, différent du code des bois, et cependant il est beau et fait naître de nobles réflexions. » Alors, poussant un profond soupir, probablement l'un des derniers que lui arrachât le regret de la vie civilisée qu'il avait depuis si longtemps abandonnée, il ajouta : « C'est ce principe que je désirerais moi-même mettre en pratique, comme il convient à un homme de pur sang; quoiqu'il ne soit pas toujours facile d'agir avec un Indien comme on agirait avec un chrétien. Dieu vous bénisse, mon ami! je pense que vous n'êtes pas loin de la bonne piste, si l'on considère mûrement les choses et si on envisage l'éternité; quoique cela dépende beaucoup des qualités naturelles et de la force des tentations. »

Ce disant, l'éclaireur s'approcha de David et lui serra cordialement la main. Après cette marque d'amitié, il sortit aussitôt de la cabane, accompagné du nouveau représentant de l'ours.

Du moment qu'Œil-de-Faucon se vit sous les regards des Hurons, il donna à sa haute taille l'attitude roide de David, étendit la main pour marquer la mesure, et se mit à imiter comme il put sa psalmodie. Heureusement pour le succès de cette entreprise délicate, qu'il avait affaire à des oreilles peu accoutumées à l'harmonie des sons, sans quoi la ruse eût bientôt été découverte. Il fallait nécessairement passer à une proximité dangereuse du groupe des sauvages; et, à mesure qu'il en approchait, l'éclaireur élevait de plus en plus la voix. Lorsqu'il fut tout près, le Huron qui parlait anglais étendit un bras et arrêta le faux maître de chant. « Ce chien de Delaware, » dit-il en avançant la tête, et en cherchant à lire à travers l'obscurité dans les traits d'Œil-de-Faucon, « est-il effrayé? Les Hurons entendront-ils ses gémissements? »

L'ours fit entendre un grognement si naturel et si menaçant, que le jeune Indien lâcha prise et s'écarta, comme pour s'assurer si l'ours qu'il voyait marcher devant lui était faux ou véritable. Œil-de-Faucon, qui craignait que sa voix ne trahît sa présence à ses ennemis rusés, se hâta de profiter de cette interruption pour faire une nouvelle explosion musicale, qui aurait déchiré les oreilles d'hommes plus civilisés, mais qui, parmi ses auditeurs actuels, ne fit qu'ajouter au respect qu'ils ne manquent jamais de témoigner à ceux qui sont atteints d'aliénation mentale. Tous les Indiens s'écartèrent et laissèrent passer le sorcier et son aide inspiré.

Il fallait toute la fermeté d'âme d'Uncas et de l'éclaireur pour continuer le pas grave et tranquille qu'ils avaient pris, en passant devant les cabanes du village, lorsqu'ils virent surtout que la curiosité l'avait assez emporté sur la crainte pour engager les Indiens à s'approcher de la hutte afin de s'assurer de l'effet qu'avait produit le sortilège. Le moindre mouvement d'imprudence ou d'impatience de la part de David pouvait les trahir, et il fallait nécessairement du temps à l'éclaireur pour se mettre en sûreté. Le tintamarre que ce dernier jugeait prudent de continuer fit sortir de leurs huttes plusieurs Indiens, qui les regardèrent passer; et plus d'une fois un guerrier menaçant, conduit par la superstition ou par la vigilance, s'avança sur leur passage. Néanmoins leur marche ne fut point interrompue; les ténèbres de la nuit et la hardiesse de leur entreprise les protégèrent. Déjà le village était derrière eux, et ils s'avançaient rapidement vers l'abri de la forêt, lorsqu'un grand cri s'éleva de la cabane qui avait servi de prison à Uncas. Le Mohican tressaillit, et agita sa peau velue, comme si l'animal qu'il représentait allait faire quelque attaque désespérée.

« Arrêtez! » dit l'éclaireur en prenant son ami par l'épaule; « laissez-les crier, ce n'est qu'un cri de surprise. »

Ils n'avaient pas de temps à perdre, car aussitôt d'affreux hurlements remplirent les airs, et parcoururent toute l'étendue du village. Uncas jeta loin de lui sa peau d'ours, et parut dans la beauté de ses proportions naturelles.

« Maintenant, que les démons se mettent à notre piste! deux d'entre eux au moins y trouveront la mort, » dit l'éclaireur; et en même temps il retira de dessous les broussailles deux carabines et tous leurs accessoires. En ayant donné une à Uncas, il agita en l'air son perce-

daim; puis, frappant légèrement sur l'épaule du jeune Mohican, il prit les devants, et Uncas s'élança à sa suite, chacun d'eux tenant son arme de manière à s'en servir au premier instant; et bientôt ils disparurent dans l'épaisseur de la forêt.

CHAPITRE XXVII

> César, j'obéirai.
> Si tu dis : Fais cela, soudain, je le ferai.
>
> SHAKSPEARE. *Jules César.*

L'impatience des sauvages qui se tenaient à la porte de la prison d'Uncas avait, comme nous l'avons vu, fait taire la crainte que leur inspirait le souffle du sorcier. Ils s'avancèrent avec précaution, et respirant à peine, vers une crevasse à travers laquelle brillait la clarté mourante du feu. Pendant quelques minutes ils prirent David pour leur prisonnier; mais ce qu'Œil-de-Faucon avait prévu arriva. Fatigué de tenir si longtemps ses jambes repliées sur elles-mêmes, le chanteur les étendit peu à peu, jusqu'à ce que ses pieds disgracieux se mirent en contact avec les cendres du feu et les écartèrent. D'abord les Hurons crurent que cette difformité du Delaware était le résultat de l'ensorcellement. Mais lorsque David, qui ne croyait pas être vu, tourna la tête et laissa apercevoir son visage doux et simple, au lieu des traits sévères et hautains de leur prisonnier, le doute ne fut plus possible même à la crédulité d'un Indien. Ils se précipitèrent tous ensemble dans la cabane, et portant les mains sans cérémonie sur le prisonnier, découvrirent sur-le-champ l'imposture. Alors s'éleva le premier cri qu'avaient entendu les fugitifs. Il fut suivi des démonstrations les plus frénétiques de colère et de vengeance. David, quoique toujours ferme dans sa résolution de couvrir la retraite de ses amis, fut alors forcé de croire que sa dernière heure était venue. Dépouillé de son livre et de son instrument, il fut obligé de recourir à sa mémoire qui, dans de telles matières, lui faisait rarement faute, et élevant tout à coup avec tranquillité sa forte voix, il chercha à adoucir son passage dans l'autre monde, en chantant les premiers versets d'une antienne funéraire. Cette circonstance rappela fort à propos aux Indiens son infirmité intellectuelle; et s'élançant hors de la cabane, leurs clameurs éveillèrent en sursaut le village de la manière que nous avons dit.

Un guerrier indien combat comme il dort,

sans être protégé par aucun moyen de défense.
Aussi, le cri d'alarme eut à peine été entendu,
que deux cents hommes étaient déjà debout,
préparés au combat ou à la chasse, selon l'occur-
rence. L'évasion du prisonnier fut bientôt connue de toutes parts, et la tribu entière se rassembla autour de la cabane du conseil, attendant
impatiemment les ordres de ses chefs. Dans cette
circonstance grave qui réclamait les conseils de
l'habileté et de l'expérience, la présence du rusé
Magua ne pouvait manquer d'être réclamée.
Son nom fut prononcé, et chacun témoigna son
étonnement de ne point le voir paraître. On l'envoya chercher à sa cabane.

En même temps quelques-uns des jeunes gens
les plus agiles et les plus intelligents reçurent
ordre de faire le tour de la clairière, sous l'abri
de la forêt, afin de parer à toute attaque que
pourraient méditer leurs voisins suspects, les
Delawares. Les femmes et les enfants couraient
çà et là ; tout le camp était en émoi. Mais peu à
peu ces symptômes de désordre se calmèrent, et
au bout de quelques minutes les chefs les plus
vieux et les plus distingués s'assemblèrent dans
la cabane pour tenir conseil.

Des clameurs annoncèrent bientôt l'approche
d'un détachement, et on espéra voir enfin s'expliquer le mystère de cette évasion. La foule
placée à l'extérieur de la cabane s'écarta, et plusieurs guerriers entrèrent, amenant avec eux le
malheureux sorcier que l'éclaireur avait laissé
si longtemps dans une situation si gênante.

Quoique cet homme jouit parmi les Hurons
d'une réputation fort équivoque, les uns ajoutant une foi implicite à son pouvoir surnaturel,
et les autres le regardant comme un imposteur,
tous en cette occasion l'écoutèrent avec une attention profonde. Quand il eut terminé le récit
de ce qui lui était arrivé, le père de la malade
s'avança, et raconta brièvement et avec des paroles énergiques ce qu'il savait. Ces deux dépo-
sitions servirent à diriger les perquisitions,
auxquelles on procéda alors avec toute la
gravité et la circonspection qui caractérisent les
Indiens.

Au lieu de se précipiter en foule et en désordre vers la caverne, on choisit pour cette investigation dix des chefs les plus habiles et les plus
courageux. Comme il n'y avait pas de temps à
perdre, dès que le choix fut fait, les individus
désignés se levèrent et sortirent tous ensemble
sans prononcer une parole. Quand on fut arrivé
à l'entrée de la caverne, les plus jeunes cédèrent
le pas à leurs aînés, et tous s'avancèrent dans
la galerie basse et sombre avec l'intrépidité de
guerriers qui étaient prêts à se sacrifier au bien
public, mais qui en même temps doutaient secrètement de la nature de l'ennemi auquel ils
allaient avoir affaire.

Le premier appartement de la caverne était
sombre et silencieux. La femme était dans la
même place et la même attitude qu'auparavant,
quoique parmi ceux qui étaient présents quelques-uns affirmassent qu'ils l'avaient vue emporter dans les bois par le prétendu médecin
des hommes blancs. Cette contradiction palpa-
ble et directe du récit fait par le père fit porter
tous les regards sur lui. Irrité de cette imputa-
tion, et intérieurement troublé par une circonstance aussi inexplicable, le chef s'approcha du
lit, et se baissant vers sa fille, promena sur ses
traits un regard incrédule, comme s'il eût
douté que ce fût elle. Il vit qu'elle était morte.

Le sentiment de la nature l'emporta pour un
moment, et le vieux guerrier cacha ses yeux
dans ses mains comme pour réprimer sa douleur ; puis revenant à lui, il regarda en face ses
compagnons, et leur montrant le corps, il leur
dit dans la langue de sa tribu :

« La femme de mon jeune guerrier nous a
quittés. Le Grand-Esprit est en colère contre
ses enfants. »

Cette douloureuse nouvelle fut reçue dans un
profond silence. Après une courte pause, un des
Indiens les plus âgés allait prendre la parole,
lorsqu'on aperçut quelque chose de noir qui
s'approchait en roulant d'une pièce voisine au
centre même de l'appartement où ils se trouvaient.

Ignorant à quelles espèces d'êtres ils avaient
affaire, toute la troupe fit quelques pas en arrière, et ouvrit de grands yeux. L'objet étrange
se leva sur son séant, et les Indiens ayant approché la lumière, reconnurent avec surprise
les traits défigurés mais encore farouches et
sombres de Magua. Cette découverte fut suivie
d'une exclamation bruyante et générale de surprise.

Aussitôt qu'on eut vu la situation véritable
où il se trouvait, plusieurs couteaux furent
tirés, et on s'empressa de mettre en liberté ses
membres et sa langue. Le Huron se leva et se
secoua comme un lion quittant sa tanière ; aucune parole ne lui échappa, mais sa main erra
convulsivement sur le manche de son coutelas,
tandis que ses yeux parcouraient toute la troupe,
comme s'il eût cherché un objet sur lequel il
pût décharger sa vengeance.

Uncas et l'éclaireur, et même David, furent
heureux de ne point se trouver sous sa main en
ce moment ; car dans la fureur violente qui
l'étouffait presque, il n'est pas de raffinement
de cruauté qui eût pu faire différer leur mort.
Ne rencontrant que des visages amis, le sauvage
grinça des dents, et dévora sa rage faute de
trouver sur qui en décharger l'explosion. Cette
manifestation de colère fut attentivement re-
marquée par tous ceux qui étaient présents.

Dans la crainte d'ajouter à une irritation déjà portée jusqu'à la rage, on laissa plusieurs minutes s'écouler avant d'articuler un seul mot. C'est alors seulement, et après un suffisant intervalle, que le plus âgé de la troupe parla :

« Mon ami a trouvé un ennemi? dit-il. Est-il près d'ici, afin que les Hurons puissent tirer une éclatante vengeance ?

— Que le Delaware meure! » s'écria Magua d'une voix tonnante.

Il se fit alors un silence long et expressif comme auparavant ; il ne fut interrompu qu'avec circonspection et par le même individu.

« Le Mohican a les pieds légers, et ses bonds sont rapides ; mais mes jeunes hommes sont à sa poursuite.

— Il est parti ! » s'écria Magua d'une voix concentrée et gutturale qui semblait sortir du plus profond de sa poitrine.

« Un malin esprit s'est glissé parmi nous, et a frappé nos yeux d'aveuglement.

— Un malin esprit ! » répéta l'autre d'un ton animé ; « c'est l'esprit qui a ôté la vie à tant de Hurons, l'esprit qui a tué mes jeunes guerriers à la cataracte, qui a pris leur chevelure à la « source de Santé, » et qui a aujourd'hui lié les bras du Renard-Subtil.

— De qui mon ami parle-t-il ?

— Du chien qui porte sous une peau pâle le cœur et la ruse d'un Huron, la Longue-Carabine. »

Ce nom redouté produisit son effet ordinaire sur ceux qui l'entendirent. Mais après quelques moments de réflexion, lorsque les guerriers se rappelèrent que leur formidable et audacieux ennemi avait pénétré jusque dans leur camp pour y accomplir ses funestes projets, la rage prit la place de l'étonnement, et toutes les passions farouches qui s'agitaient dans le cœur de Magua passèrent tout à coup à ses compagnons. Les uns grincèrent des dents ; d'autres exhalèrent leur rage en hurlements ; d'autres enfin se mirent à frapper l'air avec fureur, comme si leurs coups eussent pu atteindre leur ennemi. Mais cette explosion soudaine se calma bientôt et fit place au calme et à la gravité qui leur était habituelle dans les moments d'inaction.

Magua, qui à son tour avait eu le temps de réfléchir, changea tout à coup de manières, et son air indiqua un homme qui savait penser et agir avec la dignité que réclamaient des matières si graves.

« Allons trouver ma nation, dit-il, elle nous attend. »

Ses compagnons y consentirent en silence ; toute la troupe quitta la caverne et se rendit à la cabane du conseil. Quand on fut assis, tous les yeux se portèrent sur Magua, qui comprit par là que d'un consentement unanime c'était

lui que l'on chargeait de rapporter ce qui s'était passé. Il se leva et raconta tout sans duplicité ni réserve. Le stratagème employé par Duncan et Œil-de-Faucon fut alors démontré, et il ne fut plus possible, même au plus superstitieux de la tribu, de ne pas reconnaître le véritable caractère des événements. Il n'était que trop manifeste qu'ils avaient été trompés de la manière la plus insultante et la plus honteuse. Quand il eut terminé et repris son siège, ses auditeurs, qui comprenaient tous les guerriers de la tribu, se regardèrent les uns les autres, également étonnés et de l'audace et du succès de leurs ennemis. On s'occupa alors des moyens d'en tirer vengeance.

De nouveaux éclaireurs furent envoyés sur les traces des fugitifs pendant que les chefs continuèrent à délibérer. Divers expédients furent successivement proposés par les guerriers les plus âgés. Magua les écouta avec une attention respectueuse. Ce rusé sauvage avait repris son artifice et son empire sur lui-même, et il marcha alors vers son but avec la circonspection et l'habileté qui lui étaient ordinaires. Ce fut seulement lorsque chacun eut dit son opinion qu'il se prépara à exprimer la sienne. Quelques-uns des coureurs étaient déjà revenus et rapportèrent que les traces de leurs ennemis indiquaient d'une manière évidente qu'ils avaient été chercher un asile dans le camp de leurs alliés suspects, les Delawares. Cette circonstance ne fut pas négligée par Magua ; il sut en profiter pour donner à son opinion plus de poids. Il développa ses plans à ses compatriotes, et, comme son éloquence et son adresse devaient le faire attendre, on les adopta à l'unanimité. Voici en quoi ils consistaient, la raison dont il les appuyait, et les motifs réels qui les lui avaient suggérés. Nous avons déjà dit que, conformément à une politique dont les Indiens s'écartaient rarement, les deux sœurs avaient été séparées aussitôt qu'elles étaient arrivées au camp des Hurons. Magua avait de bonne heure découvert qu'en retenant la personne d'Alice, il possédait sur Cora un moyen d'influence efficace. En les séparant, il garda donc la première à portée de sa vengeance, et avait confié celle à laquelle il attachait le plus de prix à la garde des Delawares. Cet arrangement, qui ne devait être que temporaire, avait autant pour objet de flatter l'amour-propre de la peuplade voisine que d'obéir à la règle invariable de la politique indienne.

Pendant qu'il était sans cesse tourmenté de ces impulsions de vengeance qui dorment rarement dans le cœur d'un sauvage, le chef n'oubliait pas ses intérêts personnels d'une nature plus permanente. Les fautes et la trahison de sa jeunesse exigeaient une expiation longue et pénible avant qu'il pût reconquérir pleinement la confiance de sa première patrie ; et sans confiance il n'y a point d'autorité possible dans une tribu indienne. Dans cette situation délicate et difficile, le subtil Indien n'avait négligé aucun moyen d'accroître son influence, et l'un de ses expédients les plus heureux avait été l'adresse qu'il avait eue de gagner les bonnes grâces de leurs voisins puissants et dangereux. Le résultat avait répondu à l'attente de sa politique ; car les Hurons étaient soumis comme les autres hommes à ce principe tout-puissant de notre nature, en vertu duquel nous apprécions ce qui nous appartient en raison de l'estime qu'en font les autres.

Mais pendant qu'il faisait ce sacrifice ostensible à des considérations générales, Magua ne perdait jamais de vue ses motifs individuels. Ces derniers avaient été déjoués par des événements imprévus qui avaient ainsi, d'un seul coup, placé tous les prisonniers hors de son pouvoir ; et il se trouvait maintenant réduit à la nécessité de recourir aux services de ceux qu'il avait jusque là mis sa politique à obliger.

Plusieurs d'entre les chefs avaient proposé des plans habilement calculés pour surprendre les Delawares, s'emparer de leur camp et recouvrer leurs prisonniers ; car tous convenaient que leur honneur, leur intérêt, la paix et le bonheur de leurs compatriotes morts, exigeaient impérieusement la prompte immolation de quelques victimes à leur vengeance. Mais Magua n'eut pas de peine à faire échouer des plans aussi dangereux et d'une issue aussi incertaine. Il en exposa les dangers et les défauts avec son habileté ordinaire, et ce ne fut que lorsqu'il eut écarté tous les obstacles des opinions opposées, qu'il se hasarda à présenter les plans qu'il avait lui-même conçus.

Il commença par flatter la vanité de ses auditeurs, moyen infaillible d'obtenir leur attention. Après avoir énuméré les occasions nombreuses et diverses dans lesquelles les Hurons avaient montré leur courage et leurs talents guerriers dans le châtiment des insultes, il fit un pompeux éloge de la prudence. Il représenta cette qualité comme établissant le principal point de différence entre le castor et les autres animaux, entre les animaux et l'homme, et enfin entre les Hurons en particulier et le reste du genre humain. Après avoir suffisamment exalté les avantages de la prudence, il entreprit de montrer comment elle était applicable à la situation actuelle de la tribu. D'un côté, dit-il, était leur grand-père pâle, le gouverneur du Canada, qui regardait ses enfants d'un œil dur, depuis que le sang avait rougi leurs tomahawks ; de l'autre, une peuplade aussi nombreuse que la leur, qui parlait une autre langue, possédait d'autres in-

térêts, ne leur voulait aucun bien, et serait charmée d'avoir un prétexte pour les faire tomber dans la disgrâce du grand chef blanc. Alors il parla de leurs besoins, des dons qu'ils avaient droit d'attendre pour leurs services passés, de l'éloignement où ils étaient de leurs territoires de chasse et des villages de leur patrie, et de la nécessité, dans des circonstances aussi critiques, de consulter un peu plus la prudence, un peu moins l'inclination. Lorsqu'il s'aperçut que, pendant que les vieillards applaudissaient à sa modération, les guerriers les plus redoutables et les plus distingués baissaient les yeux en écoutant ces plans politiques, il les ramena avec adresse à leur texte favori. Il parla ouvertement des fruits qu'ils retireraient de leur prudence, et prit sur lui de leur prédire un triomphe complet et définitif sur leurs ennemis. Il donna même confusément à entendre qu'en s'y prenant convenablement, leurs succès pourraient s'étendre jusqu'à amener la destruction de tous ceux qu'ils avaient des motifs de haïr. Enfin, il mêla avec tant d'art les idées d'artifice aux sentiments belliqueux, qu'il flatta les inclinations de tous, de manière à laisser à chacun l'espérance de voir réaliser ses intentions, sans lui en donner cependant la certitude.

L'orateur ou l'homme d'état qui sait produire de tels effets, manque rarement d'obtenir une grande popularité parmi ses contemporains, quelque jugement que porte de lui la postérité. Tous s'aperçurent qu'il en pensait plus qu'il n'en disait, et chacun crut que ce qui restait caché était précisément ce qu'il désirait lui-même.

Dans cet heureux état de choses, il n'est pas étonnant que l'adresse de Magua emportât la balance. La tribu consentit à agir avec prudence, et, d'une voix unanime, on confia la direction des affaires à l'autorité du chef qui avait suggéré des mesures aussi sages et aussi claires.

Magua venait d'obtenir l'objet qu'avait convoité depuis longtemps son esprit audacieux et rusé. Il venait de regagner complètement le terrain qu'il avait perdu dans la faveur de ses compatriotes, et il se voyait même placé à la tête des affaires de sa tribu. Il en était véritablement le chef ; et aussi longtemps que se maintiendrait sa popularité, nul monarque ne pouvait jouir d'une autorité plus despotique, surtout tant que la peuplade se trouverait en pays ennemi. Dépouillant donc la modestie circonspecte avec laquelle il avait jusque-là consulté le sentiment des autres, il prit l'air grave et imposant, nécessaire pour soutenir la dignité de sa charge.

Des éclaireurs partirent en reconnaissance dans diverses directions ; des espions eurent ordre de s'approcher du camp des Delawares, et de s'assurer de ce qui s'y passait ; les guerriers

BIBLIOTHÈQUE NATIONALE IMPRIMÉS

Il montra du doigt la poitrine du prisonnier... (Page 167)

furent renvoyés dans leurs cabanes, avec l'assurance que leurs services ne tarderaient pas à être requis; et on ordonna aux enfants et aux femmes de se retirer, en leur recommandant le silence. Quand ces arrangements furent terminés, Magua traversa le village, s'arrêtant de temps en temps, pour faire une visite à ceux que pouvait flatter sa présence. Il confirma ses amis dans leur confiance en lui, raffermit ceux qui hésitaient, et satisfit tout le monde; puis, il se rendit dans la cabane qu'il habitait. L'épouse que le chef huron avait abandonnée lorsqu'il avait été chassé par ses compatriotes, était morte; il n'avait pas d'enfants, et il était maintenant solitaire dans sa hutte. C'était la cabane isolée et à demi construite où Œil-de-Faucon avait rencontré David; et dans les rares occasions où ils s'y étaient trouvés ensemble, le Huron avait toléré sa présence avec l'indifférence dédaigneuse d'une supériorité hautaine.

Ce fut donc là que se retira Magua, quand il eut terminé ses travaux politiques. Mais pendant que les autres dormaient, lui ne connaissait point le repos et ne le cherchait pas. Celui qui aurait eu la curiosité d'épier les mouvements du chef nouvellement élu, l'aurait vu assis dans un coin de sa hutte, méditant ses plans futurs, depuis le moment où il était entré jusqu'à l'heure fixée pour une réunion nouvelle des guerriers. De temps en temps le vent sifflait à travers les crevasses de la hutte, et le peu de flamme qui s'élevait alors des tisons du feu jetait sa lueur incertaine sur la personne du solitaire au front triste et rembruni. Dans ce moment on aurait pu prendre le farouche sauvage pour le Prince des Ténèbres, rappelant le souvenir de ses prétendues injures et ourdissant ses noirs complots.

Longtemps avant le lever du soleil, des guerriers entrèrent l'un après l'autre et à différents intervalles dans la cabane de Magua, jusqu'à ce que leur nombre s'élevât à vingt. Chacun d'eux avait sa carabine et son équipement de guerre. Ces hommes au regard farouche arrivaient sans prononcer un mot et sans que Magua leur parlât. Les uns s'assirent dans un coin, d'autres restèrent debout, immobiles comme des statues, et dans un profond silence, jusqu'à ce que le nombre désigné fût présent.

Alors Magua se leva, donna le signal du départ et se mit en tête. Les autres suivirent leur chef un à un, et dans l'ordre de marche auquel on a donné le nom de file indienne. On n'eût point dit qu'ils partaient pour une expédition guerrière. Ils se glissèrent sans bruit hors du camp, ressemblant à une troupe de spectres plutôt qu'à des guerriers qui vont chercher, dans les périls des combats, la gloire des héros.

Au lieu de prendre le sentier qui menait en ligne directe au camp des Delawares, Magua suivit pendant quelque temps le cours tortueux du ruisseau, et conduisit sa troupe sur les bords du lac artificiel des castors. Le jour commençait à paraître lorsqu'ils entrèrent dans la clairière, ouvrage de ces animaux industrieux et intelligents. Magua, qui avait repris son ancien costume, portait l'image d'un renard sur la peau apprêtée dont il était vêtu ; mais un guerrier de la troupe avait un castor pour symbole particulier ou totem. Il aurait regardé comme une profanation de passer devant une communauté de sa prétendue race, sans lui donner quelques témoignages de civilité. En conséquence il s'arrêta, et toute la troupe ayant imité son exemple, il se mit à parler aux castors en termes pleins de bienveillance et d'amitié, comme s'il se fût adressé à des hommes. Il les appela ses cousins, et leur rappela que c'était à son influence protectrice qu'ils devaient la sécurité dont ils jouissaient, pendant que tant de marchands avides excitaient les Indiens à leur ôter la vie. Il leur promit la continuation de ses bons offices, et leur recommanda la reconnaissance. Après quoi, il parla de l'expédition dont il faisait partie, et leur donna à entendre, bien qu'avec des circonlocutions délicates, qu'il serait bon qu'ils communiquassent à leur parent une

portion de cette prudence pour laquelle ils étaient si célèbres.

Pendant cette harangue extraordinaire, les compagnons de l'orateur l'écoutaient avec une attention et une gravité qui prouvaient qu'ils ne trouvaient rien que de raisonnable dans ce qu'il disait. Un ou deux castors se montrèrent à la surface de l'eau, et le Huron en exprima sa satisfaction, y trouvant la preuve qu'il n'avait point parlé en vain. Au moment où il terminait son discours, on crut voir la tête d'un gros castor sortir d'une hutte en terre qui n'était pas en très-bon état et qui, à cause de sa situation, était jugée inhabitée. Un signe aussi extraordinaire de confiance fut accueilli par l'orateur comme un présage favorable, et quoique l'animal se retirât avec un peu de précipitation, il ne lui en fit pas moins ses compliments bien sincères.

Lorsque Magua eut jugé qu'on avait accordé assez de temps aux affections de famille du guerrier, il donna l'ordre de se remettre en marche. Pendant que les Indiens s'éloignaient en troupe, d'un pas que les oreilles d'un Européen n'auraient pu entendre, le même castor vénérable se hasarda de nouveau à montrer sa tête. Si l'un des Hurons se fût retourné, il eût vu l'animal épiant leurs mouvements avec une attention et une sagacité qu'on eût pu facilement confondre avec la raison humaine. Effectivement, il y avait dans les mouvements du quadrupède une intelligence si manifeste que l'observateur le plus habile n'eût pu s'en rendre compte, jusqu'au moment où la troupe entra dans la forêt. Alors tout s'expliqua, et le castor, sortant tout entier de sa hutte, découvrit aux regards le visage grave et attentif de Chingachgook débarrassé de son masque de fourrure.

CHAPITRE XXVIII.

Soyez bref, je vous prie ; vous voyez que je suis pressé.

SHAKSPEARE. Beaucoup de bruit pour rien.

La tribu ou plutôt la demi-tribu de Delawares dont nous avons si souvent parlé, et dont le cantonnement actuel était si rapproché du village temporaire des Hurons, comptait à peu près le même nombre de guerriers que cette dernière peuplade. Comme leurs voisins, ils avaient suivi Montcalm sur le territoire de la couronne britannique, et faisaient des invasions fréquentes et sérieuses sur les terrains de chasse des Mohawks ; néanmoins, avec la réserve mystérieuse si commune aux Indiens, ils avaient refusé leur coopération au moment où elle était le plus nécessaire. Les Français avaient cherché à s'expliquer de diverses manières cette défection inattendue de leurs alliés. L'opinion générale était qu'ils avaient été guidés par leur respect pour un ancien traité qui les avait placés sous la protection militaire des Iroquois, et qu'ils avaient répugné à combattre contre leurs anciens maîtres. Quant à la tribu, elle s'était contentée de faire savoir à Montcalm par ses envoyés, et avec un laconisme tout à fait indien, que ses haches étaient émoussées, et qu'il fallait du temps pour les aiguiser. Le prudent général avait jugé plus sage de conserver un allié passif que de s'en faire un ennemi déclaré par les actes d'une sévérité mal entendue.

Dans la même matinée, et pendant que Magua conduisait sa troupe silencieuse de la colonie des castors dans la forêt, de la manière que nous avons décrite, le soleil, en se levant sur le camp des Delawares, éclaira une population aussi activement occupée que s'il eût été plein midi. Les femmes couraient d'une cabane à l'autre ; quelques-unes préparaient le repas du matin ; d'autres se livraient à leurs occupations habituelles ; mais le plus grand nombre s'entretenaient avec vivacité et à voix basse. Les guerriers se promenaient par groupes, réfléchissant plus qu'ils ne causaient, ou si quelques mots étaient articulés, parlant en hommes qui pesaient mûrement leurs opinions. On voyait les instruments de la chasse disposés en abondance devant les cabanes, mais personne ne partait. Çà et là un guerrier examinait ses armes avec une attention qui n'est pas ordinaire lorsqu'on ne s'attend à combattre que les animaux des forêts. De temps à autre on voyait tout un groupe porter simultanément ses regards sur une cabane vaste et silencieuse au centre du village, comme si elle eût contenu le sujet de la pensée de tous.

Pendant que tout cela se passait, un homme parut tout à coup à l'extrême limite de la plateforme de rocher sur laquelle le village était assis. Il était sans armes, et son corps était peint de manière à adoucir plutôt qu'à accroître la sévérité naturelle de ses traits austères et imposants. Lorsqu'il fut complètement en vue des Delawares, il s'arrêta, et fit un geste d'amitié en étendant un bras vers le ciel et le laissant ensuite retomber d'une manière expressive sur sa poitrine. Les habitants du village répondirent à son salut par un murmure affectueux, et l'encouragèrent à s'approcher en répétant les mêmes démonstrations amicales. Rassurée par ces témoignages, la figure sombre quitta la crête du rocher où elle s'était un moment arrêtée et où son corps se détachait fortement sur l'horizon vermeil du matin, et s'avança avec majesté au centre du village. Pendant qu'il marchait, le silence profond qui régnait n'était interrompu que par le bruit des ornements d'argent qui chargeaient ses bras et son cou, et par le tintement des grelots qui ornaient ses mocassins. Il fit en s'avançant plusieurs saluts de politesse aux hommes qu'il rencontra sur son passage, sans faire attention aux femmes, comme s'il eût jugé leur assentiment inutile dans l'affaire qui l'amenait. Lorsqu'il eut atteint le groupe où la fierté de toutes les contenances indiquait la présence des principaux chefs, l'étranger s'arrêta, et les Delawares reconnurent dans le guerrier robuste et agile qui était devant eux, un chef huron qui leur était bien connu, le Renard-Subtil.

On lui fit une réception grave, silencieuse et circonspecte. Les guerriers qui étaient en avant s'écartèrent pour laisser approcher l'orateur le plus distingué de la tribu, qui parlait toutes les langues en usage parmi les aborigènes du Nord.

« Le sage Huron est le bien-venu, » dit le Delaware dans la langue des Maquas ; « il vient manger son suc-ca-tush avec ses frères des lacs?

— Il vient » répéta Magua en inclinant la tête avec toute la dignité d'un prince de l'Orient.

Le chef delaware étendit le bras, et prenant Magua par le poignet, ils échangèrent de nouveau leurs salutations amicales. Le Delaware invita alors son hôte à entrer dans sa cabane et à partager son repas du matin. L'invitation fut acceptée, et les deux guerriers, accompagnés de trois ou quatre vieillards, s'éloignèrent avec tranquillité, laissant le reste de la tribu impatiente de connaître les motifs d'une visite aussi inattendue, sans qu'aucun signe, aucune syllabe vînt trahir cette curiosité.

Pendant le repas court et frugal qui suivit, la conversation fut extrêmement circonspecte, et roula tout entière sur les événements de la dernière chasse à laquelle Magua avait assisté. Les hôtes du Huron avaient l'air de considérer sa visite comme une chose toute simple et toute naturelle, et il était impossible de jouer le rôle de l'indifférence avec plus de finesse, bien qu'il n'y eût personne parmi ceux qui étaient présents qui ne fût convaincu que cette visite se liait à quelque objet secret et d'une haute importance. Dès que l'appétit fut apaisé, les femmes enlevèrent les aliments et les gourdes, et les deux interlocuteurs se préparèrent à faire assaut d'habileté et de finesse.

« — Mon grand-père du Canada a-t-il de nouveau tourné son visage vers ses enfants hurons ? » demanda l'orateur des Delawares.

« Quand donc en a-t-il été autrement? répondit Magua ; il nous appelle ses bien-aimés. »

Le Delaware fit gravement un signe d'assentiment à cette assertion qu'il savait être fausse, et continua :

« Les tomahawks de vos jeunes hommes ont été bien rougis !

— C'est vrai ; mais maintenant ils sont brillants et émoussés ; car les Yengees sont morts, et les Delawares sont nos voisins ! »

L'autre répondit à ce compliment pacifique par un geste gracieux de la main et garda le silence. Alors Magua, comme si ce souvenir ne lui fût revenu que par l'allusion faite au massacre, demanda :

« Ma prisonnière donne-t-elle de l'embarras à mes frères ?

— Elle est la bienvenue.

— Le sentier qui conduit des Hurons aux Delawares est court et facile ; si elle donne de l'embarras à mon frère, renvoyez-la auprès de nos femmes.

— Elle est la bienvenue, » répondit le chef delaware d'un air encore plus significatif. Le déconcerté Magua garda quelque temps le silence comme s'il eût été indifférent à ce mauvais succès de sa première ouverture pour reprendre possession de Cora.

« Mes jeunes hommes laissent-ils les Delawares chasser librement sur leurs montagnes ? » continua-t-il enfin.

« Les Lénapes sont maîtres sur leurs collines, » répondit l'autre avec un peu de hauteur.

« C'est bien ; la justice règne sur les peauxrouges ; pourquoi iraient-ils faire briller leurs tomahawks et aiguiser leurs couteaux les uns contre les autres ? n'ont-ils pas pour ennemis les visages pâles ?

— Bien ! » s'écrièrent à la fois deux ou trois de ses auditeurs.

Magua attendit un peu pour donner à ses paroles le temps de faire impression sur les Delawares ; puis il ajouta :

« N'y a-t-il pas eu dans les bois des mocassins étrangers? mes frères n'ont-ils pas senti des traces d'hommes blancs ?

— Que mon père du Canada vienne parmi nous ! » répondit l'autre d'une manière évasive ; « ses enfants sont prêts à le recevoir. »

— Quand le grand chef vient, c'est pour fumer avec les Indiens dans leurs wigwams. Les Hurons aussi disent qu'il le bienvenu. Mais les Yengees ont de longs bras, et des jambes qui ne se fatiguent jamais. Mes jeunes hommes ont cru apercevoir les traces des Yengees près du village des Delawares.

— Ils ne trouveront pas les Lénapes endormis.

— C'est bien. Le guerrier dont l'œil est ouvert peut voir son ennemi, » dit Magua en changeant de nouveau le terrain lorsqu'il vit qu'il ne pouvait mettre en défaut la circonspection de son interlocuteur. « J'ai apporté des présents à mon frère. Sa nation n'a pas jugé convenable de marcher dans le sentier de la guerre, mais ses amis n'ont pas oublié où elle demeure. »

Après avoir ainsi annoncé ses intentions libérales, le chef rusé se leva et étala gravement ses présents aux yeux éblouis de son hôte. Ils consistaient principalement en bijoux de peu de valeur, provenant des femmes égorgées et capturées devant la forteresse de William-Henry. Dans la distribution de ces bagatelles, l'habile Huron ne se montra pas moins judicieux que dans leur choix. Après avoir donné les articles les plus précieux aux deux guerriers les plus distingués, dont l'un était son hôte, il accompagna ses dons à leurs inférieurs de compliments si opportuns et si bien choisis, qu'il ne leur laissa aucun motif de se plaindre. En un mot, dans cet acte d'habileté, il mêla si adroitement la flatterie à la libéralité, la générosité à l'éloge, qu'il put lire dans les yeux de ceux à qui il offrait ses présents, tout l'effet qu'ils produisaient sur eux.

Le coup opportun et politique que Magua venait de frapper produisit des résultats immédiats. La gravité sévère des Delawares fit place à une expression beaucoup plus cordiale; et l'hôte du Huron surtout, après avoir examiné avec un plaisir tout particulier la part qui lui avait été libéralement faite dans cette distribution, répéta d'un ton de voix expressif ces mots :

« Mon frère est un chef sage. Il est le bienvenu !

— Les Hurons aiment leurs amis les Delawares, répondit Magua. Pourquoi en serait-il autrement? ils doivent leur couleur au même soleil ; leurs hommes justes chasseront après la mort sur le même territoire. Les peaux-rouges doivent être amis, et avoir les yeux ouverts sur les hommes blancs. Mon frère n'a-t-il pas senti des espions dans les bois ? »

Le Delaware, dont le nom signifiait Cœur-Dur, oublia la sévérité rigide qui lui avait sans doute valu ce titre significatif. Ses traits s'adoucirent sensiblement, et il daigna répondre d'une manière plus directe :

« Il y a eu des mocassins étrangers autour de mon camp. On en a suivi la piste jusque dans nos habitations.

— Mon frère a-t-il chassé ces chiens ? » demanda Magua, sans faire semblant de remarquer que cette réponse en contredisait une autre qu'il avait faite auparavant.

« Cela ne se peut pas; l'étranger est toujours bien venu chez les enfants des Lénapes.

— L'étranger, mais non l'espion.

— Les Yengees emploient-ils leurs femmes comme espions? Le chef huron n'a-t-il pas dit qu'il avait fait des femmes prisonnières dans la bataille?

— Il a dit vrai. Les Yengees ont mis en campagne leurs éclaireurs. Ils sont venus dans mes wigwams, mais il n'y ont trouvé personne pour les accueillir; alors ils ont fui chez les Delawares car, ont-ils dit, les Delawares sont nos amis; ils ont détourné leur affection de leur père du Canada. »

Cette insinuation était un argument *ad hoc*, et, dans un état de société plus avancé, aurait valu à Magua la réputation de diplomate habile. Les Delawares savaient que la défection récente de leur tribu les avait exposés à de graves reproches de la part des Français leurs alliés, et ils sentaient maintenant qu'à l'avenir leurs actes seraient regardés avec jalousie et défiance. Il n'était pas besoin de beaucoup de pénétration ni d'une grande habileté à rattacher les effets aux causes, pour prévoir que cette situation des choses serait, selon toute probabilité, hautement préjudiciable à tous leurs mouvements futurs. Leurs villages lointains, leurs territoires de chasse, plusieurs centaines de femmes et d'enfants, ainsi qu'une portion considérable des forces de la tribu, étaient actuellement dans les limites du territoire français. En conséquence, cette nouvelle alarmante fut reçue, comme le désirait Magua, avec une désapprobation manifeste, et même avec un sentiment d'alarme.

« Que mon père me regarde en face, dit le Cœur-Dur; il ne verra pas de changement. Il est vrai que mes jeunes hommes n'ont point marché dans le sentier de la guerre; ils ont eu des rêves qui les en ont empêchés, mais ils aiment et vénèrent le grand chef blanc.

— Pensera-t-il ainsi lorsqu'il apprendra que son plus grand ennemi est nourri dans le camp de ses enfants; quand on lui dira qu'un Yengee sanguinaire fume devant votre feu; que le visage pâle qui a tué un si grand nombre de ses amis, va et vient avec les Delawares? Allez, mon grand-père du Canada n'est pas un fou.

— Où est l'Yengee que les Delawares doivent craindre? répondit l'autre. Qui a tué mes jeunes hommes? Quel est l'ennemi mortel de mon grand-père?

— La Longue-Carabine. »

En entendant ce nom si connu, les guerriers delawares tressaillirent, et témoignèrent par leur étonnement qu'ils apprenaient alors pour la première fois qu'un homme qui jouissait d'une si grande célébrité parmi les Indiens alliés de la France était en leur pouvoir.

— Que veut dire mon frère? » demanda le Cœur-Dur, d'un ton de surprise qui démentait l'apathie habituelle de sa race.

« Un Huron ne ment jamais, » reprit Magua froidement en appuyant sa tête contre le mur de la cabane et en croisant son léger manteau sur sa poitrine basanée. « Que les Delawares comptent leurs prisonniers : ils en trouveront un dont la peau n'est ni rouge ni pâle. »

Il s'ensuivit un long et profond silence. Alors le chef s'étant consulté à l'écart avec ses compagnons, on dépêcha des messagers pour requérir la présence de quelques autres chefs des plus distingués de la tribu.

A mesure que chaque guerrier arrivait, on lui communiquait à son tour l'importante nouvelle que Magua venait d'annoncer, et chacun montra sa surprise par l'exclamation grave et gutturale, son expression habituelle. La nouvelle se répandit de bouche en bouche, et bientôt tout le camp fut en proie à la plus grande agitation. Les femmes suspendirent leurs travaux pour tâcher de saisir le peu de mots que les lèvres des guerriers laissaient échapper imprudemment dans leurs conférences. Les jeunes garçons oublièrent leurs jeux pour se mêler librement à la société de leurs pères, et témoignèrent le même étonnement qu'eux en les entendant exprimer leur surprise de la témérité de l'ennemi, objet de leur haine. En un mot, toutes les occupations furent momentanément suspendues, et toute chose négligée, pour que la tribu se livrât sans partage et à sa manière à l'expression du sentiment général.

Quand la première agitation se fut un peu calmée, les vieillards s'occupèrent sérieusement à examiner ce que l'honneur et le salut de leur tribu exigeaient dans des circonstances si délicates et si embarrassantes. Pendant tous ces mouvements, et au milieu de l'émotion générale, non-seulement Magua était resté assis à la même place, mais il avait encore gardé sa première attitude, et, appuyé contre le mur de la cabane, était demeuré immobile et indifférent, comme s'il eût été étranger aux résultats que cette crise devait avoir. Toutefois, rien de ce qui pouvait indiquer les intentions ultérieures de ses hôtes n'échappait à ses yeux vigilants. Avec la connaissance approfondie qu'il avait de la nature des Indiens auxquels il avait affaire, il devinait d'avance leurs déterminations, et on peut dire que, sous plus d'un rapport, il savait leurs intentions avant qu'eux-mêmes les connussent.

Le conseil des Delawares ne dura pas longtemps. Quand il fut terminé, un mouvement général annonça qu'il allait être immédiatement suivi d'une assemblée solennelle de la nation entière. Comme ces assemblées étaient rares et n'avaient lieu que dans des occasions de la plus grande importance, le subtil Huron, qui continuait à rester à l'écart, témoin silencieux mais intelligent de tout ce qui se passait, vit alors que tous ses projets allaient se réaliser ou échouer définitivement. Il quitta donc la cabane, et se dirigea en silence vers l'emplacement où les guerriers commençaient déjà à se réunir.

Il s'écoula à peu près une demi-heure avant que toute la tribu, y compris les femmes et les enfants, eût pris place. Ce délai avait été occasionné par les graves préparatifs qu'on avait jugés nécessaires pour une réunion aussi solennelle et aussi inusitée. Mais au moment où le soleil eut atteint le sommet de la montagne sur un des flancs de laquelle les Delawares avaient construit leur camp, tout le monde était assis; et lorsqu'il darda ses rayons brillants à travers les arbres qui bordaient la hauteur, ils tombèrent sur une multitude aussi grave, aussi silencieuse et aussi attentive qu'ait jamais éclairée sa lumière matinale. Le nombre des personnes présentes s'élevait à un peu plus de mille.

Dans une réunion d'Indiens aussi grave, on ne voit jamais d'impatients aspirants à une distinction prématurée se lever sans réflexion pour commencer une discussion précipitée et peu judicieuse, afin de se faire une réputation d'orateur. Un tel acte de légèreté et de présomption amènerait la ruine de l'orateur précoce qui se le permettrait. Il n'appartenait qu'aux plus âgés et aux plus expérimentés d'exposer à l'assemblée le sujet en discussion. Jusque-là, ni les exploits guerriers, ni les talents naturels, ni la réputation oratoire, n'auraient justifié la plus légère dérogation à cet usage. En cette occasion, le vieux guerrier auquel appartenait le privilège de prendre le premier la parole, gardait le silence et semblait accablé par l'importance du sujet. Ce délai s'était déjà prolongé beaucoup au delà du temps qui s'écoule habituellement avant que la délibération commence; mais il n'échappa à personne, pas même au plus jeune enfant, le moindre signe d'impatience ou de surprise. Tous les regards étaient fixés vers la terre; quelques-uns seulement s'en détachaient de temps à autre pour se diriger vers une cabane particulière, qui n'avait rien néanmoins qui la distinguât des autres, si ce n'est le soin tout spécial qu'on avait pris pour la protéger contre les intempéries des saisons.

Enfin un de ces murmures sourds qui ont lieu si souvent dans une multitude assemblée se fit entendre, et toute la nation se leva par un mouvement spontané. En cet instant, la porte de la cabane en question s'ouvrit, et il en sortit trois hommes qui s'avancèrent à pas lents vers le lieu de réunion. C'étaient trois vieillards, tous d'un âge plus avancé qu'aucun de ceux qui étaient présents; mais l'un d'eux, placé entre les deux autres qui le soutenaient, comptait un nombre d'années qu'il est donné rarement à la race humaine d'atteindre. Sa taille, qui avait été autrefois grande et droite comme le cèdre, était maintenant courbée sous le poids de plus d'un siècle. Il n'avait plus la démarche élastique et légère d'un Indien, et il était obligé de traîner lentement et pouce à pouce ses pas tardifs. Ses traits basanés et ridés formaient un pittoresque et singulier contraste avec les longues touffes de cheveux blancs qui flottaient sur ses épaules, et qui annonçaient par leur épaisseur que des générations s'étaient probablement écoulées depuis qu'on les avait coupés pour la dernière fois.

Le costume de ce patriarche, car son grand âge, son influence sur ses compatriotes et les liens du sang qui l'unissaient à eux, permettaient de lui donner ce nom, était riche et imposant, bien que strictement conforme à la mise simple de la tribu. Son manteau était fait des plus belles peaux dont on avait enlevé la fourrure, afin d'y tracer une représentation hiéroglyphique de différents faits d'armes accomplis à des époques reculées. Sa poitrine était chargée de médailles, quelques-unes en argent massif, et une ou deux en or, présents qu'il avait reçus de divers princes chrétiens, pendant le cours de sa longue carrière. Des anneaux d'or entouraient ses bras et ses jambes au-dessus de la cheville. Sa tête, sur laquelle il avait laissé croître toute sa chevelure depuis qu'il avait abandonné le métier des armes, était ceinte d'une sorte de diadème d'argent où étaient incrustés d'autres ornements plus brillants, qui étincelaient au milieu de trois plumes d'autruche, dont la couleur noire formait un éclatant contraste avec la neige de sa chevelure. Son tomahawk était presque caché sous l'argent, et le manche de son couteau brillait comme s'il eût été d'or massif.

Aussitôt que le premier mouvement d'émotion et de plaisir qu'avait fait naître l'apparition soudaine de ce personnage révéré, eut un peu cessé, le nom de *Tamenund* passa de bouche en bouche. Magua avait souvent entendu parler de ce sage et juste Delaware; la renommée allait même jusqu'à lui attribuer le rare privilège d'avoir des conférences secrètes avec le Grand-Esprit, et son nom, avec une légère altération, a été transmis aux usurpateurs blancs de son ancien territoire, comme celui du saint titulaire et imaginaire d'un vaste empire [1]. Le chef hu-

1. Saint Tammany.

ron s'avança donc un peu en dehors de la foule jusqu'à un endroit d'où il pouvait apercevoir de plus près les traits de l'homme dont la décision allait avoir tant d'influence sur ses destinées.

Les yeux du vieillard étaient fermés, comme s'ils eussent été fatigués du spectacle des passions égoïstes de l'humanité. La couleur de sa peau différait de celle de la plupart des Indiens qui l'entouraient; elle était plus colorée et plus foncée : cette dernière teinte avait été produite par le dessin délicat d'un grand nombre de figures fines et compliquées qu'on avait tracées sur presque toute sa personne par l'opération du tatouage. Malgré la position qu'occupait le Huron, Tamenund passa devant l'attentif et silencieux Magua sans faire attention à lui, et, appuyé sur ses deux vénérables compagnons, s'avança au milieu de la multitude, et prit place sur le point le plus élevé, au centre de sa nation, dans toute la dignité d'un monarque et d'un père.

Rien ne saurait surpasser la vénération et l'amour avec lesquels cette visite inattendue de ce demeurant d'un autre âge fut reçue par son peuple. Après quelques instants d'un silence convenable et respectueux, les principaux chefs se levèrent, et s'approchant du patriarche, placèrent ses mains sur leur tête comme pour lui demander sa bénédiction. Les jeunes hommes se contentèrent de toucher son manteau, ou même de s'approcher de sa personne, afin de respirer dans l'atmosphère d'un homme si vieux, si juste et si vaillant. Et encore, il n'y eut que les plus basso d'entre eux qui osassent aller jusque-là; la multitude s'estima heureuse de contempler un personnage si révéré et l'objet d'une affection si profonde. Après que ces actes d'attachement et de respect furent accomplis, les chefs retournèrent à leur place, et il régna un silence profond et solennel.

Au bout de quelques instants, quelques jeunes guerriers, après avoir reçu des instructions à voix basso de l'un des vieux compagnons de Tamenund, se levèrent, quittèrent la foule, et entrèrent dans la cabane que nous avons déjà fait remarquer comme ayant été toute la matinée l'objet d'une attention si générale. Bientôt ils reparurent, escortant les individus pour qui tous ces préparatifs solennels étaient faits, vers le lieu où ils allaient entendre prononcer leur jugement. La foule leur ouvrit un passage, et quand ils furent entrés, elle se referma sur eux, formant autour d'eux un cercle épais et profond.

CHAPITRE XXIX

L'assemblée a pris place; au milieu des héros
Achille enfin se lève et s'exprime en ces mots.

HOMÈRE. *Iliade.*

A la tête des prisonniers était Cora, les bras enlacés dans ceux d'Alice avec toute l'ardeur de sa tendresse de sœur. Malgré le spectacle terrible et menaçant de la foule qui l'entourait, elle semblait, la généreuse fille, avoir oublié ses propres dangers, et fixait ses regards sur le visage pâle et inquiet de la tremblante Alice. Tout près d'elles, se tenait Heyward, prenant à toutes deux un intérêt égal, et sachant à peine, en cet instant d'incertitude et d'angoisses, quelle préférence accorder à celle qu'il aimait le plus. Œil-de-Faucon avait pris place un peu en arrière, par une déférence pour son supérieur que leur communauté de malheur n'avait pu lui faire oublier. Uncas n'était point parmi eux.

Quand le silence fut de nouveau rétabli, et après la pause solennelle d'usage, un des deux vieillards assis auprès du patriarche se leva, demanda tout haut en anglais très-intelligible :

« Lequel de mes prisonniers est la Longue-Carabine ? »

Ni Duncan ni l'éclaireur ne répondirent. Le premier, toutefois, promena ses regards sur l'assemblée sombre et silencieuse, et recula d'un pas en apercevant le visage pervers de Magua. Il devine sur-le-champ que le rusé sauvage n'était point étranger à la mise en jugement devant la nation, et il résolut de tout faire pour mettre obstacle à ses sinistres desseins. Il avait été témoin d'un exemple de la justice sommaire des Indiens, et il craignait que son compagnon ne fût destiné à en servir à son tour. Dans cette conjoncture, n'ayant que peu ou point de temps à donner à la réflexion, il prit la résolution subite de sauver son estimable ami, quoi qu'il pût lui en coûter à lui-même. Mais avant qu'il eût le temps de parler, la question fut répétée plus clairement et d'une voix plus forte.

« Donnez-nous des armes, » s'écria le jeune homme avec fierté, « et placez-nous dans ces bois; nos actions parleront pour nous!

— C'est donc là le guerrier dont le nom a retenti à nos oreilles? » répondit le chef en regardant Heyward avec cette sorte de curiosité et d'intérêt que nous montrons, tous, en voyant pour la première fois un homme que le mérite ou le hasard, la vertu ou le crime, ont rendu célèbre. « Quel motif a conduit l'homme blanc dans le camp des Delawares?

— Le besoin. Je viens chercher de la nourriture, un abri et des amis.

— Cela ne se peut. Les bois sont pleins de gibier. Il ne faut à la tête d'un guerrier d'autre abri qu'un ciel sans nuages; et les Delawares sont les ennemis, non les amis des Yenegees, Allez, votre bouche a parlé, mais votre cœur n'a rien dit, »

Duncan, ne sachant trop ce qu'il devait répondre, garda le silence; mais l'éclaireur, qui avait écouté attentivement tout ce qui venait de se dire, s'avança alors hardiment et prit à son tour la parole :

« Si je n'ai point répondu au nom de la Longue-Carabine, ce n'était ni par honte ni par crainte, dit-il ; car ni l'une ni l'autre ne sont le partage d'un honnête homme. Mais je n'admets pas le droit des Mingos de donner un nom à un homme à qui ses qualités en ont déjà mérité un de la part de ses amis, surtout lorsque ce nom est un mensonge, puisque perce-daim est un bon fusil rayé et non une carabine. Toutefois, je suis l'homme qui a reçu de ses parents le nom de Nathaniel, que les Delawares qui habitent sur les bords de la rivière du même nom, ont honoré du titre flatteur d'Œil-de-Faucon, et que les Iroquois se sont permis d'appeler la Longue-Carabine, sans y être autorisés par celui que cela concerne. »

Tous les regards qui, jusque-là, avaient parcouru gravement la personne de Duncan, se portèrent alors sur les traits mâles et le corps de fer de ce nouveau prétendant à un titre aussi glorieux. Il n'y avait rien d'étonnant à ce que deux hommes réclamassent à la fois cet honneur, car les imposteurs, quoique rares, n'étaient pas inconnus parmi les Indiens ; mais il importait aux intentions justes et sévères des Delawares qu'il n'y eût point à cet égard de méprise. Quelques-uns de leurs vieillards se consultèrent entre eux, et cette conférence sembla avoir pour résultat d'interroger leur hôte à ce sujet.

« Mon frère a dit qu'un serpent s'était glissé dans mon camp, » dit le chef à Magua ; « quel est-il? »

Le Huron désigna du doigt l'éclaireur, mais continua à garder le silence.

« Un sage Delaware prêtera-t-il l'oreille à l'aboiement d'un loup? » s'écria Duncan, encore plus convaincu des mauvaises intentions de son ancien ennemi. « Un chien ne ment jamais ; mais quand a-t-on vu un loup dire la vérité? »

Les yeux de Magua lancèrent des flammes ; mais se rappelant tout à coup la nécessité de conserver son sang-froid, il se détourna avec un dédain silencieux, certain que la sagacité des Indiens ne manquerait pas de découvrir la vérité dans la question actuellement pendante. Il ne se trompait pas ; car après une autre conférence de quelques minutes, l'habile Delaware se tourna de nouveau vers lui, et lui fit part de la résolution des chefs, quoique dans les termes les plus circonspects. « On a appelé mon frère un menteur, dit-il ; et cela a donné de la colère à ses amis. Ils montreront qu'il a dit la vérité. Qu'on donne des fusils à mes prisonniers, et que le guerrier que nous cherchons se fasse connaître. »

Magua affecta de considérer comme un compliment cet expédient qu'il savait inspiré par la défiance à son égard : il fit donc un geste d'assentiment, ne demandant pas mieux que de placer la véracité de ses paroles sous la garantie d'un tireur aussi habile que l'éclaireur. Les armes furent aussitôt remises entre les mains des deux amis rivaux, et ils eurent ordre de tirer par-dessus la multitude sur un vase de terre qui se trouvait par hasard sur un tronc d'arbre, à cinquante pas de l'endroit où ils étaient placés.

Heyward sourit à l'idée d'une telle joûte contre l'éclaireur ; mais il résolut de persévérer dans son mensonge jusqu'à ce que les desseins de Magua lui fussent connus. Il prit donc le fusil, ajusta trois fois avec le plus grand soin et fit feu. La balle entra dans le bois à quelques pouces du vase, et un cri général de satisfaction annonça que le coup était considéré comme une preuve singulière d'adresse. Œil-de-Faucon lui-même fit un signe d'approbation qui semblait dire que le coup était meilleur qu'il ne s'y était attendu. Mais au lieu de manifester l'intention de disputer le prix de l'adresse à son heureux rival, il resta quelque temps appuyé sur sa carabine, dans l'attitude d'un homme absorbé par ses pensées. Il fut bientôt tiré de sa rêverie par l'un des jeunes Indiens qui avait fourni les armes, et qui vint lui toucher sur l'épaule en lui disant en fort mauvais anglais :

« Le visage pâle peut-il faire mieux?

— Oui, Huron ! » s'écria l'éclaireur, et en même temps sa main droite saisit la carabine et l'agita en l'air, avec l'œil fixé sur Magua, avec autant d'aisance que si c'eût été un roseau ; « oui, Huron, je pourrais te frapper maintenant et nulle puissance sur la terre ne pourrait m'en empêcher. Le vautour n'est pas plus maître de la colombe au-dessus de laquelle il plane que je ne le suis maintenant de toi, s'il me plaisait de t'envoyer une balle au cœur. Pourquoi donc ne le fais-je pas? Pourquoi? parce que la qualité de ma couleur me le défend, et que je pourrais attirer des malheurs sur des têtes précieuses et innocentes ! Si tu reconnais un Dieu, remercie-le donc du fond de ton âme ; ce ne sera pas sans raison ! »

Le moment d'après il parut au haut de la terrasse .. (Page 174)

Les traits irrités du chasseur, son œil étince-lant, ses joues enflammées produisirent un sen-timent de terreur secrète dans tous ceux qui l'entendirent. L'attention redoublée des Dela-wares leur permettait à peine de respirer; mais Magua, tout en se défiant de la magnanimité de son ennemi, resta immobile et calme à la place qu'il occupait au milieu de la foule, comme s'il y eût pris racine.

« Faites mieux ! » répéta le jeune Delaware qui était auprès de l'éclaireur.

« Mieux que quoi, insensé ! que me dites-vous? s'écria Œil-de-Faucon en brandissant de nou-veau son arme au-dessus de sa tête, bien que ses yeux ne fussent plus fixés sur Magua.

« Si l'homme blanc est le guerrier qu'il dit être, ajouta le chef, qu'il frappe plus près du but. »

L'éclaireur partit alors d'un rire de mépris, mais cette fois il rit tout haut, et ce bruit fit sur Heyward l'effet de sons surnaturels; puis ayant abattu lourdement le fusil dans sa main gauche, le coup partit comme si c'eût été l'effet de la secousse, et le vase volant en éclats, cou-vrit le tronc d'arbre de ses débris. Au même instant on entendit le bruit du fusil qui tom-bait à terre où l'avait jeté dédaigneusement l'é-claireur.

La première impression que produisit cette scène étrange fut une admiration profonde et toujours croissante. Puis il se répandit dans la multitude un murmure sourd, à la suite duquel d'autres bruits semblèrent indiquer une vive opposition dans les sentiments des spectateurs. Pendant que quelques-uns témoignaient ouvertement la satisfaction que leur faisait éprouver une adresse aussi inouïe, le plus grand nombre paraissait attribuer au hasard un coup aussi merveilleux. Heyward se hâta d'appuyer une opinion si favorable à ses prétentions.

« C'est un hasard! s'écria-t-il; on ne peut frapper sans ajuster.

— Un hasard! » s'écria l'éclaireur qui, commençant à s'échauffer, était fermement résolu à soutenir à tout prix son identité, et n'avait point aperçu les signes que lui faisait Heyward pour qu'il se prêtât à cette substitution de personne. « Ce Huron imposteur croit-il aussi, lui, que ce soit l'effet du hasard? donnez-lui un fusil, placez-nous face à face, à découvert, et de franc jeu; et que la Providence et notre adresse décident l'affaire entre nous. Je ne vous fais pas cette proposition à vous, major; car notre sang est de la même couleur et nous servons le même maître.

— Il est évident que le Huron est un imposteur, » reprit froidement Heyward; « vous l'avez vu vous-même vous désigner comme étant la Longue-Carabine. »

Il est impossible de dire à quelles assertions violentes l'opiniâtre Œil-de-Faucon se serait porté dans son obstination invincible à revendiquer son identité, si le vieux Delaware ne se fût entremis de nouveau.

« Le faucon qui vient des nuages peut y retourner quand il lui plaît, dit-il; donnez-leur les fusils. »

Cette fois l'éclaireur saisit la carabine avec avidité; et Magua, qui suivait tous les mouvements du tireur d'un œil inquiet, n'eut plus de motifs de crainte.

« Qu'il soit maintenant prouvé, à la face de cette tribu de Delawares, quel est le plus habile de nous deux, » s'écria l'éclaireur en frappant la crosse de son fusil de cette main redoutable qui avait fait partir tant de coups meurtriers. « Vous voyez, major, cette gourde pendue à cet arbre là-bas; si vous êtes un des bons tireurs de la frontière, voyons si votre balle pourra l'atteindre. »

Duncan regarda le but qui lui était désigné, et se prépara à renouveler l'épreuve. La gourde était un de ces petits vases dont les Indiens font usage; elle était attachée à la branche morte d'un petit pin par une corde de peau de daim, et la distance était de cent pas au moins. Le sentiment de l'amour-propre a de telles bizarreries que le jeune officier, bien qu'il n'attachât aucune valeur aux suffrages de ses sauvages arbitres, oublia tout à coup les motifs de la contestation pour ne s'occuper qu'à faire preuve d'adresse. On a déjà vu qu'il n'était pas un tireur à dédaigner, et il résolut de déployer toute son habileté. Si la vie de Duncan avait dépendu du coup qu'il allait tirer, il n'eût pas mis plus de soin et d'attention à viser. Il fit feu, et trois ou quatre jeunes Indiens, qui s'étaient précipités vers le but aussitôt après la détonation, annoncèrent à grands cris que la balle était dans l'arbre, à très-peu de distance de la gourde. Les guerriers jetèrent leur exclamation habituelle de plaisir, puis leurs yeux se portèrent sur son rival afin de voir ce qu'il allait faire.

« Cela n'est pas mal pour un Royal-Américain! » dit Œil-de-Faucon en riant à sa manière silencieuse; « mais si ma carabine s'était souvent écartée autant du but, bien des martes, dont les dames ont maintenant la peau dans leurs manchons, seraient encore dans les bois; et plus d'un sanguinaire Mingo, qui est allé là-haut rendre ses comptes, continuerait maintenant encore ses diaboliques exploits sur la frontière des provinces. J'espère que la femme à qui cette gourde appartient en a d'autres dans son wigwam, car celle-ci ne tiendra plus d'eau. »

Tout en parlant ainsi, l'éclaireur visitait la batterie et armait son fusil. Après avoir achevé les derniers mots, il mit un pied en arrière, et éleva lentement le canon de la carabine, d'un mouvement lent, uniforme et dans une direction unique. Parvenue au niveau, l'arme resta un moment dans une immobilité telle qu'on eût dit que l'homme et la carabine étaient sculptés en pierre. Pendant cet intervalle rapide l'arme partit en jetant une flamme brillante. Les jeunes Indiens s'élancèrent de nouveau, mais après avoir inutilement cherché, ils revinrent en annonçant qu'on ne voyait aucune trace de la balle.

» Va, » dit le vieux chef à l'éclaireur, avec un air de mépris fortement prononcé, « tu es un loup sous la peau d'un chien. Je vais parler à la Longue-Carabine des Yengees.

— Ah! si j'avais cette arme qui vous a fourni le nom dont vous vous servez, je m'engagerais à couper la corde, et à faire tomber la gourde au lieu de la percer! » répondit Œil-de-Faucon sans s'émouvoir du ton du vieillard. « Ignorants, si vous voulez trouver la balle d'un bon tireur de ces bois, c'est dans l'objet visé, et non autour, qu'il faut la chercher! »

Les jeunes Indiens le comprirent sur-le-champ, car, cette fois, il s'exprimait en delaware, et arrachant la gourde de l'arbre, ils l'élevèrent en triomphe en montrant dans le fond un trou que la balle y avait fait après avoir passé par l'orifice. A cette preuve inouïe d'adresse, tous les guerriers présents laissèrent échapper l'expression véhémente de leur satisfaction. Dès lors la question fut décidée, et Œil-de-Faucon rétabli dans la possession incontestable de sa dangereuse célébrité. Les regards curieux et admirateurs qui s'étaient de nouveau dirigés vers Heyward, se portèrent définitivement sur le robuste éclaireur, qui devint aussitôt l'objet principal de l'attention de la population simple et naïve dont il était entouré. Quand cette agitation bruyante se fut un peu calmée, le vieux chef reprit son interrogatoire.

« Pourquoi avez-vous cherché à boucher mes oreilles ? » dit-il en s'adressant à Duncan ; « les Delawares sont-ils des fous, qu'ils ne puissent distinguer la jeune panthère du chat sauvage ?

— Ils ne tarderont pas à reconnaître que le Huron n'est qu'un oiseau gazouilleur, » dit Duncan en s'efforçant d'adopter le langage métaphorique des Indiens.

« C'est bon. Nous verrons qui peut prétendre à fermer les oreilles d'hommes tels que nous. Frère, » ajouta le chef en tournant ses regards vers Magua, « les Delawares écoutent. »

Ainsi interpellé, d'une manière personnelle et directe, de faire connaître ses intentions, le Huron se leva, et, s'avançant avec beaucoup de calme et de dignité au centre du cercle et en face des prisonniers, il prit l'attitude d'un homme qui va parler. Toutefois, avant d'ouvrir la bouche, il promena lentement ses regards sur toutes ces physionomies attentives qui formaient autour de lui comme un rempart, afin d'adapter son langage au caractère de son auditoire. Il jeta sur Œil-de-Faucon un regard d'hostilité respectueuse ; sur Duncan, de haine implacable ; il daigna à peine remarquer la tremblante Alice ; mais quand son œil rencontra l'attitude ferme, majestueuse et belle de Cora, ils s'y arrêtèrent un moment avec une expression qu'il eût été difficile de définir. Alors, tout pénétré de ses sinistres desseins, il s'exprima dans la langue du Canada, qu'il savait être comprise de la plupart de ses auditeurs.

« L'Esprit qui fait les hommes leur a donné des couleurs différentes, » commença le subtil Huron. « Quelques-uns sont plus noirs que l'ours paresseux. Il les destina à être esclaves et à travailler éternellement comme le castor. Le vent du sud vous apporte leurs gémissements, plus bruyants que la voix des buffles mugissants, le long des rives de la grande eau salée où de gros canots les portent et les remportent par troupes. A d'autres, il a donné des visages plus pâles que l'hermine des forêts ; il les a destinés à être marchands, chiens pour leurs femmes, et loups pour leurs esclaves. Il a donné à ce peuple la nature du pigeon ; des ailes infatigables, une postérité plus nombreuse que les feuilles des bois, et des appétits capables de dévorer le monde. Il leur a donné une voix semblable au cri trompeur du chat sauvage, des cœurs de lapin, la ruse du pourceau (mais non pas celle du renard), et des bras plus longs que les jambes de l'élan. La langue de ce peuple a l'art de boucher les oreilles des Indiens ; son cœur lui enseigne à payer des guerriers qui combattent pour lui ; sa malice lui apprend à s'emparer de tous les biens de la terre ; et ses bras enserrent le pays, depuis les rivages de l'eau salée jusqu'aux îles du grand lac. Sa gloutonnerie le rend malade. Dieu lui a donné suffisamment, et il veut tout avoir. Tels sont les visages pâles.

« D'autres enfin ont reçu du Grand-Esprit des peaux plus rouges et plus brillantes que ce soleil, » continua Magua en montrant par un geste expressif l'astre radieux qui cherchait à se dégager des vapeurs de l'horizon ; « et ceux-là, il les créa selon son cœur. Il leur donna cette île telle qu'il l'avait faite, couverte d'arbres et pleine de gibier. Le vent fit leurs clairières, le soleil et la pluie mûrirent leurs fruits, et les neiges vinrent leur apprendre à être reconnaissants. Qu'avaient-ils besoin de routes pour voyager ? ils voyaient à travers les collines ; quand les castors travaillaient, ils se couchaient à l'ombre et les regardaient faire. Les vents les rafraîchissaient dans l'été ; l'hiver, des peaux leur prêtaient leur douce chaleur. S'ils combattaient entre eux, c'était pour montrer qu'ils étaient des hommes ; ils étaient braves, ils étaient justes, ils étaient heureux. »

Ici l'orateur s'arrêta et regarda autour de lui pour voir si son discours excitait de la sympathie dans l'âme de ses auditeurs ; il ne vit partout que des yeux fixés sur les siens, des cous tendus, des narines dilatées, comme si chaque individu présent se fût senti la volonté et le pouvoir de venger à lui seul les injures de sa race.

« Si le Grand-Esprit a donné des langues différentes à ses enfants rouges, » continua-t-il en donnant à sa voix un accent de tristesse et de douceur, « c'était pour que tous les animaux pussent le comprendre. Il a placé les uns parmi les neiges avec leur cousin l'ours ; d'autres plus près du soleil couchant, sur la route qui conduit aux territoires de chasse où les justes iront après leur mort. Il en est qu'il a établis dans les pays qui avoisinent les grandes eaux douces ; mais aux plus grands d'entre eux, à ceux pour qui il avait le plus d'amour, il a donné les sables du lac salé. Mes frères connaissent-ils le nom de ce peuple favorisé !

— C'étaient les Lénapes ! » s'écrièrent en même temps vingt voix empressées.

« C'étaient les Lenni Lénapes, » reprit Magua, en affectant d'incliner la tête par respect pour leur antique grandeur ; « c'étaient les tribus des Lénapes! Le soleil se levait du sein de l'eau salée et se couchait dans l'eau douce sans que ses rayons se cachassent à leurs yeux. Mais pourquoi irais-je, moi Huron des bois, raconter à un peuple sage ses propres traditions? Pourquoi lui rappeler ses injures, son ancienne puissance, ses exploits, sa gloire, ses pertes, ses défaites, sa misère? Y a-t-il parmi eux quelqu'un qui a vu tout cela et qui sait que cela est vrai? J'ai dit; ma langue est muette, mais mes oreilles sont ouvertes. »

Il cessa de parler, et à l'instant tous les visages et tous les yeux se tournèrent, par un mouvement unanime, vers le vénérable Tamenund. Depuis le moment où il s'était assis, le patriarche n'avait pas ouvert les lèvres ni donné un signe de vie. Pendant la totalité de cette scène d'ouverture où l'adresse de l'éclaireur avait été établie par des preuves aussi évidentes, il était resté assis, le corps courbé de faiblesse, sans paraître prendre aucun intérêt à ce qui se passait. En entendant les inflexions savamment graduées de la voix de Magua, il avait paru reprendre quelque connaissance, et une ou deux fois il avait soulevé la tête comme pour écouter. Mais lorsque l'artificieux Huron parla nominativement de sa nation, les paupières du vieillard s'entr'ouvrirent, et il regarda la multitude avec une expression lugubre et terne comme celle d'un spectre. Alors il fit un effort pour se lever, et, soutenu par ses compagnons, il se tint debout, dans une attitude de dignité imposante, malgré la faiblesse de son grand âge.

« Qui parle des enfants des Lénapes? » dit-il d'une voix sourde et gutturale que le religieux silence de la multitude permit d'entendre; « qui parle de choses qui ne sont plus? L'œuf ne se change-t-il pas en ver, le ver en papillon, pour périr ensuite? Pourquoi entretenir les Delawares du bien qui a disparu? Mieux vaut rendre grâce au Manitto de ce qui nous reste.

— C'est un Wyandot, » dit Magua en s'avançant vers la plate-forme grossière sur laquelle se tenait le vieillard; « c'est un ami de Tamenund.

— Un ami! » répéta le sage; et en même temps son front se couvrit d'un sombre nuage et s'arma d'une partie de cette sévérité qui avait rendu son regard si terrible au temps de sa vigueur. « Les Mingos gouvernent-ils la terre? Qui amène ici un Huron?

— La justice. Ses prisonniers sont chez ses frères, et il vient chercher ce qui est à lui. »

Tamenund tourna la tête vers l'un de ceux qui le soutenaient, et prêta l'oreille à la courte explication de Magua; puis, l'ayant regardé en face pendant quelque temps avec une attention profonde, il dit d'une voix sourde et pénible:

« La justice est la loi du grand Manitto. Mes enfants, offrez des aliments à l'étranger; ensuite, Huron, prends ton bien et pars. »

Après avoir rendu ce jugement solennel, le patriarche se rassit et ferma de nouveau les yeux, comme s'il eût préféré les souvenirs et les images de sa longue expérience au spectacle du monde visible. Nul Delaware n'eut l'audace de murmurer contre ce décret, encore moins de s'opposer à son exécution. Les paroles étaient à peine articulées, que quatre ou cinq jeunes guerriers, s'élançant derrière Heyward et l'éclaireur, passèrent des cordes autour de leurs bras avec tant d'adresse et de rapidité, qu'en un moment ils se trouvèrent tous deux dans l'impossibilité de faire le moindre mouvement. Le premier était occupé à soutenir son précieux fardeau, Alice évanouie dans ses bras, en sorte qu'il ne connut leurs intentions que lorsqu'elles furent exécutées; et le dernier, qui considérait les tribus des Delawares comme une race d'êtres supérieurs, se soumit sans résistance. Peut-être, néanmoins, la conduite de l'éclaireur eût-elle été moins passive, s'il eût pleinement compris la langue dans laquelle avait eu lieu le dialogue précédent.

Magua jeta un regard de triomphe sur toute l'assemblée avant de procéder à l'exécution de ses desseins. Voyant que les hommes étaient hors d'état de résister, sa vue se tourna vers celle qui avait le plus de prix à ses yeux. Cora soutint son regard avec tant de calme et de fermeté qu'il sentit chanceler sa résolution. Alors se rappelant l'artifice dont il avait déjà fait usage, il prit Alice des bras de Duncan sur qui elle s'appuyait, et faisant signe au major de le suivre, il ordonna à la foule de lui ouvrir un passage. Mais Cora, au lieu de céder à l'impulsion sur laquelle il avait compté, se précipita aux pieds du patriarche, et, élevant la voix, elle s'écria:

« Juste et vénérable Delaware, nous nous mettons à la merci de ta sagesse et de ton pouvoir. N'écoute point ce monstre artificieux et inaccessible au remords, qui empoisonne tes oreilles de mensonges pour étancher la soif qu'il a de notre sang. Toi qui as longtemps vécu, et qui as vu les maux de ce monde, tu dois avoir appris à en adoucir les calamités aux misérables. »

Les yeux du vieillard s'ouvrirent avec effort, et il regarda de nouveau la multitude. Lorsque la voix perçante et douloureuse de celle qui l'implorait parvint à ses oreilles, ses yeux se tournèrent lentement dans la direction de sa personne, et finirent par se fixer sur elle dans une attitude immobile. Cora s'était jetée à genoux, et les mains jointes pressées sur sa poitrine, modèle accompli de la beauté de son sexe, elle contemplait, avec une vénération sainte, le visage flétri, mais majestueux encore, du patriarche. Peu à peu les traits de Tamenund changèrent d'expression ; ce qu'ils avaient de vague fit place à l'admiration, et ils semblèrent reluire d'un rayon de cette intelligence qui, un siècle auparavant, aux jours de sa jeunesse, avait communiqué sa flamme et son enthousiasme aux bandes nombreuses des Delawares. Se levant sans aide et comme sans effort, il demanda d'une voix dont la fermeté surprit son auditoire :

« Qui es-tu?

— Une femme, d'une race détestée, si tu veux, une Yengee; mais une femme qui ne t'a jamais fait de mal, qui ne pourrait pas en faire à ton peuple quand même elle le voudrait, et qui implore ton secours.

— Dites-moi, mes enfants, » continua le patriarche d'une voix sourde, en s'adressant à ceux qui étaient autour de lui, mais les yeux toujours fixés sur Cora agenouillée, « où les Delawares ont-ils campé?

— Dans les montagnes des Iroquois, par-delà les sources limpides de l'Horican.

— Bien des étés brûlants ont lui et sont passés, continua le sage, depuis que je n'ai bu des eaux de ma rivière. Les enfants de Miquon [1] sont les plus justes des hommes blancs; mais ils avaient soif, et ils se sont appropriés la rivière à eux seuls. Est-ce qu'ils nous ont suivis de si loin?

— Nous ne suivons personne, nous ne convoitons rien, » répondit Cora avec vivacité; captifs contre notre volonté, nous avons été amenés parmi vous; et nous demandons la permission de nous en retourner en paix. N'es-tu pas Tamenund... le père... le juge... j'allais presque dire le prophète... de ce peuple?...

— Je suis Tamenund aux jours nombreux.

— Il y a maintenant sept ans que l'un des tiens était à la merci d'un chef blanc sur la frontière de cette province. Il se dit de la famille du bon et juste Tamenund. « Va, dit l'homme blanc ; par égard pour ton parent, tu es libre. Te rappelles-tu le nom de ce guerrier anglais?

— Je me rappelle que, dans ma riante jeunesse, » reprit le patriarche, comme un homme qui se reporte à des souvenirs éloignés, « j'étais un jour sur les sables du rivage de la mer, et je vis venir du soleil levant un grand canot, avec des ailes plus blanches que celles des cygnes et plus larges que celles de plusieurs aigles réunis.

— Non, non ; je ne parle pas d'une époque aussi éloignée, mais d'un service rendu à quel-

qu'un de ta race par l'un des miens, et dont le plus jeune de tes guerriers peut avoir gardé le souvenir.

— Était-ce lorsque les Yengees et les Hollandais se battaient pour les territoires de chasse des Delawares? C'est à cette époque que Tamenund devint chef, et qu'il abandonna l'arc pour l'éclair des visages pâles.

— Plus tard encore, » interrompit de nouveau Cora, « bien des générations plus tard; je parle d'une chose d'hier. Sans doute, sans doute vous ne l'avez pas oubliée!

— Hier encore, » répondit le vieillard, et sa voix creuse prit une expression touchante; « hier encore les enfants des Lénapes étaient les maîtres du monde! Les poissons du lac salé, les oiseaux, les animaux, et les Mengwés des bois les reconnaissaient pour Sagamores. »

Cora baissa la tête dans l'angoisse du désappointement, et pendant un moment d'amertume elle lutta contre sa douleur; puis relevant ses traits éclatants et ses yeux animés, elle dit avec un accent non moins pénétrant que la voix surnaturelle du patriarche lui-même :

« Dites-moi, Tamenund est-il père? »

Le vieillard la regarda de son estrade élevée, pendant qu'un sourire bienveillant éclairait ses traits effacés par l'âge ; puis promenant lentement les yeux sur la multitude assemblée, il répondit :

« Oui, d'une nation.

— Pour moi, je ne demande rien. Comme toi et les tiens, chef vénérable, » continua-t-elle, et elle pressa convulsivement ses mains sur son cœur, elle laissa retomber sa tête, et ses joues brûlantes ne furent presque plus visibles sous les flots de sa chevelure brillante qui tombait en désordre sur ses épaules, « la malédiction de mes ancêtres est tombée de tout son poids sur leur enfant; mais en voici une qui n'a jamais connu jusqu'à ce jour la colère céleste. Elle est la fille d'un mortel vieux et faible dont les jours sont près de leur fin; elle a bien des cœurs qui l'aiment et dont elle fait les délices; elle est trop pure, trop précieuse pour devenir la victime de ce misérable.

— Je sais que les visages pâles sont une race orgueilleuse et avide. Je sais que non-seulement ils veulent l'empire de la terre, mais qu'ils estiment le moindre de leur couleur au-dessus des sachems de l'homme rouge. » Puis, comme remarquant que ses paroles perçaient le cœur de celle qui l'écoutait, et qui se cachait presque de honte la tête contre terre, le vieillard ajouta avec chaleur : « Les chiens de leurs tribus aboieraient, les corbeaux croasseraient, s'il leur arrivait de faire entrer dans leurs wigwams une femme dont le sang n'eût pas la couleur de la neige. Mais qu'ils ne s'enorgueillissent pas trop

[1] William Penn.

devant la face du Manitto. Ils sont entrés dans le pays au lever du soleil, ils peuvent en sortir à son coucher! J'ai souvent vu les sauterelles dépouiller les arbres de leur feuillage, mais toujours le printemps le leur a rendu.

— Il est vrai, » dit Cora en poussant un profond soupir, comme si elle fût sortie d'une pénible agonie; puis relevant la tête, et rejetant en arrière le voile brillant de sa chevelure, elle laissa voir des yeux pleins de feu qui contrastaient avec la pâleur mortelle de sa figure; « mais ce n'est pas à nous de chercher à pénétrer ces mystères. Il y a encore un prisonnier qui appartient à ton peuple et qui n'a pas été amené devant toi; avant de laisser le Huron partir en triomphe, entends-le parler. »

Voyant que le Tamenund regardait autour de lui d'un air de doute, un de ses compagnons lui dit :

« C'est un serpent... une peau rouge à la solde des Yengees. Nous le réservons pour la torture.

— Qu'il vienne! » répondit le sage.

Alors Tamenund retomba sur son siége, et pendant que les jeunes hommes se préparaient à exécuter cet ordre rapide, il régna un si profond silence, qu'on entendit distinctement le froissement des feuilles que la brise du matin agitait dans la forêt voisine.

CHAPITRE XXX

Avant de me juger l'on doit m'entendre, ou bien
Vos décrets sont sans force, et vos lois ne sont rien;
C'est la justice enfin qu'ici je vous demande:
La refuserez-vous?

SHAKSPEARE.

Aucun bruit humain n'interrompit pendant quelques minutes le silence de l'attente. Alors les flots de la foule s'ouvrirent pour se fermer de nouveau, et Uncas apparut debout au milieu de ce cercle vivant. Tous les yeux qui avaient jusque-là cherché à lire dans les traits du sage, comme à la source de leur propre intelligence, se tournèrent à l'instant avec une admiration secrète sur la taille droite et svelte et les belles formes d'Uncas; mais ni la foule des spectateurs dont il était entouré, ni l'attention exclusive dont il était l'objet, ne troublèrent en aucune manière le sang-froid du jeune Mohican. Il jeta autour de lui un regard calme et observateur, et soutint avec la même indifférence l'expression hostile qui se peignait dans les visages des chefs et les regards curieux des enfants attentifs. Mais lorsque après cette revue rapide, intelligente et fière, son œil rencontra la personne de

Tamenund, son regard devint fixe comme si tout autre objet eût été déjà oublié. Alors, s'avançant d'un pas lent et silencieux dans l'enceinte, il se plaça immédiatement devant le marchepied du sage. Là, il s'arrêta sans être aperçu du vieillard qu'il continua à regarder, jusqu'à ce que l'un des chefs l'avertit de sa présence.

« Dans quelle langue le prisonnier parle-t-il au Manitto? » demanda le patriarche, les yeux toujours fermés.

« Comme ses pères, reprit Uncas: dans la langue d'un Delaware. »

A cette déclaration soudaine et inattendue, on entendit s'élever un hurlement farouche, semblable au mugissement que pousse un lion dont on a éveillé la colère, et qui en annonce la redoutable explosion. L'effet qu'elle produisit sur le sage fut également fort, quoique différemment exprimé. Il passa une main sur ses yeux, comme pour s'épargner un spectacle aussi honteux pour sa race, et répéta de sa voix sourde et profondément gutturale les paroles qu'il venait d'entendre

« Un Delaware! J'ai assez vécu pour voir les tribus des Lénapes chassées du feu de leur conseil et dispersées comme des troupeaux de daims au milieu des collines des Iroquois. J'ai vu la hache de l'étranger dépouiller les vallées des bois que les vents du ciel avaient épargnés. J'ai vu les animaux qui courent sur les montagnes et les oiseaux qui volent au-dessus des arbres, habiter dans les wigwams des hommes; mais ce que je n'avais jamais vu, c'est un Delaware assez lâche pour se glisser en rampant, comme un serpent venimeux, dans les camps de sa nation.

— Les oiseaux ont ouvert le bec, » reprit Uncas avec l'accent le plus doux de sa voix musicale, « et Tamenund a prêté l'oreille à leurs chansons. »

Le sage tressaillit et pencha la tête, comme pour saisir les sons fugitifs d'une mélodie lointaine.

« Tamenund rêve-t-il? s'écria-t-il; quelle voix a frappé mon oreille? Les hivers sont-ils rétrogradé? l'été luira-t-il de nouveau sur les enfants des Lénapes. »

Cette incohérente explosion échappée des lèvres du prophète delaware fut suivie d'un solennel et respectueux silence. Son peuple attribua son langage inintelligible à l'un de ces entretiens mystérieux qu'il avait fréquemment, disait-on, avec une intelligence supérieure. Toutefois, après avoir longtemps et patiemment attendu, l'un des vieillards, s'apercevant que le sage avait perdu le souvenir du sujet qui l'occupait, se hasarda à lui rappeler la présence du prisonnier.

« Le faux Delaware tremble de peur d'entendre les paroles de Tamenund, dit-il : c'est un chien qui hurle, quand les Yengees le mettent sur la piste.

— Et vous, » répondit Uncas en jetant autour de lui un regard sévère, « vous êtes des chiens couchants auxquels le Français jette le rebut de son daim ! »

Vingt couteaux brillèrent dans l'air et vingt guerriers se levèrent à cette réponse mordante et peut-être méritée ; mais un mouvement de l'un des chefs arrêta cette explosion de colère et rétablit une apparence de calme. La tâche eût probablement été plus difficile, si un mouvement de Tamenund n'eût indiqué qu'il allait parler de nouveau,

« Delaware, reprit le sage, tu es bien peu digne de ton nom. Il y a bien des hivers que mon peuple n'a vu luire un soleil brillant ; et le guerrier est doublement traître, qui déserte sa tribu lorsqu'elle est cachée dans le nuage. La loi de Manitto est juste. Elle l'est ; tant que les rivières couleront, que les montagnes resteront debout, elle sera. Il est à vous, mes enfants ; soyez justes à son égard. »

Tout était resté immobile, aucun souffle n'avait été aspiré plus fort qu'à l'ordinaire, jusqu'à ce que les lèvres de Tamenund eussent laissé échapper la dernière syllabe de cet ordre définitif. Alors la nation poussa un cri unanime de vengeance, effrayant présage de ses intentions farouches et sanguinaires. Au milieu de ce concert prolongé de sauvages hurlements, un chef annonça à haute voix que le captif était condamné à la redoutable épreuve de la torture du feu. Le cercle se rompit et des cris de joie se mêlèrent au tumulte et à la confusion des préparatifs immédiats. Heyward lutta avec l'énergie du désespoir contre ceux qui le retenaient ; les yeux inquiets d'Œil-de-Faucon commencèrent à se promener autour de lui avec une expression singulière d'anxiété, et Cora se jeta de nouveau aux pieds du patriarche, pour implorer encore sa clémence.

Pendant tout le cours de cette situation critique, Uncas seul avait conservé sa sérénité. Il regarda les préparatifs d'un œil calme, et quand les bourreaux s'approchèrent pour le saisir, il les reçut dans une attitude ferme et le front haut. L'un d'eux, plus féroce et plus sauvage que ses compagnons, saisit la blouse de chasse du jeune guerrier, et d'un seul coup l'arracha de son corps. Alors, poussant un cri de joie frénétique, il s'élança vers sa victime sans défense et se prépara à l'attacher au poteau ; mais, dans le moment où il paraissait le plus étranger aux sentiments humains, le sauvage fut arrêté aussi soudainement dans ses projets barbares que si un être surnaturel se fût placé entre lui et Uncas. Les yeux du Delaware parurent prêts à

sortir de leur orbite ; il ouvrit la bouche sans pouvoir articuler un son, et on eût dit un homme que la gelée aurait frappé dans l'attitude du plus profond étonnement. Enfin, levant lentement et avec effort sa main droite, il montra du doigt la poitrine du prisonnier. La foule entoura celui-ci, et tous les yeux regardèrent avec surprise, sur le sein du captif, une petite tortue tatouée avec le plus grand soin et d'une superbe teinte bleue.

Uncas jouit un moment de son triomphe, et regarda autour de lui avec un calme sourire ; mais bientôt, écartant la foule d'un geste fier et impératif, il s'avança de l'air d'un roi, et prit la parole d'une voix sonore et éclatante qui se fit entendre au-dessus du murmure d'admiration qui s'élevait de la multitude.

« Hommes de Lenni Lénape, dit-il, ma race soutient la terre ! votre faible tribu repose sur mon écaille ! Quel feu d'un Delaware pourrait brûler l'enfant de mes pères ? » ajouta-t-il en désignant avec orgueil les armoiries imprimées sur sa poitrine ; « le sang qui est sorti d'une telle race éteindrait vos flammes. Ma race est la mère des nations !

— Qui es-tu ? » demanda Tamenund en se levant, ému par le son de voix qui avait frappé son oreille plutôt que par le sens des paroles du captif.

« Uncas, le fils de Chingachgook, fils du grand Unamis [1], » répondit le prisonnier avec modestie, en inclinant la tête devant le vieillard par respect pour son caractère et son grand âge.

« L'heure de Tamenund est proche ! s'écria le sage ; enfin le jour touche à la nuit ! je rends grâce au Manitto qu'il se trouve ici quelqu'un pour tenir ma place au Feu du Conseil. Uncas, le fils d'Uncas est trouvé ! laissez les yeux d'un aigle mourant contempler le soleil qui se lève. »

Le jeune homme s'élança légèrement et avec fierté sur la plate-forme, d'où il fut visible à toute la multitude agitée et émerveillée. Tamenund ne pouvait se lasser de contempler la beauté et la noblesse de ses traits, comme un homme à qui cette vue rappelait des jours plus heureux.

« Tamenund est-il encore enfant ? » s'écria enfin le prophète avec exaltation. « Quand j'ai cru que tant de neiges avaient passé... que mon peuple était dispersé comme le sable des déserts... que j'avais vu les Yengees plus nombreux que les feuilles des bois, tout cela n'était-il qu'un rêve ? La flèche de Tamenund ne pourrait effrayer le jeune faon ; son bras est sec comme la branche du chêne mourant ; le

1. Tourterelle.

limaçon serait plus vite que lui ; et pourtant
Uncas est devant lui, tel que le jour où ils al-
laient ensemble combattre les visages pâles.
Uncas, la panthère de sa tribu, le fils aîné des
Lénapes, le plus sage Sagamore des Mohicans !
Dites-moi, Delawares, Tamenund dort-il depuis
cent hivers ? »

Le silence calme et profond qui suivit ces paroles témoignait suffisamment du respect mêlé
de crainte avec lequel le patriarche était écouté
de son peuple. Nul n'osa répondre, quoique tous
retinssent leur haleine dans l'attente de ce qui
allait suivre. Cependant Uncas, regardant le
vieillard en face avec la tendresse et la vénération d'un enfant chéri, prit sur lui de répondre ;
c'était un droit que lui conférait son rang élevé
et reconnu.

« Quatre guerriers de sa race ont vécu et sont
morts, dit-il, depuis que l'ami de Tamenund
conduisait son peuple aux combats. Le sang de
la tourterelle s'est transmis à beaucoup de chefs,
mais tous sont retournés au sein de la terre d'où
ils étaient venus, à l'exception de Chingachgook
et de son fils.

— C'est vrai ! c'est vrai ! » reprit le sage, car
un rayon de lumière venait de détruire toutes
ses illusions et de lui rappeler tout à coup la
véritable histoire de sa nation. « Nos sages ont
souvent dit qu'il y avait dans les collines des
Yengees deux guerriers de la race sans mélange ;
pourquoi leurs siéges au Feu du Conseil des Delawares ont-ils été si longtemps vides ? »

A ces mots le jeune homme releva la tête qu'il
tenait baissée par respect, et parlant de manière
à être entendu de la multitude, comme pour lui
expliquer une fois pour toutes les vicissitudes
politiques de sa famille, il dit d'une voix haute :

« Il fut un temps où du lieu où nous dormions
nous pouvions entendre mugir la colère du lac
salé. Nous étions alors souverains et Sagamores
du pays ; mais lorsqu'on rencontra un visage pâle
à chaque ruisseau, nous nous retirâmes avec le
daim vers la rivière de notre nation. Les Delawares étaient partis ; bien peu de leurs guerriers
étaient restés pour boire les ondes qu'ils chéris-
saient. Alors mes pères dirent : « Nous chasserons ici. Les eaux de la rivière se rendent au
lac salé. Si nous nous dirigeons vers le soleil
couchant, nous trouverons des rivières qui coulent dans les grands lacs d'eau douce ; là un
Mohican mourrait comme les poissons de mer
dans l'eau des fleuves. Quand le Manitto sera
prêt, et qu'il nous dira : « Venez, » nous suivrons la rivière qui va à la mer, et nous reprendrons ce qui est à nous. Telle est, Delawares, la
croyance des enfants de la Tourterelle ! C'est
vers le lever du soleil, et non vers son couchant,
que se portent nos regards ; nous savons d'où il

vient, mais nous ne savons pas où il va. C'est
assez. »

Les enfants des Lénapes écoutèrent ces paroles avec tout le respect que leur prêtait la superstition, trouvant un charme secret jusque
dans le langage figuré dont le jeune Mohican
revêtait ses idées. Uncas lui-même épiait, d'un
œil intelligent, l'effet que venait de produire
cette courte explication, et peu à peu il déposa
l'air d'autorité qu'il avait pris d'abord lorsqu'il
vit que ses auditeurs étaient satisfaits. Alors,
laissant errer ses regards sur la foule silencieuse
qui se pressait autour du siége élevé de Tamenund, Œil-de-Faucon dans ses liens s'offrit pour
la première fois à sa vue. Aussitôt il s'élance de
la plate-forme, se fraie un chemin jusque vers
son ami, tire précipitamment son couteau, et
ordonne à la foule de lui ouvrir un passage. Les
graves et attentifs Indiens obéissent en silence
et se rangent de nouveau en cercle comme avant
sa venue. Uncas prend alors l'éclaireur par la
main et le conduit aux pieds du patriarche.

« Mon père, dit-il, regardez ce visage pâle ;
c'est un homme juste, et un ami des Delawares.

— Est-ce un fils de Miquon ?

— Non ; c'est un guerrier connu des Yengees,
et redouté des Maquas.

— Quel est le nom que lui ont valu ses exploits ?

— Nous l'appelons Œil-de-Faucon, » reprit
Uncas en employant l'expression delaware,
« car son œil ne le trompe jamais. Les Mingos,
qui ne le connaissent que par la mort qu'il
donne à leurs guerriers, l'appellent la Longue-
Carabine.

— La Longue-Carabine ! » s'écria Tamenund,
en ouvrant les yeux et en regardant fixement
l'éclaireur ; « mon fils n'a pas bien fait de lui
donner le nom d'ami.

— Je donne ce nom à qui s'est montré tel, »
reprit le jeune chef avec beaucoup de calme
mais avec un maintien assuré. « Si Uncas est le
bienvenu parmi les Delawares, Œil-de-Faucon
doit l'être aussi auprès des amis d'Uncas.

— Le visage pâle a tué mes jeunes hommes ;
il est renommé pour les coups qu'il a portés aux
Lénapes.

— Si un Mingo a dit cela à l'oreille d'un Delaware, il n'a prouvé qu'une chose, c'est qu'il
est un oiseau babillard, » dit l'éclaireur, qui
crut alors qu'il était temps de se disculper des
accusations odieuses dirigées contre lui. Il s'exprima dans la langue de l'homme auquel il
s'adressait, entremêlant aux métaphores indiennes le style qui lui était particulier. « Que
j'aie tué les Maquas, c'est ce que je ne suis pas
homme à nier, même au feu de leur conseil ;
mais qu'avec connaissance de cause, ma main
ait jamais fait du mal à un Delaware, c'est ce

BIBLIOTHÈQUE NATIONALE

Je n'irai pas plus loin (Page 182)

qui est opposé à ma nature qui me porte à les aimer, ainsi que tout ce qui appartient à la nation. »

Des exclamations approbatives circulèrent parmi les guerriers, qui se regardèrent les uns les autres comme des hommes qui commençaient à apercevoir leur erreur.

« Où est le Huron? demanda Tamenund. A-t-il fermé mes oreilles? »

Magua, dont il est plus facile de se figurer que de décrire les sentiments pendant la scène qui avait vu triompher Uncas, répondit à cette interpellation en s'avançant hardiment en face du patriarche.

« Le juste Tamenund ne voudra pas garder ce qu'un Huron a prêté.

— Dites-moi, fils de mon frère, » répondit le sage, en détournant ses regards de la physionomie sinistre du Subtil, pour les reporter sur l'air franc et ouvert d'Uncas; « l'étranger a-t-il sur vous un droit de conquête?

— Il n'en a aucun. La panthère peut tomber dans les piéges tendus par des femmes, mais elle est forte, et sait les franchir.

— La Longue-Carabine?

— Se rit des Mingos. Va, Huron; demande à tes femmes la couleur d'un ours.

— L'étranger et la jeune fille blanche qui sont venus ensemble dans mon camp?

— Doivent continuer librement leur voyage.

— Et la femme que le Huron a confiée à mes guerriers? »

Uncas ne répondit point.

« Et la femme que le Mingo a amenée dans mon camp? répéta Tamenund d'un ton grave.

— Elle est à moi, » s'écria Magua en faisant à Uncas un geste de triomphe. « Mohican, tu sais qu'elle est à moi.

— Mon fils garde le silence, » dit Tamenund, en s'efforçant de lire dans l'expression des traits du jeune homme, qui détournait la tête avec douleur.

Enfin il laissa échapper à voix basse cette courte réponse : « Il est vrai. »

Il y eut alors quelques moments de silence solennel pendant lequel il fut manifeste que la multitude n'admettait qu'avec répugnance la justice de la demande de Magua. Enfin le sage, de qui seul la décision dépendait, dit d'une voix ferme :

« Huron, partez. »

— Comme il est venu, juste Tamenund, » demanda le rusé Magua, « ou les mains pleines de la bonne foi des Delawares? Le wigwam du Renard-Subtil est vide; rendez-lui ce qui lui appartient. »

Le vieillard réfléchit quelque temps; puis, se penchant vers l'un de ses compagnons vénérables, il demanda :

« Mes oreilles sont-elles ouvertes?

— Elles le sont.

— Ce Mingo est-il un chef?

— Le premier de sa nation.

— Jeune fille, que veux-tu? Un grand guerrier te prend pour femme. Va, ta race ne s'éteindra pas.

— Qu'elle s'éteigne mille fois, » s'écria Cora saisie d'horreur, « plutôt que de subir une telle dégradation!

— Huron, son esprit est dans les tentes de son père. Une fille dont on force la volonté ne rend point un wigwam heureux.

— Elle parle le langage de sa nation, » reprit Magua, en jetant sur sa victime un regard d'amère ironie; « elle est d'une race de marchands, et veut stipuler le prix d'un sourire. Que Tamenund prononce!

— Emporte sa rançon et notre amitié.

— Je ne veux emporter d'ici que ce que j'y ai amené.

— Pars donc avec ce qui t'appartient. Au grand Manitto ne plaise qu'un Delaware soit injuste! »

Magua s'avança et saisit avec force sa captive par le bras; les Delawares reculèrent en silence; et Cora, comme convaincue que de nouvelles remontrances seraient inutiles, se prépara à subir sans résistance sa destinée.

« Arrêtez, arrêtez! » s'écria Duncan en s'avançant avec vivacité; « Huron, laisse-toi toucher! Sa rançon te rendra plus riche qu'aucun de ta nation ne l'a jamais été.

— Magua est une peau rouge; il n'a pas besoin des morceaux de métal des visages pâles.

— L'or, l'argent, la poudre, le plomb, tout ce qu'il faut à un guerrier, tout ce qui convient au chef le plus grand, tu l'auras dans ton wigwam.

— Le Subtil est bien fort, » s'écria Magua en agitant violemment la main dont il étreignait le bras de Cora; « il a pris sa revanche.

— Souverain arbitre de la Providence! » s'écria Heyward, en serrant ses mains l'une contre l'autre dans l'agonie du désespoir, « souffres-tu de tels attentats! Juste Tamenund, c'est votre pitié que j'implore.

— Les paroles du Delaware sont prononcées, » répondit le sage en fermant les yeux et en se laissant retomber sur son siége, car son esprit et son corps étaient également fatigués. « Des hommes ne parlent pas deux fois.

— Qu'un chef ne perde pas son temps à redire ce qu'il a déjà dit, c'est chose sage et raisonnable, » dit Œil-de-Faucon, en faisant signe à Duncan de se taire; « mais il est bon aussi qu'un guerrier prudent y regarde à deux fois avant de frapper de son tomahawk la tête de son prisonnier. Huron, je ne vous aime pas, et je ne puis pas dire qu'aucun Mingo ait jamais eu à se louer de moi. Il est raisonnable de supposer que, si cette guerre se prolonge, beaucoup de vos guerriers encore auront affaire à moi dans la forêt. Réfléchissez donc, et voyez ce qui vaut mieux pour vous, de conduire cette dame prisonnière dans votre camp, ou de m'emmener moi-même qui suis un homme que votre nation ne sera pas fâchée de voir les mains vides.

— La Longue-Carabine consent-il à donner sa vie pour cette femme? » demanda Magua en s'arrêtant; car il avait déjà fait quelques pas pour s'éloigner avec sa victime.

« Non, non; je n'ai pas été jusque-là, » répondit Œil-de-Faucon, en faisant ses réserves, lorsqu'il s'aperçut de l'empressement de Magua à prêter l'oreille à sa proposition. « Ce serait un échange par trop inégal, que de donner pour la meilleure femme de toute la frontière un guerrier dans la fleur de l'âge, et qui peut rendre encore plus d'un service. Si vous voulez, je consens à prendre mes quartiers d'hiver maintenant, c'est-à-dire pour le moins six semaines avant la chute des feuilles, à condition que vous relâcherez la jeune fille. »

Magua secoua la tête avec un froid dédain, et fit à la foule un signe d'impatience pour qu'elle lui ouvrît un passage.

« Eh bien! » ajouta l'éclaireur, de l'air de réflexion d'un homme qui n'est qu'à demi décidé, « je donne perce-daim par-dessus le marché,

Croyez-en la parole d'un chasseur expérimenté, ce fusil n'a pas son égal dans les provinces. »

Magua dédaigna encore de répondre et continua ses efforts pour disperser la foule.

« Écoutez, » ajouta l'éclaireur, en perdant sa froideur affectée en proportion de l'indifférence que l'autre manifestait à cet arrangement, « si je prends l'engagement d'enseigner à vos jeunes hommes la vertu véritable de cette arme, cela ne pourrait-il pas combler la différence ? »

Le Renard ordonna fièrement aux Delawares, qui continuaient à former autour de lui une ceinture impénétrable, dans l'espoir de le voir consentir aux propositions de l'éclaireur, de s'écarter pour le laisser passer, et en même temps son regard les menaçait de faire un autre appel à la justice infaillible de leur prophète.

« Ce qui est ordonné doit arriver tôt ou tard, » continua Œil-de-Faucon, en tournant vers Uncas un regard triste et humilié. « Le drôle connaît ses avantages et il veut les garder ! Dieu vous protège, mon garçon ; vous avez trouvé des amis au milieu de votre race et de votre nation, et j'espère qu'ils vous seront aussi fidèles que les anciens dont le sang était sans mélange. Quant à moi, tôt ou tard il me faudra mourir, et je ne laisse heureusement après moi que bien peu d'amis pour pousser sur ma tombe le hurlement de mort ? Après tout, il est probable que les coquins auraient fini par s'approprier ma chevelure ; un jour ou deux ne font pas une grande différence dans le compte de l'éternité. Dieu vous bénisse ! » ajouta l'honnête chasseur, en penchant la tête avec une agitation convulsive ; puis il la releva, et, lançant au jeune homme un regard d'intelligence et d'affection : « Je vous ai aimés, vous et votre père, Uncas, quoique nos peaux n'aient pas la même couleur, et que nos natures soient un peu différentes. Dites au Sagamore que je ne l'ai jamais oublié dans mes plus grandes traverses ; et pour vous, pensez à moi quelquefois quand vous serez sur une bonne piste ; et soyez sûr, mon enfant, que soit qu'il n'y ait qu'un ciel, soit qu'il y en ait deux, il y a dans l'autre monde un sentier où les honnêtes gens se rencontrent. Vous trouverez ma carabine où nous l'avons cachée ; prenez-la et gardez-la pour l'amour de moi ; et surtout, mon garçon, vous à qui votre nature ne refuse pas l'usage de la vengeance, faites bon usage de mon arme contre les Mingos ; cela soulagera votre douleur et vous consolera un peu de ma perte. Huron, j'accepte ton offre ; délivre la jeune fille, je suis ton prisonnier. »

À cette proposition généreuse, un murmure étouffé, mais pourtant distinct, d'approbation se fit entendre dans la foule ; et les guerriers delawares les plus farouches manifestèrent l'admiration que leur inspirait ce noble dévouement Magua s'arrêta et sembla même hésiter pendant quelques moments d'une anxiété profonde ; puis, jetant sur Cora un regard où se mêlaient étrangement la férocité et l'admiration, sa résolution devint fixe et immuable.

Rejetant sa main en arrière, il fit signe qu'il dédaignait cette offre et dit d'une voix ferme et calme :

« Le Renard-Subtil est un grand chef ; il n'a pas deux volontés. Venez, » ajouta-t-il en posant familièrement sa main sur l'épaule de sa captive, pour la faire avancer ; « un guerrier huron n'est point un babillard, partons. »

À cette indigne violence, la jeune fille recula d'un air plein de fierté et de réserve ; son œil noir étincela, un vif incarnat vint comme un rayon passager du soleil colorer ses joues et jusqu'à ses tempes,

« Je suis votre prisonnière, et quand il le faudra, je suis prête à vous suivre, fût-ce même à la mort ; mais la violence est inutile, » dit-elle froidement ; puis, se tournant aussitôt vers Œil-de-Faucon, elle ajouta : « Chasseur généreux, je vous remercie du fond de mon âme. Votre offre est vaine et ne pouvait être acceptée ; mais pourtant vous pouvez me rendre service, beaucoup plus efficacement que si vos nobles intentions eussent été accomplies. Voyez cette pauvre enfant que sa douleur accable ; ne la quittez pas que vous ne l'ayez déposée dans les habitations d'hommes civilisés. Je ne dirai pas, » poursuivit-elle en prenant la main rude du chasseur, « que son père vous récompensera, car des hommes tels que vous sont au-dessus des récompenses humaines. Mais il vous remerciera, il vous bénira ; et, croyez-moi, la bénédiction d'un vieillard, d'un homme juste, a de la vertu devant Dieu. Plût au ciel qu'il pût me bénir moi-même en ce moment redoutable ! » Sa voix s'éteignit, et pendant un instant elle garda le silence ; puis, faisant un pas vers Duncan, qui soutenait sa sœur évanouie, elle continua d'une voix plus calme, mais où se révélait une lutte violente entre ses sentiments et les habitudes de son sexe : « Je n'ai pas besoin de vous recommander de chérir le trésor que vous posséderez un jour ; vous l'aimez, Heyward, et, eût-elle mille défauts, ce sentiment les couvrirait tous ; elle est aussi bonne, aussi douce, aussi aimante que peut l'être une mortelle. L'homme le plus difficile ne trouverait pas dans son esprit ou sa personne une imperfection. Elle est belle, oh ! merveilleusement belle, » continua-t-elle en posant avec une tendresse mélancolique sa main, à elle, belle, mais moins blanche, sur le front d'albâtre d'Alice, et en séparant ses beaux cheveux blonds ; « et néanmoins son âme a toute la pureté transparente de son teint. J'en

pourrais dire davantage, plus peut-être que la
raison ne le permet, mais il faut que j'aie pitié
de vous et de moi. » Alors on n'entendit plus
sa voix ; elle se baissa vers sa sœur et la tint
pressée entre ses bras. Après un long et brûlant
baiser, elle se leva, et, la pâleur de la mort sur
la figure, mais sans qu'une larme mouillât ses
yeux, elle se retourna, et, reprenant toute sa
fierté, dit au sauvage : « Maintenant, quand
vous voudrez, je suis prête à vous suivre.

— Oui, partez, » s'écria Duncan en plaçant
Alice dans les bras d'une jeune Indienne ; « partez, Magua, partez. Ces Delawares ont leur loi
qui les empêche de vous retenir ; mais moi je
ne suis pas enchaîné par une telle obligation.
Allez, monstre pervers, qui vous arrête ? »

Il serait difficile de dépeindre l'expression que
prirent les traits de Magua en écoutant cette
menace de le suivre. Ce fut d'abord un mouvement manifeste de joie féroce, qu'il réprima aussitôt pour prendre un air de froide perfidie.

« Les bois sont ouverts, » se contenta-t-il
de répondre, « la Main-Ouverte peut nous
suivre.

— Arrêtez, » s'écria Œil-de-Faucon en saisissant Duncan par le bras, et en le retenant de
force ; « vous ne connaissez pas la perfidie de ce
coquin. Il vous conduirait à une embuscade, et
votre mort...

— Huron, » interrompit Uncas qui, résigné
aux coutumes rigides de sa nation, avait prêté
une oreille attentive à tout ce qui s'était passé,
« Huron, la justice des Delawares vient du Manitto. Regardez le soleil, il est à présent dans
les branches supérieures de ces arbres. Votre
chemin est court et facile. Quand cet astre sera
au-dessus des arbres, il y aura des guerriers sur
vos traces.

— J'entends une corneille ! » s'écria Magua
avec un rire ironique ; « allez, » ajouta-t-il en
faisant signe de la main à la foule qui s'ouvrait
lentement pour lui donner passage. « Où sont
les jupons des Delawares ? Qu'ils lancent leurs
flèches et leurs balles contre les Wyandots ; ils
auront de la venaison à manger, et du blé à
cultiver. Chiens, lapins, voleurs... Je crache
sur vous ! »

Ces adieux insultants furent écoutés dans un
morne silence ; et Magua, d'un air de triomphe,
prit le chemin de la forêt, suivi de sa captive
obéissante, et protégé par les lois inviolables de
l'hospitalité indienne.

─────

CHAPITRE XXXI

Tuer les domestiques et les gens du bagage !
c'est ce que les lois de la guerre défendent for-
mellement ; c'est, songez-y bien, ce qu'il y a au
monde de plus lâche.
SHAKSPEARE. *Henri V*

Tant que Magua et sa victime furent en vue,
la multitude resta immobile, et comme enchaî-
née par une puissance supérieure qui protégeait
le Huron ; mais dès qu'il eut disparu, elle devint agitée et livrée à l'irritation la plus violente. Uncas resta sur le tertre où il s'était
placé, les yeux fixés sur Cora jusqu'à ce que la
couleur de ses vêtements se confondît avec le
feuillage de la forêt ; alors, traversant en silence
la foule, il rentra dans la cabane d'où il était
sorti. Quelques-uns des guerriers les plus graves
et les plus prudents, qui avaient remarqué les
éclairs d'indignation qui jaillissaient des yeux
du jeune chef, le suivirent dans le lieu qu'il
avait choisi pour se livrer à ses méditations :
après quoi on emmena Tamenund et Alice, et
les femmes et les enfants eurent ordre de se retirer. Pendant l'heure critique qui suivit, le
camp présenta l'image d'une ruche d'abeilles
agitées n'attendant que la présence et l'exemple
de leur reine pour entreprendre une expédition
importante et éloignée.

Enfin, un jeune guerrier sortit de la cabane
d'Uncas, et d'un pas calme et grave s'approcha
d'un arbre qui avait poussé dans les crevasses de la terrasse rocailleuse ; il en arracha
l'écorce, puis, sans prononcer une parole, retourna dans la cabane d'où il venait de sortir.
Bientôt il fut suivi d'un autre qui enleva les
branches, ne laissant plus qu'un tronc nu et
désolé.

Un troisième vint peindre ce poteau de larges
raies d'un rouge foncé ; toutes ces indications
des desseins hostiles des chefs de la nation furent
reçues par la foule extérieure dans un sombre et
lugubre silence. Enfin le Mohican lui-même
reparut dépouillé de la plupart de ses vêtements,
nu jusqu'à la ceinture, et la moitié de son beau
visage coloré d'un noir menaçant.

Uncas s'avança d'un air grave et plein de dignité vers le poteau, dont il commença à faire
le tour d'un pas mesuré assez semblable à une
danse, pendant que sa voix faisait entendre les
accents sauvages et irréguliers de son chant de
guerre. Les notes de ce chant allaient jusqu'aux
dernières limites de la voix humaine ; tantôt
mélancoliques et doucement plaintives, elles
rivalisaient la mélodie des oiseaux ; puis, par des
transitions brusques et soudaines, leurs sons

graves et énergiques faisaient tressaillir ceux
qui les entendaient. Les paroles se composaient
d'un petit nombre de mots souvent répétés ;
c'était d'abord une sorte d'invocation ou d'hymne
à la Divinité : puis le guerrier annonçait l'objet
de son chant ; le tout se terminait, comme en
commençant, par l'hommage que faisait le
guerrier de sa soumission au Grand-Esprit. S'il
était possible de traduire le langage expressif et
mélodieux qu'il parlait, voici à peu près quel
serait le sens de cette espèce d'ode :

> Manitto ! Manitto !
> Manitto ! si grand, si sage !
> La justice est ton partage,
> Manitto ! Manitto !
>
> Dans les cieux quels noirs présages !
> Que de taches j'aperçois !
> Dans les cieux combien je vois,
> Combien je vois de nuages !
>
> Entendez-vous mille voix,
> Répéter le cri de guerre ?
> Pareil au bruit du tonnerre.
> L'entendez-vous dans les bois ?
>
> Manitto ! Manitto !
> Dieu de force et de sagesse,
> Viens en aide à ma faiblesse,
> Manitto ! Manitto !

À la fin de chaque strophe, il faisait une pause
en prolongeant le dernier son, qu'il adaptait au
sentiment qui venait d'être exprimé. La première strophe était solennelle et présentait une
idée de vénération ; la seconde avait un caractère descriptif et effrayant tout à la fois : la
troisième était le cri de guerre qui, en s'échappant des lèvres du jeune guerrier, sembla réunir
tous les sons redoutables des combats ; la dernière était, comme la première, humble, douce
et suppliante. Trois fois il répéta ce chant, et
trois fois il en dansant le tour du poteau : à
la fin du premier tour, un chef lénape, grave et
estimé, suivit son exemple en chantant des paroles de sa composition sur un air à peu près
semblable. D'autres guerriers se joignirent successivement à la danse jusqu'à ce qu'elle excitât
tous ceux qui avaient quelque renom et quelque
autorité. Le spectacle devint alors plus sauvage
et plus terrible ; les visages farouches et menaçants des chefs et les sons effrayants de leurs
voix gutturales formaient une effrayante harmonie. C'est alors qu'Uncas enfonça son tomahawk dans le poteau, et donna à sa voix un
accent redoutable : c'était un cri de guerre ;
c'était l'annonce qu'il prenait possession de l'autorité suprême dans l'expédition projetée.

À ce signal, toutes les passions endormies de la
nation s'éveillèrent : une centaine de jeunes gens,
que la timidité de leur âge avait retenus jusque-là,

s'élancèrent avec fureur sur le tronc, emblème
de leur ennemi, et le mirent en pièces jusqu'à ce
qu'il n'en restât plus que les racines. Pendant
ce moment tumultueux, tous les actes les plus
sanguinaires de la guerre furent accomplis par
eux sur les fragments de l'arbre, avec autant
de férocité que s'ils eussent déchargé leur cruauté
sur leur victime vivante. Sur l'un, on imitait
l'opération du scalpel ; dans l'autre, l'on enfonçait
la hache affilée et tremblante ; il en était d'autres que le fatal couteau perçait de part en part.
Enfin les manifestations de zèle et de farouche
empressement furent si grandes et si peu équi-
voques, qu'on ne pouvait plus douter que l'expédition ne fût une guerre nationale.

Aussitôt qu'Uncas eut donné le signal en
frappant le premier coup, il sortit du cercle et
leva les yeux vers le soleil, qui en ce moment
était arrivé au point où la trêve avec Magua
devait expirer. Un grand cri, accompagné d'un
geste énergique, en instruisit bientôt les autres guerriers ; et toute la multitude transportée,
abandonnant cette guerre simulée, fit entendre
de joyeuses clameurs, et se prépara aux hasards
plus périlleux de la réalité.

À l'instant, tout le camp changea de face ; les
guerriers, qui étaient déjà armés et peints, devinrent aussi calmes que s'ils eussent été inca-
pables de la moindre émotion. D'autre part, les
femmes, sortant des cabanes, entonnèrent des
chants de joie et de lamentations si étrangement mêlés qu'il eût été difficile de dire quel
était le sentiment qui y dominait. Nulle cependant ne restait oisive. Les unes, se chargeant
de leurs effets les plus précieux, d'autres de leurs
petits enfants, d'autres enfin des vieillards et
des infirmes, se hâtaient de les transporter dans
la forêt qui s'étendait au flanc de la montagne
comme un brillant tapis de verdure. Là se retira également Tamenund après avoir eu une
courte et touchante
entrevue avec Uncas, dont le sage ne se sépara
qu'avec la répugnance d'un père qui s'éloigne
d'un fils longtemps perdu et récemment retrouvé. En même temps, Duncan fit conduire
Alice en lieu de sûreté, puis il alla trouver l'éclaireur ; on lisait dans ses traits l'impatience avec
laquelle il appelait la lutte qui allait s'engager.

Mais Œil-de-Faucon était trop accoutumé au
chant de guerre et aux enrôlements des Indiens
pour prendre beaucoup d'intérêt à ce qui se
passait sous ses yeux : il se contenta de jeter çà
et là un coup d'œil sur le nombre et la qualité
des guerriers qui de temps à autre venaient si-
gnifier leur résolution de suivre Uncas au combat. Sous ce rapport, il eut lieu d'être satisfait ;
car, comme on l'a déjà vu, la troupe du jeune
chef comprit bientôt tous les hommes de la na-

tion en état de porter les armes. Après la solu-
tion satisfaisante de ce point important, il envoya un jeune Indien chercher perce-daim et la
carabine d'Uncas sur la lisière du bois où ils
avaient caché leurs armes avant d'entrer dans le
camp des Delawares ; mesure doublement politique, car elle empêchait leurs armes de partager
leur sort au cas où on les aurait retenus prisonniers, et leur donnait l'avantage de paraître
parmi des étrangers comme des objets de commisération, et non comme des hommes pourvus
de moyens de défense et de subsistance. En
n'allant pas en personne chercher sa précieuse
carabine, l'éclaireur se conformait à sa prudence
accoutumée. Il savait que Magua n'était pas
venu sans escorte, et que des espions hurons
surveillaient les mouvements de leurs nouveaux
ennemis sur toute l'étendue de la lisière des
bois : il n'aurait donc pu impunément tenter
lui-même l'épreuve. Un guerrier n'aurait pas
eu un meilleur destin ; mais le danger pour un
enfant ne pouvait commencer qu'après qu'on
se serait aperçu de son dessein. Lorsque Heyward
le joignit, l'éclaireur attendait froidement le retour de son messager.

L'enfant, qui était très-adroit, et qui avait
reçu les instructions nécessaires, partit le cœur
palpitant de la joie orgueilleuse que lui inspirait une telle confiance, et tout plein des rêves
de sa jeune ambition. Il traversa rapidement la
clairière, où il entra à quelque distance de l'endroit où les fusils étaient cachés. Mais aussitôt
qu'il se vit abrité par le feuillage du taillis, il se
mit à se glisser comme un serpent vers le trésor
qu'il convoitait. Il ne tarda pas à le trouver ; et,
le moment d'après, il reparut, fuyant avec la vitesse d'une flèche et un fusil dans chaque main,
à travers l'étroit passage qui bordait la base de la
terrasse sur laquelle le village était construit. Il
venait d'atteindre le rocher et déjà le gravissait
avec une agilité incroyable, lorsqu'un coup de
feu parti des bois prouva combien l'éclaireur
avait jugé sainement. L'enfant répondit par un
cri faible, mais méprisant, et aussitôt une seconde
balle lui arriva d'un autre point du taillis. Le
moment d'après, il parut au haut de la terrasse,
élevant les fusils en l'air en signe de triomphe,
tandis qu'il se dirigeait avec la fierté d'un con-
quérant vers le célèbre chasseur qui l'avait honoré d'une mission aussi glorieuse. Malgré le
vif intérêt qu'Œil-de Faucon avait pris au sort
de son messager, il reçut perce-daim avec une
satisfaction qui, pour le moment, chassa de son
esprit tout autre souvenir. Après avoir examiné
son arme d'un œil attentif et intelligent, avoir
ouvert et fermé le bassinet dix ou quinze fois,
et fait subir à la batterie diverses autres épreuves importantes, il se tourna vers l'enfant et lui
demanda avec la plus touchante bonté s'il était

blessé. L'enfant le regarda fièrement en face,
mais ne répondit pas.

« Ah ! je vois, mon enfant, que les coquins
vous ont écorché le bras ! » dit l'éclaireur en prenant le bras du jeune Indien où l'une des balles
avait fait dans la chair une blessure profonde,
« mais quelques feuilles d'aune guériront cela
comme un charme. En attendant, je vais y mettre un bandage de wampum. Vous avez commencé de bonne heure le métier de la guerre,
mon brave garçon, et il est probable que vous
emporterez dans la tombe un grand nombre de
cicatrices honorables. Je connais bien des jeunes
hommes qui ont pris des chevelures et qui ne
pourraient montrer une marque telle que celle-
ci ! Allez, » ajouta-t-il après avoir achevé le pan-
sement, « vous serez un jour chef. »

L'enfant s'éloigna, plus fier de sa blessure que
ne le serait le courtisan le plus vain d'un brillant
ruban, et il alla se mêler aux enfants de son
âge, objet universel d'admiration et d'envie.
Mais dans un moment où tant de devoirs sérieux
et importants absorbaient l'attention, cet acte
isolé d'intrépidité juvénile ne fut pas autant remarqué et loué qu'il l'aurait été sous de plus
doux auspices. Néanmoins il avait servi à instruire les Delawares de la position et des intentions de leurs ennemis. En conséquence, un détachement de guerriers plus redoutables que le
vaillant enfant reçut ordre de déloger les éclaireurs hurons. La chose fut bientôt exécutée, car
la plupart des Hurons se retirèrent d'eux-mêmes
lorsqu'ils se virent découverts. Les Delawares
les suivirent jusqu'à une certaine distance de
leur propre camp ; mais, craignant de tomber
dans quelque embuscade, ils firent halte et attendirent des ordres. Comme les deux partis se
cachaient, les bois ne tardèrent pas à redevenir
aussi silencieux que pouvaient les rendre une
douce matinée d'été et une profonde solitude.

Le calme, mais impatient Uncas rassembla
alors ses guerriers et divisa ses forces. Il présenta Œil-de Faucon comme un guerrier éprouvé
et qui avait toujours mérité la confiance. Voyant
qu'on s'empressait de faire à son ami une réception favorable, il lui donna le commandement
de vingt hommes actifs, adroits et résolus comme lui. Il expliqua aux Delawares le rang qu'occupait Heyward dans les troupes des Yengees
et lui offrit un commandement semblable. Mais
Duncan refusa cet honneur, déclarant qu'il pré-
férait combattre comme volontaire auprès de
l'éclaireur. Ces dispositions prises, le jeune Mohican désigna différents chefs pour occuper les
postes les plus importants, et, comme le temps
pressait, il donna l'ordre de se mettre en marche. Aussitôt il fut obéi avec joie, mais en silence,
par plus de deux cents guerriers.

Ils entrèrent dans la forêt sans être inquiétés,

et ne rencontrèrent aucun être vivant qui pût donner l'alarme ou fournir les renseignements dont ils avaient besoin ; c'est ainsi qu'ils arrivèrent sur la ligne occupée par leurs propres éclaireurs. On fit halte alors, et les chefs s'assemblèrent sur le front de la troupe pour tenir conseil à voix basse. Là divers plans d'opération furent proposés, dont aucun n'était de nature à convenir à l'ardeur du chef. Si Uncas avait suivi ses propres impulsions, il aurait conduit son monde à la charge à l'instant même et aurait remis la question au hasard d'un combat ; mais cette manière d'opérer eût été en opposition avec les habitudes et les opinions de ses compatriotes. Il fut donc obligé de se soumettre à une circonspection qui, dans l'état actuel de son esprit, lui était intolérable, et d'écouter des conseils auxquels répugnait sa fierté, au souvenir vivant des dangers de Cora et de l'insolence de Magua.

Après plusieurs minutes d'une conférence sans résultat, on vit un individu isolé venir du côté où était l'ennemi d'un pas si rapide, qu'on jugea que c'était un messager chargé de quelques ouvertures importantes ; mais, à cent pas du taillis derrière lequel le conseil delaware était assemblé, l'étranger hésita, parut incertain de la direction qu'il prendrait et finit par s'arrêter. Tous les yeux se tournèrent alors vers Uncas, comme pour lui demander des ordres.

« Œil de Faucon, » dit le jeune chef à voix basse, « en voilà un qui ne doit plus reparler aux Hurons.

— Son temps est venu, » dit le laconique éclaireur, et en même temps il passa le canon de sa longue carabine à travers les feuilles, et se mit à ajuster avec sa fatale précision. Mais, au lieu de lâcher la détente, il remit son fusil en terre, et se mit à rire à sa manière. « J'avais pris le coquin pour un Mingo foi de misérable pécheur ! dit-il ; mais lorsque mes yeux ont parcouru ses côtes pour choisir l'endroit où je voulais envoyer une balle, le croiriez-vous, Uncas? j'ai reconnu l'instrument du chanteur. Ainsi ce n'est après tout que l'homme qu'on appelle La Gamme, dont la mort ne peut profiter à personne, et dont la vie, si sa langue sait faire autre chose que de chanter, pourra servir nos vues. Si les sons n'ont pas perdu toute leur vertu, je vais lier conversation avec cet honnête garçon, et cela d'une voix qui lui sera plus agréable que celle de perce-daim. »

Ce disant, Œil-de-Faucon déposa sa carabine, et, ayant rampé à travers les taillis jusqu'à ce qu'il se fût approché de David à la portée de la voix, il essaya de répéter le chef-d'œuvre musical qui lui avait servi à traverser avec tant de sécurité et d'*éclat* le camp des Hurons. On ne pouvait facilement donner le change aux oreilles exercées de La Gamme ; et, à dire vrai, il eût

été difficile pour tout autre que pour Œil-de-Faucon de produire un bruit semblable ; une fois donc qu'il eut entendu les sons, il sut d'où ils venaient. Le pauvre diable parut à l'instant même, délivré d'un grand embarras ; il se mit donc à s'avancer dans la direction de la voix, tâche qui lui était moins difficile que s'il lui eût fallu marcher contre une batterie, et découvrit bientôt le chantre caché qui produisait des accents aussi mélodieux.

« Je voudrais savoir ce que les Hurons vont penser de cela, » dit en riant l'éclaireur, qui prit son compagnon par le bras et le mena en toute hâte auprès des Delawares. « Si les coquins sont cachés à la portée de la voix, ils diront qu'il y a deux fous au lieu d'un. Mais ici, nous sommes en sûreté, » ajouta-t-il en montrant Uncas et ses compagnons. « Maintenant contez-nous l'histoire des trames des Mingos, en anglais tout simple, et sans roucoulements. »

David jeta les yeux autour de lui, et contempla dans un muet étonnement l'air farouche et sauvage de tous ces guerriers; mais, rassuré par la présence de visages qui lui étaient connus, il se remit assez pour pouvoir répondre intelligiblement.

« Les païens se sont mis en campagne en grand nombre, mon cher David, et, je le crains, avec de mauvaises intentions. Depuis une heure, leurs habitations retentissent de hurlements et d'un tapage diabolique ; ce sont des sons que des profanes seuls peuvent articuler, tellement que je me suis enfui pour aller chercher la paix chez les Delawares.

— Vos oreilles n'auraient pas beaucoup gagné au change, si vous aviez été un peu plus agile, reprit sèchement l'éclaireur : « mais laissons cela. Où sont les Hurons ?

— Ils sont cachés dans la forêt, entre le lieu où nous sommes et leur village, et tellement en force que la prudence doit vous engager à revenir sur-le-champ sur vos pas. »

Uncas jeta un regard noble et fier sur la rangée d'arbres qui cachait sa troupe, et prononça le nom de « Magua ! »

« Il est avec eux. Il a ramené la jeune fille qui avait séjourné parmi les Delawares, et, après l'avoir laissée dans la caverne, il s'est mis lui-même, comme un loup furieux, à la tête de ses sauvages; j'ignore ce qui peut avoir si grandement troublé ses esprits.

— Il l'a laissée, dites-vous, dans la caverne? interrompit Heyward; il est heureux que nous sachions où elle est située! N'y a-t-il rien à faire pour sa délivrance immédiate ? »

Uncas regarda vivement l'éclaireur, puis il lui demanda :

« Que dit Œil-de-Faucon!

— Donnez-moi mes vingt carabines, et je tour-

nerai le ruisseau ; je pousserai jusqu'aux huttes des castors et rejoindrai le Sagamore et le
colonel. C'est de ce côté que retentira le cri de
guerre ; un vent comme celui-ci pourra vous
l'apporter d'un mille. Pendant ce temps, Uncas,
vous marcherez sur leur front ; quand ils seront
à la portée de nos fusils, nous leur ferons une
réception telle que nous ferons plier leurs lignes
comme un arbre de bois de frêne ; j'en donne pour
garant la parole d'un vieux tireur de la frontière.
Après quoi nous enlèverons leur village et
nous retirerons la jeune fille de la caverne ; puis
nous pourrons en finir avec la tribu par un
combat et une victoire, ou, à la manière indienne, par une guerre ouverte. Ce plan, major,
n'est peut-être pas très-savant, mais avec du
courage et de la patience, il est exécutable.

— Je l'approuve beaucoup, » s'écria Duncan,
qui vit que la délivrance de Cora était l'objet
principal que se proposait l'éclaireur, « je l'approuve beaucoup. Mettons-le donc sur-le-champ
à exécution. »

Après une courte conférence, le plan fut mûri
et expliqué aux différents chefs ; on convint des
signaux, et chacun alla prendre le poste qui lui
avait été indiqué.

CHAPITRE XXXII

Le fléau redouté n'éteindra point sa rage
Que le roi, d'un vieux père enfin comblant les vœux,
N'ait rendu Chryséis, la fille aux noirs cheveux.

HOMÈRE. *Iliade.*

Pendant qu'Uncas disposait ainsi ses forces,
les bois étaient aussi paisibles et, à l'exception
de ceux qui s'étaient réunis en conseil, ils paraissaient aussi dépourvus d'habitants que le jour
où ils étaient sortis des mains du Créateur suprême. L'œil pouvait y plonger dans toutes les
directions à travers les longs et sombres intervalles que laissaient entre eux les arbres ; mais
on n'apercevait nulle part aucun objet qui ne
fît partie de ce paysage paisible où tout semblait
dormir. Çà et là on entendait un oiseau volti-
ger entre les branches de bouleau, ou parfois
un écureuil, en faisant tomber une noix, atti-
rait un instant l'attention alarmée de la troupe
sur l'endroit d'où était parti le bruit ; mais dès que
l'interruption passagère avait cessé, on n'entendait plus que le murmure de l'air qui résonnait
sur leurs têtes, en rasant la surface verdoyante
et ondoyante de la forêt, se déroulant à perte de
vue et interrompue seulement par les rivières
et les lacs. On eût dit que le désert qui séparait
les Delawares du village de leurs ennemis n'a-

vait jamais été foulé par le pied de l'homme,
tant était profond le silence qui y régnait. Mais
Œil-de-Faucon, chargé d'une partie importante
des opérations, connaissait trop bien le caractère
de ceux à qui il allait avoir affaire, pour se fier
à ce calme trompeur.

Quand il vit sa petite troupe de nouveau
réunie, l'éclaireur mit perce-daim sous son bras,
et, faisant à ses compagnons un signe silencieux
pour qu'ils eussent à le suivre, il les fit rétrograder de plusieurs verges, jusqu'à ce qu'ils
fussent arrivés au lit d'un petit ruisseau qu'ils
avaient traversé en venant. Là il s'arrêta, et,
après que tous ses guerriers graves et attentifs
l'eurent rejoint, il dit en delaware :

« Y a-t-il quelqu'un de mes jeunes hommes
qui sache où conduit ce courant d'eau ? »

Un Delaware étendit la main, ouvrit deux
doigts, et, indiquant la manière dont ils se réunissaient à la racine, il répondit :

« Avant que le soleil ait parcouru la longueur
de son disque, le petit ruisseau sera dans le
grand. » Puis il ajouta, en montrant la direction
du lieu qu'il désignait : « Les deux en font assez
pour les castors.

— C'est ce que je pensais, d'après sa direction
et la position des montagnes, » reprit l'éclaireur
en dirigeant sa vue à travers les ouvertures du
sommet des arbres. « Guerriers, nous nous tien-
drons à l'abri de ces bords jusqu'à ce que nous
sentions les Hurons. »

Ses compagnons exprimèrent, selon leur coutume, leur assentiment par une courte exclamation ; mais, voyant que leur chef allait guider la
marche en personne, un ou deux d'entre eux
firent signe que tous n'étaient pas dans l'ordre.
Œil-de-Faucon, qui comprit leurs regards expressifs, se retourna et aperçut que le maître de
chant les avait suivis.

« Savez-vous, mon ami, » dit-il gravement,
et peut-être avec un peu de l'orgueil d'un homme
qui sent ce qu'il vaut, « savez-vous que nous
sommes ici une troupe de guerriers choisis tout
exprès pour une expédition des plus dangereuses,
et placés sous le commandement d'un homme
qui, ce n'est peut-être pas à lui de le dire, leur
donnera probablement de la besogne ? Dans cinq
minutes, peut-être, et très-certainement avant
qu'il s'en écoule trente, nous marcherons sur le
corps d'un Huron, vivant ou mort.

— Quoique vous ne m'ayez pas communiqué
verbalement vos intentions, » dit David, dont le
visage s'anima tout à coup, et dont les yeux paisibles et sans expression brillèrent d'un feu inu-
sité, « vos guerriers m'ont rappelé les enfants de
Jacob allant combattre les Sichémites, dont le
chef avait méchamment aspiré à épouser une
femme d'une race favorisée du Seigneur. Or, j'ai
voyagé longtemps, j'ai séjourné souvent, dans la

En ce moment un guerrier renommé sortit de la foule (Page 187)

bonne comme dans la mauvaise fortune, avec la jeune fille que vous cherchez ; et quoique je ne sois pas un homme de guerre, avec un ceinturon et une épée bien aiguisée, cependant je ne demanderais pas mieux que de combattre pour sa cause.

L'éclaireur hésita, comme s'il eût réfléchi aux avantages et aux inconvénients d'un enrôlement aussi étrange, puis il répondit :

« Vous ne savez vous servir d'aucune arme. Vous ne portez pas de carabine : et, croyez-moi, ce que les Mingos reçoivent, ils le rendent volontiers.

— Quoique je ne sois pas un Goliath orgueilleux et sanguinaire, » reprit David en tirant une fronde de dessous son vêtement grossier et bigarré, « je n'ai pas oublié l'exemple du berger d'Israël. J'étais exercé dans ma jeunesse à manier cet instrument de guerre, et peut-être que ce talent ne m'a tout à fait quitté.

— Ouais ! » dit Œil-de-Faucon, en examinant la fronde avec une froideur peu encourageante ; « cela peut servir contre des flèches ou même des couteaux ; mais chacun de ces Mengwés a été pourvu par les Français d'un bon fusil rayé Néanmoins, il semble qu'il est dans votre nature de vous trouver au milieu des coups de feu, sans en être atteint, et comme jusqu'à présent vous avez eu le bonheur... Major, vous avez laissé votre chien armé ; un seul coup de feu prématuré équivaudrait à vingt chevelures perdues inutilement... Chanteur, vous pouvez suivre ; nous vous trouverons de la besogne quand il s'agira de crier.

— Je vous remercie, mon ami, » répondit David, en faisant, comme son royal homonyme,
sa provision de cailloux dans le ruisseau ; « quoique je ne sois pas dévoré d'un désir excessif de
tuer, si vous m'aviez renvoyé, mon âme en eût
éprouvé de l'affliction.

— Rappelez-vous, » ajouta l'éclaireur en lui
touchant cette partie de sa personne qui se ressentait encore du coup de feu de Glenn, « rappelez-vous que nous sommes venus pour combattre, et non pour faire de la musique. Jusqu'à
ce que le signal du cri de guerre général soit
donné, la carabine seule doit prendre la parole. »

David inclina la tête pour exprimer son assentiment à ces conditions, et Œil-de-Faucon, après
avoir jeté un nouveau coup d'œil scrutateur sur
ses compagnons, donna l'ordre de se remettre
en marche.

Ils suivirent pendant un mille le ravin qui
servait de lit au ruisseau. L'escarpement des
rives et l'épaisseur des buissons dont elles étaient
bordées les garantissaient du danger d'être vus ;
cependant, aucune des précautions adoptées par
les Indiens dans leurs attaques ne fut négligée.
Sur l'un et l'autre flanc de la colonne, un guerrier était en éclaireur ; il rampait plus qu'il ne
marchait, l'œil fixé sur la forêt. Au bout de quelques minutes, la troupe faisait halte pour écouter si elle n'entendait pas quelque bruit hostile,
avec une finesse d'ouïe qui serait à peine conce-
vable dans un homme moins rapproché de l'état
de nature. Toutefois, aucun obstacle n'interrompit leur marche, et ils arrivèrent au confluent
des deux ruisseaux sans que rien annonçât que
leur marche eût été découverte. Là l'éclaireur
fit une nouvelle halte, pour interroger les signes
de la forêt.

« Il est probable que nous aurons une belle
journée pour combattre, » dit-il en anglais, en
s'adressant à Heyward et en regardant les nuages
qui glissaient en larges nappes le long du firmament ; « un soleil ardent et un fusil qui brille
ne conviennent pas à une bonne vue. Tout nous
est favorable : ils ont le vent, qui nous amènera
leur bruit ainsi que leur fumée, ce qui n'est pas
un petit inconvénient pour eux, tandis que nous,
le coup à peine tiré, nous y verrons clair. Mais
ici se termine l'abri qui nous protégeait ; les castors ont la propriété de ce ruisseau depuis des
siècles, et, pour subvenir aux besoins, tant de leur
nourriture que de leur écluse, ils ont fait place
nette ; vous voyez bien des tronçons, mais pas
d'arbres vivants. »

Œil-de-Faucon avait effectivement, dans ce
peu de mots, donné une assez exacte description
de l'aspect qui s'offrait alors à leurs yeux. Le courant d'eau était de largeur inégale, tantôt s'élançant des rochers par d'étroites fissures, tantôt se
répandant sur des terrains bas où il formait des
espèces d'étangs. Ses bords étaient semés des
débris desséchés d'arbres morts, dans tous les
degrés du dépérissement, depuis ceux qui gémissaient sur leurs troncs vacillants, jusqu'à ceux
qui venaient d'être récemment dépouillés de ce
vêtement d'écorce qui contient le principe mystérieux de leur existence ; çà et là, des masses
d'arbres entassés et couverts de mousse semblaient les monuments d'une génération antique
et depuis longtemps disparue.

Tous ces détails étaient alors remarqués par
l'éclaireur avec une gravité et un intérêt dont
ils n'avaient probablement jamais été l'objet. Il
savait que le camp des Hurons était à un demi-
mille de là, sur le cours supérieur du ruisseau,
et, sa prudence caractéristique craignant un danger caché, il était très-inquiet de ne trouver aucune trace de la présence de ses ennemis. Une
ou deux fois il fut tenté de donner le signal de
l'attaque, et d'enlever le village par un coup de
main ; mais son expérience l'avertissait bientôt
du danger et de l'inutilité d'une pareille tentative ;
puis, dans une douloureuse incertitude, il écoutait attentivement que des sons hostiles arrivas-
sent à son oreille de l'endroit où il avait laissé
Uncas : mais on n'entendait que le gémissement
du vent qui commençait à souffler au-dessus
de la forêt, de manière à faire présager un orage.
Enfin, prenant plutôt conseil de son impatience
inaccoutumée que de son expérience, il résolut
d'en finir, de démasquer sa troupe et de remonter
le cours du ruisseau d'un pas circonspect, mais
rapide.

Pendant que l'éclaireur faisait ses observations, il s'était abrité derrière un buisson, et
ses compagnons étaient restés dans le lit du
ravin par lequel débouchait le plus petit des
deux ruisseaux ; mais, en entendant son signal
donné à voix basse et néanmoins intelligible,
tous ses guerriers gravirent le bord comme
autant de spectres lugubres, et se groupèrent en
silence autour de lui. Après avoir indiqué la
direction qu'il désirait suivre, Œil-de-Faucon
s'avança, et la troupe se mit à défiler sur une
seule ligne et à marcher à sa suite, chacun
posant le pied sur l'empreinte de celui qui le
précédait, en sorte qu'à l'exception d'Heyward
et de David, on ne voyait que la trace d'un
seul homme.

Mais à peine la troupe fut-elle à découvert,
qu'une décharge d'une douzaine de fusils se fit
entendre derrière elle, et un Delaware, s'élançant comme un daim blessé, alla tomber de
toute sa longueur roide mort.

« Ah ! je craignais quelque diablerie de ce
genre, » s'écria en anglais l'éclaireur ; puis, avec
la rapidité de la pensée, il ajouta en langue
indienne : « A couvert, guerriers, et chargez. »

A ce commandement, la troupe se dispersa ;

et avant qu'Heyward fût revenu de sa surprise, il se trouva seul avec David. Heureusement, les Hurons battaient déjà en retraite, et ils n'avaient rien à craindre de leurs feux ; mais il était évident que cet état de choses ne pouvait durer, car l'éclaireur donna ordre de les poursuivre, et lui-même paya d'exemple en déchargeant sa carabine et en courant d'arbre en arbre, tandis que l'ennemi cédait lentement le terrain.

L'attaque paraissait avoir été faite par un très-petit détachement de Hurons ; mais à mesure qu'ils se repliaient sur leurs amis, leur nombre augmentait, jusqu'à ce qu'enfin leur feu égala bientôt celui des Delawares. Heyward se jeta parmi les combattants, et, imitant les précautions indispensables de ses compagnons, il soutint avec sa carabine un feu bien nourri. Le combat commença à s'échauffer et à se prolonger. Peu de guerriers étaient atteints, car des deux côtés on s'abritait derrière les arbres, et on ne se découvrait en partie que pour mettre en joue. Cependant les chances du combat prenaient une tournure de plus en plus défavorables à Œil-de-Faucon et à sa troupe. Le clairvoyant chasseur comprit tout le danger sans trop savoir comment y remédier : il vit que la retraite était plus périlleuse que le maintien de sa position ; l'ennemi continuait à jeter sur son flanc de nouveaux renforts, ce qui rendait si difficile le soin de protéger leurs abords, que leur feu en était nécessairement beaucoup plus ralenti. Dans ce moment critique, lorsqu'ils s'attendaient à voir la tribu ennemie tout entière les envelopper et les détruire jusqu'au dernier, ils entendirent le cri des combattants, et le bruit des armes à feu retentir sous les voûtes de la forêt à l'endroit où Uncas était posté, dans une vallée située au-dessous du lieu où combattaient Œil-de-Faucon et sa troupe.

Les effets de cette attaque furent instantanés, et elle fit une diversion favorable à l'éclaireur et à ses amis. Il paraît que son coup de main avait été prévu par l'ennemi, ce qui l'avait fait échouer ; mais l'ennemi à son tour ayant été trompé sur ses projets et le nombre de sa troupe, avait dégarni pour lui résister le point sur lequel Uncas devait opérer, n'y laissant que des forces insuffisantes pour résister à l'attaque impétueuse du jeune Mohican. On ne pouvait en douter ; car le combat semblait se reporter rapidement dans la direction du village, et en un instant l'éclaireur vit diminuer le nombre de ses assaillants, qui se hâtèrent d'aller soutenir leur front de bataille et leur principal point de défense.

Alors, animant ses compagnons de la voix et de l'exemple, Œil-de-Faucon donna l'ordre de charger l'ennemi.

La charge, dans la stratégie grossière des Indiens, consistait à se rapprocher de plus en plus de l'ennemi en passant d'un abri à l'autre ; c'est de cette manière que l'ordre d'Œil-de-Faucon fut immédiatement et ponctuellement exécuté. Les Hurons furent forcés de reculer, et le théâtre du combat fut transporté rapidement du lieu découvert où il avait commencé, à un endroit où des taillis abritaient les assaillants : c'est là que la lutte se prolongea, et l'avantage fut vivement disputé. Les Delawares n'avaient encore perdu personne, mais leur sang commençait à couler en conséquence de la position défavorable qu'ils occupaient.

Dans cette crise, Œil-de-Faucon trouva moyen de se glisser derrière l'arbre qui servait déjà d'abri à Heyward ; la plupart de ses guerriers étaient à portée du commandement un peu sur la droite, d'où ils maintenaient un feu vif, mais inutile contre leurs ennemis retranchés.

« Vous êtes jeune, major, » dit l'éclaireur en mettant à terre la crosse de perce-daim, et en s'appuyant sur le canon, un peu fatigué par l'activité qu'il venait de déployer ; « et peut-être êtes-vous destiné à guider un jour l'armée contre ces coquins de Mingos. Vous pouvez voir ici la philosophie d'un combat indien ; elle consiste principalement à avoir la main leste, l'œil prompt et un bon abri. Dites-moi, si vous aviez ici une compagnie du Royal-Américain, comment la mettriez-vous à l'œuvre ?

— La baïonnette m'ouvrirait un passage.

— Ah ! c'est une raison blanche que vous me donnez là ; mais, dans ce désert, ce qu'un chef doit se demander d'abord, c'est combien d'hommes il peut épargner. Non... c'est le cheval, » continua l'éclaireur en secouant la tête d'un air de réflexion, « c'est le cheval, j'ai honte de le dire, qui doit tôt ou tard décider parmi nous du destin des batailles. Les animaux valent mieux pour cela que les hommes, et c'est au cheval qu'il nous faudra à la fin recourir. Mettez un sabot ferré à la poursuite du mocassin d'un peau-rouge, et, son fusil une fois vide, il ne s'arrêtera pas pour le recharger.

— C'est un sujet qu'il vaudrait mieux discuter dans une autre occasion, répliqua Heyward ; allons-nous attaquer ?

— Je ne vois pas qu'il soit contraire à la nature d'un homme de faire des réflexions utiles tout en reprenant haleine, » reprit doucement l'éclaireur ; « quant à faire une attaque, c'est une mesure à laquelle je ne puis me décider, car elle nous coûterait une ou deux chevelures. Et pourtant, » ajouta-il en penchant la tête pour saisir les bruits du combat lointain, « si nous voulons être de quelque utilité à Uncas, il faut

absolument nous délivrer de ces drôles qui
sont sur notre front ! »

Aussitôt se détournant d'un air prompt et
décidé, il parla tout haut à ses Indiens dans
leur langue. Leurs cris répondirent à ses paroles, et, à un signal donné, chaque guerrier fit
rapidement le tour de son arbre. A la vue de
tous ces corps qui se montraient au même
instant à leur vue, les Hurons firent une décharge précipitée, et conséquemment sans résultat. Alors, sans reprendre haleine, les Delawares s'élancèrent en bonds vigoureux vers la
forêt, comme des panthères qui se précipitent
sur leur proie. OEil-de-Faucon était à leur tête,
brandissant sa terrible carabine et les animant
par son exemple. Quelques-uns des Hurons les
plus âgés et les plus fins, qui ne s'étaient pas
laissé prendre à l'artifice employé pour leur
faire décharger leurs armes, firent un feu redoutable et justifièrent les craintes de l'éclaireur, en jetant à terre trois de ses guerriers
les plus avancés ; mais cet échec n'arrêta pas
l'impétuosité de l'attaque. Les Delawares s'é-
lancèrent dans le taillis avec la férocité de leur
nature, et un moment leur suffit pour balayer
toute résistance.

Après un combat corps à corps de quelques
minutes, les Hurons ne tardèrent pas à lâcher
pied, jusqu'à ce qu'ils eussent atteint l'autre
extrémité du taillis. Alors ils firent volte-face
et défendirent ce dernier retranchement avec
l'obstination de bêtes féroces relancées dans
leur tanière. A ce moment critique où le succès de la lutte redevenait douteux, la détonation d'une carabine se fit entendre derrière les
Hurons ; une balle partit en sifflant de quelques habitations de castors et fut suivie d'un
cri de guerre effrayant et terrible.

« C'est le Sagamore ! » s'écria OEil-de-Faucon,
dont la voix de Stentor répondit au signal qu'il
venait d'entendre ; « maintenant nous les tenons en tête et en queue ! »

L'apparition de ce nouvel ennemi produisit
sur les Hurons un effet immédiat. Découragés
par cette attaque inattendue contre laquelle ils
n'avaient aucun abri, leurs guerriers jetèrent
un cri de désappointement et de désespoir, et,
lâchant pied tous ensemble, ils se jetèrent dans
la clairière, ne songeant plus qu'à fuir. Plusieurs tombèrent au passage sous les balles et
le tomahawk des Delawares mis à leur poursuite.

Nous ne nous arrêterons pas à décrire l'entrevue de l'éclaireur et de Chingachgook, ou
celle plus touchante encore de Duncan et du
père inquiet d'Alice. Quelques mots suffirent
pour expliquer à chacun l'état des choses ; et
OEil-de-Faucon, présentant le Sagamore à sa
troupe, remit le commandement entre les mains

du chef mohican. Chingachgook prit le poste
auquel l'appelaient sa naissance et son expérience, avec cette dignité qui donne du poids
aux ordres d'un guerrier indien. Suivant les pas
de l'éclaireur, il fit de nouveau traverser le
taillis à ses Delawares, qui scalpaient chemin
faisant les cadavres des Hurons, et cachaient
ceux de leurs camarades. Enfin on fit halte à
un endroit désigné par l'éclaireur.

Les guerriers qui dans la lutte précédente
venaient de se signaler avec tant de vigueur,
s'établirent sur un petit plateau parsemé d'arbres en nombre suffisant pour les cacher. Devant eux le terrain s'abaissait en pente rapide,
et une vallée étroite, sombre et boisée, s'étendait à une distance de plusieurs milles.

Le Mohican et ses amis s'avancèrent sur la
crête de la colline et prêtèrent au bruit du
combat une oreille attentive. Quelques oiseaux
voltigeaient au-dessus de la vallée verdoyante,
comme si l'effroi les eût chassés de leur nid, et
çà et là s'élevait au-dessus des arbres une légère vapeur qui se confondait avec l'atmosphère, et désignait la place où la lutte devait
avoir été plus vive et plus acharnée.

« Le combat monte par ici, » dit Duncan en
étendant le bras du côté où une nouvelle explosion d'armes à feu venait de se faire entendre ; « nous sommes trop au centre de leur ligne pour pouvoir agir efficacement.

— Ils vont se diriger vers la vallée où les
arbres sont plus épais, « dit l'éclaireur, » et nous
serons sur leurs flancs. Allez, Sagamore ; vous
avez à peine le temps de pousser le cri de
guerre, et de mener vos Indiens en avant. Je
me battrai cette fois avec des guerriers de ma
couleur ; vous me connaissez, Mohican ! pas un
Huron ne passera la colline pour vous prendre
à dos sans la permission de perce-daim. »

Le chef indien s'arrêta un moment pour considérer le théâtre du combat, qui semblait se
rapprocher de plus en plus, preuve certaine
du triomphe des Delawares ; et il ne partit que
lorsqu'il fut averti de la proximité de ses amis
et de ses ennemis par les balles des premiers
qui commencèrent à pleuvoir comme la grêle
qui précède l'explosion de la tempête. OEil-de-
Faucon et ses trois compagnons s'abritèrent à
quelques pas de là ; et attendirent l'événement
avec ce calme que l'habitude seule peut donner
en de pareils moments.

Bientôt le bruit des armes ne fut plus répété
par l'écho de la forêt, et les détonations retentirent en plein air ; çà et là on voyait apparaître un Huron repoussé jusqu'à la ceinture de
la forêt et se ralliant dans la clairière, comme
à l'endroit où devait se faire le dernier effort.
D'autres vinrent les joindre, jusqu'à ce qu'enfin
le taillis se garnit d'une longue ligne de guer-

riers farouches, décidés à une résistance désespérée. Heyward commença à s'impatienter et tourna des yeux inquiets du côté de Chingachgook. Le Mohican était assis sur un rocher : on ne voyait de lui que son visage calme, et il considérait ce tableau d'un œil aussi indifférent que s'il n'eût été que simple spectateur.

« Le temps est venu pour le Delaware de frapper, dit Duncan. »

« Pas encore, pas encore, » répondit l'éclaireur ; « quand il sentira ses amis, il leur fera connaître sa présence. Voyez, voyez ; les drôles se rassemblent dans ce bois de pins : ils sont tellement amoncelés, qu'une femme leur enverrait une balle à coup sûr. »

En ce moment, le cri de guerre fut poussé, et une décharge de Chingachgook et de sa troupe mit à bas une douzaine de Hurons. Au cri de triomphe qui suivit répondirent les acclamations de la forêt ; et alors un tel tintamarre retentit dans les airs, qu'on eût dit que mille voix s'étaient réunies dans un commun effort. Les Hurons reculèrent, abandonnant le centre de leur ligne ; Uncas sortit de la forêt par le passage qu'ils laissaient libre, et parut à la tête de cent guerriers.

Agitant ses mains à droite et à gauche, le jeune chef montra l'ennemi à ses Indiens, qui aussitôt se partagèrent et se mirent à sa poursuite. Le combat fut alors divisé. Les deux ailes des Hurons se trouvant rompues, entrèrent dans les bois pour s'y mettre à l'abri, et furent suivies de près par les guerriers victorieux des Lénapes. Une minute s'était à peine écoulée, et déjà les bruits s'éloignaient dans toutes les directions, et se perdaient peu à peu sous les voûtes sombres de la forêt. Cependant un petit détachement de Hurons avait dédaigné de s'abriter, et, se retirant comme des lions aux abois, ils gravissaient lentement la colline que Chingachgook et sa troupe venaient de quitter pour prendre une part plus active à la mêlée. Au milieu d'eux, Magua se faisait remarquer par son maintien fier et sauvage et par l'air d'autorité hautaine qu'il conservait encore.

Dans son empressement à hâter la poursuite, Uncas était resté presque seul ; mais au moment que ses yeux eurent rencontré le Subtil, toute autre considération fut oubliée. Poussant son cri de guerre qui rallia autour de lui six ou sept Delawares, et oubliant la disparité du nombre, il s'élança contre son ennemi. Le Renard, qui surveillait ses mouvements, s'arrêta plein d'une secrète joie pour recevoir son attaque. Mais au moment où il s'imaginait que la témérité de son jeune et impétueux assaillant l'avait livré à sa merci, un autre cri se fit entendre, et on vit la Longue-Carabine accourir à son aide, suivi de ses compagnons blancs.

Le Huron aussitôt tourna le dos, et se mit à gravir la hauteur avec rapidité.

Ce n'était pas le moment de s'aborder et de se féliciter ; car Uncas ne s'était point aperçu de la présence de ses amis, et continuait la poursuite avec la vitesse du vent. En vain Œil-de-Faucon lui criait de prendre garde aux taillis, le jeune Mohican brava le feu redoutable de ses ennemis et les contraignit bientôt de mettre dans leur fuite la rapidité qu'il mettait à les poursuivre. Heureusement que cette course fut de courte durée et que les blancs étaient favorisés, pour la distance et le terrain, par leur position, sans quoi le Delaware eût bientôt dépassé tous ses compagnons et eût été victime de sa témérité. Mais avant qu'un pareil malheur pût se réaliser, vainqueurs et fuyards entrèrent pêle-mêle dans le village wyandot.

Animés par la présence de leurs foyers, et fatigués de courir, les Hurons firent volte-face, et combattirent autour de la cabane du conseil avec tout l'acharnement du désespoir. Le commencement et l'issue de ce combat ressemblèrent au passage et à l'explosion d'un ouragan. Le tomahawk d'Uncas, la crosse d'Œil-de-Faucon, et même le bras nerveux encore de Munro furent occupés activement pendant ce moment rapide, et bientôt la terre fut jonchée des cadavres de leurs ennemis. Et néanmoins Magua, malgré son audace et bien qu'il s'exposât aux coups de ses adversaires, échappa à tous les efforts dirigés contre sa vie. On l'eût dit protégé par cette puissance fabuleuse qui favorisait les héros de nos anciennes légendes. Jetant un cri où éclataient avec effort le désappointement et la colère, le chef rusé, lorsqu'il vit ses camarades tombés, s'élança hors du champ de bataille accompagné de deux Hurons, les seuls qui eussent survécu, laissant les Delawares occupés à arracher aux morts les trophées sanglants de leur victoire.

Mais Uncas, qui l'avait inutilement cherché dans la mêlée, se précipita à sa poursuite, suivi de près par Œil-de-Faucon, Heyward et David. Tout ce que l'éclaireur put faire fut de tenir le canon de sa carabine un peu au-devant de son ami. C'était comme un charme secret qui lui servait de protection. Un moment Magua parut disposé à faire un dernier effort pour venger sa défaite ; mais, abandonnant aussitôt cette intention, il se jeta dans un taillis épais où ses ennemis le suivirent, et entra tout à coup dans la caverne déjà connue de nos lecteurs. Œil-de-Faucon, qui ne s'était abstenu de tirer que par égard pour Uncas à qui il voulait laisser l'honneur de cette victoire, poussa alors un cri de joie, et déclara que maintenant leur proie était en leur pouvoir. Les vainqueurs se précipitèrent dans l'ouverture longue et étroite de la caverne, assez à temps pour apercevoir les Hurons qui battaient en retraite. Leur passage à travers la galerie et les appartements souterrains fut précédé des gémissements et des cris de plusieurs centaines de femmes et d'enfants. À la clarté sombre et sépulcrale de ce lieu, on eût cru voir les régions infernales traversées par une multitude confuse de fantômes et de démons farouches.

Cependant Uncas ne voyait que Magua ; il ne le perdait point de vue un seul instant, comme si à ce seul objet eût été attachée sa vie tout entière. Heyward et l'éclaireur marchaient sur ses pas, animés par le même sentiment, quoique à un degré inférieur. Mais plus ils avançaient dans ces passages tortueux et sombres, plus il leur devenait difficile de se guider, et plus ils avaient de peine à distinguer leurs ennemis fuyants ; un moment ils crurent avoir perdu leurs traces, lorsqu'ils virent flotter une robe blanche à l'extrémité d'un passage qui semblait conduire au sommet de la montagne.

« C'est Cora ! » s'écria Heyward d'une voix où se mêlaient l'horreur et la joie.

« Cora ! Cora ! » répéta Uncas en bondissant comme le daim des forêts.

« C'est la jeune fille ! » s'écria l'éclaireur. « Courage, madame! nous venons... nous venons ! »

La poursuite recommença avec une ardeur que cette vue venait de décupler. Mais le chemin était inégal, plein d'aspérités et en plusieurs endroits presque impraticable. Uncas quitta sa carabine et s'élança en avant avec une précipitation frénétique. Heyward imita témérairement son exemple ; mais tous deux ne tardèrent pas à reconnaître leur folie en entendant la détonation d'une arme à feu que les Hurons trouvèrent le temps de décharger dans le passage et dont la balle fit au jeune Mohican une légère blessure.

« Il faut en venir aux mains, » dit l'éclaireur en dépassant ses amis par un élan rapide ; « les coquins nous descendront tous à cette distance ; voyez, ils tiennent la jeune fille de manière à s'en servir comme de bouclier. »

Quoique ces paroles ne fussent point comprises ni peut-être entendues, son exemple n'en fut pas moins suivi par ses compagnons, qui, par d'incroyables efforts, approchèrent les fugitifs d'assez près pour voir que Cora était entraînée par les deux guerriers, tandis que Magua indiquait la direction et le mode de leur fuite. En ce moment les quatre figures se détachèrent fortement sur le fond du ciel, qu'on apercevait à travers une ouverture. Dans la frénésie du désespoir, Uncas et Heyward redoublèrent des efforts qui étaient déjà plus qu'humains, et sortirent de la caverne sur le flanc de la montagne,

assez à temps pour remarquer la route que suivaient les fugitifs. Il fallait gravir un sentier difficile et périlleux.

Embarrassé par sa carabine, et ne prenant peut-être pas à la captive un intérêt aussi vif que ses compagnons, l'éclaireur se laissa un peu devancer par eux ; Uncas marchait en tête.

De cette manière furent franchis avec une incroyable rapidité des rochers, des précipices, des obstacles qui, dans toute autre circonstance, eussent arrêté le courage le plus audacieux. Mais les jeunes et impétueux vainqueurs se trouvèrent récompensés de leurs fatigues en voyant qu'ils gagnaient rapidement du terrain sur les Hurons, dont Cora ralentissait la marche.

« Arrête, chien de Wyandot ! » s'écria Uncas en brandissant vers Magua son tomahawk étincelant ; « une fille delaware t'ordonne d'arrêter ! »

— Je n'irai pas plus loin ! » s'écria Cora en se retenant à la pointe d'un rocher qui dominait un précipice profond, à peu de distance du sommet de la montagne ; « tue-moi, si tu veux, détestable Huron ; je ne veux pas aller plus loin. »

Les Indiens qui soutenaient la jeune fille levèrent leurs tomahawks sur elle avec la joie impie que les démons prennent, dit-on, au mal ; mais Magua arrêta leurs bras prêts à frapper, leur arracha leurs tomahawks, qu'il jeta par-dessus le rocher ; puis, tirant son couteau, il se tourna vers sa captive avec un regard où se peignait la lutte violente des passions les plus contraires.

« Femme, dit-il, choisis ! le wigwam du Subtil ou son couteau ! »

Cora ne le regarda pas ; mais, tombant à genoux, une expression extraordinaire anima ses traits ; puis elle leva les yeux et étendit les bras vers le ciel, et dit d'une voix douce et pourtant assurée :

« Je suis à toi, ô mon Dieu ! dispose de moi comme il te plaira. »

— Femme, » répéta Magua d'une voix rauque, et en cherchant vainement à obtenir un regard de ses yeux brillants et sereins, « choisis ! »

Mais Cora n'entendait point sa demande. Le corps du Huron tremblait jusqu'à la moindre fibre ; il leva le bras, puis le laissa retomber d'un air farouche et égaré comme un homme qui hésite. Il fit un nouvel effort sur lui-même et leva de nouveau l'arme tranchante, lorsque tout à coup un cri perçant se fit entendre au-dessus de lui, et il vit Uncas s'élancer d'une hauteur prodigieuse sur l'escarpement du rocher. Magua recula d'un pas, et l'un des Hurons profita de ce moment pour plonger son couteau dans le sein de la jeune fille.

Magua s'élança comme un tigre sur le cruel Huron, qui déjà s'éloignait, mais Uncas en tombant sépara les combattants. Ainsi arrêté dans son projet homicide, et rendu furieux par le meurtre dont il venait d'être témoin, Magua enfonça son arme dans le dos du Delaware renversé, et poussa un cri infernal en commettant ce lâche attentat. Mais Uncas se releva comme la panthère blessée qui se retourne contre le chasseur, et étendit à ses pieds le meurtrier de Cora par un effort où s'épuisa tout ce qui lui restait de vigueur ; puis, se tournant vers le Subtil d'un air calme et fier, son regard sembla lui faire entendre tout ce qu'il eût fait s'il en eût eu la force.

Magua saisit le bras sans vigueur du Delaware incapable de résister, et lui plongea trois fois son couteau dans le sein, avant que sa victime, qui continuait à fixer sur son ennemi un regard d'ineffable mépris, tombât morte à ses pieds.

« Grâce, grâce ! Huron, » s'écria d'en haut la voix d'Heyward, à qui l'horreur ôtait presque la parole ; « épargne, et tu seras épargné ! »

Brandissant son couteau sanglant vers le suppliant jeune homme, le victorieux Magua poussa un si effroyable cri de féroce joie, que le bruit en parvint aux oreilles de ceux qui combattaient dans la vallée à mille pieds au-dessous de lui. Un cri effrayant y répondit : c'était celui de l'éclaireur, dont on voyait la personne gigantesque s'avancer rapidement vers lui à travers ces rocs dangereux, d'un pas aussi hardi et aussi assuré que s'il eût eu le pouvoir de se soutenir dans l'air. Mais quand le chasseur arriva sur le théâtre de cet impitoyable massacre, il n'y restait plus que les morts.

Après avoir jeté sur eux un seul regard, son œil perçant mesura les obstacles que présentaient les rocs escarpés qu'il avait devant lui. Au sommet de la montagne et à l'extrémité de sa crête, il aperçut un homme les bras étendus et dans une attitude de menace. Sans s'arrêter à examiner sa personne, Œil-de-Faucon leva déjà sa carabine, lorsqu'un fragment de rocher, tombé sur la tête d'un des fugitifs, lui fit reconnaître dans celui qui l'avait lancé la personne de La Gamme, dont les traits étincelaient d'indignation. Magua sortit alors d'une cavité, et passant avec une calme indifférence par-dessus le corps du dernier de ses compagnons, il franchit d'un saut une large fissure, et gravit les rochers jusqu'à un endroit où le bras de David ne pouvait l'atteindre. Encore un saut, il allait gagner la crête du précipice, et il était sauvé. Avant de prendre son élan, le Huron s'arrêta ; et brandissaet contre l'éclaireur son bras menaçant, il lui cria :

« Les visages pâles sont des chiens ! les Delawares, des femmes ! Magua les laisse sur les rochers pour qu'ils servent de pâture aux corbeaux. »

A ces mots, il éclata d'un rire creux et ef-frayant et prit un élan terrible, mais il n'atteignit pas le point qu'il voulait atteindre ; seulement, il se retint à un arbuste sur le penchant du précipice. Œil-de-Faucon l'avait suivi en rampant comme une panthère qui va prendre son bond, et l'impatience agitait son corps d'un tel tremblement, que la pointe de son fusil à demi levé flottait en l'air comme la feuille agitée par le vent. Sans s'épuiser en efforts inutiles, le rusé Magua laissa retomber son corps de toute la longueur de son bras et trouva un fragment de rocher pour appuyer son pied. Puis, réunissant toutes ses forces, il fit de nouvelles tentatives, et réussit à amener ses genoux sur le bord de la montagne. Ce fut dans ce moment et lorsque le corps de son ennemi était ramassé, que l'éclaireur rapproché de son épaule son arme agitée et le coucha en joue ; les rochers environnants n'étaient pas plus immobiles que ne le devint la carabine au moment où il lâcha la détente. Les bras du Huron se détendirent, et son corps retomba un peu en arrière, pendant que ses genoux retenaient leur première position ; jetant un dernier regard sur son ennemi, il secoua vers lui son bras menaçant. Mais soudain il lâcha prise ; on vit alors le farouche Huron fendre l'air la tête la première, et friser dans sa chute rapide la bordure d'arbrisseaux pendus au flanc de la montagne, au bas de laquelle l'attendait une effroyable destruction.

***

CHAPITRE XXXIII

Sous leur glaive exterminateur
De nombreux musulmans ont mordu la poussière ;
Mais Botzaris tombe vainqueur,
Et son sang généreux vient de rougir la terre.
Un doux sourire encore brille en ses traits mourants,
Car ses derniers regards ont vu fuir les tyrans.
Son lit de mort est un champ de victoire ;
Le trépas n'est pour lui qu'un glorieux sommeil :
Sa paupière se ferme ; il s'endort dans sa gloire,
Comme la fleur au coucher du soleil.

HALLECK

Le lendemain, le soleil en se levant sur les Lénapes éclaira une nation en deuil. Le bruit des combats avait cessé ; ils avaient assouvi leur vieille haine et vengé leur récente querelle avec les Mengwés par la destruction de toute une peuplade. L'atmosphère brumeuse et sombre qui flottait autour de l'emplacement où les Hurons avaient campé, n'annonçait que trop le destin de cette tribu errante ; et les corbeaux qu'on voyait par centaines voler au-dessus des noirs sommets des montagnes, ou se répandre en troupes lugubres sur la vaste étendue de la forêt, indiquaient d'une manière effrayante les lieux qui avaient servi de théâtre au fatal combat. Enfin l'œil le moins habitué au spectacle d'une guerre des frontières n'aurait pu méconnaître, à des signes aussi frappants, les barbares résultats d'une vengeance indienne.

Cependant le soleil s'était levé sur les Lénapes, sur une nation en deuil. Aucun cri de victoire, aucun chant de triomphe ne se faisait entendre. Le dernier Delaware était de retour de son œuvre de sang; il venait de faire disparaître de son corps les emblèmes terribles de la guerre, et de se joindre aux lamentations de ses concitoyens, frappés dans tout ce qu'ils avaient de plus précieux. L'humilité avait pris la place de l'enthousiasme et de l'orgueil, et aux passions les plus farouches avait succédé la manifestation de la douleur la plus profonde et la plus sincère.

Les habitations étaient désertes; mais une foule attentive formait un cercle épais autour d'un lieu où la population tout entière s'était réunie dans un silence lugubre et solennel. Tous les rangs, tous les âges, tous les sexes étaient là rassemblés sous l'empire d'une émotion commune. Tous les yeux étaient fixés sur le centre du cercle qui contenait les objets d'une douleur si profonde et si universelle.

Six jeunes filles, leurs longues tresses noires flottantes sur leurs épaules, étaient là immobiles et ne donnaient d'autre signe de vie qu'en jetant de temps à autre des herbes odoriférantes et des fleurs de la forêt sur une litière de plantes aromatiques où reposait, sous un poêle formé de manteaux indiens, tout ce qui restait de la noble, ardente et généreuse Cora : son corps était enveloppé des mêmes étoffes, et ses traits étaient cachés pour toujours aux regards des mortels. A ses pieds était assis l'inconsolable Munro : sa vieille tête était penchée vers la terre en témoignage de sa résignation forcée aux coups de la Providence; mais sur son front ridé et à travers les touffes de cheveux gris qui y retombaient en désordre, on lisait l'expression cachée d'une douleur déchirante. Près de lui se tenait La Gamme : son air était humble et résigné; sa tête était exposée au soleil, et ses yeux errants et inquiets semblaient être également partagés entre le petit volume qui contenait tant de maximes utiles et saintes, et le vieillard qu'il cherchait à consoler par ses lectures. Heyward était près de là, appuyé contre un arbre, et s'efforçant de comprimer ces explosions de douleur contre lesquelles toute sa fermeté lui était nécessaire.

Mais ce groupe, quelque triste et attendrissant qu'il fût, l'était moins encore qu'un autre qui occupait le côté opposé de l'enceinte. Là était Uncas, assis comme s'il eût été vivant, le corps placé dans une attitude grave et calme, revêtu des plus magnifiques ornements que pût fournir la richesse de la tribu : de superbes plumes flottaient sur sa tête; wampum, haussecol, bracelets, médailles, étaient prodigués sur sa personne; mais son regard terne et ses traits insensibles donnaient un démenti trop amer à cette orgueilleuse imposture.

En face du corps, on voyait Chingachgook, sans armes ni ornements d'aucune sorte; toute peinture avait disparu de son corps, à l'exception de l'emblème de sa race armorié sur sa poitrine en bleu brillant et indélébile. Pendant tout le temps que la tribu avait été ainsi rassemblée, le regard du guerrier mohican n'avait pas quitté un moment les traits glacés et insensibles de son fils : son regard était si fixe et intense, l'immobilité de son attitude était si grande, qu'on eût eu de la peine à distinguer le vivant du mort, sans les éclairs de douleur qui sillonnaient parfois le visage sombre du père, et le calme de la mort empreint pour toujours sur la physionomie du fils.

L'éclaireur était à quelque distance, appuyé sur son arme fatale et vengeresse; et Tamenund, soutenu par les vieillards de sa nation, occupait près de là un siége élevé d'où ses regards pouvaient errer sur le muet et douloureux assemblage que formait son peuple.

Dans la partie du cercle la plus rapprochée du centre, on voyait un officier revêtu d'un uniforme étranger; et hors de l'enceinte était son coursier de bataille entouré de quelques domestiques à cheval qui semblaient prêts à entreprendre un long voyage. Le costume de l'étranger annonçait qu'il occupait un poste de confiance auprès de la personne du commandant du Canada; chargé d'une mission de paix, il avait été prévenu par la farouche impétuosité de ses alliés, et maintenant il était spectateur triste et silencieux des résultats d'une lutte que son arrivée trop tardive n'avait pu empêcher.

Le jour avait presque atteint le quart de son cours, et la multitude conservait encore l'attitude silencieuse qu'elle avait prise depuis le lever de l'aurore. Le silence n'avait été interrompu que par des sanglots étouffés, et aucun mouvement n'avait eu lieu, si ce n'est pour faire de temps à autre à la jeune fille les douces et chastes offrandes, emblèmes de sa pureté et de son innocence; la patience et la fermeté indiennes étaient seules capables de soutenir aussi longtemps une intensité d'abstraction qui semblait avoir changé en pierre toute cette multitude sombre et immobile.

Enfin le Sage des Delawares, étendant le bras et s'appuyant sur les épaules des vieillards placés à ses côtés, se leva d'un air si débile et si affaibli qu'on eût dit qu'il y avait déjà l'inter-

valle d'un siècle entre l'homme qui s'était présenté la veille aux regards de sa nation, et
celui qu'elle voyait aujourd'hui chanceler sur
son estrade élevée.

» Hommes des Lénapes ! » dit-il d'une voix
creuse et prophétique, « la face du Manitto est
derrière un nuage ; ses yeux se sont détournés
de vous ; ses oreilles sont fermées ; sa langue
ne donne point de réponse. Vous ne le voyez
pas ; cependant ses jugements sont devant vous.
Que vos cœurs s'ouvrent et que vos esprits ne
disent point d'impostures. Hommes des Lénapes,
la face du Manitto est derrière un nuage ! »

Lorsque cette annonce simple et terrible fut
arrivée aux oreilles de la multitude, il se fit un
silence aussi profond et aussi solennel que si
ces paroles eussent été prononcées par l'esprit
vénéré qu'adorait la tribu, sans passer par l'intermédiaire d'une voix humaine ; et l'insensible
Uncas lui-même parut doué de vie comparé à
la multitude humiliée et soumise dont il était
environné. Lorsque cette impression immédiate se fut peu à peu dissipée, des voix murmurantes commencèrent une sorte de chant en
l'honneur des morts. C'étaient des voix de
femmes, d'une mélodie douce et douloureuse.
Les paroles n'étaient pas distribuées d'une manière régulière ; mais lorsqu'une femme cessait, une autre reprenait l'éloge ou lamenta-
tion, comme on voudra l'appeler, et exhalait
ses émotions dans le langage que lui suggé-
raient ses sentiments et l'occasion. Par intervalles, celle qui chantait était interrompue par
une explosion générale et vive de douleur, pendant laquelle les jeunes filles qui entouraient
le cercueil de Cora arrachaient précipitamment
et dans l'égarement de leur douleur les fleurs
semées sur son corps. Mais lorsque le chant
plaintif redevenait plus doux, les emblèmes
d'innocence et de douceur lui étaient rendus
avec tous les signes d'affection et de regret.
Malgré ces interruptions nombreuses et générales qui venaient scinder ce chant de deuil, il
n'en formait pas moins un ensemble d'idées
suivies. Une jeune fille, que son rang et ses
qualités avaient fait choisir pour remplir cet
office, commença l'éloge du guerrier mort. Elle
parla d'abord de ses qualités, revêtant ses expressions de ces images orientales que l'Asie a
sans doute transmises par ses extrémités aux
Indiens de l'Amérique, et qui forment, en
quelque sorte, la chaîne qui réunit l'histoire
des deux mondes. Elle l'appela la « panthère de
sa tribu ; » elle dit que son mocassin ne laissait point d'empreinte sur la rosée ; que ses
bonds ressemblaient à ceux du jeune faon ; que
ses yeux étaient plus brillants qu'une étoile
dans la nuit ; et que sa voix dans les batailles
égalait le bruit du tonnerre du Manitto. Elle lui

rappela la mère qui lui avait donné le jour, et
parla du bonheur qu'elle devait éprouver à pos-
séder un tel fils. Elle lui recommanda de lui
dire, lorsqu'ils se reverraient dans le monde
des esprits, que les filles delawares avaient
pleuré sur le tombeau de son fils, et l'avaient
appelée bienheureuse.

D'autres alors lui succédèrent, et, donnant à
leurs voix un ton encore plus doux et plus
affectueux, avec ce sentiment de délicatesse
propre à leur sexe, elles firent allusion à la
jeune étrangère, dont le départ de la vie avait
été si rapproché du sien qu'on ne pouvait y
méconnaître la volonté du Grand-Esprit. Elles
lui recommandèrent d'être bienveillant pour
elle, et de l'excuser si elle ignorait plusieurs
des choses qui étaient nécessaires au bien-être
d'un guerrier tel que lui. Elles firent ressortir
son incomparable beauté et sa noble intrépidité, sans la moindre ombre d'envie, et comme
des anges qui se délectent dans la contemplation d'un mérite supérieur, ajoutant que ces
qualités compensaient et au delà ce qui manquait à son éducation.

Après quoi, d'autres vinrent à leur tour
s'adresser à la jeune fille elle-même et lui parler un doux langage de tendresse et d'amour.
Elles lui demandèrent d'être sans inquiétude et
de ne rien craindre pour son bonheur à venir.
Un chasseur serait son compagnon qui saurait
pourvoir à ses moindres besoins ; un guerrier
serait près d'elle, qui saurait la protéger contre
tous les périls. Elles lui promirent que sa route
serait agréable et son fardeau léger ; elles l'aver-
tirent de ne point regretter inutilement les amis
de sa jeunesse et les lieux où avaient vécu ses
pères, l'assurant que les forêts bienheureuses où
les Lénapes chassaient après leur mort, contenaient des vallées aussi belles, les eaux aussi
pures que le ciel des visages pâles. Elles lui recommandèrent d'être attentive aux besoins de son
compagnon, et de ne jamais oublier la distance
que le Manitto avait si sagement établie entre eux.
Alors, réunissant leurs voix, elles chantèrent
avec enthousiasme les qualités morales du
Mohican. Elles le représentèrent noble, mâle et
généreux ; tout ce qui convenait à un guerrier,
tout ce que pouvait aimer une jeune fille : revêtant leurs idées des images les plus choisies et
les plus délicates, elles montrèrent que, dans le
court intervalle où elles avaient connu le jeune
Mohican, elles avaient découvert, avec la perspicacité instinctive de leur sexe, la pente naturelle de ses inclinations. Les filles delawares
n'avaient pas trouvé grâce devant ses yeux. Il
descendait d'une race qui avait régné autrefois
sur les rives du lac salé, et ses affections s'étaient
reportées sur un peuple qui vivait au milieu
des tombeaux de ses pères. Pourquoi cette pré-

dilection n'aurait-elle pas eu ses récompenses? Il était facile de voir qu'elle avait le sang plus pur et plus brillant que le reste de sa nation. Elle avait prouvé par sa conduite que les dangers et les fatigues de la vie des forêts n'étaient pas au-dessus d'elle; et maintenant, ajoutèrent-elles, le Sage de la terre la transportera dans un lieu où elle trouvera des âmes qui lui ressemblent, et où l'attend un bonheur éternel.

Alors, changeant encore de ton et de sujet, elles firent allusion à la jeune fille qui pleurait dans la cabane voisine; elles la comparèrent à des flocons de neige, aussi pure, aussi blanche, aussi brillante, mais aussi susceptible de fondre aux rayons ardents de l'été, ou de geler au souffle glacial de l'hiver. Elles ne doutaient pas qu'elle ne fût charmante aux yeux du jeune chef qui lui ressemblait tant par la couleur de la peau et la vivacité de sa douleur; mais, quoiqu'elles n'exprimassent pas cette préférence, il était facile de voir qu'elles la plaçaient moins haut dans leur estime que la vierge qu'elles pleuraient. Toutefois, elles ne refusèrent point à ses charmes la tribu d'éloges qu'ils méritaient. Elles comparèrent les boucles de ses cheveux aux tendrons de la vigne, ses yeux à la voûte azurée du ciel, et déclarèrent le nuage éclatant de blancheur, coloré par le soleil du soir, moins beau que l'incarnat de son teint.

Pendant ces chants douloureux, il régnait un silence profond, interrompu seulement, ou plutôt rendu plus terrible par de fréquentes explosions de douleur qui formaient une sorte de chœur à ces mélodies funèbres. Les Delawares écoutaient avec une telle attention, qu'on les eût dits sous l'influence d'un charme, et on lisait sur leurs physionomies expressives combien leur sympathie était vraie et profonde. David lui-même se plaisait à entendre les accents de voix si douces, et, longtemps avant que le chant eût cessé, ses regards émus et attentifs annonçaient l'impression qu'il avait faite sur son âme.

L'éclaireur, le seul de tous les blancs pour qui les paroles fussent intelligibles, quitta un moment son attitude méditative, et pencha la tête pour en saisir le sens à mesure que les jeunes filles chantaient; mais lorsqu'elles parlèrent du bonheur qui attendait Cora et Uncas dans une autre vie, il secoua la tête comme un homme qui connaissait l'erreur de leur simple croyance; et, reprenant son attitude penchée, il la conserva jusqu'à la fin de la cérémonie, si l'on peut donner ce nom à une solennité si profondément empreinte de sentiments vrais et de véritables douleurs. Heureusement pour la fermeté d'Heyward et de Munro qu'ils ne comprenaient pas le sens des sons harmonieux qui frappaient leurs oreilles.

Chingachgook faisait seul exception au vif intérêt manifesté par les Delawares. Pendant qu'on chantait, ses traits n'éprouvèrent aucun changement, et même dans les moments les plus pathétiques des lamentations, aucun muscle n'avait remué sur son visage sombre et sévère. Les restes froids et inanimés de son fils étaient tout pour lui; à l'exception de la vue, tous ses autres sens paraissaient glacés : il semblait ne s'occuper qu'à contempler pour la dernière fois ces traits qu'il avait tant aimés, et qui bientôt allaient pour toujours disparaître à ses regards.

En ce moment des obsèques funéraires, un guerrier renommé pour ses exploits, et surtout pour sa conduite dans le dernier combat, homme au maintien grave et sévère, sortit de la foule et vint se placer auprès des restes d'Uncas.

« Pourquoi nous as-tu quittés, orgueil des Wapanachki ? » dit-il en s'adressant au jeune guerrier, comme si son argile insensible eût été capable de l'entendre encore : « ta vie a été courte comme la course du soleil, lorsqu'il ne brille encore qu'à travers les arbres ; mais ta gloire a été plus brillante que son midi. Tu n'es plus, jeune guerrier, mais cent Wyandots t'ont précédé sur le chemin du monde des esprits, et s'occupent à en écarter les ronces. Quel est celui qui, t'ayant vu dans la bataille, aurait pu croire que tu pouvais mourir? Qui, avant toi, avait jamais montré à Uttawa le chemin du combat? Tes pieds étaient comme les ailes de l'aigle, ton bras plus pesant que la branche qui tombe du sommet du pin, et ta voix ressemblait à celle du Manitto lorsqu'il parle dans les nuages. La langue d'Uttawa est faible, » ajouta-t-il en jetant autour de lui un regard de douleur, « et son cœur est gonflé de tristesse. Orgueil des Wapanachki, pourquoi nous as-tu quittés ? »

D'autres lui succédèrent, jusqu'à ce que tout ce que la nation comptait d'hommes distingués eût payé son tribut à la mémoire du héros mort; après quoi le plus profond silence recommença à régner.

Alors on entendit un murmure sourd et léger, comme celui d'une musique lointaine ; les sons s'élevaient tout juste assez haut pour qu'on les entendît, mais leur caractère était incertain, et on ne pouvait dire d'où ils provenaient ; cependant, ils devenaient, de moment en moment, plus élevés et plus sonores ; on distingua d'abord de longues exclamations, souvent répétées, puis enfin des paroles. Le mouvement des lèvres de Chingachgook annonçait que le père d'Uncas allait faire entendre le chant de mort. Aucun regard ne se tourna vers lui ; il ne se manifestait pas le moindre signe d'impatience : il était évident toutefois, à la manière dont la multitude leva la tête pour écouter, qu'elle prêtait à cette voix une intensité d'attention que Tamenund seul avait jusqu'alors obtenue. Mais on écouta en vain : les sons qui ne s'étaient élevés que ce qu'il fallait pour devenir intelligibles, s'affaiblirent, devinrent tremblants, et finirent par expirer comme emportés par le souffle du vent. Les lèvres du sagamore se fermèrent et il resta silencieux à sa place, les yeux fixes, le corps immobile; on eût dit une créature échappée des mains du Tout-Puissant avec les formes extérieures de l'homme, mais sans son âme. Les Delawares virent par ces symptômes que leur ami n'était pas préparé à soutenir un effort aussi pénible, leur attention se détendit, et, avec un instinct de délicatesse qui leur était naturel, elle se reporta tout entière sur les obsèques de la jeune étrangère.

Un signal fut donné par un des chefs les plus anciens aux femmes rassemblées à l'endroit où reposait la dépouille mortelle de Cora. Aussitôt les jeunes filles soulevèrent la litière et s'avancèrent d'un pas lent et mesuré, en chantant, d'une voix douce, basse et mélancolique, les louanges de l'étrangère. La Gamme, qui avait observé d'un œil attentif des cérémonies qu'il trouvait si païennes, se pencha alors vers le père, absorbé dans sa douleur, et lui dit tout bas :

« Ils emportent le corps de votre enfant ; ne les suivrons-nous pas pour lui donner une sépulture chrétienne? »

Munro tressaillit comme si la trompette du jugement dernier eût retenti à son oreille, et, jetant autour de lui un regard inquiet et agité, il se leva et suivit le simple cortège avec le maintien d'un soldat, mais le cœur d'un père accablé sous le poids de son affliction. Ses amis se pressèrent autour de lui avec un sentiment de douleur trop forte pour que nous l'appelions sympathie. Le jeune officier français lui-même se joignit à eux en déplorant le sort de cette jeune fille que venait d'enlever une mort cruelle et prématurée. Mais lorsque toutes les femmes, jusqu'à la dernière, eurent pris place dans le cortège funèbre, les hommes rétrécirent leur cercle et se groupèrent de nouveau autour d'Uncas, aussi silencieux, aussi graves, aussi immobiles qu'auparavant.

On avait choisi, pour la sépulture de Cora, un petit monticule où un bouquet de jeunes pins avait pris racine et formait un funèbre et mélancolique ombrage. En y arrivant, les jeunes filles déposèrent le corps, et, avec la patience caractéristique des Indiens et la timidité de leur âge, elles attendirent que ceux qui devaient prendre à cette triste cérémonie l'intérêt le plus vif, témoignassent leur satisfaction. Enfin l'éclaireur, qui seul était au fait de leurs coutumes, leur dit en delaware :

« Mes filles ont bien fait; les hommes blancs les remercient. »

Satisfaites de ce témoignage d'approbation, les jeunes filles déposèrent le corps dans une sorte de bière faite d'écorce de bouleau, et d'une forme qui n'était pas sans une certaine élégance ; après quoi, elles le descendirent dans son obscure et dernière demeure. La cérémonie ordinaire, de recouvrir le corps de terre et de cacher le sol fraîchement remué sous des feuilles et des branches, fut accomplie avec les mêmes formes simples et silencieuses. Après avoir rempli ce dernier et triste devoir, les jeunes filles s'arrêtèrent, ne sachant si elles devaient continuer. Lorsque l'éclaireur vit les rites des funérailles indiennes arrivés à ce point, il choisit ce moment pour prendre de nouveau la parole.

« Mes filles en ont fait assez, dit-il ; l'esprit des visages pâles n'a besoin ni de nourriture, ni de vêtements, leur nature étant conforme au ciel de leur couleur. » Puis, voyant que David préparait son livre et se disposait à entonner un chant sacré, il ajouta : « Je vais laisser parler un homme qui connaît mieux que moi les usages des chrétiens. »

Les femmes s'écartèrent modestement, et, cédant à d'autres le principal rôle, elles devinrent spectatrices humbles et attentives.

Pendant que David exhalait ses pieux sentiments de cette manière, il ne leur échappa ni un signe de surprise ni un regard d'impatience. Elles écoutaient comme si elles eussent compris le sens de ses paroles, et l'on eût dit qu'elles éprouvaient les émotions de douleur, d'espérance et de résignation qu'elles avaient pour but de réveiller.

Excité par le spectacle dont il venait d'être témoin, et, peut-être aussi par l'émotion secrète qu'il éprouvait, le maître de chant se surpassa lui-même; sa voix, pleine et sonore, soutint honorablement la comparaison avec les accents si doux des jeunes filles ; et ses chants, plus régulièrement cadencés, avaient, du moins pour ceux à qui ils s'adressaient spécialement, un mérite de plus, celui d'être compris. Il termina comme il avait commencé, au milieu d'un silence grave et solennel.

Lorsque les derniers sons eurent cessé de se faire entendre aux oreilles de la multitude, les regards inquiets de l'assemblée, le mouvement comprimé qui s'y manifesta, tout sembla annoncer qu'on s'attendait que le père de celle qu'on pleurait allait prendre la parole. Munro parut sentir que le moment était venu pour lui de faire ce qui est peut-être le plus grand effort dont la nature humaine soit capable. Il découvrit ses cheveux blancs, et jeta un regard ferme et calme sur la foule immobile. Puis, faisant signe à l'éclaireur d'écouter, il s'exprima ainsi :

« Dites à ces jeunes filles, si pleines de bonté

et de douceur, qu'un vieillard défaillant, un
père désolé, leur fait ses remerciements. Dites-
leur que l'Être que nous adorons tous sous différents noms leur tiendra compte de leur charité ; et que le temps n'est pas éloigné où nous
serons réunis autour de son trône sans distinction de sexe, de rang, ou de couleur ! »

L'éclaireur écouta attentivement ces paroles
que prononçait la voix tremblante du vieillard,
et lorsqu'il eut fini, il secoua lentement la tête,
comme s'il eût douté de leur efficacité.

« Leur tenir ce langage, dit-il, c'est leur dire
que la neige ne vient point en hiver, ou que le
soleil n'a jamais plus de force qu'à l'époque où
les arbres sont dépouillés de leurs feuilles. »

Alors, se tournant vers les jeunes filles, il leur
exprima la reconnaissance de Munro en des
termes plus appropriés à l'intelligence de ses
auditeurs. La tête du vieillard était déjà retom-
bée sur sa poitrine, et il allait rentrer dans son
apathique mélancolie, lorsque le jeune Français
dont nous avons parlé se hasarda à lui toucher
le coude. Après avoir attiré à lui l'attention du
malheureux père, il lui fit voir une troupe de
jeunes Indiens qui s'approchait en portant une
litière entièrement fermée ; puis, par un geste
expressif, il lui montra le soleil.

« Je vous comprends, monsieur, » répondit
Munro d'une voix qu'il s'efforçait de rendre
ferme, « je vous comprends ; c'est la volonté du
ciel et je m'y résigne. Cora, mon enfant ! si les
prières d'un père éploré peuvent maintenant
quelque chose pour toi, que ta destinée là-haut
sera heureuse ! Allons, messieurs, » ajouta-t-il,
en regardant autour de lui avec un air de fierté
calme, quoique la douleur frémissante dans ses
traits flétris fût trop vive pour qu'il pût entièrement la dissimuler, « notre devoir ici est terminé ; partons. »

Heyward obéit avec joie à un ordre qui l'ar-
rachait d'un lieu où à chaque instant sa fermeté
était prête à l'abandonner. Pendant que ses
compagnons montaient à cheval, il pressa la
main de l'éclaireur, et lui renouvela la promesse qu'ils s'étaient faite de se revoir dans les
rangs de l'armée anglaise. Puis, sautant sur sa
selle, il alla prendre place à côté de la litière
où des sanglots étouffés annonçaient seuls la
présence d'Alice. On se mit en marche : Munro
venait le premier, la tête penchée sur sa poitrine ; Heyward et David le suivaient dans un
douloureux silence, accompagnés de l'aide de
camp de Montcalm avec son escorte : c'est ainsi
que tous les blancs, à l'exception d'Œil-de-Faucon, passèrent successivement devant les Delawares, et ne tardèrent pas à disparaître dans
l'immensité de la forêt.

Mais la sympathie qu'une communauté de
malheurs avait établie entre les simples habi-

tants de ces bois et les étrangers qui avaient
fait parmi eux un séjour passager, ne fut pas
de sitôt oubliée. Pendant bien des années encore, l'histoire traditionnelle de la jeune fille
blanche et du jeune guerrier des Mohicans
charma l'ennui des longues soirées et des mar-
ches pénibles, et entretint dans les cœurs jeunes
et braves la soif de la vengeance contre leurs
ennemis naturels. Les acteurs secondaires dans
ce drame touchant et terrible ne furent pas non
plus oubliés de longtemps. Par l'intermédiaire
de l'éclaireur, qui pendant longtemps encore
servit de lien entre eux et la vie civilisée, les
Delawares apprirent que la Tête grise avait rejoint ses pères dans la tombe, succombant,
comme on le croyait faussement, aux chagrins
que lui avaient causés ses infortunes à la guerre ;
et que la Main-Ouverte avait emmené la fille
qui lui restait bien loin dans les colonies des
visages pâles, où ses larmes avaient cessé de
couler, et avaient fait place aux doux sourires,
plus en harmonie avec sa nature heureuse et
enjouée.

Mais ces événements sont postérieurs à ceux
dont nous nous occupons dans cette histoire.
Après avoir vu s'éloigner de lui tous ceux de sa
couleur, Œil-de-Faucon revint vers le lieu où
une invincible sympathie le ramenait ; il arriva
à temps pour jeter un regard d'adieu sur les
traits d'Uncas, que les Delawares s'occupaient
déjà à enfermer dans ses derniers vêtements de
peau. Ils s'arrêtèrent un moment pour permettre à l'éclaireur de payer à son jeune ami ce
dernier tribut de sa mâle affection ; puis le corps
fut enveloppé pour ne plus être découvert.
Alors commença une procession solennelle semblable à celle qui avait conduit Cora à sa dernière demeure, et la nation tout entière accompagna le guerrier mort à sa tombe temporaire...
temporaire, car il était convenable qu'un jour
ses ossements reposassent parmi ceux de son
peuple.

Le mouvement de la foule, le sentiment qui
l'animait, avaient un caractère simultané et général : elle montra la même douleur grave et
silencieuse, et la même déférence pour l'affliction paternelle que nous avons déjà eu l'occasion de décrire. Le corps fut placé dans une
attitude de repos, faisant face au soleil levant,
ayant près de lui les instruments de guerre et
de chasse, tout préparés pour le grand voyage.
On pratiqua une ouverture dans la bière qui le
recouvrait, pour que l'esprit pût communiquer
quand il le voudrait avec son habitation mortelle ; et le tout fut caché à l'instinct et mis à
l'abri des ravages des animaux de proie, par des
moyens ingénieux connus des Indiens. La portion matérielle de la cérémonie étant alors terminée, on s'occupa de la partie spirituelle.

Chingachgook devint de nouveau l'objet de l'attention générale, et, dans une circonstance aussi solennelle, on attendait d'un chef aussi renommé quelque chose de consolant et d'instructif. Le guerrier, grave et habitué à se dominer, comprit les désirs du peuple; il releva la tête qu'il avait jusque-là tenue cachée sous son vêtement, et promena autour de lui un calme regard. Ses lèvres, jusqu'alors fortement comprimées, s'ouvrirent enfin, et, pour la première fois depuis le commencement de cette longue cérémonie, sa voix se fit entendre d'une manière distincte.

« Pourquoi mes frères sont-ils dans le deuil? » dit-il en regardant l'air abattu des guerriers qui l'environnaient; « pourquoi mes filles pleurent-elles? Est-ce parce qu'un jeune homme est parti pour les territoires de chasse des bienheureux? Est-ce parce qu'un chef a rempli sa carrière avec honneur? Il était bon, il était soumis, il était brave, qui peut le nier? Le Manitto avait besoin d'un tel guerrier, et il l'a rappelé à lui. Pour moi, fils et père d'Uncas, je suis un arbre que les visages pâles ont dépouillé. Ma race a disparu des rivages du lac salé et des collines des Delawares; mais qui peut dire que le serpent de sa tribu a oublié sa sagesse? Je suis seul!...

— Non, non, » s'écria OEil-de-Faucon, qui avait tenu ses regards émus fixés sur les traits rigides de son ami, avec quelque chose de sa fermeté, mais dont la physionomie ne put y tenir plus longtemps; « non, Sagamore, vous n'êtes pas seul : notre couleur peut différer, mais Dieu nous a créés pour voyager dans le même sentier. Je n'ai point de famille, et je puis dire aussi comme vous, point de patrie. Il était votre fils, et peau rouge de sa nature; peut-être lui apparteniez-vous de plus près que moi par les liens du sang... mais si jamais j'oublie le jeune homme qui a si souvent combattu près de moi pendant la guerre, et dormi à mon côté pendant la paix, puissé-je être oublié de celui qui nous a créés tous, quelles que soient notre couleur et notre nature. L'enfant nous a quittés pour quelque temps: mais, Sagamore, vous n'êtes pas seul! »

Chingachgook saisit les mains de l'éclaireur, que celui-ci, dans l'ardeur de son émotion, lui avait tendues au-dessus de la terre fraîchement remuée; dans cette attitude touchante, ces deux fiers et intrépides enfants de la forêt inclinèrent en même temps la tête, et leurs larmes confondues arrosèrent la tombe du guerrier qui leur était si cher.

Au milieu du silence solennel dont fut accueillie cette expression touchante de la douleur de deux guerriers si renommés, Tamenund éleva la voix pour disperser la multitude.

« C'est assez, dit-il; allez, enfants des Lénapes; la colère du Manitto n'est pas apaisée. Pourquoi Tamenund vivrait-il encore? Les visages pâles sont maîtres de la terre, et le temps des hommes rouges n'est pas encore venu. Ma journée a duré trop longtemps. Le matin j'ai vu les fils d'Unamis heureux et forts; et cependant, avant que la nuit soit venue, j'ai vécu pour voir le dernier guerrier de la sage race des Mohicans. »

FIN DU DERNIER DES MOHICANS

TABLE DES MATIÈRES

BIBLIOTHÈQUE NATIONALE
R. F.
IMPRIMÉS.

PARIS

IMPRIMERIE F. DEBONS ET Cⁱᴱ

16, RUE DU CROISSANT, 16.

www.ingramcontent.com/pod-product-compliance
Lightning Source LLC
Chambersburg PA
CBHW070354090426
42733CB00009B/1419